20世纪中日文化关系研究系列丛书

20世纪三四十年代中国文化人的日本认识
——基于《宇宙风》杂志的考察

徐冰 著

商务印书馆
2010年·北京

图书在版编目(CIP)数据

20世纪三四十年代中国文化人的日本认识:基于《宇宙风》杂志的考察/徐冰著.—北京:商务印书馆,2010
ISBN 978-7-100-07477-3

Ⅰ.①2… Ⅱ.①徐… Ⅲ.①日本－研究－中国－20世纪 Ⅳ.①D731.3

中国版本图书馆CIP数据核字(2010)第210312号

所有权利保留。
未经许可,不得以任何方式使用。

20世纪三四十年代中国文化人的日本认识
——基于《宇宙风》杂志的考察

徐冰 著

商 务 印 书 馆 出 版
(北京王府井大街36号 邮政编码100710)
商 务 印 书 馆 发 行
三河市尚艺印装有限公司印刷
ISBN 978-7-100-07477-3

2010年12月第1版　　　开本 880×1230　1/32
2010年12月北京第1次印刷　印张 14 1/8
定价:30.00元

20世纪中日文化关系研究系列丛书编委会名单

编委会　中方主任　宋成有
　　　　委　　员　汤重南　王晓秋　王向远
　　　　　　　　　王　勇
　　　　日方主任　竹内信夫
　　　　委　　员　大里浩秋　砂山幸雄

主　编　徐冰

本书出版得到教育部人文社科规划项目、大连市社科出版基金、大连民族学院日本海国际交流中心理事长古贺克已先生资助。

《20世纪中日文化关系研究系列丛书》
总　　序

徐冰

在20世纪中国的对外国家关系中,日本无疑是与中国恩怨最深、对中国社会影响最大的国家之一。可以说20世纪的中日关系,曾一度左右了中日两国的命运,并对其后两国关系的走向和各自社会内部,产生着长期影响。这两个东方民族在近代以来的交流与冲突所烙下的深刻印记,直到今天,依然在国民之间的相互认识和民族情感层面发挥着重要作用。思考和处理今后的中日关系,有必要追根朔源,对20世纪的中日关系加以回顾和总结,俾便从中得出宝贵的历史借鉴。

在百年错综复杂的中日政治、经济、军事、文化等诸多关系中,从文化的角度考察中日关系,尽管有前辈学者的辛勤耕耘,撷取了丰厚的收获,但迄今尚未形成一个较为完整清晰的线索和系统,使这个时代中日之间的文化关系,仍呈现出扑朔迷离的状态。而基于中日双方的史料,从两国之间文化交流与摩擦的线索来展开实证性的研究,尤显阙略。造成此种情况的原因或许有三:1.对20世纪上半叶的中日文化关系,一些学者从宏观上强调日本对中国的文化侵略,忽视了对一些具体问题的考察;2.囿于传统的意识形态因素,把民国研究中的一些领域视为禁区,对于民国时期的中日关系的实证性研究着力不够;3.在中国的民众情绪层面上,一直把近代以来的中日关系视为日本全面侵略中国的历史,忽视中日交流、中国学习日本,推进近代化的过程和中日关系的演变过程。这种态度反过来又在一定程度上限制了学者的视野。

在20世纪的中日文化关系研究领域中,尚存许多盲区和断条。而在中国和日本的众多图书馆、档案馆、史料馆中,沉睡着大量珍贵史料,有待于学者的发掘,据此对中日文化关系进行重新审视,由微观到宏观,确定一个扎实的研究方向。

有学者认为,所谓研究,就是在某一个专业领域中发现并证明一种新关系的存在。① 只有以平常心态,冷静面对研究对象,通过对史料的广泛搜集和客观解读,形成一条确凿的证据链,才有可能接近历史的某些本质层面,得出科学的、有说理性的结论,从而建构一个学者乃至一个学科领域自身的话语体系和解释模型。

本套丛书就是基于上述考量而设计的。时间跨度定为20世纪的百年间,先期出版的6卷界定为20世纪上半叶,内容涉及文化、教育、中国人的日本认识等领域,俟后将延展到战后部分。丛书主编是东北师大日语系博士研究生导师,前两卷分别为其两篇博士学位论文,后四卷是其近年来指导的东北师大博士研究生的学位论文。

第一卷《20世纪三四十年代中国文化人的日本认识——基于〈宇宙风〉杂志的考察》,是徐冰的北京大学博士论文,通过对《宇宙风》杂志中出现的日本评述的解读,考察20世纪三四十年代中日大战即将爆发之前、大战期间、大战结束稍后这三个历史截面上,

---

① 吴量福:《导师应如何带研究生》,学术批评网,www.acriticicm.com,2008.10.8.

中国知识分子、文化人对日认识的出发点、主要特征和演变过程；

第二卷《20世纪上半叶中国教科书中的日本人形象——交流与摩擦的轨迹》，是徐冰的东京大学博士论文，通过对文明书局、商务印书馆、中华书局等主要教科书出版机构编撰的教科书的调查，探讨从清末到1945年中国的中小学教科书如何向学生讲授日本、围绕中国教科书中关于日本的记述，两国之间曾经发生过怎样的冲突、在中日关系中产生了何种影响等问题；

第三卷《中日冲突漩涡中的〈顺天时报〉与〈盛京时报〉研究》，是刘爱君的东北师大博士论文，对近代日本人在中国用中文创办的这两份报纸进行了较为详细的考察，探讨了办报目的、日本在华报人与政府的关系、对中国报道的特点和倾向、在两国关系中的作用等问题；

第四卷《近代中国东北留学日本史》，是刘振生的东北师大博士论文，在把握近代中国东北留学日本状况的基础上，集中考察伪满洲国时期的留日教育，发掘出一批宝贵的资料；

第五卷《20世纪上半叶日本"对支文化事业"研究——基于东方文化事业委员会、日华学会的考察》，是孙颖的博士论文，从庚子赔款问题入手，利用中日双方的史料，考察了作为这笔赔款用途而实施的日本"对支文化事业"及其下属的东方文化事业委员会和日华学会的活动过程，中国知识分子与文化人对该事业的态度等问题；

第六卷《伪满洲国时代东北知识分子的日本认识研究》，是付羽弘的东北师大博士论文，以伪满洲国时代的建国大学、陆军士官学校、伪满国高学生、作家、流亡到关内的爱国青年等阶层为对象，探讨了当年东北知识分子对日认识的思想基础、形成过程、主要特点等。

这套丛书是一个较为庞大的构想,大致有以下几个目的:

1. 如同建房架屋,首先从局部,即个案研究入手,探讨20世纪中日文化关系中的个别问题,搞清其历史背景、问题的来龙去脉和事实关系;

2. 通过对数个个案的专题研究,逐步打通相互关系,进而梳理出20世纪中日文化关系的基本面貌、整体走向、时代特点和主要规律;

3. 通过对具有同质性问题的个案研究,抛砖引玉,为20世纪中日文化关系研究提示资料、特别是日本方面资料的线索和参考;

4. 以作者发掘出的第一手资料为主体,既客观面对日本方面为推动中日文化交流所作出的努力,同时揭示日本在文化领域对中国渗透和侵略的演变过程、对中国知识分子和文化人造成的长久伤害,为批驳日本右翼学者美化侵略、歪曲历史提供佐证;

5. 通过回顾和考察20世纪中日文化关系的摩擦与冲突的过程、交流中的问题,总结经验教训,为新世纪的中日文化交流提供点滴参考。

这套丛书和作者群有以下特点:

1. 具有多年的留日和日本问题的研究经验,较强的日文文献的阅读理解能力;

2. 因多年的留学和工作关系,在一定程度上了解日本学者对中国的想法和思维特点,在解读中日文化关系中的问题时,有的放矢,具有较强的说理性;

3. 丛书各卷既各自独立,又相互照应,可以为日后的本领域研究起到由点到线的铺垫作用;

4. 通过长期考证,发掘出了大量目前中日学界尚未涉及的重要史料,具有一定的文献史料价值。

这套丛书得以问世,应最先感谢的是商务印书馆常绍民先生。他对近现代中日文化关系研究既十分稔熟,又怀有旺盛的热情,提出了许多建设性意见。在其积极推动下,整套丛书线索逐渐清晰,进而成型;商务印书馆编辑部对各卷文理文字粗鄙之处,不辞辛劳,耐心修改;学术委员会的各位中日著名学者,百忙之中对学术质量精心把握,尤其是丛书主编的北京大学历史系业师宋成有先生、东京大学业师竹内信夫先生多年悉心指导,寒来暑往,引学生走入学问殿堂。日本石川县中日友协会长、环日本海国际交流中心理事长古贺克己先生,以大连为中心,长期致力于中日教育文化交流,对本丛书的进展极为关心并给予慷慨赞助,对中国年轻学者的成长倾注了心血。师恩、友情,是这套丛书得以出版的最大助力,谨向上述各位致以最深切的敬意!

本套丛书的作者均出身于日语语言文学专业,未受过史学研究的专门训练,走入这个非母体学科的研究领域,正所谓不知者不惧,以敢当学生的冒昧,拓展新的领域。惟望抛砖引玉,盼诸前辈同仁及读者朋友不吝赐教。

序　言

宋成有

中国与日本,恩怨久矣。古代日本热心学习中国,移植诸多中华文化元素于本土,自成一片天地,建构了岛国文明的奇葩。至于唐倭水战、元军东侵、倭寇袭扰、丰臣氏假道伐明,则为两国兵戎相见的往事,虽未构成古代中日关系的主流,却也留下了难忘的历史记忆。明治维新,日本巨变。沿着"脱亚入欧"的指路标,迅速实现资本主义化的日本,携强者之势,甲午一战而击败大清帝国,日俄再战则力挫沙俄,遂成东亚霸主,吞并韩国,恣意侵华。

亡国危机日堪一日。情急之下,中国的文化人不得不放下架子,以日为师,纷纷负笈东渡以寻求变法强国的思想资源,推出近代中日文化交流的高潮。在这个过程中,形成了中国人错综复杂的日本观。概言之,日本资本主义的勃兴,令中国文化人对这个"蕞尔小国"刮目相看,甚至陶醉于日本文化之中;无休止的辱华和侵略,又让中国文化人对这个以强凌弱的帝国主义邻国,心怀愤慨与仇恨。这种日本观伴随着中日关系战和转换,通过文化人的笔触,见诸中国的报刊杂志,影响着广大读者。

痴迷于"满蒙情结"和独霸东亚迷梦的日本军国主义,终于踏上了从皇姑屯到北大营,从卢沟桥到珍珠港的不归路,中日两个民族的惨烈对决,扩展为民主力量与法西斯之间的生死大搏斗。中国的文化人以笔代枪,紧随时局的步伐,留下了许多见诸于报刊杂志的日本认识或曰日本观的作品。这些至今仍闪耀着人文主义思想光芒的佳作,构成中日文化关系的重要组成部分。

在20世纪的中日政治、经济、军事、文化等诸多关系中,对两国文化关系的研究已有众多学者的辛勤耕耘,取得了可喜成果。但侧重于文化摩擦的视点,采用实证方法,具体考察20世纪上半叶中日之间矛盾冲突的研究,尚不多见。从这点来看,徐冰博士的专著《20世纪30—40年代中国文化人的日本认识——基于〈宇宙风〉杂志的考察》的出版,开掘了一个新的研究领域,展示了新的研究视野,有弥补先学阙略的学术贡献,堪称近年来中国学者在中日关系研究领域的一项重要收获。

首先,该著作的研究对象为中日关系中的两国之间的相互认识,具体来说是中国人的日本观或曰日本认识研究。中国学者以往的研究,较多集中在古代中日文化交流、晚清民初中国人的日本认识方面,对民国时期,尤其是从中日全面战争整个过程到战争结束初期的研究,似嫌薄弱。而徐博士以创刊于1935年、终刊于1947年的《宇宙风》半月刊为蓝本,具体考察了这个风云激荡时代中国知识分子、文化人认识日本的精神轨迹和嬗变过程,通过解剖一个具体个案,透视全局。在研究对象的截取和研究方法上,具有一定的创新意义;

其次,作者在探讨中国人的日本认识的形成过程时,把目光聚集在中国文化人身上,认为在各社会阶层中,文化人是中国人认识日本的主体。或许看法不尽相同,见仁见智,但我认为这种定位可谓一针见血,抓住了事物的本质,并进而梳理出了一条民国时期中国人认识日本的主线,表现了作者敏锐的判断力。

再者,徐冰通过数年的艰苦发掘,搜集到了《宇宙风》杂志共152期中的151期,掌握了一套较为完整的历史文存,从中剔出当年中国文化人对日本的评述,归纳分析,形成了一个实证性个案研究的扎实范本。《宇宙风》出版发行于战乱期间,散落遗失在所难免。能够做到只差一本的程度,实属不易。这种下苦功、下笨工、不夸张、不偷懒的研究态度,是值得当今中青年学者借鉴的。徐博士的努力获得了回报:作者通过考据,拂去时代的尘埃,再现了20世纪30—40年代中国文化人对日本和日本人、日本文化的真知灼见,读来令人感佩至深,为我们展示了前辈们思想银河中的璀璨群星,所揭示的内容具有重要的历史与文化价值。

徐冰在2003年考入北大历史系博士研究生,由我指导,主修日本史,入学时已然是日语界小有成就之学者,身兼中国日语教学研究会副会长、教育部外语教学指导委员会委员等学术要职,并任东北师大日语系博士生导师。博导读博,向为学界诟病,疑为沽名钓誉之徒。对其入门求学,一则以喜,因其业绩累累,有研究实力;二则以忧,事务繁多,能否有足够的时间来读书和思考?然而,在读期间,他珍惜寸阴,忘我苦读,乃由疑转喜。至于彼此切磋学艺,更是乐在其中了。

当然,徐博士原乃日语语言文学专业出身,进入史学之门,需要相当时间增进转入新学科而难免的种种不足。这虽非在短暂的读博期间所能一蹴而就的事情,然天道酬勤,有一份耕耘,自有一份收获。通观全书,确有某些有待商榷之处,但瑕不掩瑜。以此书作嚆矢,徐博士一以贯之的治学态度及探索精神,必将笔耕不辍,百尺竿头,更进一步。

是为序。

2009 年元旦于北大蓝旗营

目 录

绪章 ·· 1
  一、选题目的、依据和意义 ······································ 1
  二、先行研究综述 ··· 10
  三、研究的创新点 ··· 23
  四、研究理论与方法 ·· 25
  五、结构内容 ··· 26

第一章 中国文坛上的《宇宙风》杂志 ····················· 28
  第一节 30年代的"杂志热" ································· 28
    一、出现杂志"热"的原因分析 ······························ 29
    二、创办杂志"热"的几种表现 ······························ 31
  第二节 《宇宙风》杂志的沿革与影响力 ················ 32
  第三节 《宇宙风》与同时代杂志的比较 ················ 46
    一、《宇宙风》与《生活》周刊 ······························ 46
    二、《宇宙风》与《独立评论》 ······························ 47
    三、《宇宙风》与《日本评论》 ······························ 48
  本章小结 ·· 51

第二章 全面抗战前《宇宙风》的日本认识
    ——1935年9月—1937年7月 ······················ 52
  第一节 粗暴闯入中国文化人视野中的日本 ············ 52

一、30年代初期的中日政治冲突与文化摩擦 ………… 52
　　二、30年代初期中国文化人对未来中日关系的判断 …… 67
第二节　记忆中的日本 ………………………………………… 77
　　一、日本之美的发现与体验 …………………………… 77
　　二、日本之丑的冲击与心灵的创伤 …………………… 83
第三节　《宇宙风》初期的日本认识 ………………………… 87
　　一、对日本文化、日本民族性的介绍与评价 ………… 89
　　二、对日本歧视中国的记述 …………………………… 102
　　三、对在华日本军人、侨民丑行的曝光 ……………… 112
第四节　《宇宙风·日本与日本人特辑》的日本观察
　　　　　与日本研究 …………………………………… 125
　　一、对日本文明、日本民族性的认识 ………………… 127
　　二、对日本治学环境和艺术形式的介绍 ……………… 138
　　三、对于日本人、日本风俗的描述 …………………… 146
　　四、关于中日关系的论述 ……………………………… 151
本章小结 ………………………………………………………… 163

第三章　全面抗战时期《宇宙风》的日本认识
——1937年7月—1945年8月 …………………… 166
第一节　《宇宙风》作者群及相关文化人在
　　　　　全面抗战时期的经历 ………………………… 167
　　一、《宇宙风》作者群及相关文化人在全面抗战爆发前后的
　　　　对日态度 …………………………………………… 167
　　二、《宇宙风》作者群及相关文化人在国难中的痛苦经历 …… 186
　　三、《宇宙风》作者群及相关文化人在抗战中的表现 …… 197
第二节　血雨腥风中的《宇宙风》的日本观察 …………… 203
　　一、对日军侵略罪行的描述与控诉、南京大屠杀的新证 …… 205
　　二、对战时日本社会的观察 …………………………… 218

三、对日本俘虏的描写,反战情绪的介绍 …………………… 236
　　四、对中日战争前景的分析 ………………………………… 245
第三节　国难中的《宇宙风》的日本透视 ……………………… 254
　　一、对日本民族性的深入探讨 ……………………………… 254
　　二、全面抗战爆发前后对日透视的异同比较 ……………… 263
第四节　周幼海与周佛海的《日本概观》 ……………………… 265
　　一、关于作者的考证 ………………………………………… 267
　　二、《日本概观》的日本认识 ………………………………… 273
　　三、《日本概观》的价值 ……………………………………… 300
本章小结 ……………………………………………………………… 305

第四章　抗战胜利后《宇宙风》的日本认识
——1945年8月—1947年8月 …………………………… 307
第一节　抗战胜利后的对日情绪和心态 ………………………… 307
　　一、胜利后的回顾 …………………………………………… 307
　　二、对战争中的疑点问题的探讨 …………………………… 312
第二节　对日本的战争责任的追究与反思 ……………………… 315
　　一、"以德报怨"思潮 ………………………………………… 315
　　二、追究日本战争责任的舆论 ……………………………… 317
　　三、对中日之战和中日关系的反思 ………………………… 325
本章小结 ……………………………………………………………… 330

第五章　《宇宙风》的日本认识总结
——代结论 …………………………………………………… 332
第一节　《宇宙风》日本认识的特点 …………………………… 332
　　一、突出展现了中国文化人对日爱恨交织的精神情结 …… 332
　　二、反映中国民众日本观演变的晴雨表 …………………… 334
　　三、揭示了深入认识日本和中日关系的症结所在 ………… 340
　　四、涉猎的广泛性和认识的客观性 ………………………… 350

第二节 《宇宙风》日本认识的进步意义、
　　　　社会影响与局限性 ………………………………… 351
　一、《宇宙风》有关日本认识的进步意义 ………………… 351
　二、《宇宙风》日本认识的社会影响 ……………………… 353
　三、《宇宙风》日本认识的局限性 ………………………… 355
第三节　余论：《宇宙风》日本认识的历史启迪 …………… 358
　一、近代中日关系的三次角色转换结构 ………………… 358
　二、日本与中国对抗心理的轨迹 ………………………… 359
　三、"政府煽动"说的系谱 ………………………………… 364

参考书目 ……………………………………………………… 373
附录 …………………………………………………………… 388
　附录一　《宇宙风》杂志评述日本的文章题目及提要概览 … 388
　附录二　部分基本史料图片 ……………………………… 425
后记 …………………………………………………………… 431

绪　章

一、选题目的、依据和意义

（一）选题目的

从某种意义上说，中日关系或许是超越了通常国家关系类型的双边关系。这是由于一方内部的变化肯定会给对方造成巨大的影响和冲击，成为两国关系的主要特征之一。在古代，忽必烈统一中国和丰臣秀吉统一日本等两国内部的巨大变化，成为引发试图征服对方的战争的契机。到了近代，明治维新后走上资本主义发展道路的日本，推行"大陆政策"，以及法西斯化期间试图建立"东亚新秩序"，成为甲午中日战争、抗日战争爆发的重要原因。在20世纪上半叶的中日冲突中，因日本对华侵略战争造成的中国知识分子和青年学生、民众的强烈反日情绪，在相当程度上左右了中日关系的进退。而在今天，从由于历史认识问题所造成的两国政府、媒体报导态势、知识分子和民众的对立情绪等几种因素来看，与上个世纪前30年的情景有着某种相似性。

当今的中国与日本，在双方关系基本稳定的大局之下，围绕着政治层面上对东亚地区的领导地位和影响力竞争、台湾问题、钓鱼岛归属问题,经济层面上两国对各自利益的强调、东海油气田的开发以及民众心理层面上的孰优孰劣、孰高孰低之类的强烈情感对立等问题,矛盾与斗争不断,对今后中日关系的前景,产生着深刻的影响。其中,两国民众情感的对立,常常成为加剧政治、经济冲突的精神温床。中日民众之间情感的对立,成因复杂。概言之,政治、历史、文化等诸多要素都在发挥作用。特别是随着网络技术的发展和普及,两国"愤青"在网上恣意攻击对方的偏激言论,不啻火上浇油。

中日两国是亚洲近邻,利益与冲突并存,彼此依赖互动。双方互不了解,难以沟通或拒绝沟通则容易造成对对方的误读;敏感问题处理不当,会使两国关系发生严重倒退。目前,中日关系面临着机遇与挑战,双方对历史认识的重大差异,制约着双边关系的走向。可以认为,中日关系与两国的"中国观"、"日本观"构成相互影响的对应关系。其中,中日关系的变化影响中国人的日本认识,使其发生变化;同样,中国人的日本认识,也影响中日关系和中日关系的走向。

本书拟以三四十年代在中国文坛具有较大影响的《宇宙风》杂志为主要考察对象,将该杂志作为一个舞台和窗口,通过对其中有关日本、日本人、日本文化的评述文章的整理与归纳,力图搞清该时期《宇宙风》作者群的日本认识的基本面貌;进而探讨影响作为一个群体的文化人日本认识的历史、文化等诸种要素,以及中日国家、民族之间抗争意识与对立情绪的产生根源;并以20世纪三四十年代中日之间政治冲突、军事对抗与文化摩擦为背景,分析《宇宙风》作者群的日本认识的演变过程,尽可能公正、客观地把握其"日本观"的主要观点与特征;同时,通过对中国文化人日本认识的考察与分析,展现他们在当时对日本人民族性格等问题研究所取得的进展。

在今天的中日关系中,中国人的日本认识具有十分重要的作用。尽管交通、通讯、媒体等交流手段已相当发达,但事实上大部分普通的中国人对日本的社会与文化以及日本人缺乏基本的了解。在探讨当代中国人的对日情感、日本认识的问题时,有必要注意两点:一是战后与战前的链接问题;二是中国人日本认识的主体及其作用问题。笔者认为,战后中国人的对日情感和日本认识,与战前有一种不可割裂的源流关系,不对战前的情况进行具体考察,就很难理解今天的问题,而只有搞清中国人日本认识的主体,才有可能有针对性地展开调查与分析,揭示中国人日本认识的主流层面。

(二) 选题依据

笔者认为,战前中国人认识日本的主体,是中国的知识分子和文化人,故将其中的一部分——以《宇宙风》作者群为主体的三四十年代的文化人设定为主要考察对象。

毛泽东说过:"在中国的民主革命运动中,知识分子是首先觉悟的成分。"[①]据陈明远先生界定,"文化人通常特指'人文知识分子'"。因此本文中所使用的"文化人"的概念,系指当时的人文知识分子,包括作家、艺术家、大学教授、学者,记者等身份的人物。他们的职业是写作、研究、教书、报导社会动向等,日本问题自然成

---

① 毛泽东:《五四运动》,《毛泽东选集》第二卷,人民出版社 1991 年 6 月第 2 版,第 559 页。

为他们所关注的重大问题,常常成为他们的研究对象和报导对象。这个时代的《宇宙风》作者群中的大多数人都有过留学日本的经历,对日本社会和日本文化有着切身的体验,与其他阶层的中国人相比,其日本认识自然更加直接,更为深入。另外,他们将小说、散文、诗歌、电影、戏剧、绘画、著作等作品呈现给民众,积极参与,甚至掌控着影响大众的传媒工具。因此,其日本认识影响广泛,产生巨大的社会效应。再者,许多《宇宙风》的作者,既从事创作,又从事教育,通过课堂的讲授和著作,影响一大批学生和青年知识分子。同时,《宇宙风》作者群中的一些人与政府上层官员有着密切的联系,会对制定对日政策施加影响。而许多人更是直接介入中日冲突之中。总而言之,由于文化人在中国人日本认识的形成中,具有十分重要的地位和作用,因此,本书选择《宇宙风》的日本认识为研究对象,以此为蓝本,考察20世纪三四十年代中国文化人认识日本的脉络与轨迹。

以往的中国人的日本研究,注重以个人为研究对象,如对黄遵宪、周作人、戴秀陶、蒋百里的研究等。这种研究可以在纵向研究上达到一定的深度,但对于一个阶层、一个群体的同时代人的横向考察则不充分。笔者认为,通过对具有同质性群体的研究,就其日本认识的共性、个性及其差异展开全面的分析,更有助于把握该时代中国人日本认识的整体状况和主流层面。

本书选择20世纪上半叶中国文化人的日本认识为研究对象,重点放在30年代至40年代。选择这个年代的依据是:

20世纪30年代至40年代,是两千年中日交往历程中极为重要的年代。直至今日,依然在两国关系中产生着巨大影响。从日本来说,这个时代正值昭和时期,日本在展开法西斯化的同时,不断加快侵略中国的步伐,由局部战争逐步升级为全面侵华战争,给中国人民带来了深重的灾难和刻骨铭心的伤痛,造成了两个民族难以消弭的心灵仇恨与长久隔绝。

30年代,对中国而言,既是一个山河破碎,国难当头的时代,又是一个思想、文化、学术活跃,包括研究日本相当深入的时代。据《中国期刊发展史》介绍,中国的杂志,在30年代出现了创刊热潮,时人称为"期刊热"或"杂志年"。① 尤其是"一·二八"事变后,期刊数量猛增。自30年代初开始,以上海为中心,形成了"日本研究热"。"中日相处,有运命与共,存亡与俱的关联,中国人无怎样反对日本的侵略,愤恨日本的无理,也非切切实实的下番研究日本的功夫不可"。② 当年的文化人发出了紧迫的呼声。30年代至40年代,中国人急切了解日本,研究日本,对日本的认识亦逐步深入。

因切身感受到日本的威胁不断逼近,中华民族最大的一场灾难即将到来,顺应时代的需要,以郭沫若、郁达夫、周作人、林语堂等人为代表的中国著名文化人以及一些不甚著名的文化人都把注意力转向日本,从各个角度展开探讨。其涉猎范围十分广泛,如日本的政治、经济、教育、文化、中日关系、民俗、信仰、家居、报纸、美术、妇女等等,更有对日本人民族性的观察和对中国人与日本人的比较研究。

1937年中日战争全面爆发后,中国文化人身处国破家亡的惨境,目睹日军的暴行、一部分日本浪人、侨民的丑行,在表现出绝不甘当亡国奴的民族气节与尊严的同时,对日本人丑陋的一面进行

---

① 宋应离主编:《中国期刊发展史》,河南大学出版社2000年版,第151页。
② 《宇宙风》第31期,《日本管窥》宣传广告。

了深刻的剖析与揭露,对日本文化发出了质疑,对日本人的自大狂给予了猛烈的抨击和辛辣的嘲讽。在中日矛盾十分尖锐的时期,在中国人与日本人激烈的心魂撞击中,中国文化人从各个层面观察日本,得到了较平时更为深刻、更为直观的日本认识,通过亲身感受,体验了日本人与日本文化的表与里、美与丑的两面。他们的日本认识,散见于小说,散文,随笔等作品的篇章中,尽管尚不够系统与完整,但关于日本的许多见解是精辟的,令人感佩,达到了相当的高度,是我们今天了解日本,研究日本的一笔丰厚的遗产,应该得到开掘和继承。从他们当年对日本人的民族性格、行为方式、思维方式的描述与解析中,又可找出许多在当代日本人身上"似曾相识"的东西,可以为我们今天把握日本民族的走向,正确处理中日之间的现实及长远问题,提供一些宝贵的借鉴。然而迄今为止,学界对这一时段较少论及,缺乏系统的发掘和整理,致使这些珍贵的遗产长期尘封于书海之中。

选择《宇宙风》杂志来研究20世纪三四十年代中国文化人的日本认识,主要有以下依据:

1.《宇宙风》是林语堂于1935年创办于上海,至1947年停刊的一个重要刊物,经历了全面抗战爆发前、大战展开和日本投降等三个时段,所跨越的年代可以为我们提供一个全面观察中国文化人在该时期的对日情感、日本认识轨迹的时空;

2.《宇宙风》是同时代文化人发表文章,表达思想的一个重要园地,许多著名的文化人都在该刊发表作品,在当年的上海乃至全国的文坛都具有相当大的影响力;

3.《宇宙风》杂志是关注中日问题,大力提倡并直接组织研究日本的一个重要刊物。

在具有文学史知识的人们的印象中,《宇宙风》杂志以提倡休闲、幽默为宗旨,在大敌当前的形势下,未能表现出人文知识分子的爱国情怀。鲁迅先生当年对林语堂的"论语派",亦颇有微词。尽管该杂志发刊时曾明言"幽默也好,小品也好,不拘定裁"的办刊方针,但笔者在通读152期中的151期《宇宙风》之后,发现该刊在国难当头时并未忘却知识分子、文化人唤醒民众、抗敌救国的职责。从林语堂个人的学问背景和杂志刊载的介绍外国文化以及中外比较的文章看,《宇宙风》强调发表的文章应国人切近生活,表达真情实感,同时介绍外国的思想文化动向,以此推动中国社会的进步。

在30年代的杂志中,反映各种不同的声音,代表各自倾向的杂志,可以举出《独立评论》、《生活周刊》和《宇宙风》等。《独立评论》的主要人物为胡适、蒋廷黻、丁文江等人,代表了独立知识分子谨慎的思考和保守的态度;《生活周刊》则反映了以新闻记者邹韬奋为代表的激进派的呼声;而《宇宙风》则居于中间,恬淡中透出厚重。在当时,专门的日本研究杂志,如《日本》、《日本研究》等刊物,具有一定的理论深度,因此在大众接受的层面,未必拥有《宇宙风》的影响力和读者群。此外,除国民政府财政支持下的半官方刊物《日本评论》外,研究日本的专业杂志大都短命,难以在读者中树立影响。在杂志"短命年"的时代,在抗战的血雨腥风中,《宇宙风》自1935年9月16日至1947年8月10日,坚持了12年,是同时代寿命很长的杂志,自然会在读者中发挥其影响。《宇宙风》的发行量很难准确统计,但从相关资料中可知在高峰期大约为4万5千册左右,在当时算得上发行量相当大的刊物。其作者中又有许多是一流作家,由此亦可窥知该杂志的影响力。

尤为引人注目的是1936年9月,在中日之间山雨欲来的时节,《宇宙风》加大了推进日本研究的力度,从理性的认识出发,同月16日刊出的第25期"周年纪念号"《日本与日本人特辑》,未能容下的重要稿件,又转入第26期《日本人特集(下)》。在封面上,引用了周作人的"如有人因为喜爱日本文明,觉得他一切都好,对于其丑恶面也加以回护,或又因为憎恶暴力的关系,翻过来打倒一切,这都是同样的错误"①和戴季陶的"拿句旧话来说:'知己知彼,百战百胜',无论是怎样反对他攻击他,总而言之,非晓得他不可"②的评述作为题记,反映出当时的中国文化人对研究日本的重要性的认识与理性的态度。再从特集的文章目录来看,所选择的都是对日本极有见识的知日家的作品,而组织中国一流的通晓日本的文化人参与研究,则给国人提供了在当时和今天均可堪称为大家的真知灼见。

据笔者对于《宇宙风》总共152期中的151期(尚缺143期)所做的不完全统计,共有120期、371篇文章谈及日本。在当时,日本人也注意到了《宇宙风》的日本研究,1937年,信浓忧人将特集的大部分文章译为日文,以《支那人所见之日本》为题,辑书出版(青年书房,1937年11月),一个月之内再版三次。由此,可知日本人对中国人的日本认识的重视程度,《宇宙风》杂志在国内外的影响,可见一斑。通过《宇宙风》这个载体,既可以为我们了解日本找到一条渠道,又可以开掘30年代至40年代中国文化人日本认识的一个较为完整的断面。特别是在今天,拂去历史的尘埃,透视

---

① 周作人:《谈日本文化书》,转引自《宇宙风》杂志第25期(1936,9,26)封面题记。
② 戴季陶:《日本论》,转引自《宇宙风》杂志第26期(1936,10,1)封面题记。

80余年前先辈们对日本的观察思索,与当代日本相比较,可以为我们今天准确地把握日本、研究日本,获得历史的见证与参照。

(三) 选题意义

20世纪的中日文化关系、中国人的日本认识研究,是一个正在兴起和形成的研究领域,蕴含着极为丰富的史料和许多亟待解决的重大课题。从这个角度看,本书具有以下几点意义或价值。

1. 在参照前辈学者对中国人日本认识的个案研究的基础上,梳理一个时代中国文化人的日本认识、文化人对日本的集体记忆的概貌与线索,可以拓宽研究视野,更好地把握20世纪30—40年代中国文化人的日本认识的整体面貌,弥补先行研究的某些不足,具有一定的学术价值。

2. 以《宇宙风》杂志为基本史料和文本,通过对其考察、分析和解读,回顾20世纪上半叶中国文化人日本认识的立场、观点和认知逻辑,对今天研究日本来说,具有方法论上的一定借鉴意义。

3. 通过再现20世纪上半叶《宇宙风》杂志的作者们关于日本认识的论述和他们真实的心灵纪录,既可以为中国人了解上个时代中日政治冲突与文化摩擦的演变过程提供背景资料,又可为日本人了解从战前到当代中国人对日情绪的形成基础,展示客观的依据,有助于他们理解战争伤害给中国人造成的刻骨铭心记忆,化解冲突和对抗情绪,同时为反击日本右翼势力美化侵略战争提供有力的佐证,具有一定的现实意义。尤其是中国的反日运动与政府的关系问题,曾经是战前中日政治冲突与文化摩擦中的一个焦点问题。日本政府指责中国政府"煽动"反日,成了对华宣战的最主要借口。时至今日,所谓政府"煽动"说,也是导致中日两国围绕历史认识问题发生严重对立的核心问题之一。在战前,中国人的反日情绪源于何处?政府是否煽动了民众的反日情绪,支持了反日运动?通过对《宇宙风》的考察,发现当年的文化人已经对该问题进行了深刻的阐述,提出了明确的结论,这对于我们在今天把握中日冲突的根源、澄清历史事实,反击日本右翼势力对中国的指责,具有重要的参考作用。

4.通过本书的考察,发现了一些以往未被学界注意的新的资料,具有一定的文献史料价值。

二、先行研究综述

(一)中国方面的研究状况概貌

本书的研究内容为中国人的日本观或曰中国人的日本认识,相对应的研究为日本人的中国认识或中日两国的相互认识。基础研究为近现代中日关系,尤其与近现代中日文化关系密切关联。这一领域内,已有中日学者展开了较为扎实的研究。

归纳起来看,近代以来中国人日本认识所围绕的几个问题是:

1.晚清中国的沉沦与明治维新后日本崛起的比较。中国人在正史中记录日本的历史,始于《汉书·地理志》,但真正展开研究,初现于明朝为防倭寇而展开的日本审视,进入晚清,掀起了空前的高潮。鸦片战争和甲午战争的失败,使中国人从天朝大国的睡梦中惊醒,开始睁大眼睛看世界,魏源的《海国图志》、黄遵宪的《日本国志》等著作开近代中国人介绍、研究世界和日本之先河。日本在明治维新之后崛起于东亚的现实,对当时的中国人产生了强烈刺激,研究日本的论著连篇累牍。其中,康有为的《日本变政考》,将明治维新视为足资戊戌变法借鉴的政治体制改革的范本,梁启超的《中国之武士道》则从精神层面探寻日本在历次对外战争中获胜的原因,启迪国人树立爱国尚武的观念,以求中华发大光辉于世界。

在民国时代,日本认识仍为国人所钟情。特别是"二十一条"要求出笼后,中国的日本研究进入了一个新的阶段。戴季陶于1917年在《民国日报》上连载了《观察日本》;1919年在《建设杂志》上发表了《我的日本观》;1928年,将他的关于日本的思索集中表现在《日本论》中。戴季陶从神道、武士道对日本民族性格形成的影响的角度展开研究,而周作人则从日本的风俗、人情、文化入手,对日本人进行了深刻的分析,戴季陶与周作人堪称20世纪上半叶中国人日本研究的双璧。

新中国建立后,周一良、吴廷璆、邹有恒三位老先生堪称运用马克思主义唯物史观研究日本史的开山鼻祖。他们从新角度阐释日本史的发展过程,对近代日本崛起的原因、日本文化的特色和中日文化交流等研究课题,进行了开创性的探讨。改革开放后,学术研究环境相对宽松,复值中日关系迅速发展、中国急欲引进日本资金和现代化成功的经验,有关日本史的研究全面展开,如火如荼,成果迭出。其中,涉及日本人的由来、日本民族性格和文化特征等本书研究范围的成果,不胜枚举。例如,沈仁安先生的日文著作《倭国与东亚》,以及该著的全版中文著作《日本起源考》(解放军文艺出版社,2004年)和《日本史研究序说》(香港社会科学出版社,2001年)、《德川时代史论》(河北人民出版社,2003年)等学术著作,达到了新的高度。马家骏、伊文成、汤重南先生等主编的《明治维新史》(辽宁教育出版社,1987年)代表了我国学术界关于明治维新研究的学术水平,对解说近代日本崛起的原因进行了有益的探讨。万峰先生的《日本近代史》(中国社会科学出版社,1978年)、吕万和先生的《简明日本近代史》(天津人民出版社,1984年)等与本书相关的日本断代史,反映了我国学者对近代日本演进历程经久不衰的研究兴趣和进展。

宋成有先生的《新编日本近代史》(北京大学出版社,2006年)从幕府的崩溃、近代民族国家的形成、大日本帝国的武力崛起、太平洋战争至日本帝国的灭亡,叙述了风云变幻的日本近代历史,反映了中国学者日本史研究的最新成果。

较多涉及近代中日关系、文化交流、相互影响等课题的学术成果也大量出版。例如,王家骅的《儒家思想与日本的现代化》(浙江人民出版社,1995年),探讨了传统思想在现代化进程中的现代价值。罗荣渠的《各国现代化比较研究》(陕西人民出版社,1995年)和《现代化新论》(商务印书馆,2004年)归纳了日本现代化的模式。刘金才的《町人伦理思想研究》(北京大学出版社,2001年),对日本近代化的精神动因进行了新的探讨。

2. 围绕日本军国主义和军国主义日本的认识问题的研究著作。民国建立后,日本军国主义的侵略造成了中国最严重的国家生存危机。对其研究并提出对策,成为时人的时代命题。20年代末期至40年代,是中国人日本研究的又一个高潮。因切身感受到中日大战即将爆发,中国人出于对假想敌的了解,从"知己知彼",制定正确的抗日战略和对策的角度出发,展开了日本研究。主要表现为:(1)以文化人为核心,社会各阶层对日本问题,中日关系普遍关注;(2)出现了系统研究日本的趋向。据林昶调查,30年代出版的各类日本研究丛书共 50 多套,其中南京日本评论社出版的《日本研究会小丛书》每周一种,每种论述一个问题,以此"暴露近代日本的破绽,务使其真相毕露,燃照无遗"。该套丛书共出版 83 种。此外,《反日帝国主义丛书》、《日本国情研究丛书》、《日本知识丛书》等系列研究日本的著作相继出版;(3)专门研究日本的刊物大量增加。30 年代至 40 年代,全国发行的有关日本研究的杂志近 30 种;(4)研究重点突出。据林昶分析,该时代日本研究集中在日本帝国主义、法西斯化、军国主义、武士道、大和魂等问题;(5)出现了一批高水平的日本研究著作,探讨日本人国民性的著作尤其值得关注,如《日本论》(戴季陶,1928 年)、《中日民族论》(缪凤林,1928 年)、《日本民族性》(陈德征,1928 年)、《日本人——一个外国人的研究》(蒋百里,1938 年)等。

20 世纪 90 年代以来,与本书时代背景关联密切的学术著作,也先后出版。例如,由汤重南、汪淼、韩文娟等先生主编的《日本帝国的兴亡》(世界知识出版社,2005 年)、李玉等先生主编的《太平洋战争新论》(中国社会科学出版社,2000 年)、蒋立峰、汤重南先生主编的《日本军国主义论》(河北人民出版社,2005 年)、徐勇先生的《征服之梦——日本侵华战略》(广西师范大学出版社,1993 年)、王向远先生的《"笔部队"和侵华战争——对日本侵华文学的研究与批判》(昆仑出版社,2006 年)、杨宁一先生的《日本法西斯夺取政权之路》(北京师范大学出版社,2000 年)、苏智良先生的《日本侵华战争遗留问题和赔偿问题》(商务印书馆,2005 年)、李正堂先生的《为什么日本不认账》(时事出版社,1997 年)等研究著作,对日本侵略战争进行了多方面的探讨。上述著作对本书的撰写,不乏参考价值。

本书的考察对象《宇宙风》杂志是一个文艺刊物,因此涉及现代中日文学关系。张福贵、靳丛林的《中日近现代文学关系研究》(吉林大学出版社,1999年),对反映在文学领域的近现代中日社会思潮、两国的影响关系和互动关系,两国作家、文化人的交流与摩擦,进行了系统的整理,尤其是对中日战争时期的日本文坛的介绍,堪可借鉴。

张历历的《百年中日关系》(世界知识出版社,2006年),从清末到当代,对百年中日关系作了历史的回顾,探讨了在中国对外关系中日本的影响与作用,展示了年轻学者的研究成果,但对于一些重要史料未列出处,则是一个遗憾。

3. 中国人和日本人的相互认识。从中日两国国民相互认识的角度研究日本,是民国以来中国学者经久不衰的课题。该领域的研究,可以分为民国时期和中华人民共和国成立后两大部分。民国时期中国人的日本研究,从作品形式上看,主要有以下3类:1. 散见于各种报刊上的散文、论述、随笔等文章;2. 发表于日本研究专门杂志,如《日本评论》、《日本研究》等刊物上的文章,这些文章对日本的政治、经济、军事、文化、历史、产业、风俗、国民性、中日关系等各个领域,或介绍报导,或分析评述,涉猎内容极为广泛,反映了这一时期中国文化人对日本问题的关心程度和观察日本、研究日本的普遍性,3. 一批日本研究专著的问世折射出了该时期日本研究的深度和系统性。从代表性的人物和成果来看,可以举出周作人、戴季陶、蒋百里以及新近发现的周幼海的《日本概观》(新生命出版社,1945年2月)等。

周作人自20年代初期,就开始了对日本文化的读解,它基于传统的中国文人的修养和对日本社会的长期体验和观察,发现了日本文化中独具的魅力和美感,对日本民族的优点予以了客观和中肯的评价。周作人的日本研究,主要发表于《谈日本文化书》和《日本关管窥》等散文集和其他一些报章中。而随着中日冲突的不断加剧,耳闻目睹日本军队的丑行,他对自己以往的对日本文化的赞美和肯定,生出许多疑惑,陷入了痛苦和矛盾之中,遂于1937年抗战爆发之前,宣布结束自己的日本研究。

周作人的日本研究,主要着眼于对日本文化生活的体味和品评;而戴季陶则从探讨日本的神权崇拜,建国思想的源头出发,考察了从丰臣秀吉时代到20世纪20年代后期这段漫长的历史时期内,从民族主义到国家主义,进而发展为帝国主义的轨迹,剖析了走向对外扩张的日本国民精神的形成史。

抗战爆发后,日本帝国主义的侵略,成为中华民族面临的主要矛盾。如何抵抗日本的侵略,采取何种政策和战略?中日战争将会如何发展?蒋百里的《日本人——一个外国人的研究》提供了很好的答案。他从对日本民族性的剖析入手,比较了日本的武士道、大和魂与欧洲的骑士道的差异,揭示了日本人的性格弱点,预示了中日关系的走向。

周幼海的《日本概观》(新生命出版社,1945年2月)是笔者新近发现的一本重要著作,疑为周佛海、周幼海父子合著。自抗战爆发以来,国破家亡的文人学者难以静心写作。而《日本概观》则分为十章,对日本民族进行了全面的分析,通过对中日国民性的系统的比较,阐释了中国人和日本人的重大差异和日本人的行为特征、思维方式,尤其关于未来的中日关系,作者提出了"中国与日本有着必须永远互相对付互相的命运"等观点,极具前瞻性,对于我们今天思考和把握中日关系,也有参考作用,应该引起关注。

周作人的日本研究,起于20世纪20年代初期止于1937年。戴季陶的《日本论》完成于1928年,10年之后,在抗战的烽火中,蒋百里的《日本人——一个外国人的研究》问世。在抗战即将胜利之时,周氏父子的《日本概观》出版。对周作人、戴季陶、蒋百里的日本研究,后人早有极高评价,而《日本概观》因读者寥寥,自然难以产生反响。笔者认为,随着对其了解和研究介绍的增进,人们自然会认识到这部著作的应有价值。可以说,上述几项成果,分别代表了20世纪上半叶各年代中国人日本认识的阶段性的水准和收获,是现代中国日本研究的里程碑式的著作。

除了这些研究著作外,阿英于1937年,在上海沦为孤岛前,为防止历史文献因战乱佚散而编集的《中日战争文学集》(北新书局,1937年),收集了甲午战争时期文人官吏的奏疏、诗文、小说,从中可以了解当时文化人对中日关系的态度和对日本的情绪;

余仲瑶编集的《日本人的中国观》(武汉留日同学会日本问题研究丛书第三辑,华中图书公司,1938年),通过战争初期对日本驻华大使有吉明、著名评论家室伏高信,以及政党领袖、记者、大学教授的采访,介绍了日本外交界、文化界对中日战争和中日关系、中国人的看法,在当时就多次再版,具有相当的影响力,对我们了解战时日本人的中国认识具有一定的参考作用;

余子侠的《民族危机下的教育对应》(华中师范大学出版社,2001年),命题有些偏差,通篇内容都是探讨20世纪上半叶中日之间围绕教育问题而产生的摩擦与冲突的。但作者依据翔实的史料,从宏观与微观的层面,剖析了中日冲突的原因、背景和演变过程,其史料介绍部分值得参考。

新中国成立后的前30年,因各种因素的制约,中国人的日本认识及两国相互认识的研究成果不多。改革开放后，随着两国交往全方位的展开和纠葛摩擦时有发生，研究日本国民性的著作和论文大量涌现。

杨宁一的《了解日本人》（天津人民出版社，2001年），从古代开始，到明治、大正、昭和乃至战后，系统地回顾了日本人自我认识的历程，介绍了日本人自我认识的主要论点，为中国人了解日本人与日本文化，提示了完整的视角。

尚会鹏的《认识日本人》和《中国人与日本人》（北京大学出版社，2000年）、贾蕙萱和沈仁安等主编的《中日民俗的异同和交流》、李玉等主编的《中日相互认识论集》，从社会集团、行为方式、文化心理、价值取向、历史认识、社会构成、生活习俗等不同侧面分析并比较了两国相互认识的异同，有助于两国国民的相互理解。

在晚清中国人日本认识的探索中，王晓秋的《近代中日启示录》（北京出版社，1987年）、《近代中日关系史研究》（中国社会科学出版社，1997年）以及《近代中国人日本观的变迁》《日本学》1991年第3期）、《近代中国人日本游记研究札记》、《黄遵宪〈日本国志〉初探》（《近代史研究》1980年第3期）等论著，以扎实的史料考订为基础，对该时代中国人的日本认识进行了梳理，不无启发意义。刘学照、方大伦先生的《清末民初中国人对日观的演变》（《近代史研究》1989年第6期）、《略论李鸿章的对日观》（《历史研究》1990年第3期）亦是研究清末民初中国人日本认识的重要论文。南开大学孙雪梅的博士论文《清末民初中国人的日本观》（天津人民出版社，2001年），从直隶官吏的日本考察入手，经过充分的调查，揭示了一个地区、一个社会阶层的日本认识的面貌及形成背景，展示了该时代中国人日本认识的一个方面。焦润明的《梁启超的日本观》(《近代史研究》1996年第1期)等论文,也是该领域有价值的成果。

上述研究成果,既有断代史的综合把握,也有全局性的宏观描述,对本书具有重要的参考意义。

近年来对战后中国人的日本观的研究,以中国社会科学院蒋立峰先生主持的研究较为系统。论文集《中日青年论坛——面向21世纪的中日关系》(世界知识出版社,1998年),收录了中日学者关于中日关系的论述和展望,其中的一些文章谈到了中日两国的相互认识与相互沟通问题。

《第5次中日青年论坛——我心目中的中国与日本》(世界知识出版社,2002年),刊登了中日两国青年学生与学者关于中日关系和相互认识的论文,展现了两国青年的观点和看法。

《中日两国的相互认识》(世界知识出版社,2003年),收入了中国和日本在中日关系研究领域卓有成绩的学者的论文,从中日相互认识的历史到现实、特点与难点,展开了广泛的探讨,反映了当代中日学者对两国关系、相互认识作用的看法,是了解当代中国和日本相互认识的一个窗口。

《21世纪中日关系发展构想》(世界知识出版社,2004年),基于当代中日之间的政治、经济、外交、文化关系,探讨和分析了今后中日关系的走向,既有宏观论述,又有具体的实证考察。

由留日学人中国社会科学研究会编撰的《中国与日本的他者认识》(社会科学文献出版社,2004年),则收入了中日两国的优秀学者的论文,显示了深湛的理论功力和思维深度。

孙立祥的《战后日本右翼势力研究》(中国社会科学出版社,2005年),是近年来中国学者研究日本的一部力作。作者从源头着手，对日本右翼势力的孳生、肆虐、削弱、抬头的过程进行了历史性的考察，分析了其赖以生存的社会基础，在与战后德国右翼势力的比较中，概括了日本右翼势力的特点，指示了其危害性，建设性地提出了遏制日本右翼势力的对策，是一部既具学术价值又具现实意义的重要著作，对于中国人在战前与战后的历史延长线上了解日本右翼、日本社会乃至日本人的国民性，从而准确把握中日关系的走向，具有重要的参考价值。

鲁义的《中日相互理解还有多远——关于两国民众相互认识的比较研究》(世界知识出版社，2006年)，在回顾中日建交30年来两国相互认识现状的基础上，通过对中日舆论调查的分析和对敏感问题的两国国民态度差异的比较，指出了中日相互认识中存在的问题点，并提出了相应的对策，是近年来从现实出发，认真思考和探索化解中日矛盾的方法的一部重要著作，值得参考。

王屏的论文《回顾与反思：中日相互认识的轨迹》(《人民日报》2004年7月2日第7版)，通过对近代中日关系的回顾，考察了在近代中日角色转换过程中两国国民情绪对立的历史，提出了中日两国相互认识的"误区论"，认为中国人把战争中的日本这一局部认识当成了对日本的整体认识，这种认识误区的存在影响了中国人对日本的全面的、客观的认识，容易带来情绪化的后果，对中日关系起到不利作用。该观点的提出在中日学界和民众中产生了较大影响，对本课题亦具启示作用。

随着周作人研究的兴起，2005年陕西师范大学出版社编辑出版了《周作人论日本》，将其散见于各篇文章中的关于日本的评述结集出版，使周作人的日本认识得以集中展现于读者面前。而未能注明文章最初的出处，则是美中不足。

近年来,一批依托于本尼迪克特的《菊与刀》、蒋百里的《日本人》、戴季陶的《日本论》等日本研究名著,重新审视和解读日本人、日本文化、日本民族性的论著、编著不断问世,如余杰的《铁与犁——百年中日关系沉思录》(长江文艺出版社,2004年)、马驿等编著的《丑陋的日本人》(山东画报出版社,2006年)、林桦的《刹那樱花——一个中国白领的日本印象》(中信出版社,2006年)、李涛的《罪与耻——日本的岛国属性》(中国友谊出版公司,2007年)、《大和魂——日本的根性窥探》(中国友谊出版公司,2007年),以及将本尼迪克特的《菊与刀》、新渡户稻造的《武士道》、戴季陶的《日本论》、蒋百里的《日本人》合集再版的《日本四书》(线装书局,2006年),尽管这些著作大多是重复前人的观点,属于通俗性读物,但仍不乏探索精神。这种现象既反映了面对新世纪的中日关系,文化界、知识界又一次把目光和注意力转向日本,也反映了读书阶层和知识界急于了解当代日本、思考中日关系的一种动向。

由张明杰主编的《近代日本人中国游记》丛书(中华书局,2007年)(芥川龙之介著、秦刚译《中国游记》;中野孤山著、郭举昆译《横跨中国大陆——游蜀杂俎》;竹添进一郎著、张明杰整理《栈云峡雨日记》;股野琢著、张明杰整理《苇杭游记》;小林爱雄著、李炜译《中国印象记》;夏目漱石著、王成译《满韩漫游》),介绍了折射在近代日本文人、作家眼中的中国印象,反映了对于日本人的中国认识介绍、研究的最新动态。

总体来看,中国人的日本观的研究,自20世纪80年代以来,有了长足的进展,出现了一批重要研究成果,但尚未形成一个系统的研究领域,参与此方向的学者较少,研究成果集中在清末民初,民国阶段的研究尤显薄弱。从方法论的角度看,采用原典性实证研究的方法进行具体考证的研究尚不充分。而从今天中日关系的现实来看，该领域的研究亟待加强。

（二）日本方面的研究状况概貌

战前日本人的著作，尽管其观点和立场存在问题，但具有一定的史料价值，可以作为本课题的参考：

信浓忧人的《支那人所见的日本》（作者本名鱼返善雄，青年书房，1937年）从《宇宙风》、《论语》、《西风》、《生活周刊》等杂志中摘录出中国人对日本的评论文章，译成日文，在日本发表。因时局关系，将原文中的"中国"，统统改成"支那"，不伦不类。但通过该译著可以了解到当年的日本人对哪些问题感兴趣。而该书出版后不到一个月便连续再版，也反映了当时日本人对中国文化人日本认识的关注程度。

日本日华学会编辑的《日支终成仇敌吗?》（〔日〕第一出版社，1937年7月20日），是根据由日华学会主办、1937年7月7日晚中日记者座谈会纪录成书的，通过该书，可以了解到中日大战序幕拉开的当晚，中日记者在东京展开的论战的过程，中日两国的著名记者围绕中日关系、两国之间的政治冲突与文化摩擦，展开激烈交锋的历史镜头，是一部难得的珍贵史料。

日本学者战后在该领域的研究，有实藤惠秀《中日非友好的历史》（〔日〕朝日新闻社，1972年），该书主要记述了从清朝末年到国民初期，中国留日学生与日本发生的政治冲突。

野村浩一的《近代日本的中国认识》（〔日〕研文出版社，1981年），是80年代日本人的中国认识研究的一部重要著作，通过对以知识分子为主体的近现代日本人中国认识的形成及嬗变过程的考察,分析了日本人的中国认识在中日关系中的作用,提出了"错误的中国认识导致了错误的战争"的观点。

京都大学山室信一的论文《面向未来的回忆——他者认识和价值创建的视角》(中国社会科学研究会编《中国与日本的他者认识》,社会科学文献出版社,2004年),从方法论的角度强调了他者认识乃至多者认识研究的重要性、意义和价值,在其论文《日本、中国、朝鲜间相互认识和误解的表象》中,进行了具体的分析。

内山完造和松本重治,作为战前长期生活在中国的日本人,在其著作中记述了当年中日关系、矛盾冲突的一些事例,对于了解战前的背景,具有一定的史料价值:

内山完造的《花甲录》(岩波书店,1968年),较为客观地记述了当年上海中日文化人的交往,对中日两国民族性进行了比较,其中对日本人的自大狂的批判,对中日前途的判断,表现出客观与良知。

日本记者松本重治的《上海时代》(上海书店出版社,2004年),从中日政治、外交史的角度,以亲历者的身份对30年代中日两国的矛盾进行了历史的回顾,介绍了中日交涉的许多细节,为我们了解与把握30年代中日关系提供了大量珍贵的第一手资料。但作者始终站在日本人的立场上,不乏为日本人开脱、辩解的表述。从该回忆录中,可以发现日本记者从当年到今天的一贯立场,为了解今天日本媒体对中国的态度,报导活动起到参照和警示作用。

近年来,以东京大学的并木赖寿教授为首,神奈川大学的大里浩秋、孙安石,东京大学的川岛真,爱知大学的砂山幸雄、三好章教授等为核心的学术群体,开始就20世纪上半叶的中日文化关系、冲突与摩擦,展开了基本的调查和研究,出版了如《中国人日本留学史研究的现阶段》(〔日〕御茶水书房,2002年)、《中日相互认识的交错》(爱知大学现代中国学会:《中国21世纪》,2005年6月)等著作和刊物特集,反映了日本学术界的最新研究动向。从2002年开始,中国文联出版社陆续出版了《竹内实文集》8卷。文集将长期从事中国研究的竹内实自20世纪50年代以来对中国的研究汇集成册。竹内实在对中国历史与社会、领袖人物和普通群众作出大量研究的同时,也经常比较两个国家在方方面面的异同。例如,载入其第8卷文集(中国文联出版社,2006年)的《在日本语与中国语之间》、《中国语和日本语的特点与思考方式》等论文,对照日语与汉语风格的异同,提出了日本语为带有"软性"和"潮湿"的特点;相形之下,汉语则具有"硬质"和"干燥"的特点,等等。

此外,美国学者柯博文的《走向最后关头——中国民族国家建构中的日本因素》(社会科学文献出版社,2004年),叙述了1931—1937年中日冲突的演进过程。其中对国民政府压制文化人与青年学生的反日运动,作出了中肯的分析,提出了具有客观性的解释。通过对中国媒体、文化人的态度的调查,揭示了在中国建设现代民族国家过程中,来自日本的障碍和日本给中国民众、知识分子造成的心灵伤害,具有重要的参考价值。

三、研究的创新点

在中国人的日本认识这一研究领域,中日学术界的前辈们已经取得了令人瞩目的业绩,但仍有某些不足之处。对于中国人的日本观的研究,尚未形成一个相对完整、系统的体系,在一些年代出现研究的空白或不够深入。从方法论的角度看,原典性的实证研究,如从过去的报刊杂志入手,开掘蕴藏极为丰富的历史资料,对其解读,进而接近历史真实的工作,尤显欠缺。从此种角度来看,本书似有以下几点新意:

1. 在研究对象上,与以往有所不同。与已有的研究成果相比,本书选择文化人这一阶层和中日战争的特殊时段,以《宇宙风》作者群为核心,通过对他们的日本认识的整体考察,探究这一时期的中国人的日本认识的概貌与特征,与先行研究相比,拓宽了研究领域,或许可以更快地接近该时代中国人日本认识的本质与主流层面。

2. 在具体研究方法上,有所突破。具体地把一家杂志作为舞台和载体,进行全面的调查与分析。经过多年的搜集,共出版了152期的《宇宙风》,已经被笔者搜集了151期,余下的1期(第143期)也找到了目录。本论文对刊登在《宇宙风》上的371篇有关日本社会、民族、侵华战争的文章,逐一加以解读和分析,详尽地实施原版实证追踪。这种研究方法,在中国现代文学研究领域已有人采用,但在日本研究领域,采用此种方法从事研究,不论中国学者还是日本学者,似不多见。

3. 在研究资料的搜集和运用上,有所扩展。研究历史,可以更好地观察在中日之间出现的现实问题。在处理当今错综复杂的中日关系时,对历史的资料进行探源,找到具有说理性的佐证,可以为历史和现实找到链接点,尽量客观、公正地复原历史的真相。一般来说,日本人对近代以来日本对外侵略的历史知之较少,不愿回顾这段历史,对于战争给中国人造成的伤痛和留下的后果很难理解,因此往往认为中国人是在纠缠历史旧账,行为过激。而通过本书的调查,可以让日本的学者和民众了解历史上日本的侵略,给中国人造成的刻骨铭心的伤痛,让他们了解今天中国人日本认识的源头、中国人对日情感的来龙去脉,了解战前的实际状况,可以为化解对立情绪,反思日本文化的弊端,提供一些实际的资料。而通过对当年战争的受害者的亲身经历和其日本认识以及形成背景的考察,又可为反驳日本右翼势力的谬论,提供强有力的佐证。

四、研究理论与方法

本书以马克思主义的辩证唯物论和历史唯物论为指导,用马克思主义的战争观、殖民地观来把握中日战争的性质,采用文化人类学、比较文化论和文化摩擦的相关理论,解释和分析20世纪上半叶中日政治冲突与文化摩擦的事件和现象,具体采用以下几种方法:

(一) 原版性的实证调查方法

1. 尽力搜集所有《宇宙风》杂志和该杂志的背景资料;
2. 对已搜集到的151期《宇宙风》杂志(共152期)进行通读,从中找出所有集中谈及日本的文章和段落;通过上述调查,力图理清和把握20世纪30—40年代以《宇宙风》作者群为代表的中国文化人的日本认识的整体面貌。

(二) 归纳分类法

对《宇宙风》杂志中包罗万象的日本论述进行归纳,把具有同性质的论述集中在一起,按年代顺序整理分类,使《宇宙风》的日本认识形成系统、清晰的板块。

（三）文本解读法

对经过归纳分类的《宇宙风》的日本论述，采用史料分析、辩异，对历史语境与文化语境的阐释等方法，对原文进行文本解读和分析，找出该群体日本认识的本质性、主流性特征。

（四）比较分析法

对《宇宙风》关于日本的各种论述，与同时代的论述；同质性和异质性的论述；中国人的论述和日本人的论述，进行横向与纵向比较，通过比较，找出《宇宙风》所跨越的时代的日本认识的主要异同点，中国人与日本人的认识的一些主要分歧点，进而提炼出该群体日本认识的主要特点和变化规律。

五、结构内容

绪章：介绍该书的主要内容，研究意义，拟探讨和解决的问题，采用的方法，先行研究状况，内容结构。

第一章：介绍30年代中国文坛的状况和"杂志热"的出现、《宇宙风》的创刊和影响力、《宇宙风》的日本观察与日本研究状况。

第二章：首先概要介绍30年代初期中日之间政治冲突与文化摩擦的状况，《宇宙风》作者群与日本的关联和对日本的记忆，然后以自《宇宙风》创刊后到大战爆发，该杂志中的评述日本的文章为对象，以《日本与日本人特集》为核心，展开调查与分析，找出对日本文化优秀部分的赞扬和对其缺欠的批评，与日本相比较，对中国文化的弊端的反思。

第三章:介绍抗战爆发前后中国文化人对日本的态度,中国文化人在国难中的经历,抗战时期《宇宙风》的日本透视,着重考察抗战时期中国文化人在民族灾难与个人困境中对日本人、日本文化的再认识和对其丑陋一面的揭示。

第四章:通过《宇宙风》篇章中反映出的对日本战争责任、天皇的战争责任的追诉,和当时"以德报怨"的思潮、戴季陶的"哀日本"等诗文,探讨抗战结束后中国文化人对日本的认识和反思。

第五章:通过对《宇宙风》杂志的考察,归纳中国文化人的日本认识的特点、社会作用、进步意义与局限性,提出结论,依据对《宇宙风》日本认识的考察,提出对今天中日关系的启示作用。

需要说明的是,本书的主要考察对象是《宇宙风》杂志及其相关的文化人,但在阐述一些问题时,涉及同时代的一些政治领袖和其他人,为从整体上把握该时代中国人日本认识的本质层面,对于他们的日本评述也作了必要的介绍。

第一章　中国文坛上的《宇宙风》杂志

第一节　30年代的"杂志热"

20世纪30年代的中国,是一个文化活跃、思想活跃、学术活跃的时代。思想文化界就中国的社会性质、走向与命运,展开了热烈的探索和论战,以人文知识分子为核心,成立了各种各样的文化团体。他们通过演讲、集会、沙龙来宣示自己的主张,产生了一批具有跨时代意义的作品。与时代的走向相同步,作为发表思想、观点、作品的载体和舞台,在30年代初期,出现了创办杂志"热","时人称之为'期刊热'或'杂志年'。尤其是1932年'一·二八'事变以后,期刊数量猛增。除了出版中心上海新出的以外,还有南京、杭州等地出版的杂志,很引人注意。到了1933年,期刊出版数量有了进一步的增长"。[①] 据胡道静的统计,1933年,上海出版的杂志总数多达215种,约占全国杂志的70%。[②] 1934年到1935年,各种杂志持续问世,当年的文化人就议论道:民国"二十三年之所谓杂志年,不过是个开端,二十四年而大进,二十五年则渐降而进入

[①]　宋应离主编:《中国期刊发展史》,河南大学出版社2000年版,第151页。
[②]　陈江、李治家:《三十年代内的"杂志年"——中国现代期刊史札记之四》,《编辑之友》1991年第3期。

安定状态亦未可知。"①

1934 到 1935 年,中国杂志的创刊不断升温,到 1936 年势头开始减弱。据统计,1935 年,全国各地共出版杂志 1518 种。② 可以说,1932 年至 1936 年,以上海为中心,中国的杂志出现了一个空前繁荣的时代,形成了一个"杂志热"。

一、出现杂志"热"的原因分析

为什么在这个年代会出现这样一个杂志"热"? 对于 30 年代杂志热的文化现象,当年就有人从政治、经济、社会、心理等角度做过分析。郑振铎、付东华主编的《文学》,在 1934 年第 3 卷第 2 期的《文学论坛》栏目上发表了一篇《所谓"杂志年"》的文章,分析形成杂志"热"的主要原因是:

1. 售价适中。文章认为,杂志较单行本著作相比,价格便宜,适合当时经济状况较为困窘的知识分子和青年学生的购买力;

2. 消费习惯。文章说,鲁迅以"莫朕"的笔名,在《申报》的"自由谈"发表了一篇叫做"零食"的随笔。认为"出版界的现状,期刊多而专书少,便有人发愁,小品多而大作少,又使有些人发愁",他说原因之一是"上海的居民原就有吃零食"的习惯,有些文学杂志和综合性杂志就是"消闲的零食"。③ 刊载所谓"软性读物"——幽默与小品的杂志,受到读者欢迎;

3. 文坛派系。文中说:"想办杂志的人,现今非常之多。中国社

---

① 舒新城:《两年来之出版界》,《中国新论》第 3 卷,第 4—5 期合刊。
② 1935 年(上海)《申报年鉴》。
③ 宋原放主编:《中国出版史料》(现代部分)第一卷,下册,山东·湖北教育出版社 2001 年版,第 359—360 页。

会是一个复杂的社会,什么系,什么派,说也说不清楚,而系中又有系,派中又有派。这种现象反映到文坛上几乎是两个人就成为一系,三个人就成一派,而这些又和社会上的各种派系直接间接有关系。于是各人得办一个杂志,发表自己的意见。"① 另据胡愈之回忆,当年办杂志是件极简单的事:"当时每人出10元钱也可出一期杂志。"②

除了上述原因外,杂志可以及时报导社会的各种动态与信息,涉及内容广泛,也应当是大受欢迎的重要原因之一。对于各种政治派别宣扬、推行各自的主张起到公众传媒作用,也是杂志市场火爆的原因之一,如左翼文学界正是通过办杂志才使自己的政治意识形态在当时的高压统治下得以最大程度的社会化,尽管他们的刊物不断遭到国民政府的查禁,但是"越是被查禁的,青年人就越是千方百计去找来看"。③

不论何种原因,杂志热或杂志年的出现,为各种观点、思潮、作品的发表,提供了竞相表现的舞台,繁荣了文艺创作,促进了思想的交流,是新文化运动之后中国社会的一个巨大进步。

杂志"热"能够热在上海,也绝非偶然,是历史的、人文的多重因素综合作用的结果。首先,得开发风气之先。上海是近代较早开埠的港口城市,接触新事物的机会较多。19世纪中期开始,西方的传教士,记者商人陆续来到上海,一些人创办报纸杂志,许多近代报刊都是在上海最先出现的,这就给当时的知识分子通过报刊为了解国内外动态,认识到掌握信息提供了便利,带动了出版业的进步。其次,文化活动活跃。上海过去被称为东方魔都,冒险家

---

① 宋原放主编:《中国出版史料》(现代部分)第一卷,下册,第359页。
② 同上,第89页。
③ 施蛰存:《戴望舒译诗集·序》,湖南人民出版社1983年版,第2页。

的乐园,也是文人聚集的城市,居民的文化水准要比其他地区高出许多,对精神产品的消费需求也高于其他地区。再次,出版业发达。上海与国外及其他城市的商业及交流发达,制作印刷品的原料,如纸张,油墨较外地价格低廉,可降低杂志的成本。于是,杂志"热"在上海持续升温。

二、创办杂志"热"的几种表现

在30年代的杂志热中,呈现出以下几种状况:

1. 书店、报馆、团体纷纷介入创办刊物

据胡道静介绍,当年上海的文人争先恐后办杂志,杂志的经营者主要有书店,书店是印刷业的资本的拥有者,也拥有自己的发行渠道,上海书店林立,每家都有一种至数种杂志;第二便是报馆。规模大的报馆,除了每天发行期刊外,还有周报、月报等附属刊物;第三是团体。上海的学艺团体及职业团体很多,大都各有一个或数个机关刊物;第四,学校,其办刊情形与团体差不多,但公开于社会并著名的刊物则较少。

2. 以"刊"鸣志

如前所述,由于办刊的手续简便,成本低廉,因此除书店,报馆、团体学校外,三五笔友,志同道合者,均摊费用办刊物的情形为数不少,有的人为发表自己见解,观点或成果,甚至一人掏腰包也要办刊物。如袁牧之创办了《戏》月刊,在发刊词中写道:"如其同志们能付以同情,就是挨饿苦干我也是甘心的。"[①]

---

① 胡道静:《1933年的上海杂志界》,《中国出版史料》(现代部分)第一卷,下册,山东教育出版社2001年版,第345页。

3.刊物"热"胜过图书"热"

当年由于杂志的出现,导致单行本书籍发行量骤减。胡道静认为原因有二:第一,每册杂志内含许多东西,使读者不觉单调,比看一本整书有兴趣;第二,杂志紧跟形势,由于是定期出版,每期可载最近发生的事情,这就使得读者们在"刊"与"书"中间,更愿选择"刊",造成了"刊"热过"书"的现象。

4.生存艰难

由于个人办刊占有相当大的比例,因此资金、发行渠道有限,又因笔友意见不合,随即散伙,因此许多刊物昙花一现,出了几期便无下文。而当日本帝国主义大举入侵中国之后,知识分子纷纷逃难,自然无暇顾及刊物,能够在抗战中坚持生存下来的刊物,少之又少。这就使得杂志"热"不断冷却,杂志年亦成短命年。

第二节 《宇宙风》杂志的沿革与影响力

《宇宙风》诞生在杂志热的年代里。1935年9月16日,林语堂创办散文半月刊《宇宙风》于上海。林语堂是一位学贯中西的著名学者、文学家、哲学家,在西方国家文坛享有盛名。1895年,林语堂出生于福建省龙溪县一个传教士家庭,从小就接受了西方文化的熏陶。他先后就读于厦门寻源书院和上海圣约翰大学,1919年去美国留学,后转赴德国莱比锡大学,获哲学博士学位。1922年回国后先后在北京大学、北京师范大学、北京女子师范大学、厦门大学执教。自30年代初期开始,林语堂创办了《论语》、《人间世》等多种刊物。1936年以后移居美国,1966年到台湾定居,1969年被推选为台湾国际笔会会长,1975年在维也纳第四十届大会上当选为国际笔会副会长,并被提名为诺贝尔文学奖候选人之一。1976年病逝于香港。

1932年淞沪抗战之后,林语堂与朋友一起创办了《论语》半月刊,标榜提倡幽默和不谈政治。其后又依托于良友图书公司出版了《人间世》半月刊,但因与良友公司不和,遂决定自己办一家独立门户的杂志,这就是林语堂创办《宇宙风》的由来。

关于《宇宙风》的命名,有两种说法,一是林语堂为向国人介绍世界的形势、外国的知识,故将其新办刊物取名为《宇宙风》。而从《宇宙风》发表的文章内容来看,有相当一部分是介绍外国文化、国际知识的,因此这种说法亦不无道理。二是据当事人海戈回忆,"林语堂退出《论语》和《人间世》后,在家里和陶亢德、海戈举行三人小组会议,商量创办新刊物的事宜,其时正值梅派青衣在上海唱《宇宙锋全本》,海戈建议用'宇宙风',因为嫌'锋'字太露锋芒,改为'风'字。"①

《宇宙风》创办初期,继承了《论语》、《人间世》的中间立场,在第一期的"且说本刊"的文章中,林语堂介绍了《宇宙风》的办刊宗旨:

> 《宇宙风》之刊行,以畅谈人生为主旨,以言必近情为戒约;幽默也好,小品也好,不拘定裁;议论则主通俗清新,记述则取夹叙夹议,希望办成一个合于现代文化贴切人生的刊物。(中略)所以不专谈救国,也不是我们不愿救国,但是不愿纸上谈兵。②

---

① 刘心皇:《现代中国文学史话》,台北中正书局1979年版,第590页。
② 《宇宙风》第一期,1935年9月16日,第54页。

刊物的宗旨,反映出主创人的风格。林语堂一向以提倡舒闲、幽默的作品著称,受西方的休闲类刊物影响,希望办一本超越党派、政见,贴近民众生活的杂志,反对空唱高调,清谈救国。在《宇宙风》的前期,基本上反映了林语堂的这种态度,观点鲜明的政论性文章较少,恬淡平和的散文居多,但《宇宙风》绝不是躲进象牙之塔,不问世事的消遣刊物,于主张适闲的同时,也关心国家的命运,在第一期就登载了讽刺实弊的漫画"救国图",批评外国列强欺侮中国的"进化之证据",第二期则发表了陶亢德指责筹办国庆忘记国耻的《国难不难》的文章。此后,又开辟《欧风美雨》、《苏联通讯》等两个专栏,介绍世界的动向。回避政治,既缘于林语堂一贯反对道学空论的立场,也是为了摆脱当时政府严格的新闻检察和迫害。据尚存人世的唯一一位参与过《宇宙风》编辑工作的周邵回忆,在创办《论语》的时代,林语堂就十分谨慎:

> 其时国民党政府于签订《淞沪停战协定》之后,对言路较为宽松,但不久即逆施白色恐怖,杨杏佛、史量才等民主人士相继被暗杀,林语堂也害怕受祸,乃退居二线,由邹韬奋荐举在《生活》周刊任过编辑的陶亢德继任《论语》编辑。[①]

随着中日冲突的不断加剧和日本侵华战争的不断升级,《宇宙风》开始直面严酷的社会现实,逐渐显现出其战斗的性格和理性的思索,其声望和影响力不断扩大。

---

① 柯灵主编、冯金牛编选:《民国名刊精选·午夜高楼——〈宇宙风〉萃编》,上海古籍出版社1999年版,前言,第2页。

第一章 中国文坛上的《宇宙风》杂志

《宇宙风》杂志不设主编,只有林语堂、陶亢德二人任编辑。整个刊物由林语堂策划,编辑业务、发行等一应事务均由陶亢德承担。应当说陶亢德是《宇宙风》实际的主干和总管。陶亢德原本在邹韬奋主办的《生活》周刊任编辑,因办事能力强而受到林语堂的赏识,遂加盟《论语》,继而加入《宇宙风》。周邵介绍道:

> 陶亢德确是一位干才兼异才,他家庭出身清寒,不曾受学校教育,全靠自学成才,又肯刻苦用功,到后来竟能通晓五六国文字。而且他胸怀大志,要在出版界大展鸿图。[①]

1936年夏,林语堂移居美国之后,尽管时常隔海遥控,但《宇宙风》的日常运营则全由陶亢德负责。中日大战爆发之后,陶亢德历尽艰辛,使这个刊物得以延续,为当时的出版界和文化人撑起了一面旗帜,本人也曾亲自撰文怒斥亡国论和汉奸的卖国行为。然而太平洋战争爆发后,原本预定与杂志社一同撤往香港的陶亢德,又回到上海并投靠了日本人。1942年作为日本为建立大东亚共荣圈做宣传的"大东亚文学家代表大会"代表,赴东京参会,会后以"留日以求深造"为借口留在了日本。回国后,任汪伪《中华日报》的主编,坠落为替日本侵略者张目的文化汉奸。陶亢德从坚决主张抗敌到附逆的急转直下,既是他的个人悲剧,也给《宇宙风》杂志抹了黑,成为抗战时期中国文化界的一大耻辱。

《宇宙风》的另一位重要人物是林语堂的三兄林憾庐。林语堂

[①] 柯灵主编、冯金牛编选:《民国名刊精选·午夜高楼——〈宇宙风〉萃编》,前言,第2页。

赴美后便把其合伙权转给林憾庐。林憾庐是一位虔诚的基督徒，性情忠厚老实，是巴金的挚友，林语堂赴美后，他竭尽全力支撑乃兄的这份家业。在中日关系日趋紧张的时候，林语堂改变了以往的态度，在赴美前的"临别赠言"中提到要关注政治，战争打响后，林语堂远在美国，却十分关心祖国的命运，支持抗战。

20世纪30年代，是一个黑云压城，国难当头的年代。中日之间的民族矛盾，成为中国面临的主要矛盾。继"九·一八"占领东北后，日本帝国主义又把侵略的矛头指向华北、华东，中华民族面临空前的生存危机，救亡图存成了时代主旋律和中国人的神圣使命。面对时局的变化，《宇宙风》也改变了初衷，开始关注中国的处境和中日关系，发表了一系列的抵制日本帝国主义侵华野心，动员抗战，暴露日本社会内部矛盾的文章。在抗战的血雨腥风中《宇宙风》在除政府支持的刊物外，大多数刊物陆续停刊的情况下，矢志不移，坚持每期按时出刊，发出一期期对战况的报导，对敌占区百姓生活艰辛的写照，对日军残暴罪行的揭露，鼓舞了人民坚持抗战的信心。《宇宙风》堪称抗战时期中国文化人吹响的一支嘹亮的号角，动员了不甘当奴隶的中国人走向民族解放的曙光。

在观察与研究日本方面，《宇宙风》做出的贡献是：

1. 引导国人了解日本，大力提倡研究日本。

20世纪30年代，日本帝国主义已然成为中国面临的最凶恶、最危险的敌人。从知己知彼的角度出发，《宇宙风》敏锐地意识到了解日本，研究日本的必要性和紧迫性，在创刊一年后的1936年9月16日的第25期，刊出了《周年纪念倍大号，日本与日本人特辑》，封面引用了戴季陶的"拿句旧话来说'知己知彼，百战百胜'。无论是怎样反对他攻击他，总而言之，非晓得他不可"。在特辑后面介绍本期编撰目的的"本刊一年"中,编者写道:"这一期的本刊是第二年开始的第一期。我们深觉研究日本之不可缓,故当第二年开始之际,出了这么一个日本与日本人特辑,算作我们奉与国人的国难期的微物。"因响应者众多,该期未容下的稿子,转到了下一期的第 26 期《日本与日本人特辑 下》,在封面又引用周作人《谈日本文化书》中的一段作为题记:"如果有人因为喜爱日本的文明,觉得他一切都好,对其丑恶面也加以回护,又或因憎恶暴力的关系,翻过来打倒一切,以为日本无文化,这都是同样的错误。"从编者的编撰说明和封面题记,到后来中日关系的走向来看,《宇宙风》是具有深湛的洞察力和远见卓识的。

然而在当年,要编辑《日本与日本人特辑》,不仅需要见识,更需要胆识和勇气。1936 年,中日大战一触即发,举国上下同仇敌忾,反日情绪接近顶点。而要在文章中评说日本和日本人的优点,则非常容易招致国人的反感,引发众怒。另一方面,日本为寻找向中国开战的借口,不断挑衅滋事,对媒体和文化人尤为关注,迫使南京政府加紧新闻管制。为不授人以口实,在当时的报刊上少有谈及日本的文章,即使说到日本,也以"某国"代替,致使"某国"成了当时约定俗成的日本的代名词。而在《宇宙风》的《日本与日本人特辑》中,却直接了当直呼日本,文章内容中也有许多对日本人、日本文化的批评。这很容易得罪"某国人",招惹是非,给刊物酿成大祸。但《宇宙风》毫无畏惧,坚持自己的主张和立场,其见识与胆识赢得了钦佩。在抗战的进程中,《宇宙风》依旧不断提醒国人研究日本。

2. 以刊物为阵地和纽带,积极组织研究日本。

《宇宙风》不仅大声疾呼,极力倡导国人研究日本,还精心筹划,积极组织研究日本。从《日本与日本人特辑·上》的编后记中,可以看到特辑的问世过程:"这特辑的出版,我们最先得感谢知堂先生,没有他的帮忙与指教,无论如何不会有这么精彩。其次感谢的是赐稿的诸贤,没有他们的赞助,不会有这样的丰富。"如前所叙,囿于当时的形势,出版这样的特辑,是需要见识与胆识的。特辑的出版,是文化界的一件大事,绝不是脑子一热,一蹴而就的。《宇宙风》请出著名的日本通,新文化运动的大家周作人协助策划,又邀请众多文化名人,知日家来参与,才可能保证特辑的质量。

3. 为后人留下了一份宝贵的精神遗产。

《宇宙风》第25、26期《日本与日本人特辑》,首先从作者阵容来看,即包括了一批中国现代文坛的文学巨匠,如郭沫若,周作人、郁达夫、林语堂、丰子恺等人,也有对日本文学、日本文化颇有见识的谢六逸、徐祖正、付仲涛、尢炳圻等人的参与。再从文章的形式来看,这两期稿子并非严格意义上的学院式的日本研究论文,具有散文与随笔的性格。这就使得文章的议论具有散发性,而正因其"散",才能给作者提供一个自由挥洒的空间,不拘一格,不落俗套,夹叙夹议中,蕴含着真知灼见。而从文章所谈及的内容来看,包容广泛,既有对日本文化的评述,也有对中日关系的思考,既有对日本民族性的分析,也有对日本文明史的回顾,反映了该时代中国文化人对日本和日本人关注视野的广阔性。特辑的几乎所有作者都有留学日本的经历,在拥有扎实的国学基础和杰出艺术才华的同时,又有着对日本社会、日本文化的深入了解和准确把握。他们的文章尽管未必具有专门著作或论文所要求的系统性,但字里行间都透露出对日本的入木三分的深刻见解与中肯评价,他们的日本观察与日本研究,代表了中国文化人日本认识的至高层面,即便在今天读来,依然令人感佩不已,为当代中国人了解日本,认识日本提示了重要的线索和启迪,可以说以《日本与日本人特辑》为核心,《宇宙风》杂志为后人研究日本,为中日文化交流留下了一份宝贵的遗产,具有重要的认识价值。

1943年2月,林憾庐因肺炎病逝于桂林。据其亲友回忆,在上海时期,因刊登反对日本侵略的文章,林憾庐曾经不断遭到骚扰,有人劝其改变一下风格,发些无关痛痒的文章,但他表示,即便停刊,也不能出卖灵魂。在大多数刊物难以维持的情况下,正是这种民族精神,支撑着《宇宙风》在抗战的烽火中,历尽艰辛,为当年的读书人保留了一份精神食粮,高擎起战斗的旗帜,鼓舞着人们坚持到胜利。

《宇宙风》创刊时,地址设在上海愚园路愚谷村20号,随着战事的推移,1938年5月,杂志社由上海搬到广州,出版了66—77期,后又迁到香港,出版到105期,继而搬到桂林,刊出第106—138期,抗战结束后,于1945年6月迁往重庆,刊出第139、140期,1946年复迁广州,出到终刊的第152期。

1939年3月,《宇宙风》因内部矛盾,协议分家,正刊由林憾庐掌管,另在上海创办《宇宙风》乙刊,归陶亢德负责,到1941年12月,乙刊共出版56期。正刊由1935年9月16日至1947年8月10日终刊,共出版152期。因林憾庐的病逝,1943年5月25日的第131期起,由缪崇群任编辑,其后由叶广良和林憾庐之子林翊重继任,一直到《宇宙风》终刊。

《宇宙风》历时12年。从创刊时标榜幽默与不谈政治,转变为与祖国共命运,表现了国难当头时知识分子的政治立场,受到了读者的普遍欢迎。《宇宙风》的影响力主要表现在以下几点:

1. 拥有一个以文坛大师为主体的稳定的作者群。长期为其撰稿的有著名的"三堂"即"知堂"——周作人,"语堂"——林语堂,"鼎堂"——郭沫若。1927年"四·一二"政变之后,郭沫若流亡日本。南京政府严禁其著作,但对他的考古和历史学著作准许以笔名出版,郭沫若遂以"鼎堂"为笔名。除了"三堂",还有"三老"即老舍、老向、老谈。郭沫若的《北伐途次》,老舍的《牛天赐传》《骆驼祥子》,郁达夫的一些游记,谢冰莹的《从军日记》等现代文学的许多著作,都是首先在《宇宙风》发表的。《宇宙风》的特约撰稿人达72名,有蔡元培、钱歌川、俞平伯、废名、戈宝权、胡适、柳亚子、黄炎培、朱自清、谢六逸、孙伏园、谢冰心、蒋廷黻、施蛰存、苏雪林等人,其中有"五四"时期的文化名人,初露头角的文坛新锐,各党派的精英,堪称群贤荟萃。有这样一支实力雄厚的作者群,自然会使刊物在读者中形成巨大的影响;

2. 办刊持续时间长。30年代,既出现了"杂志热",同时又被称为杂志的短命年。许多杂志一问世后,没出几期就不了了之。加上政府的新闻管制,日军的围剿,战火的袭扰、纸张、资金的匮乏,致使大多数的刊物难以长期生存。而《宇宙风》则克服了无数困难,几次迁移,苦熬苦撑了12年,为文化人在战乱中保留了一份血脉,一个舞台和阵地。在中国期刊史上,除了依托几家大出版社的"如商务印书馆的《东方杂志》、中华书局的《新中华》之外,在旧中国的众多期刊中寿命可以说最长,其影响也可以说是极为广泛的。"①

---

① 柯灵主编、冯金牛编选:《民国名刊精选·午夜高楼——〈宇宙风〉萃编》,前言,第1页。

3. 杂志的发行量大。据周劭回忆,邹韬奋的《生活》周刊,曾在《申报》上刊登巨幅广告,请上海著名的徐永会计师审计,证明《生活》每期销量为 12 万份之巨,在当时中国期刊中稳居首位。亚军则是商务印书馆的《东方杂志》8 万份,第三名便是《宇宙风》4.5 万份。《生活》是政治、时事性刊物;《东方杂志》以商务为后盾,资格最老,拥有如此销量,自不足奇。惟有新问世的《宇宙风》获得第三名,确属来之不易。① 从中国人的节俭习惯来看,一份杂志的读者肯定不止一个人,或许在小范围内互相传阅。假使一份杂志有两三个人传看,《宇宙风》的实际读者至少在 10 万人左右,这在中国文化教育整体落后的 30、40 年代,堪称难得。由此可见《宇宙风》在当时的影响。

据美国学者柯博文的分析,在南京政府时期,大约有 5%—7% 的中国人经常阅读报刊,"由于印刷传媒的增长,学生和知识分子能够把他们的观点传给更多的听众。无可置疑的是 20 世纪 30 年代,仅有一小部分中国人深受民族主义者的鼓动,这一小部分人在政治舞台上占据主导地位。"② 通过柯博文的分析,我们可以了解到,30 年代中国的报刊尽管未能像西方国家那样普及,读者只占人口的很少部分。这部人,也就是知识分子和青年学生,是当时中国社会思想界最为活跃的一个群体,他们把通过报刊等媒体获得的信息、观点传播给更加广泛的民众,在大敌当前的形势下,宣传动员群众反对日本帝国主义的侵略,起到了媒体的辐射

---

① 柯灵主编、冯金牛编选:《民国名刊精选·午夜高楼——〈宇宙风〉萃编》,前言,第 4 页。

② 〔美〕柯博文:《走向最后关头——中国民族国家构建中的日本因素》,社会科学文献出版社 2004 年版,第 2—3 页。

作用,扩大了报刊的影响力。毫无疑问,《宇宙风》堪称其中的佼佼者。

4.影响力持久。《宇宙风》受到读者的欢迎和爱戴,不仅表现在刊物发行的30—40年代,在经过半个多世纪的风雨之后,人们依然没有忘却《宇宙风》:1999年9月,上海古籍出版社重新整理出版了《民国名刊精选·午夜高楼——〈宇宙风〉萃编》(柯灵主编,冯金牛编选),将《宇宙风》中的精品拔萃成集,再飨读者。而其中记述日本的文章,还是被作为重点收录。

在北京市房山区委宣传部的网站上(2007年4月8日)登载了张寿江的"常夏斋书话",其中一段介绍了由《宇宙风》杂志社将日本特辑结集出版的《日本管窥》:

> 清末民初,我国兴起一股到东洋日本留学之风。
>
> 您想了解那时日本的政治经济、文化教育、医疗卫生、城市概况、民族特性和风土人情吗?您想知道当时的一些留日学生,撰写对日本的观感和看法吗?
>
> 早在民国二十五年(1936)十二月,我国上海就出版了这样的一本书,它的书名叫《日本管窥》,此书共265页,由陶亢德编辑,宇宙风社发行。
>
> 1999年10月,我在北京潘家园旧书摊购得此书。封面上的"日本管窥"四字,是由周作人先生题写,落款是"知堂"二字。由于这位特殊人士题写的书名,这就给收藏此书更加平添了几分内容,同样因此,几经风雨之后,估计如今它的存世量也会大大减少。
>
> 书中一共收入了27位作者的32篇文章。傅仲涛写的

"日本民族底二三特性",周作人写的三篇,"谈日本文化书","怀东京","怀东京之二",刘大杰写的"日本民族的健康",郁达夫写的"日本人的文化生活",夏丏尊写的"日本的障子",谢六逸写的"日本的杂志",丰子恺写的四篇,"日本裸体画问题","日本的漫画","记东京某音乐会研究室中所见","林先生",钱歌川写的"日本妇人",俞鸿谟写的"日本的男与女",刘芳写的"一个日本女子师范学校",徐北辰写的"我对日本和日本人的观察",伯上写的"我的日本房东",三郎写的"扶桑印象",胡行之写的"印象中的日本",黄慧写的"洋化的东京",贺昌群写的"唐代的日本留学生",郭沫若写的"关于日本人对于中国人的态度",等等。

这都是当时留日学生采集的第一手材料,翔实可信。现在阅读此书,仍有一种新鲜感觉,这对要想"管窥日本"的一些诸况,大有帮助作用。

从此书出版到现在,一晃 67 年已经过去,此书无疑已成为一本了解日本、研究日本的不可多得的珍贵资料。①

2005 年 5 月,复旦大学出版社出版了由贾植芳、周立民选编的《我的日本印象》,其中除收录了一些新作者的文章外,主要收录了当年《宇宙风》特辑中评述日本的文章。

2006 年 10 月 28 日的《南方都市报》刊登了杨小洲的"绕指与吟赏",该文介绍了作者走入日本文学领域的缘起,其中也谈到了《宇宙风》的日本特辑:

---

① 北京市房山区委宣传部网站(2007 年 4 月 8 日)张寿江的"常夏斋书话"。

尽管未来的日子还可以安排,但思想起来延误了近八年的时间,不免会有所遗憾。引发这想法的诱因,起于我在京城潘家园地摊上淘书的经历,主要还是从1936年的《宇宙风》半月刊杂志上,这年的第二十五及二十六两期,正是"日本与日本人特辑",那上面有刘大杰、贺昌群、郭沫若、周作人、郁达夫、夏丏尊、谢六逸、丰子恺、林庚、钱歌川、徐祖正、叶建高等人的文章,读了使人对日本及其文化生出向往。①

为了解当年《宇宙风》的读者群状况与影响力,笔者在学友的帮助下,于2007年6月,采访了3位读过《宇宙风》杂志的前辈。蔡旭若,1925年出生,1945—1948年上海复旦大学读书,原国家教委思政司司长。沈友益,1927年出生,1947—1951年上海交通大学读书,原国家教委图书司司长。殷叙彝,1927年出生,1945—1947年南京中央大学、1947—1949年北京大学读书,中央编译局资深翻译家。

问1:当年接触到《宇宙风》,是通过哪种渠道,是在书店买的,还是订阅的,抑或是从朋友处借的?
答:有老师的推荐,从学校的图书馆借来看的,大家都比较穷,没有人舍得买。
问2:当年是否有一本杂志大家互相传阅的情形?
答:《宇宙风》大家都喜欢读。
问3:当年《宇宙风》的读者,大概是那些人?

---

① 杨小洲:《绕指与吟赏》,《南方都市报》2006年10月28日。

答:只是记得老师和学生很喜欢,别的不太了解,思想都是很激进的高中生,大学生,教师,职员。这个杂志的读者还是有比较高的文化的人,因为一般人不读这样的杂志。

问4:对《宇宙风》的哪类文章感兴趣?能否记住当年的一些文章的作者、题目,内容?

答:具体内容记不清楚,但是因为这杂志经常有一些文化名人的文章,大家挺喜欢的。

问5:对《宇宙风》关于日本的文章是否感兴趣、有记忆?如果有,大概是哪些方面?

答:这个没有印象了

问6:《宇宙风》关于日本的文章,对于了解日本,是否起到了作用,对当年的青年、文化人的对日态度,《宇宙风》起的作用是否重要?

答:在那个信息不发达的时代,这个杂志对文化人了解日本起到了一定的作用,那个时候好多报纸和杂志都在介绍日本的情况和战争的情况,所以这杂志也是其中一种吧,我只能说起到了一定作用,记得这个杂志还是很有名气的。

问7:《宇宙风》对于增加对日本的仇恨或敌忾,是否起到了激励作用?

答:这个我想还是有很大作用的。

由以上资料可以看出,尽管沧海桑田、时光流转,而《宇宙风》杂志,尤其是其中关于日本的文章,作为开启日本文化之门的钥匙,依然在引发当代读者的注意和兴奋,表现出强大的影响力和持久的生命力。

第三节 《宇宙风》与同时代杂志的比较

在30年代兴起的杂志热中,在浩如烟海的杂志里,主要反映了那个年代文化人的哪些思想倾向和态度?《宇宙风》与其他杂志相比较,具有哪些异同和特色?为了从宏观上把握当时杂志的整体概貌,笔者从当年众多的杂志中,选取发行量大,影响范围广,具有典型意义的几个杂志,与《宇宙风》做一概要的比较:

一、《宇宙风》与《生活》周刊

《生活》周刊最早由中华职业教育社主办,后来职业教育社的发起人黄炎培找到邹韬奋当助手,邹于1925年成为《生活》周刊的主笔。邹韬奋接手后采取了一系列措施,如设立通信栏目,加强与读者的沟通,提出为读者服务的口号,帮助读者解决困难,针对学生问题和家庭事务以及其他社会问题展开讨论,受到读者的广泛欢迎,销售量与日俱增。

"九・一八"和"一・二八"事变爆发后,《生活》周刊发表了大量抗议日本侵华,批判南京政府不抵抗政策的文章,引起读者的强烈共鸣。在1931年10月10日的刊物上,刊登了要求中国对日宣战的信件,到了1932年,发行量增加到15万份以上。①《生活》周刊的激烈态度刺激了南京政府,1933年被封闭,邹韬奋为躲避迫害,到海外流亡。《生活》周刊面对日本的侵略,积极呼吁政府抗战,反映了广大民众的呼声。

---

① 〔美〕柯博文:《走向最后关头》,第80页。

与《生活》周刊相比较,《宇宙风》具有以下几个相同点:

1.发行量大。如前所述,据当年的统计,《生活》周刊的发行量排为第一,《宇宙风》排第三,在读者中都具有广泛影响。当然《生活》周刊的发行量和影响力要较《宇宙风》大得多;

2.同样关注日本问题,呼吁国人警惕日本的威胁。

《宇宙风》与《生活》周刊也有几个不同点:

1.《生活》周刊的态度激进,在主张坚决抗击日本的同时,直言批评国民政府、张学良和蒋介石的不抵抗政策,《宇宙风》前期比较温和,随着中日矛盾的激化,《宇宙风》逐渐显现出战斗的风格;

2.《生活》周刊因受到政府的镇压,自1925年创刊到1933年终刊,共存在了8年,而《宇宙风》坚持了12年,办刊时间比《生活》周刊长;

3.《生活》周刊活跃于30年代初期,《宇宙风》则经历了抗战前、抗战时期到抗战结束三个时期。

二、《宇宙风》与《独立评论》

当日本加紧侵略中国的步伐,全国人民抗日情绪不断高涨的时候,一个杂志发出了与众不同的声音,号召民众保持克制,因而受到政府的青睐,但遭到青年学生的痛斥。这个杂志就是《独立评论》。

《独立评论》1932年5月由胡适、丁文江、蒋廷黻等人创刊于北平,在上海、天津、南京、西安、武昌等各城市有代售处,以刊登政论性文章为主。"九·一八"和"一·二八"事变之后,正逢民众抗日情绪高昂之时,知识分子和青年学生就如何对待日本侵略展开了热烈的讨论,主张对日本开战成为主流呼声。而《独立评论》派的主要人物如胡适、丁文江、蒋廷黻等人则发表了一系列文章,分析了中国面临的内外局势,中日之间的力量对比,主张对日采取妥协和退让政策,批判了"盲目开战论"。随着日本侵略野心的不断膨胀,《独立评论》派认识到对日本已没有退让的余地,遂转向主战立场。

1936年11月,《独立评论》第229期上发表了反对日本筹划华北自治的文章,被北平当局勒令停刊,次年4月复刊,"七七事变"爆发后即宣告终刊。

《宇宙风》与《独立评论》具有以下几个相同点:

1. 两个刊物都强调独立性,不依附于任何党派,自筹办刊经费;

2. 与当时的大多数刊物同样,均热心探讨中国的前途与命运,尤其关心日本问题对中国的影响;

《宇宙风》与《独立评论》的不同点:

1.《独立评论》主要发表分析思辨性的政论文章,而《宇宙风》因为是散文半月刊,主要发表格调轻松的叙事、抒情文章;

2.《独立评论》的作者群和读者对象,主要是精英知识阶层,《宇宙风》则主要面对大众知识阶层;

3.《宇宙风》创刊伊始,就呼吁国人警惕日本的侵略野心,下大力研究日本,并愈发显现其坚定的立场。《独立评论》开始时强调对日妥协,持保守态度,后来转为主张对日抵抗。

三、《宇宙风》与《日本评论》

进入30年代后,因中日冲突不断加剧,日本问题成为中国民众最关心的焦点问题。除了综合刊物加大了对日本问题探讨的力

第一章 中国文坛上的《宇宙风》杂志

度,陆续出版了一系列"日本特集"之外,以留日归国学人和日本研究学者为核心的日本研究团体,创办了大量研究日本的专门刊物,如《日本研究》、《日本评论》、《中日论坛》、《日本论坛》等。据林昶统计,30年代到40年代主要的日本研究杂志至少有31种之多。① 以下依据林昶的调查,对其中影响广泛、历史最长、累计期数最多的《日本评论》做一简要介绍。

《日本评论》由南京日本研究会创刊,最初名为《日本》,于1930年7月由上海华通书局出版发行。"九·一八"事变后,为及时表达对日本侵略中国的态度和各种观点,于1931年11月起改名为《日本评论三日刊》。"南京日本研究会,是早年成立于日本的留日同学会组织,1931年自东京移至南京。"②1932年7月《日本评论》又改为月刊,1937年11月随国民政府西迁,1940年2月在重庆复刊,直至1945年3月,共出版18卷115期。

《日本评论》在中日矛盾不断加剧并走向全面战争的过程中,承担了"鼓动并指导全国民众的抗日运动"③的重任,主张反对日本帝国主义的侵略,向国人积极介绍日本,发表了对日本的政治、经济、外交、军事、社会、国际形势、中日关系、对日政策等方面的大量文章。为中国人了解日本,研究日本,起到了重要的促进作用。

《宇宙风》与《日本评论》主要有以下几个相同点:

1. 办刊时间长。《日本评论》自1930年到1945年,历时15年,经历了由抗战之前,到抗战时期。《宇宙风》自1935年到1947

---

① 林昶:《中国的日本研究杂志史》,世界知识出版社2001年版,第68页。
② 同上,第83页。
③ 同上。

年,历时12年,两个刊物均为当年杂志中寿命颇长的;

2.尽管刊物体裁不同,但均对日本问题保持高度关注。

《宇宙风》与《日本评论》的不同点:

1.《日本评论》是一个日本研究方面的专门杂志,《宇宙风》则是一个综合文艺期刊;

2.《日本评论》主要发表日本政治、经济、军事、社会等方面的研究论文,而《宇宙风》则刊载观察与评论日本文学、社会文化、国民性方面的散文和随笔;

3.《日本评论》后面有南京国民政府的背景和经济支持,而《宇宙风》则全靠自食其力,由此可见其办刊之艰辛。

《宇宙风》与《生活》周刊、《独立评论》、《日本评论》相比较,既有一些相同点,又有诸多不同点,这些不同点,或可认为是《宇宙风》的特点。通过上述考察和比较,可以大致概括出《宇宙风》的几个主要特点:

1.《宇宙风》是当年中国文坛上办刊时间长、发行量大的一个重要杂志;

2.《宇宙风》拥有一个阵容强大、稳定的作者群,依靠这个作者群,使刊物保持了高水准,并因而形成了稳定的读者群和强大的影响力;

3.在中日两国由冲突走向战争的年代,《宇宙风》始终以国家、民族的利益为己任,持续关注日本、研究日本,并且撷取了丰厚的收获;

4.《宇宙风》对日本的观察和思索,在当年为中国人了解日本,提供了重要的线索和参考,即便在半个多世纪之后的今天,依然显现出其持久的生命力。

本章小结

通过本章的考察可知，在20世纪30年代，以上海为中心，出现了一个各种团体、文人争相创办杂志的热潮。杂志"热"的出现，反映了该时代文化人思想的活跃，学术和创作的繁荣。与杂志"热"相辅相成，这一时期又出现了日本研究"热"。日本研究"热"的出现表明在大敌当前，日本帝国主义的侵略构成了中国面临的主要矛盾的时刻，中国文化人及时地承担起了观察日本，研究日本的重任。为了解对手，制定正确的对日政策，从各个角度展开了日本研究，表现出国难当头时中国文化人的爱国情怀。他们发表作品的主要载体，就是各类综合刊物和日本研究的专门杂志。

《宇宙风》诞生于杂志创办"热"和日本研究"热"的时代。尽管它不是一个研究日本问题的专门杂志，但仍能以国家、民族和读者的需要为己任，大力倡导并直接组织日本研究。尤其是其办刊时间之长，是同时期其他杂志罕见的，为研究者了解这一时期中国文化人的日本认识，提供了一个时段的完整资料，可以使我们找到一条当年文化人日本认识的清晰的线索和轨迹。而中国现代文学的一批大师和巨匠，一流的知日派文人的加盟，又可以使我们接触到该时代代表中国人日本认识最高层面的一些观点和看法。半个多世纪过去了。透过时代的风雨，重温前辈们的文章，依然感到其见识深邃，教诲隽永。可以说，《宇宙风》是了解20世纪上半叶中国文化人日本认识的丰富文本之一。对今天的日本研究，具有重要的启示作用和参考价值。

第二章　全面抗战前《宇宙风》的日本认识
——1935年9月—1937年7月

　　以《宇宙风》杂志为载体,当年的文化人发表了大量观察日本、研究日本的散文、随笔、述评等文章。透过这些文章,可以对该时代中国人的日本认识,有一个大概的了解和把握。他们的日本认识,经历了一个由表面到深入、由局部到全面的变化过程。其形成源头和背景主要有两个方面:一是当时的中日冲突的现实、日本对中国的态度;二是对日本的历史、文化、社会生活的了解。这源于《宇宙风》的大部分作者早年的留日经历。可以说,闯入现实生活中的日本和记忆中的日本,构成了他们认识日本的思想基础和必要条件。以下首先从30年代初期的中日摩擦与冲突、早年留日的记忆的回顾、30年代初期中国文化人对中日关系未来的判断,分析《宇宙风》作者群以及相关人物日本认识的源头和背景,然后介绍自1935年9月创刊到1937年7月抗战爆发时《宇宙风》的日本认识。

第一节　粗暴闯入中国文化人视野中的日本

一、30年代初期的中日政治冲突与文化摩擦

　　1931年的"九·一八"事变和1932年的"一·二八"事变的接

连发生,意味着日本军国主义的局部侵华战争已经开始。日本对中国的咄咄逼人的态势,使中国的知识分子和广大民众痛感来自日本的威胁,民族主义和抗日情绪急剧上升。日本方面对中国人民的抗日爱国情绪,十分恐惧,认为中国人的抗日情绪源于国民政府领导的反日教育和反日宣传,因此不断给国民政府施加压力,要求镇压民众的抗日运动。而国民政府迫于日本的压力,采用各种手段,控制舆论,压制人民的正义呼声。广大民众抗日救亡的要求难以实现,如同地壳下滚动、燃烧的地火,不断升温,在挤压、撞击中即将喷发。从中国民众的对日情绪来看,自30年代初期到1937年7月中日大战爆发前的这一阶段,可以形容为地火运行的时代。

在这个时代,日本问题已经成为左右中国的走向、决定中国命运的重大问题,各个党派、阶层表现了不同的态度:中国共产党提出了坚决抗日的主张,推行蒋介石"攘外必先安内"方针的南京政府则采取了不抵抗政策。《独立评论》派迎合政府的立场,呈现出保守谨慎的特点;以《生活》周刊为代表的激进派极力呼吁全民抗战。而《宇宙风》则大力提倡,并直接组织研究日本。

为了更好地了解《宇宙风》日本认识的历史背景,有必要对30年代初期中日之间军事、政治冲突与文化摩擦的状况,以及民众的对立情绪做一简要的回顾。

1915年日本提出了灭亡中国的"二十一条"要求,促使中国人民认识到日本帝国主义的侵略本质,因而结束了甲午中日战争、特别是日俄战争以后,中国朝野全方位学习日本的时代,中日关系发生了根本性的转变。在中国人的日本认识中,羡慕、赞美的一面逐渐淡化,仇恨对立的一面不断滋长。进入30年代之后,日本先后制造了"九·一八"事变和"一·二八"事变,明目张胆地侵犯我国领土,致使国人的抗日情绪迅速高涨。

(一)"九·一八"事变和"一·二八"事变时期的国民情绪

1931年9月18日夜,日军在沈阳柳条湖炸坏铁路,栽赃于中国军队,炮轰北大营,制造了震惊世界的"九·一八"事变,并迅速占领东北各地。1932年3月1日,日本炮制了伪"满洲国"傀儡政权,将东北变成了日本的殖民地。日本占领东北后,实行了怀柔与镇压相结合的两手政策,对于伪满上层,清朝遗老和一些知识分子,文化人,用心笼络;对于义勇军等抗日力量和普通百姓,则残酷镇压,实行血腥统治。日本的侵略,给东北人民造成了巨大的灾难,当年教科书中收录的一首诗,表达了人们的愤怒与绝不甘当亡国奴的心情:

> 冷风在身边的呼号,
> 夜,充满着悲哀与激昂。
> 我站在雪白的地上。
>
> 这是黑暗的殖民地,
> 到处是被压迫者的苦恼,
> 强盗扼住大众的脖子,
> 魔鬼饱吸人间的鲜血。
> 世界早晚要改变,
> 被压迫者站起来去拼命,
> 义勇的军队即便被杀绝,

杀不尽的是无数痛苦的民众。

我在月下沉思，
一个阴影庶上我的心。
洁白的月色不足夸耀，
直到被压迫者真正解放。

（《辽宁的月色》，《初等中学校国文读本》，中华书局1933年版，第6册）

在这首诗中，作者把日本统治下的辽宁视为黑暗的殖民地，把日本侵略者视为强盗和魔鬼，诗中歌颂了义勇军的反抗，抒发了悲哀与渴望自由解放的情绪，表达了东北人民的心声。

日本关东军在东北轻而易举的成功，诱发了在华东的日本海军的野心，为了转移国际舆论对日本侵占东北的指责和批判，日本军部又指使在上海的日本浪人，挑起事端，寻找武力侵犯的借口。在上海当局迫于日军压力，已经答应日本方面的无理要求后，日军却迫不急待地出动飞机、军舰和坦克，攻击上海，制造了"一·二八"事变。

"九·一八"事变之前，蒋介石发表了"告国民书"，指责国民的"排日行动，荼毒国家，并损坏政府"，要求"国民必须停止对朝鲜事件之愤慨与排日动力之暴举，"[①]企图靠忍让换来和平。"九·一八"和"一·二八"事变后，中国共产党发表了一系列决议和宣言，坚决主张抗战。在中国共产党的号召下，上

---

① 《盛京时报》1931年7月25日。

海、天津、北平等地的工人成立抗日组织,各地群众掀起了抗日浪潮。全国的学生也迅速动员起来,从小学生到大学生,上海、北平、南京、天津、广州、武汉等各大城市的学生纷纷罢课,抗议,游行。

日本继"九·一八"和"一·二八"事变后,又在华北不断滋事,力图将华北纳入其势力范围,逼迫国民政府承认华北"自治"。在全国各大城市,日本人与当地居民的冲突频发,在华北地区,许多日本人靠日本军队的庇护贩毒走私,开设妓院赌馆,欺压中国百姓。日本人的恶劣行为,引起了中国人的强烈愤怒。美国学者柯博文认为:对于生活在20世纪30年代的中国人而言,日本帝国主义实际上不是一个外交问题——它是一个国内问题。日本侵略中国,占领了她的大量领土。日本以及其他帝国主义列强的战舰在中国的内河航行;像上海和天津这些城市的市民则生活在日本军队的影子中。"一个又一个事件的无情压力不停地煽动着中国民族主义的火焰,它形成了20世纪30年代的历史。"[①]从当年的教科书中可以看到日军的轰炸给上海市民造成的恐慌和仇恨:

> 黎明S君破门而入,状似非常惶急,述昨晚十九路军已经和暴日的军队干起来了。我们张皇地起床,急于出外打听消息。
>
> 刚要出门,秋原来,说租界内各处交通已断绝。子英、秀水都陆续地从青年会来,说全市商店已经罢市。银行也不开

[①] 〔美〕柯博文著,马俊亚译:《走向"最后关头"》,中文版序言,第2—3页。

门，一切钞票都不通用。十时，希圣来，他住在海宁路新生命书店楼上，离闸北很近，从书店楼上可以望见闸北的日本飞机掷弹和冲天的大火。

"日本五六架飞机，都集中在闸北掷弹，飞得非常之低。打一个旋，掷一个弹，起一阵火，整个闸北已成了火窟，火焰与黑烟弥漫了半个天空。中国军队用步枪打飞机，其效力自然非常之微，但有人看见一架飞机像中弹似的斜斜的飞落。商务印书馆似乎已经起火：文人的心血与工人的血汗都化成满天的灰烬，像深秋落叶一般到处纷飞。有人在海宁路附近拾着飘来烧残的纸片，似乎是植物学教科书，商务印书馆的被焚，是更加证实了。不过东方图书馆似乎还没有起火。"这是希圣的叙述。

小屋子里充满了不安。几架书不知道哪一天会变成灰烬，书柜、桌子、乃至墙上的镜框、都像负着气，特别显露其刺目的棱角。沙发上都像长满了刺，坐不下去。一群人穿来撞去的，谁的心头都像包藏了一把火或一颗炸弹，碰着什么就要爆裂似的。……饭后，我们都分头出去。

街上表现得非常的恐慌。铺子都关上了门，仅有找换零钱的铺子在铺窗上还留一个小洞。人都张张皇皇地走。街头有两三个人停止脚步说话的时候，就有一群人围拢来听消息。

一元一张的钞票，已经不大通用了；至于五元、十元的；无论是买米买炭都不成，给银钱铺也找换不开。并且米和炭的价格、一点钟比一点钟增高。……

愤怒与恐怖抓住了街头的每一个人，如果有很好的组织来领导,每一个人都可驱上民族斗争的最前线。

(《一月二十九日》,《初等中学校国文读本》,中华书局1933年版,第1册)

这篇文章介绍了"一·二八"事变发生后第二天的情形,从文章的内容来看,作者是一个知识分子。文中记述了日本飞机轰炸和平居民、商务印书馆被炸起火、中国军队顽强抵抗的情形。日军的侵略,给市民造成了极大的恐慌,同时燃起了仇恨的火焰。

"九·一八"事变和"一·二八"事变,是中日关系史上的重大事件,使中国和日本进入了正面战争状态,导致了全国范围内抗日浪潮的兴起,而日本方面却认为中国政府在培养、煽动国民的反日情绪,于是不断施加压力,要求中国政府镇压反日运动,实行严格的新闻检查,取缔宣传抗日思想的报刊和抗日教科书,先后酿成了教科书事件与"新生"事件。

(二)30年代初期中日教科书事件和《新生》杂志事件

自1897年中国近代教科书诞生以来,到1912年中华民国成立,中国教科书中出现的日本与日本人的形象,以正面为主,反映了该时期中国人热心学习日本的一面。自1915年日本逼迫袁世凯政权承认"二十一条"要求以后,教科书中负面的日本形象开始增加。到了1928年,日本出兵山东、制造"济南惨案"之后,羡慕日本与提防日本相交织的日本观发生变化,在教科书记述中开始把日本当作中国面对的危险的敌人,第一次出现了"打倒日本帝国主义"的口号。因为在济南事件之后,南京政府召开了第一次全国教育会议,通过了四项决议,第一项要求编写国耻教材作为全国中小学教科书,向学生宣讲国耻事实,教室里挂国耻图表,让学生知道中国的第一仇敌是哪国。① 在此之前,只有一些日本的外交官和新闻记者关注中国的教科书,而在 20 年代末期,随着中日关系不断恶化,日本方面对中国教科书中的日本记述开始了有组织的调查。

1929 年,东亚经济调查局从中国的中小学教材中收集抗日内容,编撰了《支那排日教材集》,"据当时日本人统计,仅中国各类小学教科书中,以抗日为题材的课文就多达 500 篇。"② 同年,东京的祖国社出版了《中华民国教科书中出现的排外内容》,东京赫洛书店出版了《中国的排外教育》,根据这些调查,池田弘于 1931 年出版了《现代支那的政情——激烈、挑战的排日教育的真相》,日本陆军省调查班分析道:"我们必须认识到,如果不阻止国民政府这种排日教育的话,日中亲善最终难以实现。只要彻底地进行着排日教育的国民政府存在一天,我们帝国便难免处于危险的境地。"③

"九·一八"日本占领东北后,应中国政府要求,国联成立了调查委员会。日本代表向国联提议调查以下事项:

1) 中国各地的排外运动和排斥洋货的状况;

2) 中国保护外国人生命财产的能力及保护在华外国人生命财产安全的状况;

---

① 〔日〕雨宫巽大佐:《我所看到的支那》,东京,1937 年版,第 43 页。
② 余子侠:《民族危机下的教育应对》,华中师范大学出版社 2001 年版,第 135 页。
③ 陆军省调查班:《全支排日运动的根源及其历史的观察》,"绪言",东京,1932 年 2 月 26 日。

3)中国现在履行条约的能力。①

为了向国联提供所谓中国实行排日教育的证据,1932年1月22日,日本国际联盟协会主事赤松祐之向日本外务省亚洲局局长谷正之请求协助调查。谷正之于1月28日向驻中国各地使领馆发出指令,要求调查排日状况并收集排日教科书。4月10日,谷正之将调查结果通报赤松祐之:"中华民国使用的排日教育资料已收到大部,计单行本108部,现将样品若干寄上,前述资料使用时间、学校名称、书中排日文字等内容俟后再报。"②

从上述资料可以看出,日本方面把中国的抗日教育当作一个重大问题展开了调查,同时为了转移世界各国对日本侵略我国行为的视线,把责任推给中方,进行了周到细致的准备。

中国方面也积极回应,参加国联的中国代表顾维均紧急组织调查日本教科书中的排外内容,在国联调查团到中国之前,与汪精卫进行了两三个小时的密谈,商讨对策,汪精卫指示顾维均:"把与日本之间的各种问题,包括排日教育问题一并提出说帖。"③顾维均把驻日使领馆调查的结果整理后,于1932年6月25日向国联提出了《说帖第十六号,关于日方所谓中国教科书内排外教育之说帖》,分列十五条,反驳日方的指责。主要内容如下:

> 对于中国教科书之批评,日方现从中国教科书内摘录若干节,译成西文,以力图证明中国之初等教育,系属排外性质。
>
> 日方近印行关于此事小册两种,其一为东京赫洛书店出

---

① 苏崇民:《满铁史》,中华书局1990年版,第416页。
② 日本外交史料馆:《满洲事变·排日教育调查卷》(非出版物,外交文件)。
③ 陈觉:《九一八后国难痛史》,辽宁教育出版社1991年版,第1365页。

版,名曰《中国之排外教育》,其二较为苦心架构,名曰《中华民国教科书内发现之排外记事》,为东京祖国社出版,此两小册均由日方递交国联调查委员会。本说帖特对其尤虚伪者,加以驳正。

说帖依据中方调查的结果和掌握的资料逐一澄清,指出日方歪曲事实真相,如:《辽东半岛两渔人》,"据称出自高级新主义国语教科书第 3 册第 22 课,但查原书,并无此项课文",此外,又举例说明日方向国联调查委员会提交的译文"牵强失真"。

说帖第 14 条,谈到了日本的教科书:

> 夫固当问今日责备中国之日本,当彼受中国所嗟叹之不平等待遇之时,是否亦用同样之方法。日本于明治时代最初 20 年间,不常培养该国现在所谓排外主义乎,其愤怒该国主权之受损害,非深刻如中国者乎。即在今日,日本虽已摆脱从前不平等条约之束缚,然于历史记事及该国报纸记载,亦常表示该国所责吾人缺乏之平心静气者乎。关于此事,吾人已请我国教育部调查日本官立各学校现在所用之教科书,此项调查事宜,系匆忙办理,故仅能调查少数之教科书,然已见有不知若干段落,所插叙日本对外之历史及某某强国之政策,其措词立说,对于各关系国,殊非甚为恭敬也。兹于附件载入所选此等段落,力求直译文,窃以为日本教科书内种种非常恶劣之态度,往往近于胆大妄言者。贵委员会观之,当有感印也。①

---

① 《中日问题之真相》,台湾学生书局 1975 年印行,第 291—292 页。

围绕中国所谓排日教育,中国和日本发生了严重的冲突,最后发展到在国际舞台展开论战。

"九·一八事变后,日本派记者到上海通过时局座谈会的形式,再次提出所谓取缔'排日教育'问题。与此同时,日本政府还于事变后仅半个月的时间内训令驻华公使出面交涉,向中国政府提出'严重抗议'的警告。其后,日本当局三番五次地通过外交途径向中国政府施加压力,一再要求中国政府修改教科书。"①

日本方面取缔中国的抗日教科书,并没有仅仅停留在警告和抗议上,随即便付之行动。1931年10月30日,日军占领东北不久,日本驻辽阳领事馆代理领事山崎顺四郎就向当时的日本外相币原喜重郎发回了清剿教科书的报告:

"普通第189号、当地宪兵分队按奉天关东军宪兵队长之命,在清除辽阳县小学以上学校教科书中抗日章节方针下,收集、检查了教科书,并于10月28日临时协议会决定全面清除各学校教科书中三民主义及排日文字,并禁止一切'排日讲演'。"②

日本方面为禁绝中国教科书传播民族思想,甚至动用了军队

---

① 《日政府抗议反日运动:向国府提出警告》,《申报》1931年10月6日。
② 日本外交史料馆:《满州事变·排日教育调查卷》(非出版物,外交文件)。

和法律手段。

因商务印书馆的教科书被日军认为含有反日内容,在"一·二八"事件竟然遭到日本飞机有目标的轰炸,印书馆劫后的残留部分,又被日本浪人纵火烧毁,以至被彻底破坏。商务印书馆东方图书馆中所藏43万册图书,许多是善本、珍本、海内外孤本,均化为灰烟,人类文化惨遭涂炭。

中国教育界、文化界的强烈抨击日本的横暴行径,熊梦飞写文章分析道:"'排日教育'不过是将到现在为止的中国所遭遇着的历史告诉自己的国民,以唤起国民的爱国心而已。"中日之间未能'相亲相爱',非由于死板的教科书,而由于生动刺痛的事实,"纵使教科书修改了,乃至全中国人民都不受教育了,中日关系也不可能真正改善"。①

由上述可知,20年代末30年代初的中日教科书纠纷,是一次导致中日关系紧张和全面倒退的重大事件,两国政府都给予高度重视,投入了巨大的精力。从中国方面来说,维护教科书体系的完整性和自主权,就是维护主权国家的教育权,这关系到国体与国家的尊严。同时,不论政府还是政治家、外交家,都不敢因为自己的失职造成具有几千年历史的文明古国对子孙后代进行民族教育的割断与迷失,否则就会沦为历史的罪人。因此,尽管当时的中国政府内患外扰、不堪重负,但每当日本方面就中国教科书问题向中方施加压力,中国政府都在保持克制、做出一定程度的退让后,尽力反击。

---

① 转引自余子侠:《民族危机下的教育应对》,华中师范大学出版社2001年版,第147—148页。

一个不应忽视的客观事实是：20年代末、30年代初的中日教科书纠纷，是由日本方面挑起的。目的是为日本侵华政策服务，是有组织、有计划，由军方带头实施，驻华机构紧密配合的日本侵华战略构想中的一环。在武力威逼下，强迫中国地方的汉奸傀儡政权通过所谓的审议会，力图从法律的角度使其清肃中国教科书中民族教育、抵抗外敌内容的行为合法化。同时，在国际舞台上，日本的目的是欺骗国联和国际社会，使其对中国的所谓排外政策产生抵触，增加对中国的不信任感，转而对日本产生连带感、亲近感，默许和容忍日本对中国的侵略行径。同时为扩大侵华寻找借口。

　然而，日本打错了算盘，国联与国际社会的最后一点良知并没有泯灭，坚持李顿报告书的观点，要求日本撤兵，不承认伪满政权。1933年2月17日，国联正式发表了裁决报告书。3月27日，日本宣布退出国联。从长远的观点来看，不难发现：日本多年来之所以极力想从中国教科书中删除排日、抗日和宣扬民族主义的内容，是力图消磨中国人的反抗精神，甘当亡国奴，并进而使中国人的子孙后代数典忘祖，以利推行"皇民化"政策。

　在30年代初期，造成中日之间政治危机和两国国民情绪严重对立的，除了教科书事件之外，还有一个轰动全国的《新生》事件。

　《新生》是杜重远于1934年2月创办的一份周刊。邹韬奋的《生活》周刊因宣传抗战被查封后，杜重远决心仿照《生活》周刊创建一个新的杂志，其编辑方针延续了《生活》的风格，致使许多人认为《新生》是《生活》的复刊。在邹韬奋被迫出国后，原《生活》的负责人艾寒松，也成了《新生》的实际主持人。

　杜重远是东北著名的实业家，早年留学日本。"九·一八"后流亡到关内，积极从事抗日救亡运动。在《发刊词》中，杜重远申明办刊宗旨:"记者自身经历了亡国的痛苦,所以有向全民众呼号呐喊的权力与必要。(中略)在现在必须使大多数民众,对于中国民族的地位,帝国主义的侵略,有深刻的了解,对于民众自身的任务与前途,有切实的认识,方能鼓起勇气和决心。"①在面临民族生存危机的时代,《新生》周刊大力揭露日本帝国主义灭亡中国的阴谋,积极主张抗日救国,要求民主自由,反映了进步文化人和广大民众的愿望。

酿成《新生》事件的直接原因,是该刊发表的《闲话皇帝》一文。1935 年 5 月 4 日艾寒松以"易水"的笔名,在《新生》刊载了《闲活皇帝》,泛论古今中外的君主制,也谈到了日本天皇:

> 现在的皇帝呢,他们差不多都是有名无实的了,这就是说,他们虽拥有皇帝之名,却没有皇帝的实权,就我们所知道的,日本的天皇,是一个生物学家,对于做皇帝,因为世袭的关系他不得不做,一切的事虽也奉天皇之名义而行,其实早就作不得主,接见外宾的时候用得着天皇,阅兵的时候用得着天皇,举行什么大典的时候用得着天皇,此外天皇便被人民所忘记了,日本的军部、资产阶级,是日本的真正统治者。(中略)然而目下的日本,却是舍不得丢弃"天皇"的这一个古董。自然,对于现阶段的日本统治上,是有很大的帮助的,这就是企图用天皇来缓和一切内部各阶层的冲突,和掩饰了一部分人的罪恶。②

---

① 《北师大图书馆藏中文珍惜期刊题录》,北京图书馆出版社 2002 年版,第 180 页。

② 《新生》周刊,第二卷第 15 期,1935 年 5 月 4 日。

应该说,作者对天皇的地位和作用的分析是中肯和精辟的,对日本社会的政治结构和决策的形成过程有着深入的了解。然而作者在不觉中触及日本军国主义的两大忌讳:一个是把日本天皇说成了傀儡,冒犯了天皇至高无上的尊严,另一个是揭露了日本统治集团的内幕,告诉了中国的老百姓,军部、资产阶级,才是日本真正的统治者。在战前日本的学校教育中,向儿童灌输"日本是万邦无比的神国"、"天皇陛下虽为人身,但本质是神","对外国来讲,能置身于日本天皇陛下的统治之下,是极为幸福的"等"皇国史观"、"国体论"思想。戴季陶就曾分析道:"他们心中的'神'是世界全体的意识,'神皇'思想是统治世界的意识。"[①]即便在今天,在言论自由的日本,可以骂政府、可以批评政府、政治家,但绝不许说天皇的坏话。文章或谈话中出现天皇时,必须使用敬语。

艾寒松的一番"闲话",惹出了大麻烦。文章刚发表时没有引起什么反响,因为没有几个日本人读《新生》周刊。但随着华北局势的紧张,在天津的日本记者看到了这篇文章,带头发难,他们称该文侮辱了日本天皇,亵渎了日本的国体。消息由天津传到上海,引起了日侨的愤怒,他们抗议示威,恣意打砸了中国人的商店。

日本官方也向中国政府提出了正式抗议。1935年6月24日,日本驻上海总领事须磨弥吉郎会晤上海市长吴铁成,要求将《新生》停刊并处罚刊物主笔。迫于日方压力,杜重远被上海地方法院判以"侮辱友邦首脑"的罪名,判处14个月的徒刑。审判时,法庭里聚集了大批学生和杜重远的支持者,人们高呼"打倒日本帝国主义!""新生杂志万岁!"的口号,向法官和日本记者投掷硬币,

---

① 戴季陶:《日本论》,日本社会思想社1972年版,第88页。

最后当局不得不出动警察驱赶抗议的群众。中国官方如此行事，激起众怒。柯博文愤慨地指出："《新生》事件说明东京要求中国必须按照日本的准保护国地位来行事。中国人必须表现出像殖民地朝鲜和台湾人对日本天皇那样的尊敬。"①

教科书事件和《新生》事件，是两件具有同质意义的典型事件，它反映出日本的军部、媒体和外交官把目光集中在中国知识分子、文化人和青年学生身上，认为教科书和媒体是中国政府煽动民众反日情绪的两大工具和有效武器，强烈要求中方取缔、直接采取行动镇压。所谓中国的反日教育和反日宣传问题，已然构成了中日冲突的重大焦点问题。两个事件也反映出20世纪30年代中日之间政治冲突与文化摩擦的尖锐性与深刻性。通过回顾历史，还可以看到在国家关系处于紧张的时期，知识分子、文化人、青年学生所处的地位和作用，他们对日本的认识与态度，可以给政府与民众施加巨大的影响，在一定程度上左右或改变两国关系的走向。了解该时期中日关系、中日摩擦与冲突的核心问题，才能对《宇宙风》的日本认识进行宏观上的准确把握。

二、30年代初期中国文化人对未来中日关系的判断

1932年末《东方杂志》主办了一项大型征文，题目是《梦想的中国》。活动开始后，得到了知识界、文化界的热烈响应，"以知识界为主的全国130多人共同做了一场'中国梦'。他们随心所欲，侃侃而谈，畅想着'未来的中国'。当中有甜梦，又有苦梦，有好梦，又有恶梦；可谓形形色色，五花八门。有人描绘的是一幅大同世界的理想

---

① 〔美〕柯博文：《走向最后的关头》，第231页。

社会的蓝图;有人希望未来的中国没有国学、国臣、国术、国耻、国难,也有的人只期望于'全国的人有饭可吃,有衣可穿,有屋可居,有人可爱';还有人预见到了中国革命的胜利和社会主义的实现"。①

参加征文的有当时政界、知识界、文化界、企业界等各行各业的一大批精英人物,如政界的陈立夫、曾仲鸣、罗文干,作家朱自清、巴金、郁达夫、茅盾、老舍、林语堂、谢冰莹,学者谢六逸、郑振铎、周谷城、胡秋原、俞平伯、马寅初,艺术家徐悲鸿、丰子恺、钱君匋,银行家、实业家毕云程、张水淇、穆藕初等人。这些当时和后来的社会风云人物,各界精英畅谈对于未来中国的预测与梦想,是中国思想界、文化界的一桩盛事。他们有着丰富的人生阅历,对中国社会的深刻的了解与洞察。因此,他们对未来中国的预测,是基于当时的中国社会环境、国内外的现实和社会发展的一般规律与走向的,绝不是凭空想像。但又因为是对未来的"梦想",无论多么伟大的思想家和哲人,都难以做出科学的预言。

基于当时的"现实"来梦想将来的中国,则给这些当时的中国人提供了一个任意驰骋,丰富多彩的想像空间。对中国的未来,有人乐观、有人悲观,有人描绘了现代世界的蓝图,有人提出了"小康"的生活标准。不论如何,当年的梦想在今天已成为历史。"这些文章长的一两千言,短则几句甚至一两句话,集在一起,构成了一部很精彩的,很有意思又很好看的作品。可以下这样的断言,她既能给今天的广大读者带来教益和启发,引起人们的感慨和思考,也能让读者反过来从作品中看到人物的灵魂、风采、思想和气质,与'活着'的前辈的对话。"②

---

① 刘仰东编:《梦想的中国》,西苑出版社1998年版,第1页。
② 同上,第6页。

在20世纪80年代,曾出现过设立"未来学"的呼声。而前辈们早在半个多世纪前就进行了这种尝试。后人大可不必对这些当年的"梦想"是否得已实现,预测的是否准确过多苛求。他们对国家前途命运的关心,在昨天、今天、明天的延长线上思考问题的精神,则是应该汲取和继承的。

透过当年中国人对未来中国的梦想,亦可看到他们对中日关系的关注程度,对未来中国和日本的走向的预测,展示了中国文化人日本认识的一个层面,是研究20世纪30年代中国人的对日态度、日本认识的一份宝贵资料。比对当年中国文化人对中日未来的预测和今天中日关系的现实,会给今人提供一些发人深思的启示。

参加《梦想的中国》征文投稿的,共有132人,除了前述的各行社会精英外,还有普通读者、旅日中国留学生,都属于知识分子和文化人。许多文章中没有直接出现关于日本的评述,但对中国的未来,大多数人都希望是一个独立、和平、民主,没有外国压迫的国家,甚至有些人希望将来是一个没有国界、不分民族的大同世界。这反映了20世纪30年代中国知识分子和文化人追求独立、民主、自由的美好理想和热爱和平的态度。

在应征稿件中,因分析时尚、预测前途而间接谈及日本和直接谈及日本的,有18篇,占总数的13%,在一定程度上反映出作者们对日本因素给中国带来的影响程度的考量和对中日关系的关注。由于是面向社会各界征文,又因为题目是"梦想",因此应征稿件的内容不拘一格,对日本的态度也是自说自话,但依然呈现出一定的指向性。

(一)对日本帝国主义侵华政策的谴责和抵制

南京政府交通部总务科长龚德柏在征文中写道:

> 余以为中国一切内政外交上之困难,十九由于日本之侵略政策。惟其有日本之侵略,故中国内部每至将统一之际,日本必设法以破坏之,中国外交每至将成功之际,日本必设法以阻扰之。①

该文认为日本口唱高调,但内心中并不愿意看到中国统一的局面,日本成了中国统一的最大障碍。

实业家冯自由也写道:

> 现政府始终依赖国联,对日本侵略绝不抵抗,而国民亦仅空言抵抗,不采取有效的补救方法。于是日本复派兵进占热河,继又借口援助溥仪恢复清朝,尽夺黄河以北各省。②

作者认为国民政府的不抵抗政策和国民空谈抵抗,姑息了日本,致使其不断扩大对华侵略。

作家老舍是这样形容日本的:

> 得了满洲,再灭中国,看满乾坤,这是日本。揖让进退是古训,无抵抗主义是新名词。中华民国万岁!③

---

① 刘仰东:《梦想的中国》,第46页。
② 同上,第15页。
③ 同上,第13页。

第二章　全面抗战前《宇宙风》的日本认识

上述文章谴责了日本的对华侵略政策,中肯地指出:中国面临的内政与外交的困境,主要是因日本造成的,同时批评了南京政府的不抵抗主义,和一些人空谈抗战的不负责任的态度,预见到日本决不会就此罢手,今后必然会步步紧逼,扩大侵略。

(二)对中日之战的局势,中日关系走向的预测

许多人在征文中分析了中日之战的局势和日后中日关系的走向,有人持乐观态度,认为日本社会内部的变化、财政的困难和国际社会的压力,会使日本短期内停止战争,出现和平局面,也有人持悲观态度,认为这场战争遥遥无期,要打五十年。一位叫周毓英的作者乐观地估计了中日战局:

> 3个月的苦战,收复了东三省的失地,日本军国主义因对外失败,内部发生革命。中国首先承认日本革命政府,与革命政府签定1933年中日和约。中国没有要求赔偿战费,只没收帝日及其资本家在华的一切产业与债权,以抵偿九·一八及一·二八两役中国人民的损失,中日两方承认朝鲜独立。[①]

作者在1932年末,预计到第二年中国军队便可收复东北,日本投降,这显然过高估计了我方的实力,也错看了对方,这是当年对日作战"速胜论"的代表性观点,对抗战的长期性和艰巨性认识不足。而其中放弃战争赔偿的态度,则与甲午战争时期《梦平倭奴记》作者高太痴相似,反映出基于儒家"天下思想"和道德观的中国

---

① 刘仰东:《梦想的中国》,第44页。

文化人的宽容精神。

龚德柏对中日战局也和周毓英一样乐观:

> 此次东三省之被占,即日本破坏中国之最后挣扎。然至年末,中国否极泰来,日本泰极否来。日本将因其财政上之破产,而惹起国内之重大改革,对中国之压力自然解除。中国乘此机会,可以自己力量收回东三省。一方因中国渐行有力,一方因日本不暇阻扰中国,一切对外难题可以迎刃解除。①

对这种乐观的估计,当时就有人明确反对,认为不过是"梦想",北平社会调查所主任陶孟和写道:中国人不肯自己努力而专悬想或盼望日本的财政破产革命爆发,不就是梦想的麻醉吗?②

还有人寄希望日本内部出现开明的政府,温和政权,能够善待中国。浙江大学教授郑晓沧就写道:开明的日本人获得之政权,能和我国找到一个共存荣的好方式。③ 暨南大学张相时教授则认为中华民族要战胜日本帝国主义需要一个相当长的时间:

> 西历1983年正是中国民族在内忧外患重重压迫之下苦战恶斗了50年而重新建立了一个理想的——真正平等的、和平的新国家的第一年。这个民族在这五十年当中所受的最深的痛苦是日本人所给予的。他们生命所托的国土被日本军队践踏了不少,但胜利最终属于他们,因为他们整个的民族在生

---

① 刘仲东:《梦想的中国》,第46页。
② 同上,第53页。
③ 同上,第85页。

死存亡关头,深知前途的危险是不堪设想的,所以一致团结起来,抱决死的心,不顾一切而抵抗来侵的敌人。①

中国人习惯称抗日战争为"八年抗战",如从"九·一八"日军侵占东北算起,又通称东北人的生活为"14年亡国奴生涯"。而日本的史学界则把中日之战从1931年当年算在其中,界定为"日中15年战争",认为实际上从1931年开始,中日两国已进入战争时期。不论是8年抗战还是14年亡国奴生涯,在这场战争中,中国人付出了巨大的民族牺牲,山河破碎,生灵涂炭。如果战争持续50年,其过程和结果实在难以想像。从张相时教授的征文可以看出,一部分中国人对这场战争做了最坏的打算,但认为最终的胜利一定属于中国人。

著名画家徐悲鸿对中日前途的估计更加悲观:

  日本既占有北京,即迁都与彼。无端弃其帝制,弃其番语,与中国交涉合并。时白崇禧与蒋介石之孙,俱智勇足备,又同心协力,欲雪旧耻,此时中国已有近世组织,国人又诚心以实力助之。②

在这里,艺坛大师徐悲鸿用浪漫主义色彩为我们描绘了一幅令人心酸的亡国图:日本占领北京之后,将首都迁至北京,放弃了天皇制,放弃了使用日语,采用同化政策与中国合并,中国遂败亡。

---

① 刘仰东:《梦想的中国》,第73—74页。
② 同上,第7页。

而多年之后,作为原中国政治领袖人物的白崇禧或蒋介石的孙子,抑或二人联手,卧薪尝胆,恢复中华,而此时国人已渐觉醒,形成民族解放的组织,得到了全国人民的响应。在所有关于未来中国的梦想中,徐大师的梦想堪称最为离谱的一段。这或许源于他对当时中国社会的悲观与失望,和对丰臣秀吉时代侵华构想的警惕。中国败亡之后,要时隔三代,等到白崇禧、蒋介石的孙子长大成人"智勇足备",中华民族才有复兴的可能。而于失望之中,徐悲鸿又保留了一线希望。尽管如此,从战端一开,就要做好最坏打算的角度和历史上蒙古、满族入主中原的历史来看,他所勾画的亡国图,把中国可能出现的最悲惨的结局展现给世人,敲响了震聋发聩的警钟。

与张相时、徐悲鸿相比较,岭南大学谢扶雅对中国前途的预测,最为接近历史事实:

> 在最近将来的中国,显然要被迫走入两途:不是日本独占,便是国际共管。东三省便是个前驱的实证。眼看日本在很快的几年中要把东北完全变成朝鲜第二,而帝国高度的欲火却决不能就此低熄,明治大帝的雄图,田中义一的伟划,势非一气贯彻不可。以山东为起点的黄河,将急转直下地化为第二东北,而此时欧局纠纷中之英美法亦尚无可奈日本何也。太平洋中心的第二次大战必须待至暴日的血舌由华北直舐展至长江流域,激到英美等真正忍无可忍的时候,方真爆发出来。(中略)"共管"与"独占"底绝对冲突,其结果恐怕日本会占优势,至少沿海城市将这样。那时第三次的世界大战将成为以东京为总策源地,经朝鲜满洲,沿中国海一带至闽粤为止

底大帝国太阳军底对垒。总而言之,中国的最近将来会被毁烧于这两场大战的血火当中。中国人个个都要赤身受这久炼成钢的巨劫,而后重生为世界上真正的"新人"。①

除了对两次世界大战的界定不甚明了之外,这篇文章对日本侵华野心,对英美因欧战无暇顾及中国,日本将占领沿海城市,中日两国将会展开一场空前的民族大搏斗,经过血与火的凤凰涅槃,中国方可获得新生的分析,大都被后来的事实所应验。

(三)对日本侵华目的的分析

上海浙江实业银行的章乃器分析了日本侵华的经济原因和侵略的后果:

> 主张东亚门罗主义的,是进一步要独吞中国的富源,独占中国的市场。一切的一切,都逃不过"加急侵略"四个大字。加急侵略的结果,使中国内部的矛盾,也日趋尖锐化,使中国民族明白的见到:非革命无以图存。②

马克思主义的战争观认为,帝国主义发动的侵略战争,首要目的就是对财富的掠夺,对廉价的原料和市场的占有,这也是日本帝国主义侵略中国的最主要目的。作为民族资产阶级代表人物之一的作者,揭示了日本侵华的根本原因。

---

① 刘仰东:《梦想的中国》,第93页。
② 同上,第11页。

(四)发泄对帝国主义的仇恨

应征者的文章当中,既有理性的分析,也有情感的发泄,文学家施蛰存对未来中国所抱的希望是:中国人走到外国去不被轻视,外国人走到中国来,让我们敢骂一声"洋鬼子"——你知道,先生,现在是不敢骂的。①

浙江省立图书馆的冯次行也表露了同样的心情:

> 最初梦见的是一个日本人:是一个封建思想军国主义十足的倭奴。他对我说:未来的中国吗?必定是一个内乱不绝,土匪蜂起的国家。(中略)我听了真有些气不过来,不待他说完,骂了他几声,赏了他一个耳光。②

在通常情况下,外国人之间接触,应该相互尊敬,相互礼让。打人和骂人,都违背任何一个文明社会的起码的行为准则和道德规范。而在现实生活中对外国人既不敢打又不敢骂,只能到梦境中去寻找快慰,表现出的是一种阿Q精神,着实可笑。但从近代一百多年来中国人被一些外国人随意侮辱、任意打骂、嘲笑的事实,令国人伤心悲哀。20世纪30年代,一些来华的日本人依仗军队的势力,常常歧视、打骂中国人,致使其产生了强烈的反抗意识。作者文章中表现出就是这种反抗意识和仇恨心理,与其说二位是想骂洋人,打日本人,不如说是想替中国人讨个公道。

《梦想的中国》应征稿件中对未来中日关系的描述,表现了该

---

① 刘仰东:《梦想的中国》,第10页。
② 同上,第86页。

时代居于中国社会中上层的文化人的日本认识的某些层面。他们的"梦想"从当时中日关系的现实出发,对日本帝国主义的侵华目的,日本因素给中国建设独立的民族国家所造成的障碍,日本帝国主义的侵略本质,具有比较清醒的认识。而不论乐观派还是悲观派,都表现出坚持抗战到底的决心和中国必胜的信念。

第二节 记忆中的日本

一、日本之美的发现与体验

自近代以来,大批中国人东渡留学,许多人通过长期的留日生活,逐渐发现了日本文化的魅力,体验到了日本之美。以鲁迅、周作人、郁达夫、郭沫若、田汉等中国现代文学的巨匠为代表,他们在日本度过了人世最宝贵的青年时代,也记录下了映入他们眼帘的日本,为我们了解日本与日本文化留下了弥足珍贵的线索。《宇宙风》的许多作者,都曾有过留学日本的经历。

回忆早期的留日生活,周作人谈到:"我们在日本的感觉,一半是异域,一半是古昔,而这古昔健全地活在异域的。"[①]这些具有深厚古典文化修养的中国文人,来到日本后,发现了许多在中国早已失传的文化遗存,生发出似曾相识的亲近感。同时,又体味到了日本独具魅力的异国风情。两种要素交织在一起,令他们感悟到了日本文化的特殊魅力。这些留学生们对日本之美的记述与讴歌,大致可分为自然美、民俗美、艺术美、古典美等方面。

---

① 周作人:《苦竹杂记·日本的衣食住》。

（一）自然美

郁达夫对日本的第一印象是"小岛纵横,山清水碧"。后来每次回国路过长崎时,心中便生出见到初恋情人般的激动。而看到四季如画,明媚无比的濑户内海,则想到"蓬莱仙岛所指的不知是否就在这一块地方。"①

郭沫若在九州帝国大学留学时,住在博多湾,对那里的美景,寄予了无限深情:"第一次在青松白沙间看见了博多湾,正是在夕阳西下,红霞涨天的时候。我这位多年的老友,在第一次便和我结下了不解的交情。"②松林、碧海,白沙滩,在博多湾的怀抱中,郭沫若激情迸发,创作了其代表性的诗作《女神》,多年后回忆这段生活,他谈到,他对自然的感念,纯然是以东方的情调为基音的,这种东方的情调,便是在九州大学当学生时体验到的日本的自然与人事。毫无疑问,日本美丽的风光,为这位中国大文豪的创作提供了优美的自然条件。

创作社同人田汉也留下了关于日本自然之美的诸多描述。在东京时,他常常和妻子去附近的户山园散步。夕阳西下,远眺富士山皑皑雪峰发出光芒,令他感叹;镰仓海岸,与爱人踏着月光观赏大海,不禁深深陶醉,萌生了"吞了她或被她吞了我"③的无尽爱意。对东京住所周围的环境,田汉也作了深情的回忆:

    推窗望去,远松额外的青,近柏额外的绿,微风生树间,绿

---

① 赵红梅:《郁达夫自叙》,团结出版社1996年版,第76页。
② 转引自张小青:《创造社同人的日本观》,徐冰主编:《中国人的日本人认识》,吉林大学出版社2003年版,第178页。
③ 董健:《田汉传》,十月文艺出版社1996年版,第156页。

摇青动,等上那个原头,便看见左边一带平林,苍烟漠漠。通过广原,便上一个斜坡,坡左苍松成阵,夕阳穿林而来,如十万黄金之弹,同时射出。站在广原中西望,可以看见富士山千年不消的雪峰,峰头雪白,深感黄金之威力。①

当田汉回国五年后又来到日本时,他真实地记录了当时激动的心情:

> 五年不见的日本,重复呈现那可爱的情姿于这异国青年的眼底了,这异国青年第一次看见她的时候是个十八岁刚毕业的中学生,心里充满着感激,对这岛国的清丽自然,就像初次接近女性一般心里怦怦的跳动。他第二次看见她的时候,他携着他的爱人的手,这时他的身心都陶醉在爱的世界,他过的是雾似朦胧,梦似的迷离日子,当时,这山明水秀的长崎给了他何种感激,他现在记不起来了。于是他第三次看见她了,她依然保持着那时的风度来迎接这异国的青年。②

由以上记述可以看出,这些留学日本或旅居日本的中国文化人,对日本的美丽风光产生了形同恋人般的挚爱,对日本自然美的发现与赞叹,构成了他们热爱日本的情感基调。

(二)民俗美

对于日本的自然美的发现,是当年留日文人初识日本和再见

---

① 董健:《田汉传》,第158页。
② 《日本印象记》,小谷一郎,刘平编:《田汉在日本》,人民文学出版社1997年版,第237页。

日本时的共同感悟,而且在日本的长期生活,又使他们逐渐体味到日本的民俗之美。

创造社成员之一的陶晶孙从日本人的生活中悟出了诗意:"那是温泉,女人的长袖,木屐 kimono 的 skirt,及路边抽着嫩芽的散漫都市。"他还详细地记述了日式素面的精致:"侍者端上来两个木盒,一盒中盛着素面,盒旁添有一小盒药味(调料,引者注),一小盒香葱丝,一壶酱油,一双白木劈开而成的木筷。打开盒盖,冷的素面上,撒着海苔干。并且觉得如果请从国内来的人吃这个,他们甚至不会了解这是吃的东西。"①面条,在中国作为一种大众快餐,主要是供人填饱肚子,做法不甚讲究。而日本人则不然。不论是荞麦面、拉面还是盖浇面,制作极为用心,精益求精。这既反映了日本人做事认真的态度,也表现了他们对美的追求精神。

郁达夫对日本的民俗之美也发出了由衷的赞叹:庭院建筑微精简洁,能在单纯里透露出情趣,厕所旁都能置下一泓池水,几株绿树,干干净净,让人丝毫感觉不到秽浊的薰蒸。而茶道花道,更显出优雅。日本女子和服的端庄妩媚,每天洗澡注重清洁,都给郁达夫留下了美好的印象。

1925年谢冰心赴美途中路过东京,尽管来去匆匆,也于浮光掠影中体验到了日本民俗生活的魅力:

> 我们先到中国青年会,以后到一个日本饭店吃日本饭。那店名仿佛是"天香馆",也记不清了。脱鞋进门,我最不惯,大家都笑个不住。仕女们都赤足,和她们说话又不懂,只能相

---

① 《陶晶孙选集》,人民文学出版社1995年版,第20页。

视一笑。席地而坐,仰视墙壁窗户,都是木板的,光滑如拭。窗外绿茵沈沈,清洁优雅得很。①

对日本的民居,周作人也极为欣赏,认为其适用、方便简洁。日本的饭食,也令他难忘:"清茶淡饭的滋味简直无物可比,可以说是一生所吃过的东西里的最美味。"②

(三)艺术美

周作人认为:"日本国民天生有一种艺术的感受性;对于天物之美别能领会,引起优美的感情,如用形色表现,便成种种美术及工业的作品,多极优雅纤丽;如用言语表现,便成种种诗歌。就在平常家庭装饰,一花一石,或食用食物,一名一字,也有一种风趣,这是极普通易见的事。"③

他从多个细节中,发现了日本人的艺术感受力,认为他们的普通生活中,蕴涵着高雅的艺术之美。而鲁迅则基于对美术的爱好,对日本的浮世绘,即江户时代反映日本社会生活的风俗画,表现了浓厚的兴趣。"日本的浮世绘,何尝有什么大题目,但他的艺术价值都在的。"④日本传统的歌舞伎,也令鲁迅神往,自仙台留学时期,就十分喜爱,直到晚年还时时回忆。郁达夫对日本乐器中三弦、大鼓,戴季陶对"尺八"演奏的古朴悲凉、哀婉的韵味,都极为称赞。

---

① 冰心:《东京纪游》,转引自中华书局《初等中学国文读本》第一册,1933年。
② 《知堂回想录》十五,花牌楼(上)。
③ 周作人:《艺术与生活·日本的诗歌》。
④ 周作人:《鲁迅的故家》,人民文学出版社1957年版,第200页。

(四)古典美

近代中国人或因考察或因留学,到了日本后,时常会发现一些在中国本土已经绝迹的古代文化的遗存,随即产生了文化上的亲近感和怀古之幽情,我们姑且称其为"古典美"。

周作人曾介绍道:"日本与中国交通最早,有许多中国的古代文化五代以前的文化的遗迹留存在那里,是我们最好的参考。明了的列如日本汉字的音读里可考见中国汉唐南北古音的变迁";"唐代乐器尚存在正仓院,所传音乐虽然经过日本化大抵足以考见唐乐的概略,"而"'能乐'在日本是一种特殊的艺术,在中国看来更是有意义的东西,因为我们不妨推测这是元曲以前的演剧,在中国久已消灭,却还保存在国外";"日本近古的'能'与'狂言'(悲剧与戏剧)总可以说是中国古代戏剧的兄弟,我们能够从这里看出许多相同的情形。"①

不论是江户时代的西方传教士、旅行家,还是现当代来自世界各地的商人、学者、留学生,许多人都被东瀛岛国美丽的异质风情所打动和吸引,深深挚爱着日本文化,其中有些人让自己的妻儿放弃母语,改学日语,甚至有的人脱离了基督教,皈依佛教,身穿和服,打坐参禅,不但在外型上,更在精神气质上努力接近日本人的精神世界。日本的自然风土、文化民俗,是十分适合鲁迅、郁达夫、周作人、郭沫若这些带有浓重的中国士大夫色彩和浪漫气质的文人们居住的。他们发自内心地喜爱日本既简朴又舒适,既单纯又风雅的生活。

周作人将日本视为第二故乡,许多人在告别日本时都产生了

---

① 周作人:《谈虎集·日本与中国》。

难舍难离的惜别之情。通过上述片段的记述,我们不难看出,在20世纪初期,一部分中国文人发现了日本文化的美感特征,发自内心地对日本产生了挚爱。然而,中日关系的残酷现实,使得他们不得不面对爱与美的另一面,一次次地伤心和失望,最终与他们深爱的日本决裂。

二、日本之丑的冲击与心灵的创伤

日本明治政府成立后,就提出了"开拓万里波涛,宣布国威于四方"的口号,表现出强烈的向海外扩张的欲望。1871年日本与中国签订《日清修好条规》,其目的就是伴随着明治维新展开,实力的逐步增长,力图与中国并驾齐驱,以"上国"的姿态威压朝鲜,并利用近代条约形式框定与中国的关系。其后,全然置"修好条规"于不顾,1874年侵犯台湾,1879年吞并琉球,不断向中国在东亚地区传统的地位挑战,制造麻烦。日本的丑恶行径,引起中国士绅阶层的不满,竟至出现对日本的征伐论。经1894—1895年的甲午一役,割地赔款之甚与旅顺屠城之残暴,远超欧美列强之上,在迫使中国人留学日本,试图变法自强的同时,也激起中国朝野的义愤。此后,1904—1905年在中国领土上发动日俄战争,1910年吞并朝鲜,1915年提出灭亡中国的"二十一条"要求,1919年在巴黎和会上强行接受德国在山东的所有殖民权益,从而引发了"五四"爱国运动,1928年阻碍中国统一、制造济南惨案和皇姑屯事件,等等。日本在中国人眼中的形象,因军国主义的种种劣行而一落千丈。日本以中国的沉沦为代价,在成为东亚霸主的同时,也成为为中国舆论不齿的丑恶、凶暴的帝国主义。

在日本国内,政府通过教科书和各种媒体,影响了日本国民,在政府和民间形成了蔑视、歧视中国的情绪。狂妄自大的种种丑行,使身临其境的中国留学生义愤填膺。

郁达夫在日本高中读书时,有一回,一位教日本古文的老先生谈到中国时大加挖苦,郁达夫对此不堪忍受,以后轮到那位教师讲课,他就以沉默抗争。"这种沉默的反抗维持了半年,考试的结果果然不及格,但因校长的特许,我也升了级,脱离了这一位先生的教室。当时的日本同学为这事情,却赠给了我一个诨名,叫做'伟大的沉默'"。[1] 还有一回,留日学生总会邀请著名政治家尾崎行雄讲演。尾崎在讲演中讽刺中国,郁达夫待尾崎讲完一段后,上台据理反驳,使尾崎不得不当场道歉。

郁达夫与当时的许多中国留学生一样,作为弱国的国民,饱受蔑视和欺凌,其辛酸与愤怒是不言而喻的。从成为作家时起,就以他天才的笔,对那种屈辱与不平,做了字字血泪的描述,在成名作《沉沦》中,25岁的郁达夫写道:

> "原来日本人轻视中国人,同我们轻视猪狗一样,日本人都叫中国'支那人',这'支那人'三个字,在日本,比我们骂人的'贼贼'还难听。如今在一个如花似玉的少女前,他不得不自认说:'我是支那人'了。
>
> '中国呀,中国,你怎么不强大起来!'
>
> 他全身发起痉来,他的眼泪又快滚下来了。"[2]

这与其说是在写他的主人公,毋宁说是在写他自己;与其说是

---

[1] 《郁达夫文集》第六卷,花城出版社、三联书店1982年版。
[2] 《郁达夫文集》第一卷,第23页。

在写他本人,毋宁说是在写中国人。

回顾自己的留日生活,郭沫若感叹道:"读的是西洋书,受的是东洋气"。① 在以自己为原型创作的小说《行路难》中,记载了一次又一次的屈辱经历。主人公爱牟为了让过着漂泊生活的一家人有个暂时栖息之所,在租房时假冒了日本人的姓氏"桑木海藏",谁知被回来的男主人识破,冷冷地问:"上海人还是朝鲜人?"当听到爱牟回答"我是中国来的留学生"的时候,本来一直态度和善的女主人立刻发出一声惊叫:"什么!支那人!"接着房主人又扔来几句爱牟的民族自尊心无法容忍的屈辱的话:"你要找房子住,这儿恐怕找不出来了,我们空着房子是要留来放乒乓台的。"爱牟悔恨交加,他"悔不该冒了一个日本式的姓名,把一个'虚假'捏在那一位阔夫人的手里去了。日本人本来是看不起中国人的,又乐得他在奚落之上更加奚落"。而且,这种非人的待遇还要株连到无辜的孩子。在母胎中已经饱受了种种不安,产后营养又十分不良好的郭沫若的小儿子,稍长大些,一出门就要受到附近儿童们的欺辱,骂他是"中国佬",并且向他扔石块,有时甚至用棍棒打他。郭沫若痛苦地说:"可怜才满三岁的一个小儿,他那柔弱的神经系统,已经受到了一种不可疗治的疮痍。"②

面对日本人歧视、侮辱中国人的浅薄行为,郭沫若满怀激愤,等待日本人的改悔:

"日本人哟!日本人哟!你忘恩负义的日本人哟!我们

---

① 《郭沫若全集》文学编第15卷,人民文学出版社1983年版,第12页。
② 转引自张小青:《创造社同人的日本观》,徐冰主编:《中国人的日本人认识》,第169页。

中国究竟何负于你们,你们要这样把我们轻视?(中略)你们的帝国主义是成功了,可是你们的良心是死了。(中略)你们改悔了吧!你们改悔了吧!不怕我娶的是你们的日本女儿,你们如不悔改时我始终是排斥你们的,便是我的女人也始终是排斥你们!"①

日本国民欺侮中国留学生的行为,引起了日本一些有识之士的同情和忧虑。1906年,宫崎滔天就撰文提醒和警告日本人:

"我深为日本的威信而悲,为中日两国的将来而忧,更为中国留学生的处境而不禁流泪。……我要寄予我日本当局、政治家、教师、商人、房东、下女、扒手和妓女,你们旦夕欺侮、讥笑、榨取、剥削、诱惑的'清国奴'中国留学生,将是新中国的建设者。他们今日含垢忍受着你们的侮辱,你们心中没有一点歉焉之情吗?侮辱他们,势将被他们侮辱。相互侮辱,必将以战争终始"。②

宫崎的担心不幸言中,早已被历史所证实。中国留日学生,对于日本,他们的爱是真挚的,恨也是真实的。其爱也深,其痛也烈,走过了一段痛苦的心路历程。中国文化人在心目中认为:我们钦佩你们的勤劳、刻苦、认真,羡慕你们社会的文明与进步,欣赏你们文化的古朴与高雅,我们甘愿从原来你们老师的地位转而成为你

---

① 《郭沫若全集》文学编第15卷,第185—186页。
② 宫崎滔天:《关于中国留学生》,《革命评论》1906年9月5日。

们的学生,积极学习你们,可你们为何如此歧视我们,不断欺辱我们?日本自近代以来对中国的态度,给中国文化人造成了刻骨铭心的伤害。《宇宙风》作者群的许多人,便有着爱恨交织的情感体验。

对 30 年代初期中日关系的现实、日本对中国的态度的把握,和早年留日的记忆,决定了他们如何描写日本、介绍日本,构成了他们认识日本的基调。

第三节 《宇宙风》初期的日本认识

对于 1935—1936 年的中国来说,黑云压城城欲摧,一场刀光血影的中日民族大搏斗日益逼近,日本问题成了中国人最为关心的首要话题。顺应时局和读者的需要,《宇宙风》中出现了大量的介绍日本、分析日本的文章。据不完全统计,直接或间接谈及日本和日本人的,自创刊到卢沟桥事变全面抗战爆发前,共有 114 篇。从《宇宙风》刊载的作品的形式来看,有小说、散文、随笔、通讯、报导、政论、述评、自传、诗歌、漫画、剧本、大鼓词等等;从内容上看更是五花八门,包罗万象。归纳起来,涉及日本的大体有以下几个方面:

(一)对日本文化的介绍,包括文学、艺术、东西方文明的融合等内容,如:《徒然草选译》、《中国的滑稽文学》、《兼好法师与陶渊明》、《从一个服装展览会说到中日之不同》、《日本小品及随笔底一斑》等。

(二)对日本民族性的探讨:对日本人的愚忠、小家子气、傲慢自大、阴险狠毒的秉性的描述与分析,对日本人做事认真、勤勉刻苦的称赞,如:《爱国说》、《劳者自歌》、《谈敌人的武士道精神》、《湖边闲话》、《记东京某音乐研究会所见》、《林先生》、《北伐途次》等。

(三)对日本社会内部情况的介绍,包括中国人在日本的经历和观感,留日学生的困境,日本警察对中国人的欺压、日本国民对中国人的歧视等内容。如:《支那料理》、《日清战争四十周年》、《去看日本的红叶》、《游日杂记》、《日本狱中生活》、《留学生的苦难》、《在日本船上》、《东京来鸿》等。

(四)对中日关系的分析,如:《日本必败论》、《和与战》、《外强中干的日本》、《自信心的丧失》、《泥足陷得更深》、《日本怪政及其因果》、《中日难以妥协》等。

(五)对日伪占领地区,日本势力范围内,东三省、华北的唐山、天津以及上海等地日军对百姓的压迫,人民生活的惨状,日本军队和浪人走私、贩毒情况的报导和揭露。如:《请看今日之沈阳》、《流泪话东北》、《伪国通讯》、《伪国杂碎》、《满州国的尊孔和毒化》、《失地记事》、《唐山印象》、《冀东的教育》、《傀儡访日记》、《日军控制下的天津》、《沦陷前夜的北平》、《从天津到上海》、《某国人在中国》等。

(六)对中国人仇日根源的分析,对日本人的奉劝与警告,如《中国人的觉悟》、《我所知道的两个认识日本的人》、《抵美印象》、《对付邻居的办法》、《多谢敌人的飞机大炮》、《劳者自歌》、《哀宝山》、《孤岛杂记》等。透过《宇宙风》的这些作品,我们可以了解到该时代中国文化人日本认识的形成过程和主要内容的一个侧面。

以下将上述内容概括为对日本民族、日本文化的介绍与评价,对日本歧视中国的记述,对在华日本军人、侨民丑行的曝光三个方

面,加以介绍:

一、对日本文化、日本民族性的介绍与评价

众多留日学子和旅日作家、文化人,通过在日本的生活,对日本的了解逐步深入,记录下了他们的日本见闻,为我们了解该时代的日本社会和日本人,留下了重要的线索。《宇宙风》杂志就先后登载了许多中国文化人评述日本的文章。从内容和所表达的情感来看,可以大体分为两类,一类是对日本人歧视中国的情形的描述,一类是对日本民族性、日本文化的介绍和批评,还有一些文章就中国与日本的差异进行了比较。

《宇宙风》第13期(1936.3.16)春季特大号,发表了木石的《春在东京》。木石,生平不详。文章描写了日本人赏樱的情景:

> 然而我不能忽略,日本人也有他们快乐的春天。在这个季节中,东京多数的市民也常从煤烟与汽油味里拖出自己,到春光里做竟日的狂欢。(中略)
>
> 那时的景象,若你是初见,不由你不称奇。西服整洁的绅士、和服木屐的"日本本位"者,全身制服的大中小学生,把头发梳成尺来高的太太,穿高跟鞋洋服的妙龄女郎,把面孔涂成粉墙的艺妓,星期日也有陆海军人,各色人等,携酒载肴,在那儿熙熙攘攘,载歌载舞。①

作品介绍了在春日里,艳阳下,日本人亲友同事聚集在一起赏

---

① 木石:《春在东京》,《宇宙风》第13期,第9页。

花的独特民俗,与欢快的日本人相比较,作为中国留学生却感到一丝悲哀:

"至我们异国学子,弱国人民,自惭与强为伍。何况驰目乡国,正痛心疾首不暇,纵樱花树下,遍是欢情,总不能除去心头国破家亡的阴影,更哪来情趣度这异国的春天。"

第36期方令孺的《游日杂记》。方令孺,女,安徽桐城人,1923年留学美国,1929年回国后,先后任青岛大学讲师和重庆国立剧专教授,1943年后在上海复旦大学中文系任教授,30年代开始写诗,是新月派的女诗人。1958年至"文革"前,任浙江省文联主席。

文章介绍了日本的庭院和住宅,对其古朴、简约的韵味表示了由衷的欣赏和赞叹:"日本住宅完全是用木造,色彩不施,再加以简朴的式样更觉素雅。""这天我来到这样精巧有趣的屋前,坐在廊上,脱下鞋(这还是古风呢——原文)踏进房里葱黄柔软的席子上,觉得奇妙极了。我像一个小孩看见新奇的玩具一般,对这房里每一个角落都带着惊喜赏玩。"[①]与周作人、郁达夫等人一样,作者从日本的"一半异域、一半古昔"的文化生活中体会到美感,但听了姐姐的谈话,又发现了日本优美的文化与对中国态度的矛盾:

在海外见到自己的骨肉之亲,自有一阵说不出的悲喜,但姐姐脸上在若有若无之间流露着一种凄凉勉强的颜色,这我以后才知道,她住在东京不全然是欢乐的。

---

① 方令孺:《游日杂记》,《宇宙风》第36期,第602页。

"我们究竟是中国人",姐姐说。"住在这时时想着侵略人的国土里,心上总觉得有一种压迫。就随便说几件小事吧:有一次我到过一个什么东亚妇女会,我们有几个人是代表中国使馆来的人,那知道那里也有什么'满洲国'的使馆代表,坐位居我们之上,同是中国人,在那种情形里见面,是什么味道呢?而且谈论之间能免不教你觉得有刺心一样的事情吗?"

"说起日本民间确有好些可爱的地方,"她停了一会又说。"我不能忘记夏间在逗子住在一个老渔夫家里的快乐,天天早上孩子们跟着这老人——他多么忠厚啊——到海上去打鱼,回来总看见他们脸上受阳光和海风的滋润显出健康快乐的颜色;晚上在星光底下坐在敞开的廊上,他一面吸着烟一面和孩子们讲些当地的小故事,恬静极了。就是在城里,倘若在什么集会里,街头上,或剧院中碰到相识的日本人,他们总是那样谦恭的行着礼,温和的问候,脸上带着真诚的微笑。还有一次宓楠在马路上被一个十三四岁的男孩的脚踏车碰一下,这孩子就马上停住车,跑到我们的面前诚恳的道歉,或我遇到有什么疑难的事,就是问一个陌生的人,他也会热心的帮忙。"①

听了姐姐的叙述,作者感到了茫然和困惑:"这样说日本的民情风俗不是很美丽吗?要不是出自一个善良的心怎能有这样好?为什么政治上的人物却又那样诡诈多端!看他们的文化又是那样的高,为什么对于邻国的行为却又极其幼稚?"②作者的疑问也正

---

① 方令孺:《游日杂记》,《宇宙风》第 36 期,第 602 页。
② 同上。

是许多中国留日学生的疑问和不解之处。他们通过日常生活的接触,认识到了日本的自然美和善良、温厚的人情美的一面,但从日本对中国的态度,一些日本人的行为中,又感受到了其丑恶的一面。这或许正好反映出日本文化的二重性,在具有自然美人情美的另一面,因国家的强权政治扩张政策,文化的优越感,所形成了傲慢自大的侵略性和排他性。在国内的中国人很少了解日本人与日本文化的美的一面,所见所闻大都是日本人丑陋的行为,而留日学生则对其美与丑的两面均有了解,因而常常陷入情感与思维的困惑。

这一时期的《宇宙风》还发表了一些介绍与评价日本文学的文章。在第10期,刊登了郁达夫翻译的古代文学名著、吉田兼好法师所作的《徒然草》。郁达夫,1896年生于浙江富阳,现代小说家、散文家,早年留学日本,创造社主要成员之一,抗战时期在香港、南洋一带从事抗日宣传活动,1945年,被日军杀死在印度尼西亚的苏门答腊。在译后记中,郁达夫写道:

> 我在日本受中等教育时候,并曾以此书为教科书,当时志高气傲,以为它只是中土思想家之糟粕,立意命题,并无创见。近来马齿加长,偶一翻阅,觉得它的文调的谐和有致,还是余事,思路的清明,见地的周到,也真不愧为一部足以代表东方固有思想的哲学书。
>
> 在日本外交纷繁的今日,将这种不符合实用的闲书翻译出来,或者要受许多爱国者的指摘。但一则是以示日本古代文化如何的曾受过我国文化的影响,再则也可以晓得日本人中原也有不少是酷爱和平,不喜侵略,如我国的一般只知读书

乐业的平民，则此举也不能全说为无益。假使世界太平，生活安定，而我个人的身体健康的话，我倒很想在这一二年中，静心译出几部日本中古以后的日记随笔集来，以飨读者，这或者比空言亲善，滥说文化沟通等外交辞令，总要比较得实在一些。①

许多中国人，包括许多对日本知之较少的文人，对于日本文化持一种轻蔑的态度，认为日本人擅于模仿，缺少创造，其文学大都是抄袭或模仿了中国的古代文学，而在译后记中，郁达夫却对《徒然草》给予了极高评价，除了欣赏其文笔、思路的精彩外，赞叹其"真不愧为一部是以代表东方固有思想的哲学书。"②第28期的《宇宙风》，发表了署名"画蛇堂"的《论床》，介绍了兼好法师的生活与思想，认为"他是一个懂得生活艺术的和尚，在《徒然草》里，提倡禁欲与纵欲的调和；排斥宗教的禁欲主义，为清淡朴素的生活张目，""兼好法师，不愧为古之妙人。"③

第34期发表了付仲涛的《兼好法师与陶渊明》的评论文章。作者生平不详。文中写道：

> 我素来是弄日本文学的人，平日看日本书的时候多，日本的各方面书籍，好的当然很多，在其文学书中，给我印象最深的要算芭蕉的俳句及兼好法师的《徒然草》。当然在文章方面比《徒然草》好的还很多。譬如《紫式部日记》、《蜻蜓日记》等，

---

① 郁达夫：《〈徒然草〉译后记》，《宇宙风》第10期，第489页。
② 同上。
③ 画蛇堂：《论床》，《宇宙风》第28期，第229、231页。

都是玲珑的妙文。我所喜欢《徒然草》的地方,就是短小精悍透彻高超。又有趣,又沉痛。你在茶前饭后念也可以,在忙时读也可以,在闲时读也可以。无论什么时候,总可以使你百读不厌,既不觉得费力,又不觉得无聊。我想这是一部超等的随笔散文,在中国是难找一本同样的书。(中略)

我想这是文艺最高的态度,这种人确是少有。这种名利淡然的文人,在日本却也不多,只有芭蕉略可比拟,在中国除陶渊明外,恐怕也不多。①

付仲涛从《徒然草》于轻松中含有醒世教化和作者淡泊名利的人生与创作态度的两个方面,高度评价了兼好法师,认为在中国只有陶渊明可与其比肩。

第23期登载了周作人的《中国的滑稽文学》。周作人,1885年生于浙江绍兴,1901年考入江南水师学堂,1906年赴日留学,是新文化运动时期的主将,抗战时期沦为汉奸。一生著述丰厚,对日本文化有着深湛的见解。这篇文章介绍了日本文学的"滑稽",并认为这是日本的独创:

十天前我写一封信给一位朋友,说在日本文化里也有他自己的东西,讲到滑稽小说曾这样说道:

"江户时代的平民文学与明清的俗文学相当,似乎我们可以不必灭自己的威风了,但我读日本的所谓滑稽本,还不能不承认这是中国所没有的东西。"(中略)

---

① 付仲涛:《兼好法师与陶渊明》,《宇宙风》第34期,第502页。

且说这滑稽本起于文化文政(1804至1829)年间,全没有受着西洋的影响,中国又并无这种东西,所以那无妨说日本人自己创作的玩意儿,我们不能说比英国小说家的幽默何如,但这总可以证明日本人有幽然趣味要比中国人为多了。[①]

周作人把日本江户时代的平民文学与中国明清时代的俗文学做比较,考证了日本文学的滑稽本的产生年代和发展过程,认为是日本独创的表现形式,反映了日本人具有幽默趣味。第38期刊登了付仲涛的《日本小品及随笔底一斑》,作者介绍了小品和随笔的定义和区别,详细考察了日本近代小品和随笔的演进历史,列举、分析了其中的精品,使中国人得以了解日本文学的各类样式。

在中日关系紧张,民族情绪严重对立的时代,郁达夫、周作人、付仲涛、画蛇堂等人对日本文学作品的分析与评价,表现了科学的精神,反映了中国文化人对日本文化的公正、客观的态度和深湛的把握功力。

除了介绍与研究日本文学的文章外,《宇宙风》还发表了一些反映30年代中日文学家交流的文章。在第33期,刊登了郁达夫的《从鹿囿传来的消息》,是作者于1936年末访问日本时寄给妻子王映霞的一封信。信中描述了阔别多年再见日本时的亲切感受和日本的变化,认为与当年留学时期相比,现代化的进步对日本的文化传统造成了伤害。信中主要记录了见到日本著名作家志贺直哉的过程:"午后到了奈良市内,与作家志贺直哉"氏聊天两个多钟头,"他的作品很少,但文字精练绝伦;在日本文坛上所占的地位,

---

① 知堂:《中国的滑稽文学》,《宇宙风》第23期,第544页。

大可以比得中国的鲁迅,我们也曾谈到了这一位新逝去的中国最大的文人。"①中国文坛的才子和日本著名的作家,在雨中漫谈着文学与艺术,郁达夫告辞后,志贺送他一程又一程,难分难舍:

> 在灰暗的夜阴里踏上汽车,和他点头作别的一瞬间,我于感激之余,几乎想再跳下车来,仍复送他回去。若在十几年前的年青时代,当这样的时候,我想又免不得要滴几滴感伤的青泪了。志贺氏的待人的诚挚,实在令人感动。我真想不到在离开日本的前一天,还会遇得到这一个具备着全人格的大艺术家。他是日本第一个寡作的小说家,正唯其寡作,所以篇篇都是珠玉。②

郁达夫对志贺直哉的艺术成就、创作态度和诚挚的人格,予以了极高的评价,同时记叙了二人之间深厚的友谊。这表明尽管中日之间大战即将爆发,但中国和日本的正义的作家依然相互珍视,保持着交流和友谊。第35期郭沫若的《达夫的来访》,记述了郁达夫的此次访日情况以及和日本文坛作家的交流,为研究该时期的中日文学、文化交流,留下了珍贵的记录。

还有一些文章,通过在日本的见闻、接触到的日本人,介绍了日本人的性格和民族精神。如第10期丰子恺的《记东京某音乐研究会中所见》,通过对东京帝国大学学生生活和一位学音乐的日本学生的介绍,描述了日本人踏实刻苦的上进精神。丰子恺,现代画

---

① 郁达夫:《从鹿圄传来的消息》,《宇宙风》第33期,第454页。
② 同上,第455页。

家、文学家、美术和音乐教育家,浙江桐乡人。早年师从李叔同学习绘画、音乐,1921年赴日留学,深受日本画家竹久梦二的影响,发表的绘画作品冠以"漫画"的题头,自此中国才开始有漫画的名称。作者写道:

> "千百个人静悄悄的或是整理课堂的笔记,或是看自己带来的先生的专门著作或由图书馆借下来的书籍,整天的工夫或半天的功夫,一双眼睛注视着在书籍上面,没有倦容。他们这种勤学苦干的精神,令人觉得明治维新到今日不过几十年,把一个国家弄到这步田地,并非偶然。"
>
> 我读了这些几段颇有所感,忆起我所不能忘却的,十五年前在东京某个音乐研究会中的所见。
>
> 日本学生的勤学苦干的精神,真是可以使人叹佩的。而我在某音乐研究会中所见的医科老学生的勤学苦干的精神,尤可使我叹佩到不能忘却,他的相貌和态度,他的说话和行动,我到现在还能清楚详细地回忆起来。①

文章介绍了作者在日本留学时,去一个音乐研究会学提琴,遇到了一位年龄偏大的学医的日本学生,这个学生十分笨拙,完全没有艺术灵感,学了很长时间仍不得要领,受到周围日本学生的嘲笑。而作者则不忍心,给予了他一些指点帮助。经过较其他人数倍的刻苦,这位医科老学生终于逐步上路。通过这一事例,作者对日本学生的刻苦学习的精神感到由衷的钦佩,从他的身上,看到了

---

① 丰子恺:《记东京某音乐研究会中所见》,《宇宙风》第10期,第478页。

日本人与日本民族精神的缩影。在文章的末尾，作者写道：

> 胡适之先生《敬告日本国民》中有云："日本国民在过去六十年中的伟大成绩，不但是日本民族的光荣，无疑的也是人类史上的一桩'灵绩'。任何读日本国维新以来六十年的光荣历史，无不感觉惊叹兴奋的。"我想，这个"灵绩"，大约是我在东京某音乐研究会中所见的医科老学生及向愚先生所叙述的帝大学生之类的人所合力造成的。①

胡适与丰子恺等中国文化人，高度评价明治维新的成就和功绩，认为日本并非是明治维新后的暴发户，日本近代的成功，是像东京帝大学生、医科老学生这样的人一代又一代踏踏实实干出来的。与日本人相比较，他们对中国人性格中的弱点也进行了反思。这个日本学生告诉丰子恺："德国是音乐很发达的地方，所以他决心去德国研究音乐。说到决心两字，他的态度十分认真，把头点点，表示他是一个有志者。"②丰子恺对这个青年的恒心表示钦佩："我觉得这是日本青年所特有的毅力与直率的表示，在中国是见不到的。中国青年因为怕倒霉，说话就调皮，即使想到德国去，事前一定不说，或者偏说不去，即使抱了研究音乐的决心，也不肯向人宣布，或者反说'我一定学不好的'。"③

郭沫若在《北伐途次》(《宇宙风》34期)中，对中日两国记者做了比较。郭沫若，我国著名的文学家、诗人、革命活动家、考古学

---

① 丰子恺：《记东京某音乐研究会中所见》，《宇宙风》第10期，第481页。
② 同上。
③ 同上，第480页。

第二章　全面抗战前《宇宙风》的日本认识

家,1892年生于四川,1914年春赴日留学,和郁达夫、成仿吾等人组织了创造社,1928年,受到国民党迫害,流亡日本。1937年抛下妻儿回国参加抗战,一生著述丰厚。在《北伐途次》中,郭沫若认为中国记者懒惰糊弄:"南军占领了武汉的时候,日本的各个报馆各个通信社,都派有专门的访员,勤勉地访查四面的消息;但是上海方面的本国的报馆和通信社的访员,我却不曾看见过,中国的访员和记者,似乎只消用一瓶浆糊,一把剪刀,几份外国文的报。"①即便在今天,也有日本记者批评中国驻日记者不外出采访,难以把日本社会的动态及时准确地向国内报导。

在《游日杂记》中,方令孺也描述了日本人认真工作的态度:"有一个园丁在修剪树木。我从来没有看见过一个人工作像他那样细微了。他爬到一棵树上细细的端详,最注意枝叶的姿式,不肯略微伤害自然生长的形状;在一枝一叶的去留之间,都好像费了莫大的心事。他那种木讷无言,沉没在他工作的深思里,很感动我。""'这就是日本人所特有的寂寞艰涩的性格,'姐夫告诉我。虽是极细微的事也决不疏忽,非做到尽善尽美不可。"②

《宇宙风》的编辑林憾庐,在《比较一下》(《宇宙风》第 27 期)中,通过对中日民族性的比较,发现了中国人的弱点。他慨叹道:

> 值得我们反省而比较的是:"日本人所具有的那些优点,难道我们中国人就没有吗?善模仿而能创造自己文化——我们不能吗?勤劳耐苦——我们的农人劳动者会输给他们吗?

---

① 郭沫若:《北伐途次·十四续》,《宇宙风》第 34 期第 537 页。
② 方令孺:《游日杂记》,《宇宙风》第 36 期,第 604 页。

文化礼教——我们不有我们自己底吗?"而且,仿佛中国人较之日本人似乎聪明些,大方些。我们还有许多优良的德性,如和平易乐,宽厚有容。待人以恕,有的地方是日本人所不及的。

但是,他们为什么蒸蒸日上,不只是武力的强盛,在文化与科学方面都有长足的进步,堪以媲美欧美,而我们中国反而各方面落后呢?

我觉得,中国的失败,原因虽然颇为复杂,但大要有下列数点:

一、惰性太重。(中略)

二、重文章,不重实际,(中略)一直到现在,有许多事情还是以表面文章为重,如什么运动之类,总以开开会,演演讲,喊喊口号,贴贴标语,便算数了,而实际不管,影响所及,对于各项事情,也只重外观及表面工夫,不实事求是,不切实地去干。我国与日本差不多同时变法维新,他们的教育政治实业商务科学军备等,各方面都有实在的进步,一跃而跻身富强文明国家之列;我们呢——说来惭愧,那一项能比得上人! 这都是重文章而不实际的所致。

三、太聪明了——中国人的确是太聪明了,我以为。无论什么,中国人的悟性和理解力却似乎比日本人为高,这在欧美的中日留学生的比较上看得出来。然而,不幸,聪明人常缺乏持久研究某一科学或致力某种的毅力——说是所谓笨拙人傻干硬干的呆气与蛮力。所以,中国人的出洋留学的历史不为不久,留学生不为不多,而致力于一种专门科学,终身埋头研究,孜孜不倦的专门学者实在太少,当然不会有多数科学家发明家出来。也不会有多数的终身致力，唯专唯一于某项事业的人。

　　而且，因为太聪明了，做起事来便想省力或取巧，每每希冀着以二三分的努力而获取十分的成功，其实世界上决没有那样的便宜事。有时看得太清楚了，知道事情的阻力很多，索性不去做——这样一来，哪里会有实在进步？①

关于自我认识与他者认识，日本学者山室信一认为："将他者作为认识对象的主体，既然是以'外部'的存在为前提，就绝不是居住于与世隔绝的真空世界，因此在近代已经不能单纯地靠自我来进行自我认识，应该认识到他人对自己的思想或行动的反映即镜像中的自我(looking-glass self)的意义，即通过他者的出现，也就是他者的视线为媒介来形成我像。"②也就是说，通过与他者的类似性和差异性的比较，有可能更加准确地认知自我。丰子恺、郭沫若、胡适、林憾庐等中国文化人通过对日本人的观察与分析，把日本作为反观自我的镜像、比较中国人的参照系，发现了导致中国落后的中国人性格中的缺陷，认为中国人和日本人之间存在一种类似龟兔赛跑的情形。中国人自恃文化优越，头脑聪明，做事缺乏务实与苦干的精神；而日本人则坚忍刻苦，一步一个脚印，经过多年的不懈努力，终于获得成功。通过与日本人的比较，这一代中国文化人找到了中日之间形成差距、中国落后于日本的原因之一，获得了难得的认识。

---

① 林憾庐：《比较一下》，《宇宙风》第 27 期，第 205—206 页。
② 山室信一：《面向未来的回忆——他者认识和价值创建的视角》，中国社会科学研究会编：《中国与日本的他者认识》，社会科学文献出版社 2004 年版，第 15 页。

二、对日本歧视中国的记述

在近代中国人留学日本的历史上,有一个奇特的现象,这就是留学生留日→回国→重返日本。据中科院近代史所张海鹏教授的调查。自1896年中国派遣第一批留日学生后,到1937年中日战争全面爆发,中国留日学生共组织了11次集体回国。除了几次是因为中国政府没有给留学生按时发放助学金等原因外,大都因中日之间发生重大冲突,留学生难以忍受,遂决定集体回国。[①] 但回国后,因国内局势或无继续求学的途径,大部分留学生又陆续返回日本。

30年代初期因"九·一八"和"一·二八"事变,许多留日学生纷纷归国。而当战事稍息,不少人又零星东渡。在1934年,留日学生人数开始回升,1935年7月达4500人[②],11月增至8000人左右。在中日大战在即的前夕,形成了一次新的日本留学"热",似乎有种种原因,如求学的费用日本较低,南京政府对知识界、文化界的围剿与打压等,而据余子侠的分析:"最主要并为最根本的原因,却在于青年学子为了抗日救国需要了解日本,诚所谓'不入虎穴焉得虎子'"[③]。与清朝末年的留日前辈的为探索中国变法维新的途径而留学日本相比,30年代初期的中国青年学子,为了了解敌国赴日留学,形成了又一次留日热潮。

《宇宙风》自创刊以来,登载了数篇署名"莫石"的文章。莫石,

---

① 张海鹏:《留日学生始终与祖国同呼吸共命运》,《人民日报》(海外版),1996年6月。
② 《留日学生突增二千人》,《留东新闻》1935年第5期。
③ 余子侠:《民族危机下的教育对应》,华中师范大学出版社2001年版,第118页。

疑似笔名,真名不详。《宇宙风》第 3 期(1935.10.16)发表了他的散文《支那料理》：

> 晚饭时光,房子前的街上有人吹着响亮的军号,杂着急骤的马蹄声,房主人和我都到门前看了,这是一大队陆军游行在这儿经过。前面是骑兵开道,后面接着炮兵和步兵,步兵们由长官唱凯旋歌,各家站在门前的孩子和着唱。我的房东脸通红,失声的喊出"万岁"。
>
> 晚上房主人又跑来和我闲谈了,他似乎刚才看"皇军胜利纪念"时的兴奋样子仍在,所以比平常更多说了点"支那"的丑处。照例我仍是默默。但末了他依然赞美"支那料理",这是真话,你看,每次他总是说"那支料理是好的,西洋料理,日本料理都赶不上。"他是从不长他人志气的,对"支那"更用不着好意,这个赞美,确实出乎至诚。的确,在日本,"支那料理"就算是我们中国人唯一值得自傲的一件国粹吧！他们全国无论大小城市,差不多每条街上都有馆子写上"支那料理",这倒不是因有万多中国留学生来才如此,却是"自古已然",因为日本人也挺爱"支那料理"。但是来日久了点的中国人,若去吃中国饭,却都不进那些写着"支那料理"的馆子去,而必上写"中华料理"的馆子,这倒不是因为爱国,恶"支那"两字而爱"中华",为的是写"支那料理"的是日本人开的馆子,弄出的菜总不及写"中华料理"的中国人开的馆子味好。但为什么日本人开的中国菜馆一定写"支那料理",而中国人开的却叫"中华料理"的理由,是没有人解释过,大概中国人到底不大高兴这个"支那",而日本人则宁愿生意清淡也不屑把"支那"叫成"中

华"吧。写到这儿,又记起前几天的一个故事:瓶子先生问我们说:"为什么你们支那人不喜'支那'两字,我们日本人喊'支那'全无恶意,欧美人不呼你们国为China吗?"我没做声。惕答说:"本来'日本'及'中华民国'两个国名都是汉字,我们喊'日本',是用贵国本来的喊法,而同为汉字,不必另译音,假若我们与贵国叫我们'支那'一样,另译两个汉字,说是译音,'泥棒'①二字的念法与'日本'二字念法相谐,但若这么译,贵国人士也不一定高兴吧!"瓶子先生默然,而这个故事我也告诉了我的房主人,也是讨论"支那"和"中华"两个字的时候,他也默默。不过这两日来他讲中国仍称"支那",故他赞美"支那料理",却不便改为"中华料理"。

九·一八·东京②

以上引用的是这篇文章的第二部分。第一部分记述了作者在"九·一八"四周年这一天在电车上看到日本报纸"满洲事变四周年"报导和在学校上课,教师用"满洲国"小学课本练听写时的感受。从文中可以知道,作者是一个中国留学生。第二部分记述了对房东用"支那"来称呼中国,就中国、日本的称谓与日本人的争论。

众所周知,关于"支那"的说法,即便是今天,在中国人和日本人之间依然持续着争论。东京都知事石原慎太郎公开使用"支那",遭到中国人的抗议。中华民国成立后,曾正式告知日本政府,不要使用支那,但一些日本人依然故我。信浓优人在其编辑的《支

---

① 日本解作强盗。——原文注
② 莫石:《支那料理》,《宇宙风》第3期,第141—142页。

那人所见日本》中,把中文原文的"中国"统统改为"支那"。中国人称自己的民族为"中华民族",华乃华夏之华,华者,冠冕文章;夏者大也;华夏居四夷之中,故曰中华。中华即中国。中国人的"华夷意识",在日文中称"中华思想"。

早在明清更替之际,江户时代的日本人产生了"日本中华"观念。近代日本的进步与繁荣,更使日本认为自身成为东方文明的中心。"中华"是一个反映文化繁荣的历史性词汇,代表繁荣、文明的中国文化,而"中华民国"是一个政治词汇,或许因为日本不愿身边出现一个强大的邻人,因此既不愿用"中华"、"中国",也不愿用"中华民国"。不论中国人多么讨厌"支那"的蔑称,"宁愿生意清淡也不屑把'支那'叫成'中华'",这令人多少感到一些故意甚至恶意。"支那"与"中华"的纠纷,实际上是文明中心论的纠纷,反映了中国和日本在文化层面上面的"孰优孰劣,孰高孰低"的抗争意识,在军国主义猖獗的时代,从政府到普通国民,日本人时时用"支那"来刺激中国人,让中国人感受到作为弱国国民被歧视、从繁荣到衰败的悲哀,萌生了强烈的愤恨。

在《"日清战争"四十周年》(《日本通讯》)中,莫石记述了在靖国神社和"游就馆"的见闻和感受:

> 十月二十三日是东京靖国神社大祭,日本学校为着纪念他们的先烈,这日放假一天,自然,我们异国的学子,也就托这些外国烈士的福,可休息一天了。
>
> 靖国神社是日京"名所"之一,神社是日本到处都有的,但神社而名"靖国",则来头自非等闲。这里面所祭的神,都是奠定日本国基而有殊勋者,但最受敬仰的则系军人。这儿包

括了灭台湾,并琉球,取高丽以及日俄等役光荣战死的斗士。

在附近的"游就馆"更有个大展览会,纪念"日清战争"四十周年,为着发扬皇军的神武,表彰死难的先烈。①

许多文章中都谈到,甲午战争中日军掠取的中国战舰,被陈列在日本的港湾,李鸿章签署《马关条约》的地方,也成为日本人炫耀胜利的观光景点。东京的靖国神社,在战争前就供奉着"灭台湾、并琉球、取高丽"之奠定了日本国基,在殖民战争中战死的日本军人的灵位。尤其是在神社的"游就馆"里,常年展览甲午战争中俘获的中国军队的战利品。1919年"五·四"爱国运动之后,中国留学生王拱璧撰写了《东游挥汗录》,详细记录了1918年参观靖国神社与游就馆的情形,认为日本人展示战利品的目的,是为了发扬武功,侮辱敌人,其中谈到:"12年前就从同学王靖武寄自日本的信中,知道了游就馆的事情,王靖武认为这是日本人侵犯我国的证据"②。由此可以得知,最迟在1906年中国留日学生就开始关注靖国神社与游就馆,并因此而燃起了强烈的抗日情绪。在《东游挥汗录》中王拱璧还记述了参观游就馆时听到的日本人的议论:"前来参观的日本人七嘴八舌评论着,看到黄龙吞日旗就说:支那成为日本的附属品,是理所当然的。你看支那的国旗,太阳升起而龙在下面,代表支那的黄龙,不是在给光灿灿的红日做伴侣吗?"③文章

---

① 莫石:《"日清战争"四十周年》,《宇宙风》第6期,第301—302页。
② 〔日〕实藤惠秀:《日中非友好的历史》,朝日新闻社,昭和四十八年,第278页。
③ 同上,第284页。

的末尾,作者又介绍了一件事情:"我在来游就馆之前,听说七八年前,第 24 展室里边有一个大玻璃瓶,用酒精泡着一颗我国人的人头,写着'看亡国奴的头',摆在高台上,给游人观看。从河南来的张国威看到后怒不可遏,将瓶子抱下来给摔了。日本人把人头挪到别处,处罚了张君。"①

1923 年谢冰心赴美途中路过日本,在游就馆看到展览北洋水师的战利品时几乎晕倒:

> 还有就是游就馆中的中日战胜纪念品和壁上的战争的图画,周视之下,我心中军人之血,如泉怒沸。小朋友,我是个弱者,从不会抑制我自己感情之波动。我是个没有主义的人,更显然的不是国家主义者。我虽那时竟血沸头昏,不由自主的坐了下去;但在同伴纷纷叹恨之中,我仍没有说一句话。
>
> 我十分歉疚,因为我对你们述说这一件事。我心中虽丰富的带着军人之血,而我常是喜爱日本人。我从来不存在着什么屈辱与仇视。只是为着"正义",我对于以人类欺压人类的事,似乎不能忍受!②

冰心的父亲谢葆璋是北洋水师"威远号"的二副,参加了甲午战争的黄海海战。在大东沟决战时,军舰中弹沉没,拼死游到岸上。她从小就在父亲服役的烟台兵营里度过,从父亲那里受到了爱国主义教育。然而冰心本人又受到基督教的熏陶,主张超越民

---

① 〔日〕实藤惠秀:《日中非友好的历史》,第 284 页。
② 谢冰心:《东京纪游》,转引自中华书局《初等中学国文读本》第一册,1933 年。

族与个人的普遍的爱,其作品感染了一代又一代的读者。对于日本,冰心却始终难以释然。中央教育电视台2001年8月24日播放了一个专题片,其中介绍了1995年甲午战争百年之际,95岁的冰心准备以甲午战争为题材创作一部长篇小说,她谈道:"以前写的都是短篇,这回准备写部长篇。关于甲午战争,我或许是最后的一个证人了。父母、父亲的朋友、战友当年讲的事我都记得,在心里装了多年,应当留下来。"冰心的女儿吴青回忆说:"一想起前人叙述的那些悲剧,母亲就痛哭不已,连连骂道,'太可恶了,太可恶了!'几次扔下了笔,最终不得不放弃。"①可以想见,包括当年在游就馆受的刺激,日本人的行为长久地印在了冰心的日本印象中。

从1906年留日学生王靖武到河南籍的张国威,再到"五四"运动之后的王拱璧,1935年的莫石,1995年的谢冰心,即便没有70年代的二战甲级战犯灵位的迁入,靖国神社和游就馆已经深深地伤害了几代中国人,至今难以愈合,而当代的日本政要参拜靖国神社,无异于往中国人伤口上撒盐。在一部分近代日本人的思维中,鲜有道义与包容,只认弱肉强食的法则。

《宇宙风》第14期(1936.4.1)刊登了方令孺的《去看日本的红叶》,描述了受在日本留学的姐姐邀请,去日本看红叶,在船上的感受。作者满怀期待和憧憬,乘船驶向日本:

> 船走四天四夜,经过了神户、清水、门司等地方,日本内海的风景秀丽像一幅一幅的名画,这固来不是给我第一次的惊

---

① 中央教育电视台,2001年8月24日。

叹,但也像温旧书一样洋溢着新鲜的趣味。在十九日清早船到了横滨,这儿就是我要登岸的地方,再转到东京去看日本的红叶。

作者在日本内海看到了如画的风光,被日本的自然之美深深陶醉。而当登岸之后,却遇到了日本警察对中国人格外严厉的盘查,"我真伤心,几天来在船上一些真率、悠恬的梦,至此破了、消了,连一点痕迹都没有!"①日本的优美的自然景观和恶劣的人文环境的巨大反差,打破了作者对此次日本之行的期待和心境,其经历与叙述和当年的许多留日学生完全吻合。中国人的对日情感,就这样被一次次无情地撕裂。

谢冰莹是中国现代文坛一位有着独特日本经历的女性作家,1906年生于湖南新化,中国现代文学史上著名的"女兵作家",曾数度参军,先参加北伐,后参加抗日战争,对日本帝国主义怀有强烈的仇恨。1937年于重上战场时,在戎装照片上题下了"不灭倭寇,誓不生还"的字句。《宇宙风》第37期(1937.3.16)和第43期(1937.6.16)连载了她的《日本狱中生活》、《在日本狱中——板壁上的标语》。1931年7月,她乘长崎丸从上海出发去日本,到达长崎后,"九·一八"事变爆发,她流下痛心的眼泪,想立刻回国参战,经同学相劝后留下。1932年1月谢冰莹回到上海。1935年第二次赴日留学。1936年4月12日因拒绝去欢迎到日本朝拜的伪满皇帝溥仪被关进日本狱中,遭到严刑拷打,身心受尽摧残,但始终不肯屈服。为求学来到日本,却被抓进监狱,受尽折磨,对日本的

---

① 中央教育电视台,2001年8月24日。

心情可想而知。但和那些狱警牢头相比,给谢冰莹伤害最深、刺激最烈的,却是同牢的日本女犯人:谢冰莹在日狱中发现板壁上刻着的标语:"消灭一切帝国主义!"联想到坚强的日本女性中条百合子①,表达了钦佩之意。夜里刻下了"中华民族解放万岁,被压迫阶级联合起来!"磨去了半边指甲。

同监的日本女犯注意到她,问她干什么,她说:

> 我看到一个黑东西,好像"南京虫"②,我故意勉强敷衍着她。
> "瞎说! 南京虫是你们支那的,日本没有!"
> 她用嘲笑的眼光望着我,又嘻嘻地笑了,我像受到了莫大侮辱似的,重重的骂了一声:
> "混蛋!"③

连狱中的日本女犯人,都不失时机,脱口而出地讥讽中国,可以想见在那个时代的日本,从政府到民间,整个社会是多么扎实具体、卓有成效地进行着"对支亲善"的伟大事业。

一些日本的警察、牢头、房东、犯人,对待在日本的中国人,言语放肆,粗野无礼,而中上流人士内心与他们并无二致,只是更善于掩饰。郁达夫就曾分析过日本各阶层对中国人的态度。《宇宙风》第 11 期(1936.2.16)刊登了郁达夫的《雪夜》。

《雪夜》之中的一段这样写道:

---

① 即宫本百合子。——原文注
② 日人称臭虫为南京虫。——原文注
③ 谢冰莹:《在日本狱中》,《宇宙风》第 43 期,第 320 页。

新兴国家的气象,原属雄伟、新兴国民的举止,原也豁荡,但对于奄奄一息的我们这东方古国的居留民,尤其是暴露己国文化落伍的留学生,却始终是一种绝大的威胁。说侮辱当然也没有什么不对,不过咎由自取,还是说得含蓄一点叫作威胁的好。

"只在小安逸里醉生梦死,小圈子里夺利争权的黄帝子孙,若要教他领悟一下国家的观念,最好叫他到中国领土以外的无论那一国家去住上两三年。印度民族的晓得反英,高丽民族的晓得抗日,就因为他们的祖国,都变成了外国的缘故。有智识的中上流日本国民,对中国留学生,原也在十分的笼络;但笑里藏刀,深感着'不及错觉'的我们这些神经过敏的青年,胸怀哪里能坦白到像现在当局的那些政治家一样,至于无智识的中下流,这一流当然是国民中最大多数——大和民族,则老实不客气,在态度上、言语上、举动上处处都直叫出来在说'你们这些劣等民族,亡国贱种,到我们这管理你们的大日本帝国来做什么'!"简直是最有成绩的对于中国人使了解国家观念的高等教师了。

是在日本,我开始看清了我们中国在世界竞争场里所处的地位,是在日本,我开始明白了近代科学——不问是形而上或形而下的伟大与湛深,是在日本,我早就觉悟到了今后中国的运命,与夫四万五千万同胞不得不受到炼狱的历程。①

在《雪夜》中郁达夫反省了中国人与中国文化的弊端,客观地

---

① 郁达夫:《雪夜》,《宇宙风》第11期,第520页。

承认日本的兴盛和中国积弱的现实。同时对从上到下各阶层的日本国民对中国人的态度与心理,做了准确精粹的概括与分析,号召中国人自强崛起,而从"是在日本,我早就觉悟到了今后中国的运命,与夫四万五千万同胞不得不受到炼狱的历程"来看,郁达夫洞察到中日两国国民激烈的心魂撞击,长此下去,矛盾冲突无法调合,预感到中日大战必然爆发。

三、对在华日本军人、侨民丑行的曝光

1936年9月16日,《宇宙风》的"日本与日本人特辑"中登载了胡嘉的随笔《正名》,其中写道:"最近因为看到《宇宙风》将出版'日本与日本人专号',在这种亲善和'某国''×国'的声浪下,不出'某国专号'而仍堂堂研究日本,甚以为喜;深恐来稿中多有称'日本'为'某国'、'×国'的,更使心里难过,仓促草此正名。"①

对于"某国"的说法,作者解释道,近来看朋友的弟弟写给哥哥的信中提到"日本"时,总以"某国"代替,"举国不言抗日,当然举国可以亲日矣,不过'有识之士'犹以为亲日而不'谨慎',仍有'抗日'之危险,此所以最近的杂志报章甚至我朋友的弟弟,讳言'日本'而复以'某国'或'×国'代之也。"②

从用"某国"代替"日本",可以看出当时中日关系的紧张程度。因中国民众的反日情绪不断激化,像《新生》那样批评日本的事件时有发生,为避免冲突,南京政府于1936年设立了一个隶属于

---

① 胡嘉:《正名》,《宇宙风》第25期。
② 同上。

军事委员会的中央图书杂志审查处，重组了审查机构，加强了对媒体的控制。由于审查的重点在于谈论日本的文章，许多报刊的编者和作者为减少麻烦，在谈论到日本时，便用"某国"或"×国"取代，成为报刊上的一个奇特现象，不过这样一来，谁看到"某国"的字样，都会心照不宣，立刻想到"日本"，这反过来却凸现了日本的负面意义，形成了人们避之不及的"问题国、事端制造者"的形象。一些文人借机调侃，谈到日本时故意用"某国"来讽刺。

进入 30 年代，以军队为先导，日本在华势力不断扩大，先东北、再华东、华北，大批的日本军人和家属、浪人、商人、投机者、冒险家，各种人物陆续来到中国淘金。在舰队和枪炮的支持下，许多人一改在本国时谦恭礼让的态度，变得傲慢无礼，旁若无人，以"统治者"、"胜利者"的姿态粗暴对待中国人。这些"大日本帝国"的臣民，有的走私贩毒，有的敲诈勒索，有的调戏中国妇女，有的殴打中国儿童，充分展示了日本人与日本文化的丑陋的一面，招致了中国民众的极度厌恶与愤怒。在当时的报刊上常常出现对日本人恶行的报导和揭露，而作者和编者，为规避新闻检查，就以"某国"人代替。

《宇宙风》第 39 期（1937.4.16）刊登了一则"某国人在中国"的征文启事："我们想使大家知道点'某国人'在中国的行动作为，特出'某国人在中国'一题征文，预备在六月十六日出版之夏季特大号发表，薄酬千字四元。请大家把确悉目睹值得玩味的事实，以小品笔调娓娓谈来。"

或许因顾虑日本人的干涉和政府的新闻检查，在收到征文稿件后，并未在约定好的 6 月 16 日夏季特大号刊出，而改为由宇宙风出版社出版单行本《某国人在中国》，仅在该期《宇宙风》上登出了这本书的广告和篇章目录。广告词是这样写的："血与泪的记录，中国人必读书"，在竖版排出的每个字的右边，都加上了粗大的惊叹号，十分醒目。1937年7月初，该书公开出版。

《某国人在中国》的编者为"钟谷人"，疑为"中国人"的谐音，共收录文章20篇，或许为规避政府的镇压和日军的迫害，作者的名字都似笔名。

《还乡》一文的署名为"胡琴子"，从东北方言常在名词后面加上"子"的习惯看，作者应当是东北人。文章描写了在关内流亡的"我"接到"父病速归"的电报后，返回家乡的经历。当时东北的老百姓许多人都吸食鸦片，但必须在日本人开设的专卖店购买才算合法。而为了省钱，人们常从黑市购买廉价鸦片，一旦被发现，轻者罚款，重者坐牢，这就给日本人敲诈留下了空间。"我"的家人因嗜食鸦片，受到了日本人的搜查和勒索。作者感叹道："我回了一趟家，受到了两次侮辱，真是不敢再留恋那块生我的土地了。那真是一个黑暗的、杀人的世界。如果我再在那多住上一些时候，我不被某国人吓成精神病，也将成一个鸦片零卖所的主顾。"[①]与日本人宣传的"王道乐土"、阳光灿烂的"新满洲"相比，伪满洲国对有正义感的东北知识分子来说是一个"黑暗的、杀人的世界"，"王道乐土"只是日本人的感觉。

《某国学生在故都》，描写了日本特务化装成学生，混迹在北平的大学里，监视学生的行动，终于在"一二·九"运动中露出了本来面目的过程：

---

① 钟谷人编：《某国人在中国》，宇宙风出版社1937年7月版，第6页。

这样直到一二·九,那慷慨激昂日子来临那天以后,我们就彼此分手了。因为那天他竟公然的在马路上指挥着他们的浪人来阻挠我们出发示威的游行。他底全付本领完全施展出来。长衫马褂不穿了。穿起紧紧的西装,臂上缠了一条红线,左肋平复了,代之的右手擎住一支枪。他一脸的汗直淌,气嘘嘘地,暴着筋呼喊,督着浪人们向我们包围。可是,我们人数卅倍大于他们的,挥起拳头,喊着口号,高歌着只顾望前冲。人群里只见我们的人,他们已被我们的群众吞食了。而他,平×君,也溜了。

　　好久看不到他了。或者会慢慢的忘掉。但是,那天他溜走是带着的那只狠狠的红眼,狞笑着的面容却永远也忘不了的。

北平三七①

　　在以前读到的历史课本或著作中,关于"一二·九"运动,只知道北平学生举行反对华北五省自治的示威游行,遭到了国民党军警的阻拦和野蛮镇压。而通过作者当年写下的这篇文章,才知道在阻拦学生的人群中,居然还有日本的军警特务、浪人参与。他们不但通过外交途径向中国当局施压,要求取缔反日宣传和反日教育,甚至直接走上中国的街头,参与镇压学生的反帝爱国运动。对于文章中出现的日本人"平×君"来说,因执行上级的命令,倒也无话可说,但从一个和中国学生套近乎,联络感情的"旁听生"突然转化为挥舞手枪镇压学生的敌人,这种被骗的感觉令中国学生愤恨,

---

① 钟谷人编:《某国人在中国》,第12—13页。

"永远也忘不了"。

《明陵的樱花》记述了在南京赏樱遇到一群日本人时的见闻与感受:

> 大概有樱花的地方总是不缺少他们的踪迹的。我们看明白在座的是一些什么人之后,就打算走开。倒并不是怕引起什么"不幸事件",只是每遇到此辈,心里总有点不大得劲,就起了"敬鬼神而远之"的念头。友邦人士又许要称之为"抗×情绪",其实倒未必。友邦聪明的当局常企图以飞机大炮强迫成一种"亲善",我们倒觉得"抗×方真是需要飞机大炮的事",而并非"怒发冲冠,赤手奋呼"这种情绪可以了之的。①

这些日本人看到有一个地摊卖古董,其中一个人是中国通,用极低的价格强行买走了一件古董,令小贩及周围的中国人敢怒不敢言。这里表现出的是面对一个野蛮、强大对手时弱者的悲哀与无奈。

《兑汇款的某国人》,描写了发生在北平西城银行里的一件事:一个日本人去银行兑换现钞,因当时假币甚多,因此银行规定兑换大额现钞必须要有人担保。这令日本人不满,匆匆出去找到保人签字盖章,回来后便大发雷霆,不依不饶:

> 友邦的朋友不稍停息地吐出了许多粗野、强横、村俗的中伤经理和办事员们的祖宗三代妻室儿女的丑语,他的东北话

---

① 钟谷人编:《某国人在中国》,第 28 页。

说得十分流利,声音盖过了经理的辩护。(中略)他似乎觉得仅仅骂一骂经理和办事员私人的家属,受辱的人太少,他转换了方向,由×你妈的×而转到了那些有耳朵的听众的国家。①

试想一下周围看热闹的中国人听到日本人用中文骂出中国人打架时污辱对方母亲的最肮脏、刻毒的话语时,会是怎样的心情,而由个人骂到其亲属,再骂到中国时,这种纠纷就超出了个人范畴,上升到民族的层面了。日本著名学者安藤彦太郎曾经谈到过日本军队的"战争语学"。日语中的所谓"语学"的意思并非"语言学",通常特指"外语"。语言本身原本并不具有阶级性和高低贵贱之分,但随着日本近代的对外殖民侵略和国力的不断增强,外语便被逐渐分出了档次。由于卑斯麦、希特勒及德国军队成了日本学习的楷模,因此学习德语,留德国式胡须,为少壮派军人所崇尚,"支那语"则降格为下等人、被侵略的对象国的语言。而自甲午战争之后,作为占领者为控制中国,奴役中国人民时使用的所谓"战争语学"开始在日军中流行。安藤彦太郎曾做过调查:"所谓'士兵支那语',更具有暴力的味道。在日清战争(甲午战争)时期,'王八蛋','不够本'这样的中国话就传到了日本。特别需要指出的是,'士兵支那语'中关于性的骂人话非常多是一大特色。如'妈拉个×'。只要在旧军队呆过的日本人,几乎没有不知道'×'这个'士兵支那语'的。其意思是娼妇,称娼家为'×'屋,其大多数是在战场上强掠的妇女。并且进而转用为"朝鲜×"等。所谓'×'原本是在尸上加个穴字,指的是女性生殖器,是中国的脏话。对于日军来说,中国和朝

---

① 钟谷人编:《某国人在中国》,第34页。

鲜的妇女都是'×',这个词在日本广泛通用这一事实,令我们日本人痛心。"①

作为日本的中文教育的泰斗,一个正直的日本人,安藤彦太郎通过对战争时期流行的中文的考察,揭露了日本人丑陋的一面,表现出日本知识分子的良知。而"战争语学"的流行,则反映了在当年日本对中国、朝鲜等亚洲弱国国民极度的歧视。如果说"×"表达了日本军人通过战争的形式发泄肉欲,用不正当的手段对性的占有的话,"不够本"成为日本人在中国的常用词,则可以联想到日本兵在掠夺百姓财富,逼其交出更多值钱物品时,不用求助翻译,张口就来的情形。"大日本皇军"堕落成了不折不扣的强盗。透过所谓的"战争语学",我们可以看到,在中国战场,日军不仅用暴力对中国人的肉体进行了摧残,还用暴力语言对他们的精神进行了伤害。

《运毒保护人》介绍了日本在华北保护贩毒的状况:

> 自某国人在华北拥有特殊势力后,某国浪人在华北更横行无阻;如走私运毒等大半为彼等一手包办,这差不多已成为公开的秘密了。官方虽明知也不敢过问,即或偶然查出,只要某国领事馆来一封公文,仍将人物一齐送回,结果等于不查。②

《某国人在山海关》也描述了日本人的恶行:

---

① 〔日〕安藤彦太郎:《日本人的中国观》,日本:劲草书房1970年版,第195页。
② 钟谷人编:《某国人在中国》,第34页。

我们不妨断言说：凡是住在这边的某国人，没有不和走私无关的。不管他们的出身，阶级和地位怎样，某国人来到中国就可以"混横"，欺人。仿佛中国的地方，对于他们有种作用，那就是使他们一踏进来马上失去人性。而他们也就恃着这点"无人性"的特权，到处胡为，无恶不作。（中略）

×国人在山海关的生活，一般来说，是相当富裕的。这自然与他们的收入有关，增加收入的主要方法，还是靠走私，此外便是敲诈。个人曾亲眼看到一个"满洲税关"关员，喝醉了酒，跑到一家栈房里去，向掌柜的要钱花。掌柜的稍一推辞，马上解纽，就地浇尿。结果追得满屋子人到处乱跑，最后还是拿出几块钱来送走了事。至于公开收礼受贿的事更为普遍。①

《某国人在北平》，对日本人的行为进行了速描：

在公园里，市场里，电影院里，尤其是在黑暗之中，高明的某国人，会很有礼貌的把手伸在少女的奶子上，如果含着泪水溜之大吉，那算是运气好，不然你若像对待平常人似的翻了脸，那准包你挨一顿臭骂，过后，警察反而还要抢白你一顿：

"活该，谁叫你不长眼睛，那是某国人呀……"

在马路上某国人的汽车的速度超过警章，大胆的飞驰着，有些不走运气的老弱者常常做了轮下鬼，凭着一面某国旗，闯祸者可以安然的逸去，不，是胜利的凯旋！

报纸上载着某国人强斫倒明陵的古柏，用汽车拉走了。

---

① 钟谷人编：《某国人在中国》，第58—59页。

在某国人的支持下,走私、密探、操纵、高利贷、荒淫,春风般的打到北平的每个角落里。①

《某国人在山东》记叙了1934年日本前军务局长××少将逼迫山东省主席韩复榘的情节:

廿三年某国人,前任军务局长××少将,到了山东,首先拜晤韩主席,韩主席也乐于接见。并在省政府西花厅设宴洗尘。当时席间在座的,除了主席和代表,陪客尚有程希贤,张绍堂诸人。酒至半时,少将从腰里掏出了两件东西来,一件是手枪,一件是条文。他右手拿着手枪,左手拿着条文。起立致词道:"敝人奉命来鲁,签订此项协定。惟明知贵主席不答,然军令又不能不服从;无结果回去必死,不如死在贵主席前。"言罢,即将手枪对准自己胸膛,表示要放!这时情形太严重了!幸而韩主席倒也机警,一面把枪抢过来,一面笑脸向程希贤说:"少将醉酒了,讲出许多醉话,你陪到休息室去休息一会,等他醒酒后再谈!"少将便被许多陪客,前呼后拥的送到另一屋去醒酒。②

普通的日本民众耍点小无赖,占点便宜,倒也罢了。代表大日本帝国皇军威严,崇尚武士道的堂堂日本将军,竟然借酒撒野,佯作自杀,威胁民国政府省主席签订条约,形同市井恶棍,怎能不令

---

① 钟谷人编:《某国人在中国》,第74—75页。
② 同上,第96—97页。

中国军人燃起仇恨!

在《某国人在中国》的20篇文章中,几乎都是饱含血泪的控诉。惟有一篇《某国人在广东》,作者不无自豪地写到:

> 某国人在广东,可算的是相当的倒霉,考其原因,一方面因为某国人所特长的狡猾,机诈,蛮干等美德,不但咱们广东人全有,并且会常跟他们"争一日长短";他方面,亦因广东人素有"不怕外国人"的脾气——这脾气,说起来怕也只有广东人能普遍的具有吧。(中略)
>
> 某国在广东的居留民,若穿了他们本国的服装,他将买不到东西。所以,在广东境内,很少见有长袍大袖的小人在街上高视阔步。
>
> 再往深处说,在别的地方,抛了一块蕉皮在路上就会危及友邦人民;在广东,打死了某国人只好算是"地方事件",赔钱了事。从来某国人在广东真是毫不得志。①

开头的一段,与其说是广东人的反省或自夸,不如说是指出了日本人的性格特点,而遇到了与其相近或更甚一酬的广东人,日本人就束手无策了。在广东,他们无法像在东北、华北、上海等地那样耀武扬威,就因为广东人强悍的性格,敢于跟他们斗狠。文章的最后,作者以调侃的口吻邀请在内地受了日本人气的中国人到广东来开开心。而"抛了一块焦皮在路上就会危及友邦人民",则最为形象地表达出日本人无事生非寻找借口,制造事端,而民国政府

---

① 钟谷人编:《某国人在中国》,第116页。

却一忍再忍的情形。

《宇宙风》杂志也发表了许多和《某国人在中国》类似的文章。如《伪国通讯》，记叙了在辽宁的火车上日本军官醉酒调戏中国两姐妹，车内日本人哄笑助威，朝鲜人帮腔，两姐妹忍无可忍，其中一人拔刀刺伤日本军官的事件;《啼笑皆非录》介绍了"九·一八"事变后东北人民的抗日情绪和日本兵训练狼狗为其服务执勤、欺压百姓的情形，称日本人实行的"集村制"为人间地狱。《凄惨恐怖的沈阳》记录了被日本警察搜查并挨打的经历："我一辈子也忘不掉这一拳。我当时恨不得反身回他一拳，不过缺少够大的勇气……在票房子里等车呆工夫多了也犯法么？是了，亡国奴一举一动都犯法！"[①]《上海事件纪念》则记述了中日之间的突发事件给市民生活造成的混乱、恐惧心理与仇日情绪：

> 连年来东北及匪区的惨亡人数，而至阿比西尼亚的荒郊白骨，早就使我相信人类不过是帝国主义者所训练出来看斗着玩的蟋蟀一样，管他藏本为什么躲山洞，或什么人究竟被什么人利用的呢？去年阴历十月间还不是闹过中山秀雄的案子吗？弄得满城风雨。据报载闸北居民竟迁走了十万，那时我正住在苏州河以南，泰山崩于前而色不变，看他们忙忙而来，忙忙而去的做了一场"烽火戏诸侯"的把戏。[②]

从文章中可以看到，一个日本人因个人原因的失踪，竟会导致

---

① 圣徒：《凄惨恐怖的沈阳》，《宇宙风》第38期(1937.4.1)。
② 冯和仪：《上海事件纪念》，《宇宙风》第28期(1936.11.1)。

整个城市的恐惶,十万人外出逃难。其背景就是日本方面不遗余力地寻找借口,挑起中日大战,在向中国施加压力的同时,还把责任推给中方,妄言中国政府在制造反日情绪。

面对日本人的欺压,大多数中国人选择了忍让,但也有人开始思考对策。在《对付邻居的办法》中,亢德写道:

> 由日本人称俄国人为他危险的邻人,却不禁使我想到日本是中国的什么邻人。照国府一下再下的郭睦邦交令说来,日本定是中国的亲爱的邻人,但由日本对我们的手段而论,大之如强占东北四省,增兵平津,主持冀军伪组织、走私,小之如浪人在平津市内公开制卖毒品,开赌场子占民房,横行街市,行凶闯祸——我们应该称之曰不共戴天的邻人也好,不过名称不同而已,不必多费心思。对于这种说是友邦而其实穷凶极恶无恶不作的邻人,我的唯一办法是想办法来对付。(中略)用怎样的办法来对付最好呢?以老舍《邻居们》中杨先生的最后办法为最好。①

《邻居们》描写了这样一个故事:杨先生和他的太太知书达理,对没有文化不懂事理的邻居明先生处处礼让,连明先生的孩子偷了自家的花草也不说什么,而希望明先生能自动过来道歉;可是明先生以怨报德,让孩子们跳过墙把杨先生的花草都踩坏,这才使杨先生的"那点野蛮的血"沸腾起来,不假思索,"拎起两三块半大的砖头,隔着墙向明家的窗子扔了去",他等着明先生来找他打架,可

---

① 亢德:《对付邻居的办法》,《宇宙风》第38期。

是坏蛋的明先生经此一击,反而开始"想到有嘱孩子们不要再去偷花的必要"。老舍的作品,只是写了生活中邻里关系的一桩小事,未必隐喻中日之间的状况。但作者亢德从中受到了启示,认为对付野蛮的邻人就应该像杨先生那样以眼还眼,中国人就应该这样对付日本这个不懂礼数的恶邻。亢德的《邻居们》反映出中国文化人对日本的忍让快到尽头了。

《某国人在中国》和《宇宙风》杂志的一些篇章,揭露了战前一些日本军人、浪人等各种身份的日本人在中国各地的恶行,饱含血泪与辛酸进行了悲愤的控诉,反映了中国文化人对日本和日本人丑陋的一面的认识,在当年那种危险的形势下为后人留下了一份珍贵的记录。相信今天的中国人和日本人,没有几个人会读过这些文章。即便在当年,除了故意找茬,企图制造事端的日本记者外,或许鲜有日本人阅读。日本人在国内所作的宣传,大都是日本人在中国从事"亲善"和解放亚洲人的事业,为大东亚的繁荣做着伟大的贡献之类。而在中国做过坏事的日本人,回国之后,大都绝口不提,保持沉默。这就使得当年日本国内的民众和今天的日本人对中国人为何怀有这样强烈的反日情绪不理解,认为中国人天生排外和好战。通过回顾历史,挖掘遗存,探索前辈的精神历程,可以为了解当年中国人的仇日情绪找到根源。在20世纪30年代,在强大的军事机器的支撑下,来到中国的许多日本人失去了法律与道德的双重约律,战争使人失去了原本美好的人性。

从这一时期《宇宙风》杂志的日本述评中可以看到,有大量文章和漫画描述、抨击了一些日本人在中国的丑行;一些文章记述了中国文化人在日本的观感,其中既有对该时代日本社会各阶层歧视中国风潮的叙述,也有对日本美丽的自然风光、异国风俗、善良的日本人的描写,还有一些文章通过对日本人的观察,比较了中日两国民族性的差异,介绍了日本文学与日本文化。从这些文章中不难发现作者的困惑,一方面是对日本文化、日本人性格优点的由衷钦佩和极高评价,一方面是对日本人歧视中国的激烈的反抗与批判。中国文化人的这种困惑,或许恰好反映日本民族性格的两重性:在优美的大自然中孕育了自强上进,勤奋刻苦的性格,又因自感到民族和文化优越,形成了对外扩张,排外的意识,利益的追求与文化竞争意识,与中国形成了尖锐的矛盾。一个人或一个民族,都有自己的优点和缺点,人性之中也自然包含美与丑的两面。中国文化人在认识日本的过程中,发现了日本人的美与丑两个方面,对于美的一面,真心地赞叹和感动,对于丑的一面,给予了无情的批判。《宇宙风》发表的关于日本的文章,表现了作者的坦诚、客观的态度,反映出这一时期中日关系的现实。

第四节 《宇宙风·日本与日本人特辑》的日本观察与日本研究

1936年9月16日,为纪念创刊一周年,《宇宙风》出版了《周年纪念倍大号·日本与日本人特辑》,分上下两集刊出。编者的目的是:在中日两国关系紧张,大规模的民族对抗即将爆发的时期,有必要了解对手、研究对手,下大力气研究日本,这种研究应该抛掉情感因素,采用理性的态度,站在公正、客观的立场来展开。特辑出版后,受到了读者广泛的欢迎,遂由宇宙风出版社编集成册,以《日本管窥》为名,发行了单行本,在中国的知识界、文化界产生了巨大影响,成为该时代中国人了解日本人与日本文化的一本入门的导读读物。在《日本管窥》的广告词中,编者再一次呼吁人们关注日本,强调研究日本的必要性:"知己知彼,百战百胜,中日相处,有命运与共、存亡与俱的关联,中国人无论怎样反对日本的侵略,愤恨日本人的无理,也非切切实实的下一番研究日本的工夫不可。本书作者三十余位,全是真正的日本通,洵为我国人认识日本的唯一读物。"①

在特辑的《编后话》中,编辑陶亢德感谢周作人对特辑出版的支持。由此可见,周作人参与了该特辑的策划,或给予了一些指点和帮助。周作人在给陶亢德的信中写道:"得知《宇宙风》要出一个日本与日本人特刊,不妄很代为忧虑,因为相信这是要失败的。不过这特刊如得有各位寄稿者的协力帮助,又有先生的努力支持,那么也可以办得很好,我很希望'幸而吾言不中'"。② 周作人的担心是什么呢?或许是担心因题目不合时宜,来稿太少,撑不起一本特辑;抑或是因时局关系,担心如作者讲真话、骂日本,可能会受到日本方面或中国当局的干涉;若对日本唱赞歌,又会引起国内民众的反感,给刊物招来麻烦。不论如何,结果是"幸而言不中",这期"日本与日本人特辑"获得了成功。编者原本计划出一期,因来稿众多,一期未收录下的稿件转到下一期,形成了上下集,又因特辑的带动,在日后的来稿中,日本题材的稿件不断增多。

《宇宙风·日本与日本人特辑》的出版和所获得的成功,说明该杂志反映了读者的需要,顺应了时代的需要。在当时日本问题已然成为左右中国的前途,决定中国人命运的重大主题,人们急切

---

① 《宇宙风》第31期,封2。
② 周作人:《谈日本文化书》,《宇宙风》第26期,第160页。

地希望看到作为日本问题的专家,日本通们对日本的看法和分析,获取有关日本和日本人的信息与知识。

特辑收录了周作人、郭沫若、郁达夫、付仲涛等中国文坛大家和对日本有着深刻洞察与理解的知日家的文章,共33篇,涵盖内容十分广阔,涉及日本与日本人的方方面面,若想从中归纳出几个泾渭分明的类别着实困难。如日本人与日本风俗,常常反映出日本人的民族性,日本人的民族性,也与日本文化不可分割。但为了从几十篇文章中理出头绪和线索,依照文章的主要内容,以下从对日本文明、日本民族性的认识,对日本治学环境和艺术形式的介绍,对日本人、日本风俗的描述,对中日关系的论述四个方面加以论述。

一、对日本文明、日本民族性的认识

在《宇宙风·日本与日本人特辑》中,谈到日本文明、日本民族性的,主要有周作人的《谈日本文化书》、付仲涛的《日本民族底二三特性》、刘大杰的《日本民族的健康》、徐祖正的《日本人的俳谐精神》、戴泽锟的《日本种种》等文章。

研究一种文明或一个民族的民族性,通常是件费力不讨好的事情。林语堂在《中国人》的序言中就写道:"中国是这样一个伟大的国家,国民生活如此复杂,对她有形形色色的,甚至是互相矛盾的阐释,都是很自然的。如果有人持有与我相反的意见,我也随时准备支持他,并为他提供更多的材料来证明他的正确性。"[①]付仲涛也认为:"谈到日本民族的特性,这不是容易解决的问题,因为必须分析它的历史以及一切生活条件。""日本民族的特征,实在是很

[①] 林语堂:《中国人》,学林出版社2005年版,第12次印刷,第9页。

不容易断定的,内容的复杂,比较中国民族恐怕更甚。"①周作人分析了其中的难点:"但是要了解一国文化,这件事固然很艰难,而且实在又很寂寞的。平常只注意于往昔的文化,不禁神驰,但在现实上往往不但不相同,或者还简直相反,这时候要使人感到矛盾失望。其实这是不足怪的。古今时异,一也。多寡数异,二也。"②周作人指出了民族性研究的两个难点:一个是历时性与共时性的问题;一个是作为论据的资料的说理性问题。由于一种文明或一个民族的民族性本身就含有诸多的自相矛盾的因素与现象,因此若想归纳提炼出一元论的规律或特点,既十分困难又承担风险,弄不好就会得出二律背反的结论。

尽管都承认研究日本民族性的困难,但30年代的中国文化人却再三强调该研究的重要性。付仲涛说:

> 日本民族的特性底理解,这个问题在中国一般是很须要。过去是不必说,无论是现在或未来,它永远在中国人的理解中,应占紧要的部分。理由是很简单:譬如邻居相处,大家总免不了交涉。苟一方不了解他方的特性,那么交涉也办不好,纠纷是会层出不穷的。至于照着古语所谓的"知己知彼,百战百胜"的话说来,尤其是大重要而特重要。中日相处,究竟不是平常的邻居。因为邻居不合,倒可以迁地卜居,国与国之间却没有这样简单,而有命运与共,存亡与俱的关联。邻居相处,尤需理解,何况有命运与共关联的邻居呢?我们中国人对

---

① 付仲涛:《日本民族底二三特性》,《宇宙风》第25期,第1页。
② 周作人:《谈日本文化书》,《宇宙风》第26期,第159页。

第二章　全面抗战前《宇宙风》的日本认识

于这点,向来似乎是很忽视的。在中日战争之前,固有华夷之见;在九一八之前,却仍不失藐视之态。在现在呢,恐仍有大部分的人以为知日便是媚日,有宁死不为之慨。这当然是很大的错误。因为向来有不了解对方的错误,所以遇事失败。一月之间失地千里,未尝不是这点原因。假使我们素来对于对方有深刻的了解,朝野双方对于九一八的处置决不会那么的错误。然而由九一八直至塘沽协定,究竟不过一篇序幕,今后相处益近,关系益密,苟欲保持中国民族的和平安宁,以及东亚大局的和平,了解日本实在是最重要而不可缺的工作。①

作者首先把中日关系比做特殊的邻居,认为从两国的交往,减少纠纷的角度看,迫切需要了解日本;其次从中日冲突的现实,了解对手的需要,也必须了解、研究日本。通过中日交涉中中国所受的损失,分析了因不了解日本给中国造成的危害;第三,从维护中国国家安全、东亚和平的角度看,研究日本也具有极其重要的意义。

周作人也极力强调了解日本的重要性:"中国在他独特的地位上特别有了解日本的必要与可能,但事实上却并不然,大家都轻蔑日本文化,以为古代是模仿中国,近代是模仿西洋的,不值得一看。"②批判了中国人盲目自大,歧视日本的心态。

美国学者亨廷顿认为:"日本既是一个国家,又是一个文明","一些学者在一个单一的远东文明的称呼下把日本文明和中国文

---

① 付仲涛:《日本民族底二三特性》,《宇宙风》第25期,第1页。
② 周作人:《谈日本文化书》,《宇宙风》第26期,第157页。

明合并在一起。然而,大多数学者不这样看,而是承认日本文明是一个独特的文明,它是中国文明的后代,出现于公元100—400年之间。"①与许多认为日本人缺乏创造力,在古代依附于中华文明,在近现代追随西方文明的中国人相比,周氏兄弟二人明确地承认日本文化的独特性和生命力。周作人说:"日本古今的文化诚然是取材于中国西洋,却经过一番调剂,成为他自己的东西,正如罗马文明之出于希腊而自成一家,所以我们尽可以说,日本自有他的文明,在艺术与生活方面最为显著。"②鲁迅则写道:"然我以为惟其如此,正所以日本能有今日,因为旧物很少,执着也就不深,时势一易,蜕变极易,在任何时候都能适于生存。不像幸存的古国,恃着固有陈旧的文明,害得一切硬化,终于要走到灭亡的路。中国倘不彻底改革,运命总还是日本长久。"③周氏兄弟对中日两国的文化与历史有着深刻的了解,同时对两国在国际社会的地位和命运亦有着准确的洞察。作为中国人中的智识者和清醒者,他们承认日本文化的独自性,通过与日本的比较,发现了中国文化的缺陷和日本文化的长处,呼吁国人研究日本,学习日本。

付仲涛认为,具有强烈的民族认同感与民族向心力,是日本民族的第一大特性。因日本历史上没有受过外来政权统治,政治上及思想上形成了万世一系的中心,因此政局比较安定,在思想上及文化上逐渐造成坚定强大的自我意识。日本人的忠君思想与一般的忠君有所不同,他们不是对于权威的压服,而是一种宗教型的信

---

① 〔美〕塞缪尔·亨廷顿:《文明的冲突与世界秩序的重建》,新华出版社2002年版,第28—29页。
② 周作人:《谈日本文化书》,《宇宙风》第26期,第157页。
③ 鲁迅:《〈出了象牙之塔〉后记》。

仰。所以两千余年来,为万世一系的忠君思想所养成的爱国精神,其根底极为深固,决非数十年资本主义的国家主义的教育所能导致,也决不可以和资本主义的爱国心相比。① 基于宗教型信仰所形成的日本的自我意识,是对于日本国家的认识及一切的观念:

> 现代的日本人无论在何时何地,我们知道都有报国的观念,宣扬国威的观念。保卫国家的军人,及在外的使臣固不必说,下至于贩夫走卒,苟一旦有利于国家,大则可以肝脑涂地,小则可以无孔不入。譬如日俄战争的时代,就有探刺军机,为日军作侦探的妓女;至如遍布中国的支那浪人,尤其是日本国家主义的前锋,不过其报国的方法与寻常不同罢了。甚至于不会说日本话的已入美籍的日侨,平常受了其父母的薰陶,决不会忘记了日本的祖国。他们甚至于可以满口美国如何如何,表示得毫不爱恋日本。可是一旦当日美间有战争发生,这些入美籍的日侨,俱可变为有力的内应。②

付仲涛对日本人这一特点的分析,可以从近代以来日本的对外战争中找到无数个佐证:日俄战争之前,日本著名近代文学家二叶亭四迷,放弃了东京外语学校俄语教授的优厚待遇,潜入俄国刺探军情,甚至动员组织日本的妓女从俄国军官那里收集情报。"九·一八"事变后,日本军队进犯长春、吉林等地,因驻吉林日军较少,日本居留民便组织起来支援日军,甚至连小学的高年级学生都被

---

① 付仲涛:《日本民族底二三特性》,《宇宙风》第25期。
② 同上。

动员起来抬担架。太平洋战争期间在滇缅战场上,受到重重包围的日军准备决一死战,他们遣散了随军慰安妇。中国、朝鲜的慰安妇都走光了,唯独日本慰安妇却坚决要求留下来,加入日军作最后的挣扎。1944年9月26日的《扫荡报》记录下了令人心灵震颤的这一幕:

> 有一件事非常值得我们警惕,就是那些多数来自日本的营妓。腾冲战役直到最后的时刻,敌人并没有丝毫的淫乱行为。营妓的生活同士兵一样,每天两包饭团或者一包饼干,她们戴上钢盔,帮助士兵搬运弹药,甚至用机枪或步枪向国军射击。敌人崩溃的时候,把他们全都处决了,也有一种说法是自杀的,总之没有一个日本营妓活下来。但是国军官兵与敌人战斗近在咫尺,竟没有人听见过女性呼救或者哭泣的声音,这说明日本营妓都有坚强的意志。①

当个人的生存与国家、民族利益发生冲突时,他们大都选择牺牲个人,为国捐躯;当个人的利益与集团的利益相抵触时,他们选择服从集团利益。在探讨日本人的一些令人不解的行为时,往往可以由宗教型的信仰所形成的强烈的报国心上找到答案。

回顾日本的历史,付仲涛认为自源赖朝于建久三年(1192年)开设镰仓幕府,至庆应三年(1867)德川庆喜还政于皇室,这675年之间完全是军人掌权的时代。

"漫长的军人统治对日本民族的思想精神,产生了决定性

---

① 《扫荡报》1944年9月26日。

的影响,它的影响在好的方面,是养成了尚武有为勇敢积极坚毅紧张认真的特性;在不好的方面,是造成了残忍杀伐偏急器小的缺点。"

"它好的方面是造成日本有今日的强盛的原动力。从弱小的受压迫的地位,于数十年间一跃而为五大强国三大强国之一,这决不是偶然的结果。仅用资本主义的方式,决不能获得其民众上下认真苦干的真象。这种认真苦干的精神,我们可以从日人一切活动领域中发见。"

"至于偏急器小的缺点,则是日人致败之由。中日间至今之恶感,多半为日人此种缺点之所致。"①

付仲涛认为中日关系恶化的原因之一,是日本人性格的弱点——"偏急器小"所致。他的这种分析,与戴季陶对日本人"缺少伟大与崇高"的看法一致。

付仲涛从民族性入手,剖析了日本文化的短长。而在《日本民族的健康》中,刘大杰则从国民健康差异的角度,探讨了中国落后于日本的原因,他所指的健康,既包括身体上的健康,也包括精神上的健康:"悠久的文化与老大的年龄,可以得到旁人的尊敬,但是也容易受到旁人的欺侮。他把你悠久的文化的精华吸收过去,再在你老大的年龄的头上击一鞭子,就使你受不住。我觉得中国和日本这两个民族,就有点这样的情形。"②刘大杰把日本比作一个身体强壮,头脑健全的农家青年,一旦有入学的机会,就能够把吸

---

① 付仲淘:《日本民族底二三特性》,《宇宙风》第25期,第3页。
② 刘大杰:《日本民族的健康》,《宇宙风》第25期,第6页。

收进去的外来文化全部消化,输送到全身的血管里去,在短期内成长壮大;而中国则像一个坠落的世家子弟,身体衰弱,染了一身恶劣的嗜好,读书倒也聪明,但难以全部消化,有时竟把营养变成损害身体的毒药,"芥川龙之介从前到上海、杭州、苏州游过一次,他感叹地说,中国江南的女人不要说,便是男人,穿着青花缎子鞋,头发擦着光滑的油,脸上好像涂了粉似的,穿上一件绸长衫,走起路来飘飘欲仙的样子,好像风一来就要吹倒似的。这种民族衰弱实在可怕。"①作者分析了城市的工人,各省的农工,因吸食鸦片所造成的残疾,还指出在德国举行的世界运动会上中国选手全军覆没的原因,认为中国人不是输在技术上,而是输在体质上,而"衰败坠落的民族里,只能产生投机变节敷衍与不抵抗的恶劣行为。"他呼吁国人不要忘记整个民族的健康问题,为了民族的复兴,需要身体与精神气质的两方面的健康。

徐祖正的《日本人的俳谐精神》通过二人对话的形式,介绍了日本室町时代末期产生的一种文学形式——俳谐的历史与演变过程,力图从中发掘出日本人民族精神的因素之一。徐祖正,1894年生于昆山,1911年东渡日本,后考入京都帝国大学外文系,与郁达夫、郭沫若等共同组织了创造社,新中国成立后,曾任北京大学东方语言文学系教授。

作者认为俳谐在产生的当初并非一种高雅的艺术形式,其中带有调侃、油滑的味道。而自芭蕉、一茶之后,俳谐的风格开始发生了变化,他们想厌离人世的恶浊但同时又不能满足于佛家的清净。源于俳谐的正宗,又不满足于环境,到了无可奈何的境地,便

---

① 刘大杰:《日本民族的健康》,《宇宙风》第25期,第6页。

有滑稽、讽刺的宣泄。芭蕉、一茶的功绩在于把俳谐提升到诗的地位,形成了一种"俳谐精神"。

"一茶正值江户文明烂熟,举世崇尚虚饰的时代。要说俳谐文学的运动实际也是从公卿贵达或僧侣间的手中,把和歌的定式里已经死去了的诗歌精神夺回来交还给平民大众。"[①]作者的结论是:俳谐精神的初步滑稽直到幽默文学,都可以证明,俳谐精神赋予了日本民族乐天的,清净恬淡的性格。

家禾,生平不详。他的《从历史上所见的日本文明》从日本的历史、日本文化的形成过程探讨了日本文明的特点。他首先反省了中国人空唱高调不求甚解的习性:

> 因为我的生长地福州和华南浪人制造所的台湾,仅有一衣之隔。所以,我好似是早熟地认识了"文明大日本帝国"的本来面目;但一直到一九三四年夏天我还不知道这个"东亚第一等强国"的文明。
>
> 受过四年大学教育的我,不知道"日本文明",并不算做生涯上可称为耻辱的事。因我系这么一种国度的国民。在那里只要是自认为"革命"了的,什么都可以容赦,什么都可以不深究,谁能够张起口来,骂一声"东洋鬼子",谁能够拿起笔来,写"打倒日本帝国主义",谁都自感到比"总算是被儿子打了"还要胜利;而且耳膜里尚装着许多可激动自己整个心房的掌声。这种阿Q的性格,也可以说这种落后的国民性,非一朝一夕造成,其由来也久矣。(中略)如说到"日本文明",谁还有耐性

---

① 徐祖正:《日本人的俳谐精神》,《宇宙风》第26期,第118页。

儿注目着他呢？尽管历史的车轮,把"地大物博"的中国,一天一天地朝着日本的殖民地走去,而或许将充当大和民族奴隶的我们,还不明白未来主人翁是什么,天下已有这种事,而且过去我自己也是这种人之一,这还有什么话可说呢？

虽然民族的情感,比世界上最难得的金钢石还要宝贵,而狭义民族的冲动,却不足完成解放的任务。我们自此后起,应该迎头赶上,把我们最近的邻邦,从头到尾,细细地观察。①

作者所处的30年代,因日本军国主义恣意扩大的侵华战争,将中华民族推向生存危机的边缘。"打倒日本帝国主义"的口号响彻中国城乡,但广大的民众,包括知识分子和青年学生,对身边的强大邻人并不了解。抵制日货、上街游行示威,是当时表达抗日义愤的主要形式,却很少有人认真思考中国积弱和日本何以咄咄逼人的原因。本篇文章的作者怀着民族责任感和理性的态度,通过在日本的留学生活,具体考察日本,从城市到农村,从政治家的演说到老太婆的口谈,从书本著作和直接经验的两个层面,力图探究日本文明的本质特征。他首先对日本人的"忠君爱国"进行分析,承认日本天皇系谱的"万世一系",但认为

"大日本帝国的历史,给我们一个极大感觉,那就是'日本文明'的内容是演进的,是活动的,谁懂了它,谁就明白了整个的日本。"②

---

① 家禾:《从历史上所见的日本文明》,《宇宙风》第25期,第13页。
② 刘大杰:《日本民族的健康》,《宇宙风》第25期,第6页。

即尽管"万世一系",但"日本文明"绝不是生来就有的,是在漫长的发展进程中逐渐形成的。其后,他考察了日本语言的变化过程,以日语吸收外国词汇为线索。

"至德川幕府中叶,荷兰人的势力,代替了葡萄牙,荷兰语言,必然地渗入'日本文明'的血液。明治维新后,以东亚德意志自命的日本,一手摹仿德国,德语也继荷兰文之后,凑成日本文字的热闹。由之,我对于'日本文明'第一个探讨的结果是:'日本文明'就是日本文字。谁能够懂日本文字的由来,谁便知道'日本文明'的如何发展。"①

作者想说的是:从日本语言发展的历史来看,不断吸收更先进、更强大的国家的文化,学习与模仿先进国家的文明,就是"日本文明"的最大特点。最后,作者从日本对中国的态度上,分析了日本文明的另一个特点:

"受中华文化培养长大的日本,欲用欧罗巴文明传授的武器威力,把'王道'送还中国,这成为我们对'日本文明'第二个探讨的成果。在人类的历史上,有没有强硬地用武力送还曾由输出国输出的文明呢?如果有的话,那只有日本这个国家。"②

作者通过考察与分析,为读者描绘的是一个勤奋上进,热爱学

---

① 刘大杰:《日本民族的健康》,《宇宙风》第25期,第18页。
② 同上。

习的学生,学到技艺之后,则抛弃原来的老师,最后竟去欺侮老师。认为这种野心勃勃和忘恩负义,就是"日本文明"的另一个特点。

通过对上述文章的解读,我们可以看到《宇宙风·日本与日本人特辑》从时代的需要、对日抗争和了解对手的角度出发,特别强调中国人了解和研究日本民族性的重要性。通过对日本文明、日本民族性的观察与研究,主有得出以下几个结论:

其一,承认日本文明是一种类型的文明,日本文化是一种具有特点和体系的文化;

其二,指出了日本人民族性的主要特征:①具有强烈的民族认同感与民族向心力;②善于学习与吸收先进的外来文化;③与中国相比较,日本民族从体质到精神,是一个健康向上的民族;④日本民族具有偏急器小,傲慢自大,忘恩负义等缺点。

上述对日本民族性和日本文化特点的概括是否完全准确,这是智者见智,仁者见仁的问题。单就现象的观察来说,上述看法并非没有道理,虽然对造成这些现象的原因还有待深入研究,至少他们是从优劣两个方面来分析日本民族性格的两点论的方法,还是有借鉴价值的。这样的分析方法,有助于把握日本民族精神的各个层面,为当时和今天的中国人了解日本提供重要的线索。

二、对日本治学环境和艺术形式的介绍

《宇宙风·日本与日本人特辑》除了对日本文明、日本民族性的探讨之外,还有许多文章对日本的治学环境和艺术进行了介绍,主要有周作人的《怀东京》、《谈日本文化书》,郁达夫的《日本的文化生活》,夏丏尊的《日本障子》,谢六逸的《日本的杂志》,姚鉴的《日本的南画》,林庚的《日本风景木版彩画》,丰子恺的《谈日本的

漫画》,刘芳的《一个日本女子师范学校》等文章。

在《日本的文化生活中》,郁达夫通过与中国的比较,悟到了日本治学环境的优点,赞叹说:"但是住得再久长一点,把初步的那些困难克服了以后,感觉就马上会大变起来;在中国社会里无论到什么地方去也得不到的那一种安稳之感,会使你把现实的物质上的痛苦忘掉,精神抖擞,心气和平,拼命的只想去搜求些足使知识开展的食粮。"①尤炳圻也怀有与郁达夫的同样感受:"在国内生活惯了的人,一到日本,便有骤然解放之感,尤其当我们在其内地旅行的时候,可知日本现在还保存着许多优美的性格。那些或者也可以说是我们的吧,但大都已经亡失了。"②尤炳圻,周作人的学生和友人,1949年周作人从监狱出来后,得到了尤氏父子的照料。或许是"一半古昔"让他们感到回归故园的适然与陶醉。不论在战前还是战后,许多在日本留学过、生活过的人都在承认日本非常适合做学问。至于为什么适合,却很少有人谈到。可能因日本的图书馆、书店等设施完备,再有除了战争时期的一段时间内对知识分子、留学生的控制外,平时只要谈到学术,做学问,都会得到赞赏和支持,少有意识形态上的干涉。郁达夫感受到的大概就是这种自由、安宁的氛围。

> 若再在日本久住下去,滞留年限,到了三年五年以上,则这岛国的粗茶淡饭,变得件件都足怀恋;生活的刻苦,山水的秀丽,精神的饱满,秩序的井然,回想起来,直觉得在那儿过

---

① 郁达夫:《日本的文化生活》,《宇宙风》第25期,第27页。
② 尤炳圻:《严肃与滑稽》,《宇宙风》第25期,第33页。

的,是一段蓬莱岛上的仙境里的生涯,中国的社会简直是一种乱杂无章,盲目的土拨鼠式的社会。①

郁达夫还从生活环境和特点入手,加以比较,继续探讨中日两国一盛一衰的原因所在:

> 刻苦精进,原是日本一般国民生活的倾向,但是另一面哩,大和民族却也并不是不晓得享乐的野蛮原人。不过他们的享乐,他们的文化生活,不喜铺张,无伤大体;能在清淡中出奇趣,简易里寓深意,春花秋月、近水遥山,得天地自然之气独多,这一半虽则也是奇山异水很多的日本地势使然,但一大半却也可以说是他们那些岛国民族的天性。②

与中国人的浮华奢侈相比较,郁达夫对日本人的俭约、清淡的生活态度给予了评价,肯定了其的品位,认为日本人的这种生活习惯和品位,源于优美的自然和岛国民族的天性。

叶建高的《日本的文化面》,一方面对日本欺凌、侵略中国表示了义愤;另一方面,又理智地表明了认识日本和中国的应有的的态度。作者生平不详。

> "不必说,我们中国国民只要提起倭的东洋人来,谁都是要怒发冲冠,表示愤愤不平!因为他在国际间的狰狞面目,暴

---

① 郁达夫:《日本的文化生活》,《宇宙风》第25期,第27页。
② 同上,28页。

第二章　全面抗战前《宇宙风》的日本认识

露了他的十二万分的丑恶,尤其是对我们中国国民太过不去;所以我们对他只有愤恨、咒诅的分儿,哪里还有说得起'好话'的劲儿呢?但是愤恨、咒诅,以至于拼命的痛骂、攻击,终不能达到我们'自救之道',减煞他人侵略之心,倒不如'取人之长,救我之短',全体动员,埋头苦干来得切实多了。"①

继而,作者介绍了日本社会的各个方面:

　　日本社会之佳,可说是比我们古雅的北平还要胜十倍,只要是曾经到过日本的,这种爱好羡慕的情绪,无不马上使你发生。真是风景优美,秩序井然,揖让谦和,琴声满巷,那道不拾遗,夜不闭户的景况,实在是的的确确不折不扣的做到;它国内国民对外人态度,也完全与它在国际间的狰狞面貌是两道。(中略)

　　日本国内不惟谈不上有目不识丁的国民,而且均有很好的道德心、爱国心、生活知能、强健身体,并个个都有刻苦耐劳的精神,人人都有整洁朴素的习尚。故侵晨迟暮,你若到大街小巷放眼望去,莫不遍山漫岭都是体健和雅、朴素面洁,背书夹包的男女学生:这是何等令人爱慕的现象啊!(中略)

　　日本的警察,称世界第一;警察经费,亦较世界任何国家为多;警察制度甚优良,全国是有整个的系统。但是,这样一个号称警察国家的国家,市面上却不多见警察和岗位;而人民争吵、打骂,以及一切违警之事绝少。若有人地生疏的去向

---

① 叶建高:《日本的文化面》,《宇宙风》第 26 期,第 131 页。

他问路,他是很和颜详细指导;万一路远或不易指示的,他就马上派警士硬送你到目的地,决无不负责任稍事推诿情事。

道路上遗失的物件,拾者总该不算是犯法吧。而日本人所拾的物件,无论巨细贵贱,断未有人未交向附近岗位者。失主事后发觉,无论所隔时日久近,走向失处岗位查问,失件莫不立返故主;甚至上万的钞票银条,拾者亦仍是照样不稍含糊附交岗位后,由警察机关登报招领;唉,这种廉洁高风,这样国民道德!素称文明礼义之邦的我国,能不愧煞?

日本人入戏院,搭电车火车,上自贵族下至贫苦阶级,并无不购票而去看戏,搭车与人争吵者;并无抢座位之事发生;亦无一人多占座位以图舒适;这尚是说的不出分的行为。要知道他们的国民道德何止此?凡行路,上车、下车、坐车,无不先让老弱——老年人、妇女。戏院,火车是按座位售票,当不成问题,市内外电车通常总难免人满之患,对于老弱搭车,莫不让他先上先下,壮年人已坐之座位,莫不起让,老弱之人亦不过谦,谢而坐之。①

作者从市街的景观、人们的精神状态、警察的和蔼敬业、路不拾遗、公共场所的礼让等不同方面,记述了日本的社会生活,肯定了日本人的守规矩、讲礼貌、知谦让等功德行为,与中国人相比较,产生了"能不愧煞"的感慨,渴望中国社会风貌能有大的变化。

在《怀东京》中,周作人回顾日本留学时代的生活,勾起了对"第二故乡"的恋情,就房间、饮食、书店街、习俗等等的差异和中国

---

① 叶建高:《日本的文化面》,《宇宙风》第26期,第136页。

进行了比较,认为日本的简约、实用、舒适的生活,更具韵味。

谢六逸的《日本的杂志》把中国的杂志和日本的杂志进行比较,介绍了日本杂志的特色与办刊的技巧。谢六逸,生于1898年,我国现代新闻教育事业奠基人之一,著名翻译家、作家,日本文学学者,1917年留学于日本早稻田大学。曾创办复旦大学新闻系。在文章中,谢六逸写道:

> 杂志的"杂"并非"杂种"的"杂",凡办杂志不可不"杂"。学院派的杂志,似乎不宜"杂",其实不然。一种学术,值得办一种杂志来研究发表,那种学术,已很复杂,是则专门研究某些学术的杂志,只就内容一项事说,也不可以不杂。(中略)
>
> 希望杂志办得好,"杂"得妙,"销"得好,第一要"杂志记者"得人。日本的杂志记者确实有一付本领,他们的本领,我可以借用中国赌徒的三字口诀来说明——就是"忍"、"狠"、"等"。
>
> 日本的社会较之我国的安定得多,讲到研究学术当然要算日本的环境适宜,因之肯提笔写文章的人也多。如像《改造》、《中央公论》、《主妇之友》一类的杂志,资本丰富,肯出稿费,要罗致名流学者的稿子,有何难哉。然而名流学者有时不免装腔作势,有时确实无闲,那么杂志的记者就得"忍"。[①]

作者介绍了日本杂志界的繁荣状况,也记述了日本记者的吃苦,敬业精神。

---

① 谢六逸:《日本的杂志》,《宇宙风》第25期,第37页。

夏丏尊,浙江绍兴人,晚清秀才,曾留学日本。1943年,因拒绝为日伪办事,被宪兵逮捕,后经友人内山完造保释出狱。历任开明书店总编辑、上海暨南大学中文系主任。

在《日本的障子》里,他对日本人家居中的障子的形式,所折射出的审美情绪,代表的文化理念做了细致的考证。夏丏尊认为日本的障子类似中国的纸窗,但应用更为广泛,窗、门、隔断,均可采用,最能代表日本文化生活中的淡雅情趣:

> 日本趣味的可爱的一端是淡雅。日本很有许多淡雅的东西,如盆栽、如花卉屏插、如茶具、如庭院布置、如风景点缀,都是大家所赞许的。我以为最是代表的是障子,如果没有障子,恐怕一切都会改换情调,不但庭院、风景要失去日本的固有的情味,屏插、茶具等等的原来的雅趣也将难以调和了吧。①

如果说日本的家居,从神龛、障子、廊下到玄关、盆栽、庭院是一个完整地体现了日本人审美理念的生活系统的话,那么障子就是连接内室与外廊、庭园、统合几个要素的最重要的道具,最为典型地反映了日本生活中的简约与淡雅的特征。

在《谈日本的漫画》中,丰子恺通过对东西方漫画史的简单回顾,认为日本漫画中所表现出的童趣与乐天精神,并非吸取于西洋,而是日本本土的产物:

> 趣味最多样的,而表现法亦最多样的,莫如日本的漫画。

---

① 夏丏尊:《日本的障子》,《宇宙风》第25期,第31页。

明治以后,西洋画风侵入日本,漫画界也显然的西洋化。但原有的日本漫画的多样的趣味,还是存在,时时在现代诸漫画家的笔端吐露出来。因为日本的漫画已有长久的历史。据日本画家考据,正式的日本漫画史,开始于八百年前的藤原时代。①

丰子恺认为漫画最为适合日本民国的气质,在风光明媚的小岛上的画屏纸窗之间,讲究茶道、盆栽的日本人,对于生活趣味特别善于享乐,对于人生现象又善于观察,这种民族性反映在艺术上,对于日本人乐天性格的塑造上,文学中的俳句、绘画中的漫画,都起到了重要作用。

《宇宙风·日本与日本人特辑》的作者们,从日本的家居、礼仪行为到俳谐、漫画、杂志,由各个角度全方位阐释日本人的生活与文化,为读者构筑了一条色彩斑斓的长廊,使之得以比较全面地了解日本文化,走入日本人的现实与精神世界。作者中的许多人,都是自己文章涉及的领域的专门家,如丰子恺不仅是漫画界的泰斗级人物,创作了大量青史留名的优秀作品,同时还是绘画理论的积极探索者;谢六逸,则是战前中国系统研究日本文学的第一人,其专长还在于新闻学,曾创办了复旦大学新闻系。因了解日本的文化底蕴和自身具备专业素养,尤其是他们对中日两国文化的双方面的理解,就使得他们对日本文化的认识和诠释达到了一个相当的深度,反映了中国文化人日本认识的水平。与此同时,但由于他们的文人视野局限,有时不免沉湎于对日本古昔与异域风情的怀

---

① 丰子恺:《谈日本的漫画》,《宇宙风》第25期,第120页。

旧和欣赏,对于日本社会的矛盾开掘不够的弱点。

三、对于日本人、日本风俗的描述

《宇宙风·日本与日本人特辑》中,描述了日本人和日本风俗的,主要有周作人的《怀东京》、黄惠的《洋化的东京》、三郎的《扶桑印象》、伯上的《我的日本房东》、李又曦的《记忆中的日本友人》、俞鸿谟的《日本的男与女》、钱歌川的《日本妇人》、建高的《日本的妇女生活及娱乐》、胡行之的《日本的风吕屋与澡堂子》、丰子恺的《日本的裸体问题》、胡行之的《印象中的日本》、崔万秋的《日本印象记的另页》等文章。

与特辑的大多数作者对传统的日本风情的神往和悉心描绘不同,黄惠的《洋化的东京》,对30年代初期日本学习西方,社会生活发生的种种变化,进行了认真的观察记述。作者生平不详。文中写道:"民国廿年我曾一度来游日本,去年又重履旧地,别后四年的东京,几乎认不出来了。"①他发现这几年日本人愈加热心学习外语,外国出版物大量增加,特别是都市电气化有了飞跃的进步,东京的市民已经开始使用摄影机、自动贩卖机了。他说:

> "实际上不只这些,西欧的物质文明在这儿是全部接受过来,尽量享用着。从柏油马路到女人的乳罩,从容下五六千人的'味的百货公司'到房子的窗帘,处处都告诉我们,这几年日本是一天天在习染洋化。日本的青年男女已不爱住日本固有的木屋,却喜欢每个月花十多块钱在公寓里赁个小小的房间,

---

① 黄惠:《洋化的东京》,《宇宙风》第25期,第62页。

这样他们可以自由地出入,深夜归去也无需敲门惊户。"①

俞鸿谟的《日本的男与女》,记录了暑假时和朋友一起去海滨游玩,住在日本民居时,对男女主人的观察,描述了日本男人打老婆的恶习和女人在家中卑微的地位。

钱歌川,1903年生,湖南人。著名散文家、翻译家、语言学家,1920年赴日留学,曾任《中华杂志》主编。他的《日本妇人》,从享乐主义者的"住洋房子,吃中国菜,讨日本老婆"的人生理想谈起,详细描绘了已婚的日本女人在家庭中的境况。

> 日本女子在结婚前尽可以风流自赏,与人滥交,但有了一个丈夫以后,这便成了一种严厉的禁律。在从前日本妇人与人通奸的最高处罚就是死刑,这用不着要诉诸法院,丈夫自己就是最高法院,他可以随时执行,但做丈夫的却可以自由纳妾。②

作者认为日本的家庭男女不平等,男人自私。丈夫要求妻子恪守贞操,而自己则可以胡来,甚至可以把妓女带回家,两人行乐时让妻子在旁边伺候,妻子既不敢怒,又不敢言,只得强作笑脸,小心服侍。丈夫夜里不归,妻子不能先睡,必须一直等候,甚至到天亮。

> 丈夫无论怎样使她不堪都可以,她却一点儿也不能使丈夫不乐。这便是日本老婆的特长,别国的女子无论怎样也望

---

① 黄惠:《洋化的东京》,《宇宙风》第25期,第62页。
② 钱歌川:《日本妇人》,《宇宙风》第25期,第52页。

尘莫及的。

日本老婆还有一种好处,就是她能不辞劳苦,在家操作,比任何忠仆都好。她把孩子背在背上,家庭中无论什么事,洒扫庭院,洗濯衣服,弄饭做菜,缝纫插花,她都可以去做。一方面她是一个崇高的母性,一方面她又是一个忠实的仆人。讨日本老婆可以说是有百利而无一弊的。老实说,比住洋房吃中国菜,还要实际得多。洋房有时要坏,中国菜有时要做得不合口味,惟有日本女人侍候丈夫无微不至,跪迎跪送,开门盛饭,柔顺始终不变,受尽各种虐待,几千年来没有听见她一句怨言。①

作者还介绍了日本妇女鞠躬的礼节:

她在家一定要先跪下,才能去推门,决不可先把门推开,然后才跪下去。在大街不便叩头,不得已代之以鞠躬。鞠躬时必得深深地把头弯下去,不弯腰当然是失礼的,谁先抬起头来便算谁先失礼,所以一方抬起头来看见对方还垂着头,便马上又弯下去,等到那边的头抬起来,看见这边的头在下面,只得自己又弯下去,这样一上一下,双方都争先恐后地弯下腰去,无意中便造成了一座坚牢的城壁。②

作者对日本妇女的勤劳、善良、忍让、贤惠等性格发出由衷的

---

① 钱歌川:《日本妇人》,《宇宙风》第25期,第52页。
② 同上,第53页。

赞美,"日本女子简直是一首诗"同时也对在家庭中的地位,逆来顺受的处境深表同情:"不过她的生活却是一首挽歌"。

钱歌川描述了在家庭中的日本妇女,建高的《日本的妇女生活与娱乐》则介绍了工作场合的日本妇女:

> 日本妇女的性质,是勤俭与柔顺,均受过相当教育,均有充分的常识,极有礼节,绝不傲慢:这是日本妇女的优点,也就是她能独立生活的原因。他们除在家里当主妇主持家务外,大部分是向社会上谋生活,最占多数的是妙龄少女。职业的种类,不外小学教员、店员、售票员、下女、看护妇这一类。①

和钱歌川同样,建高也对日本妇女的优秀品格给予了极高评价。

在三郎的《扶桑印象》中,我们可以看到大学生、警察等几类形象:

> 日本的学生,在中学时代,家庭和学校,都管束得很严格,早出晚归规定着时刻,但是等到踏进了大学,戴上方帽之后,那就完全放任了。在电车里时时看见吃醉了,几个人扭在一起,和街头巷尾,引吭高歌,横冲直撞的大学生。警察在平时是很严厉,但是对于醉人,却特殊的宽容,更其是这些醉学生,就是肇祸,也只是极轻的惩罚。②

---

① 叶建高:《日本的妇女生活与娱乐》,第26期,第136页。
② 三郎:《扶桑印象》,《宇宙风》第26期,第150页。

宗典,生平不详。他的《风吕屋与澡堂子杂话》概要回顾了日本公共浴室的历史,介绍了男女混浴的风俗,与中国的澡堂子做了比较:

> 假若有人问到我游日的印象如何?我将拒绝不做皇道与军人权力的答案,我却愿意谈谈他们的风吕屋,虽然一般爱国志士不乐闻此,可是我们一经到了三岛以后,最先接触而发生好感的倒是风吕屋。(中略)
>
> 据说从宽永六年(西历一六三〇)以来,江户的风吕屋与今日满街满巷的咖啡店和吃茶店的密度是相仿的,风吕屋的繁昌是靠着"汤女"而发达,汤女就是卖淫妇,所以有"肉风吕"之称,从朝到晚她们做着擦背役务,七时之后,汤女便一变游女,在风吕屋的上场,围以金屏风,歌舞作乐。(中略)
>
> 当时入浴风景,男女也不分浴,只是小腹处扎以"裈"而已,亦叫做"汤具",又叫作"汤卷",入水就脱去,并不以为希罕,现在"别府温泉"以及其他许多温泉尚保留此种遗风,妙龄少女毫不介意的和男子共浴。①

许多中国人把日本人的男女混浴,视为最难理解、最具神秘感,代表了日本文化异质性的奇特风俗,并据此认为日本民族放纵和淫乱,是一种野蛮的习惯。文章作者看到日本风吕屋的明亮、舒适与洁净,与其相比较,感慨道:"虽然中国的澡堂子从来与女人绝无相干,宿夜也只是宿夜,不像汤女的风吕屋那样淫荡,可却是腐

---

① 宗典:《风吕屋与澡堂子杂话》,《宇宙风》第26期,第142页。

化的、是不卫生的、是民族衰老的象征。"①

四、关于中日关系的论述

1936年,中日关系处于紧张状态,大战即将爆发。作为对民族的前途和命运怀有强烈使命感的中国文化人,自然对中日关系给予了高度的关注。《宇宙风·日本与日本人特辑》就发表了许多此类文章。

胡行之,生平不详。他的《印象中的日本》,首先列举了日本人的许多优点:

> 日本人并不是不讲友情的。而且有时他们的友情,常出于华人之上。牺牲帮助,每多侠义之风。即一般的乡人,也并不怎样有敌视之见,我的一次在西京去望友人,在日暮歧途之中,年老的日妇,竟为我引了好多的路。(中略)
>
> 日本人的勤劳、耐苦、礼让、精悍、研究、进取,都在他们的种种美德。这我不是故意的揄扬人家的长处,实在因为可为我国对证及参考的。②

作者在介绍了日本人的优点之后,谈到了中日关系:

> 日本及日本人确有可取的地方,如超越了国境的关系,我觉得是极可爱的。至于现时他们的国家对我国的态度,确有

---

① 宗典:《风吕屋与澡堂子杂话》,《宇宙风》第26期,第144页。
② 胡行之:《印象中的日本》,《宇宙风》第26期,第147页。

使人不能入于平常的心境。我在某处宴会席上,曾听到我国的一位同胞,对日本友人有极恳切的谈话,我觉得这是最好的而应取态度,即借引为本文作结:

"我的可爱的日友啊!你爱你的祖国,为你祖国尽力,这是应该的。但是我呢?我也有我的祖国,我也不得不爱我的祖国。如果我不爱我自己的国家,便没有资格配做你的朋友了。"①

作者借用一位同胞在一次宴会上对日本人的讲话,表达了留学生对日情感的困惑和复杂的心态。既喜爱日本文化,对日本人的长处表示由衷的赞许,又痛恨日本作为一个国家对自己祖国的侵略,认为日本对中国的政策,是导致两国关系恶化的根本原因,给两国人民的感情和友好交流,造成了深痛的伤害,个人的情感与好恶,难以超越国家之间的壁垒。

李又曦,又名李拓之,1914年生于厦门一个知识分子家庭,曾办报、教书,后任教于厦门大学中文系。他的《记忆中的日本友人》,回忆了少年时代被父亲领去参加日本朋友的宴会,以及在那之后与日本人的交往。交章中描述了一些在中国工作的日本文人的情况和对他们的印象:

我和日本友人的交谊并不久切,但在短时期的接近中,日本人于我的印象是十分深刻。我觉得日本人是有礼貌,态度和蔼,谈吐平心静气的,最少日本的文人是如此。但是,他们

---

① 胡行之:《印象中的日本》,《宇宙风》第26期,第147页。

的和蔼和礼貌内中都是理智的,冷静的;并非感情的,易于冲动的。他们会说话,会交际,对于中国的什么都注意,什么都要懂得或且都已懂得,因此,对于中国人,他们更显得冷静了。我和日本人并无好感。但也并无恶感,只是淡淡的东方君子之交。我此刻难于忘记的是儿时的憧憬;另一方面,为了国势的衰弱,政府的不争气,教自己和人家"相形见绌",立刻就有次殖民地里的"次人"之感! 于是,对于这见兄弟之邦的亲爱友人,我是"自惭形秽"似的不好意思和他的接近了。①

作者回顾了与日本人交往中获得的印象,从背景关系来看,因为是从小就开始接触,相互了解时间很长,应该建立起一定的友谊和感情,但因受到两国国家之间对立关系的影响,使作者产生了自卑和敬而远之的心理,所以未能与日本朋友建立友情。从文章中依然可以看出中日关系的恶化给两国人民之间的交流造成的障碍。

徐北辰,生平不详。他的《我对于日本和日本人的观察》,比较了中日国民性的差异,在客观地承认日本人的长处的同时,认为中国人应当努力自强,才能在东亚大陆上拥有一席之地:

我虽没有到过日本,不能说对日本和日本人有研究,但因为有一个长时期居住在北四川路,天天和日本人接近,倒也非常注意他们的一举一动。而其实像日本人那样热心在打算我们,凡是中国人,难道还可以把他们淡然置之吗?

我说:中国人而看不起日本人,实在是一个天大的笑话,

---

① 李又曦:《记忆中的日本友人》,《宇宙风》第 26 期,第 155 页。

也就是中国现在所以该吃亏了。(中略)

甲午一战,首先把我们这只纸老虎拆穿的,便是日本人。

所以,从历史上看,日本人实在自始就比中国狠;中国人不曾占领过扶桑三岛的任何一个地方,而日本人却早就来我们江浙等地践踏过的。至于说日本人便是中国秦始皇时候徐福的子孙,可惜没有确切的证据;否则我们对于那些漂流在外而能自力更生的弟兄,倒还不妨多让步一些。①

作者通过日常生活中对日本人的观察,感觉他们时时都在谋划中国,提醒国人绝不能轻视日本,轻视日本只能使自己吃亏。但在这里作者犯了一个自相矛盾的错误:认为如果日本人的确是徐福的后代的话,我们则应当对这些漂流在海外的兄弟们多一些关照。这种想法反映了一部分中国人对日本与中国"同文同种"的亲近感与认同感,但却源于传统的华夷思想,本质上依然是轻视日本的意识的流露。尽管如此,作者依然再三呼吁不要小瞧日本:

中国人看不起日本人,常常骂东洋小鬼,虽然是吃亏以后的狠毒的表现,却实在没有理由。因为他们人小心不小,而且力气大、本领大,而且人也未必小。

只有承认日本人比我们利害,比我们强,而努力设法使自身比他们更利害!更强!那才有办法,那才能保障国家的独立,民族生命的绵延。②

---

① 徐北辰:《我对日本和日本人的观察》,《宇宙风》第26期,第153页。
② 同上。

作者认为日本人做事比中国人狠,提醒大家不要无端忽视日本,这也源于他跟日本人打交道的经历:

"一·二八"时候,我和另外一位同业经过苏州河北面乍浦路口,被大日本的陆战队和几个便衣队,扣留达一小时之久。险些被拘去当"反日中坚的新闻记者"办。所以,在战时,或者说非常时期,日本人是不讲礼貌的。这是在我赞扬日本人有礼貌之余,要奉劝大家认识的一点。

其次,我也很佩服日本人处事的精细。从前我曾在一个并不著名的刊物上发表过一篇文章,里面牵涉到尹奉吉,日本人怀疑我和韩人有关系,居然托捕房调查了好几次。你想:一个并不著名的小刊物也漏不过日本人的眼,他们的精细的程度也就可想而知了。[①]

从文章中也可了解到第一次淞沪事件前后,日本对中国人的反日思想的戒备和对文化人、新闻记者的查禁控制情况。

崔万秋,1903年生于山东莘县,1924年赴日留学,在广岛高等师范毕业,1933年回国,任上海《大晚报》副刊编辑,被称为日本通。他的《日本印象记的另页》记述了在日本求学的中国文化人受到日本警察监督的情形。一天,作者从广岛高师放学回来,家里来了一位彬彬有礼的警察署巡查部长。部长态度和蔼客气,东拉西扯,说是要与作者交朋友。以后日本警察便经常光顾。房东也疑神疑鬼,认为他做了什么不规矩的事。后来从学校老师那里弄清

---

① 徐北辰:《我对日本和日本人的观察》,《宇宙风》第26期,第154页。

了事情的原委：

> "详细情形我也不知道,不过北村先生说,你在北京一张什么报上曾发表过不利于日本的言论,驻华公使馆警察部注意到这件事,打电报通知此地警察署,警察署曾派人到北村先生那里调查。常常有警察到你那边去,大概是这个原因吧。"①

崔万秋引起日本警察注意的文章,是发表在《京报》上的东京留学生为收回大连旅顺在东京示威游行的通讯。"被日警开始注意以后,我的耳根便不得干净。我住在广岛,有广岛警察注意;我离开广岛,广岛的警察立刻会用电报通知我所要去的地方,对方自然来'保护周到'。不仅本人受到随时监视,就连从国内投奔来的朋友也受牵连被拒绝入境,与其相交甚笃的日本朋友也不断被警察传讯。""沪战之际,我为了到日本取行李,竟绊在了中途。在那里既痛苦万分,归国呢,日本和上海的交通又已断阻,天天看见满街为日本军人征集'慰问袋'的女人在活动,且常常看见日本大兵,从广岛出发到上海,心焦如焚之际,警察们竟是来凑热闹,天天有人到房主家里问我的行动。"②原本为求学来到日本,但却因写文章触怒了日本人,受到无休无止的纠缠;另一方面,看到日本大兵不断出发攻打自己的祖国,日本的市民们热情支持。可以想见,作为一个有血性的中国人,心里会是什么滋味:

---

① 崔万秋:《日本印象记的另页》,《宇宙风》,第26期,第129页。
② 同上,第130页。

"类似这样的不快事件还多得很,写不胜写,就此搁笔。读者中一定有人疑惑,东洋留学生多得很,难道对每一个留学生都是如此么?我可以说警察对每一个学生都是监视的,但每一个留学生却不一定都感觉得到。他们对常常在国内报纸杂志上写写文章的人监视特严。而我和大晚报通讯正触他们之忌,这是我特别被监视的大原因。"①

日本人把中日冲突的原因,归罪于中国的反日运动,认为反日运动的主要人物,就是中国的文化人、知识分子和青年学生。因此,不论对在日本的中国留学生,还是国内的记者文人,均严加监视和防范。日本人的这一行为,严重地侵犯了他们的自由与尊严,滋生了强烈的反抗心理。

郭沫若的《关于日本人对于中国人的态度》从日本人称中国为"支那"谈起,分析了他们对中国的心态,探讨了为何"留日抗日"的原因:

> 日本人称中国为"支那"。本来支那并非恶意,有人说本是"秦"字的音变,但出自日本人口中则比欧洲人称犹太还要下作。这态度最显明地表现在他们的表示国际关系的文字惯例上,譬如中国与日本并刊时,照例是称"日支"这本是"内鲁而外中夏"的办法,犹如中国人之称"中日"是彼此、此彼,易地则皆然。然而除开了这对本国的惯例外便迥然不同了。支那和其他一个或一个以上的国家并列时便永远在下位。例如

---

① 崔万秋:《日本印象记的另页》,《宇宙风》第26期,第130页。

"英支"(中英),"佛支"(中法),"独支"(中德),"米支"(中美),"白支"(中比),"伊支"(中意),"露支"(中俄),及甚至同暹罗并列时是"暹支";同菲律宾并列时是"菲支",同朝鲜并列时是"鲜支",近年来同满洲并列称"满支",加上日本称"日满支",就和《春秋》列蛮夷于国际盟约最下位的一样,中国始终是处在最劣等的地位的。①

郭沫若指出,只要留意日本的报纸就可以明白,而且最可佩服的就是他们的整齐划一。这种表达方式没有任何的法理依据或文法上的规定,但千家报上,万人笔下,绝对一致,由此可以窥见日本人对中国的态度。

从这一表达方式入手,郭沫若分析了中国留日学生乃至中国人抗日的原因:

> 日本人爱说我们中国人侮日抗日,而这些"不逞"的举动大抵发祥于日本留学生,他们很以为不可解。他们时常惊异着,以为留欧美的学生都是亲欧美的,何以留日本的学生总是抗日?这样的质问我自己便接受过好些次,别人是怎样回答我不知道,我往常实在是苦于置答,但我最近却想到了一个极正确的答案,便是日本的教育收到了良好的结果。因为日本的国民教育的大本是忠君爱国,中国留学生在这种教育的熏陶之下,回到祖国去虽然无君可忠,然而还有国可爱。在这样的关系上中国留学生要"不逞",日本的教育家,为政家乃至一

---

① 郭沫若:《关于日本人对于中国人的态度》,《宇宙风》第25期,第19页。

般怀着惊异的人,都应该引以为庆事。日本人在这一点上觉得比欧美人要真切些,因为一方是刀里藏笑,一方是笑里藏刀。①

郭沫若认为日本的"忠君报国"的教育方针,启迪了中国留学生。在国内时一盘散沙,缺少国家观念的中国人来到日本之后,不仅在学校的教室里,还通过各种媒体和亲身经历,学习感受到了日本人的民族意识和爱国精神。和日本相比,自己的祖国山河破碎,国难当头,而正是自己留学的这个国家,却不断侵犯、欺侮自己的祖国,他们怎能不愤然而起,形成同仇敌忾的抗日情绪呢?

陶亢德在《说几句话》中,对中日关系,中国人仇日情绪的根源做了中肯的分析,对日本的知识分子,在华日本侨民,发出了恳切的忠告:

> 我们明知日本在目前还不是我们的真正友邦,但总希望将来有成为我们友邦的一天,一直仇视下去,总非到不是你死就是我死之一日不止,同是人类,何苦如此。②

陶亢德的这番话,发自肺腑,令人感慨无量,代表了中国文化人对中日关系的期待和热爱和平的态度,反映了人生的一种大智慧。中日自近代以来,争斗不止,斗来斗去,有何益处? 70年前作者的这种态度,对于思考今天的中日关系,依然具有重要的参考意义。

---

① 郭沫若:《关于日本人对于中国人的态度》,《宇宙风》第 25 期,第 19 页。
② 亢德:《说几句话》,《宇宙风》第 25 期,第 67 页。

既然日方努力于好转,那么趁至少尚在假亲亲之际,姑进一言,当无意图破坏侵略之咎。三则是我们对于日人的忠勇爱国,刻苦耐劳,为黄色人种向白人扬眉的真本实领,衷心钦佩,而亦唯其衷心钦佩,对于日本对于我们的种种即为日本计也非必要的胡作妄为,除了愤恨之外,还为日本惜。(中略)

奉劝日本的智识阶级不要含血喷人,不要对我们妄肆诬蔑。一国之胜于他国家,是文化文明,是政治也许是武力,而不是一枝笔杆,三寸不烂。而所谓智识阶级也者,其智识当也不应专用之于侮辱他国,诬蔑他国。文章报国、诚是佳事,但借文章来恶意辱人,不但于国无补,且亦污及文章这个美名。我们在日本的书籍报章杂志,常常见到随意辱骂中国的文章,这在我们看了,除寒天冷水点点在心之外,决无一丝"好感",而在日本方面,恐怕除了快意之外,也所得无几。这种使两个民族仇视之心愈益难解难除的文章,我们希望负智识阶级这个美名的日本人士,能够少做一篇总是少做一篇的好。否则连智识阶级都在这样加深两个民族的仇恨,即在日本自身,恐亦不得幸事。中国今日,诚然只好笑骂随你,无法怎样,但中国未必一定亡于日本,到那时候,这笔文帐恐怕也就不能不算。我们愿意接受邻国的日本对我们作公允的批评,但我们愤恨"友邦"的日本,对我们作胡说八道的辱骂。[①]

文化人和知识分子,是一个社会的精英力量,具有独立的个性与良知,能作冷静与理性的思考。但在20世纪30年代,日本的知

---

① 亢德:《说几句话》,《宇宙风》第25期,第67页。

第二章 全面抗战前《宇宙风》的日本认识

识分子、作家、记者、教授等文化人,却成了天皇制和军部势力的追随者,在煽动日本国民走向战争的道路上,负有不可推卸的责任。在对待中国的态度上,除少数作家保持沉默外,几乎整个知识界、文化界都加入了敌视中国的行列中,对中国肆意嘲讽谩骂,严重伤害了中国人的感情,使中日关系不断恶化。陶亢德对日本的知识界发出了公正的呼吁和严厉的警告,提醒他们要考虑自身的责任,否则将来有算账的一天。日本的战败,不光输在军事上,更是输在文化与道义上,当年日本军人和文人制造的中日两国的民族仇恨,至今依然影响着日本和中国的民众。

在向日本的文人发出警告之后,作者又提醒在华的日本侨民检点自己的行为:

> 第二是我们对侨华日人,希望能稍知检点,不要让浪人妄作威福。虽然我们的报纸杂志,对日本奉命亲善,有些记事,我们常以某国代之,但这个某国不但凡读报者无一不知是日本的代名,即使毫无知觉,认某国是天外飞来的国家,在受其辱害者总不会见面不识,疑为梦魇。谚云好事不出门恶事传千里,中国人民任何一个受了浪人的辱害,决不会守口如瓶,全人缄口,一人受害,千人知之,一地受辱,全国知之。况且我们的报纸也不全是装聋作哑,有的事情忍无可忍,自然会得尽情披露。俗话说若要人不知,除非己莫为,日本常说我们煽动抗日,鼓吹排日,而在我们则认为煽动鼓吹抗日最甚者,莫如日本人自己。而且日本人的煽动我们抗日,鼓励我们仇日,也不一定要侵略我土地,残杀我人民,只要对我们一有不合国交,不近人理的行为,就是使我们切齿痛心,觉得非参加抵抗,

我们已无生存之路。随便举个例子,如八月十九日申报所载北平通讯《日本人在北平》,我们即置贩运白银,贩运铜元,开白面房子,开赌窟,武装军人坦克车示威等大事于不顾,只以军人"在东安市场曾公然调戏妇女","浪人四五,在公园里围击中国小孩子头顶,该孩子痛苦不已,而浪人等则反呵呵大笑,击不稍休,资以为乐"这些事件而言,凡为中国人者,哪一个会不切齿痛恨,自下决心? 谁无妻女,谁无子女,妻女任人调笑,任人殴击,除非奴才忘八,有谁能淡然置之,不加思量? 我的友邦人士啊! 你们在中国已够威风,我们对于"同种同文"的你们早已有点敬而远之,再要这样妄作威福,不是在火上添油么? 是的,我知道你们的心目中以为今日之下,辱害辱害中国人反正中国人除了受辱受害之外没有什么办法,比猫吃老鼠还可以随心所欲。然而日本非天生的猫,中国非天生的鼠,猫与鼠是天赋如此,无法变易,而中国与日本呢? 我们此刻不想空说胜败兵家常事,不想空说君子报仇三年,只想在人与人之间的立场,说一声就是为你们的自己,也得请你们三思一下! "朋友",你们的侵占三省,说是什么三省乃你们的生命线,进窥华北,说是什么保障东亚的和平,可是你们的平白调戏我妇女,围击我小孩,你说是为的什么? 为的是表演武士道精神吗?

假使我们真是仇日者,我们对于你们浪人的胡作妄为,倒是欢迎之至,因为我们可以在奉命亲日有口难言的现状之下,让你们自己来尽引起我们同仇敌忾心的责任,可是我们还不想这样,所以才说此几句话。①

---

① 亢德:《说几句话》,《宇宙风》第 25 期,第 67—68 页。

陶亢德的《说几句话》说出了被长期压抑的中国人的心里话，代表中国文化界向日本发出了警告和宣言。在列举了一些日本侨民的恶行之后，发出了强烈的指责，告诫日本人，中国人的忍耐是有限度的。煽动中国人燃起抗日精神的，正是日本人自己。

本章小结

如果说戴季陶于1928年完成的《日本论》，是他一个人把日本放到手术台上做了一番剖析的话，可以说《宇宙风》杂志的日本述评文章，则是中国文化界、知识界在中日大战之前对日本的一次集体会诊，或者说是作者们用各自的画笔共同勾勒出的一幅日本图像。

自1935年9月16日《宇宙风》创刊到1937年7月中日大战爆发，以《日本与日本特辑》为中心，《宇宙风》共发表谈及日本的文章117篇，其内容涉猎广泛，大致可以概括为对日本帝国主义侵略本质的认识、对日本文化、日本民族性的认识、对中日前途的分析、对日本人恶行的揭露、对中国人仇日根源的探究等几个主要方面。《宇宙风》作者群的一个最大特点是，他们当中的大多数人都有过留学日本的经历。他们的日本认识的来源，主要是留学日本时代对日本社会的观察与体验，和对当时中日关系的分析与判断。

当年的中国文化人通过切身的感受、对时局的观察与分析，十分清醒地意识到日本的对华野心和目的；以留日学生为主体，对日本文化的特色，日本民族的优秀品格，给予高度评价；同时也发现了其弱点与缺陷；大部分人对中日前途感到悲观，认为中日之间的民族大战将不可避免，但对中国最终必胜抱有信心；发现了在日本国内彬彬有礼的日本人和来中国的日本人的行为差异,对在华日本军人和日侨的恶行予以了揭露和批判;认为中国人的仇日情绪源于日本的对华侵略和在华日本军人、日侨的恶行,日本人培育了中国人的抗日思想。

透过《宇宙风》杂志的日本述评文章,我们可以看到该时期中国文化人的日本认识具有以下几个特点:

1. 爱恨交织,是《宇宙风》作者群日本认识的最大特点。从前面引文中可以清晰地显现出20世纪30年代初期,中国文化人对日本文化、日本民族性予以了高度评价,对日本人的爱国心,社会秩序的安定,国民的教养、礼貌程度、责任感与事业心,勤奋刻苦的精神,自然风光与民俗生活的美感等方面,发出了由衷的赞叹。同时,对日本帝国主义的对华侵略、歧视中国、日本军人和侨民的恶行,表现出了强烈的仇恨,呈现出爱恨交织的鲜明特点;

2. 理性与客观的态度,是该时代中日文化人日本认识的另一个特点。尽管当时中日政治冲突不断尖锐,人民的反日情绪十分激烈,但知识分子和文化人仍未失去冷静客观的态度和理性的思考。既承认日本和日本文化的长处,对其美好的一面表示了钦佩,又对其丑陋的一面,予以彻底的揭露和批判;

3. 以日本为参照系,寻求中国自强之路。通过对日本文化、日本民族性的观察和分析,比较了中日两国民族性的差异,反省了中国人与中国文化的诸种缺陷和弊端,为医治国人的痼疾,探讨良方。

与清末到戴季陶时代的中国人的日本认识相比较,《宇宙风》的日本认识取得了新的进展。以康有为、梁启超和戴季陶为代表的30年代之前的文化人,从其经历、身份和立场来看,大都深深涉入政治,与他们的政论性文章相比较,《宇宙风》的风格是轻松、具有可读性,所发表的文章亦非系统的研究论文,加上大多数的作者都是具有浪漫色彩的文人,因此其日本观察侧重于日本的文化生活、艺术民俗,在对日本的政治组织、国民思想的分析方面着力不多。尽管如此,他们的日本认识,涉猎内容广泛,某些见解十分深刻、精粹,为当时的中国人了解日本打开了一扇窗口,提供了一本接近日本文化、日本民族精神的入门导读。

因为大部分文章的作者,都具有长期留学,生活于日本,或与日本人打交道的经历,他们的日本认识的形成基于留日时代的亲身感受与体验,和回国后对日本、中日关系的不断思考与观察,具有客观的说理性与可信性,达到了一定的深度。尤其是在国难当头的时代,他们既不惧怕对日本的批评与揭露会招致日本人和国民政府的惩罚,也承担了被国人认为亲日、媚日的误解和非难,他们对日本人优点的客观评价,对打消国人盲目的轻视日本的情绪起到了一定的引导作用,而对于日本军人、日侨恶行的揭露、对日本人丑陋行为的剖析,则激发了国人的抵抗决心,表现出中国知识分子、文化人的使命感与爱国情怀,其日本认识,透过历史的烟霭,在今天依然放射出耀眼的光辉。

第三章　全面抗战时期《宇宙风》的日本认识
——1937年7月—1945年8月

由于日本帝国主义在政治、经济、军事、文化等方面不断向中国施加压力,致使中日两国的矛盾冲突逐步升级,终于在1937年7月7日,开始了日本的全面侵华和中国军民进行民族抗战的历程。抗日战争是历史上中国人为维护民族生存而战斗的最悲壮、最惨烈的一段。在中国共产党人的积极推动下,各党派、各阶层组成了抗日民族统一战线,共同抵御日本帝国主义的侵略。在这当中,中国的知识分子和文化人积极宣传抗战,动员组织民众,表现出强烈的爱国热情和使命感,为促进全民族抗战,发挥了重要作用。

本章拟首先探讨在抗战爆发前后,《宇宙风》作者群以及部分同时代文化人对日本的思索和对抗战的态度;其次考察该时代他们的日本认识形成的主要背景——在国难中的处境和抗战中的经历;再以《宇宙风》杂志中抗战期间发表的述评日本的文章为中心,展示和归纳该时期《宇宙风》的日本观察和日本认识、对中日战争前途的看法。

日本帝国主义挑起的全面侵华战争,使中华民族陷入了深重的苦难。中国的知识分子、文化人和广大的民众共同经历了一场巨大的浩劫,通过切身的体验,耳闻目睹了日军的暴行,充分感受到了日本帝国主义野蛮、残暴的一面,获得了较平时更为深刻的日本认识。《宇宙风》杂志在战火与硝烟中,坚持办刊,为国人传播信息,宣传抗战,揭露敌人的罪行,提供了重要的舞台和阵地,也为我们今天了解当年文化人的日本认识,提供了宝贵的视角。

第一节 《宇宙风》作者群及相关文化人在全面抗战时期的经历

一、《宇宙风》作者群及相关文化人在全面抗战爆发前后的对日态度

中华民国成立之后,中国为建设独立自主的近代国家,需要摆脱日本的影响和控制,而日本则出于自身的目的,极力扩大在中国的势力。1915年日本向中国提出"二十一条"要求,这是侵犯中国主权、恶化中日关系,催生了中国民族主义思想和抗日情绪的重大事件。由此至1937年中日大战爆发,中国的知识分子和文化人不断探索和思考中日关系。以蔡元培、鲁迅、胡适等人为代表的理智派,为避免中日矛盾的深化,曾多次提醒激进的知识分子和青年学生,要用冷静的心态看待中日关系。同时,许多中国文化人都再三告诫日本人,应珍惜两国友好交往的历史,从中日关系的大局出发,不要欺人太甚,随意伤害中国人的感情,向日本提出了一次又一次的警告。这些行动都表明,中国人是谨慎对待中日关系,热爱和平,并不希望看到两国兵戎相见的。

然而由于日本自明治时代开始形成的歧视中国的社会思潮和在近代殖民战争中取得的一个个的胜利,使日本人尝到了甜头,失

去了理性的思考,变得自大与狂妄,哪里听得进中国人的劝告,侵略野心的极度膨胀,终于把中日两国拖进了战争的深渊。

30年代初期,因日本对中国的不断侵略,研究日本成了一个热门话题。但或许因为像郭沫若、林憾庐所批评的那样,中国的文人学者不愿下苦功,总想走捷径,所以当年的许多冠以"研究日本"之名的出版物,大都是翻译日本人的著作、文章,少有经过自身的严密考证,独立思索形成的独创性研究。而这种现象自然瞒不过对日本有着深刻理解与把握的鲁迅先生的慧眼。"九·一八"事变之后,中国民众抗议日本侵占东北,反帝爱国运动再次爆发。而在当年的10月,鲁迅就在《"日本研究"之外》中写道:

> 在这排日声中,我敢坚决的向中国的青年进一个忠告,就是:日本人很有值得我们效法之处的。譬如关于他的本国和东三省,他们平时就有很多的书——但目下投机印出的书,却应除外——关于外国的那自然更不消说。我们自己有什么?除了墨子为飞机鼻祖,中国是四千年的古国这些没出息的梦话而外,所有的是什么呢?①

他的这篇小文,首先提醒中国的文人学者要下真功夫,踏实研究日本,避免人云亦云;同时告诫中国的青年们,不要沉醉在自古以来的华夷观念的美梦中盲目自大、小瞧日本,要客观地承认日本民族的长处。

---

① 鲁迅:《"日本研究"之外》,《集外集拾遗补编》,《鲁迅选集》第八卷,中国文史出版社2004年版,第209页。

在中日民族矛盾十分尖锐的年代里,这篇文章等于给情绪高昂的中国青年迎头浇了一盆冷水,不合时宜。然而鲁迅先生表现出的是一种超常的冷静,不为时局而左右的理性的思考,胸中蕴含的则是火热的爱国情怀。

从这篇文章中,我们还可以感受到鲁迅对中日关系的一种期待和珍重。从五四运动到"九·一八"事变,在举国上下汹涌澎湃的抗日浪潮中,蔡元培、周作人、戴季陶、鲁迅等具有东西方的文化背景与视野的中国精英人物,出于对中日两国传统友谊的珍惜和对两国前途的担忧,一再向中国的热血青年们提出忠告,希望他们保持理性的思考,全面把握中日关系,强调以敌为师,自立自强。同时,也向日本传达了中国知识界、文化界期望中日友好,尽力阻止两国关系继续恶化的声音。然而对中国人的善意,除了吉野作造等少数人表示理解之外,并未被日本的主流社会当回事来郑重对待,或许被认为中国人在示弱和讨好。这种傲慢的态度无疑激怒了中国人,感情因素的作用越来越大,理智的思考越来越难。

面对知识分子和青年学生的爱国热情,《独立评论》派的同人们主张谨慎理性地对待中日关系,持有与蔡元培、周作人、鲁迅相近的态度。

如前面的介绍,《独立评论》是1932年5月创建于北平的一个政论性周刊,也刊登杂文、游记、书评、人物介绍等文章,主编为胡适、丁文江,核心人物有蒋廷黻、陈衡哲、傅斯年等欧美同学会和清华的朋友。《独立评论》出版于反帝爱国运动高涨的时期。胡适等人在该刊发表了大量的对中日关系与中国前途的分析文章。与弥漫全国的反日情绪和对日宣战的主张相反,他们从不支持学生上街游行,认为弱肉强食是这个时代的法则,帝国主义欺侮我国是无法避免的。与其空喊口号,游行一通或盲目开战相比,我们更应该思考中国积弱的原因,只有建设一个强大的国家,才能摆脱被侵略的命运。

在《我们可以再等五十年》一文中,胡适写道:"国家的生命是千年万年的生命,我们不可因为目前的迫害,就完全牺牲了我们将来的在这世界上抬头做人的资格"①,在《为学生运动进一言》、《再论学生运动》中,胡适认为"罢课是最无益的举动","不但不能引起同情还可以招致社会的轻视与厌恶","只有拼命培养个人的知识与能力是报国的真正准备功夫。"②胡适和《独立评论》派同人所持的态度,或可称为"长期备战报国论",认为不经过长期的准备,立刻向日本宣战,无异于以卵击石。《独立评论》派的上述态度,源于他们对中国在国际社会的地位和中国的实力,政治、经济、军事状况的深入了解。胡适曾不止一次地听被称为"业余军事战略家"的丁文江说过,有些中国军官甚至不会看地图。1933年3月,当听到日本一个仅有128人、4辆坦克的先遣队,居然横行于60万平方公里、由10余万中国守军驻守的热河省时,胡适被震惊了。③

《独立评论》派的态度,因迎合了蒋介石"攘外必先安内"的方针,受到了南京政府和蒋介石的青睐,而学生们则视他们为卖国贼。随着日本对中国侵略步伐的加快,就连以保持理性著称的《独立评论》派的立场也逐渐发生变化,认为日本的野心难以遏止,中

---

① 胡适:《我们可以再等五十年》,转引自《独立评论》引言注①《中国出版史料》现代部分下册,第一卷,第13页。
② 同上。
③ 胡适:《全国震惊以后》,《独立评论》第41号。

日大战不可避免。1935年10月,当胡适应日本文人室伏高信请他为《日本评论》写文章时,他向日本国民发出了呼吁:

> 我是一个最赞叹日本国民以往的成绩的人。我曾想像日本的前途,她的万世一系的天皇,她的勤俭爱国的人民,它的武士道的遗风,她的爱美的风气的普遍,她的好学不厌的精神,可以说是兼有英吉利与德意志两个民族的优点,应该可以和平发展成一个东亚的令人爱羡的国家。①

在这里,作为一个具有欧美学问背景的绅士,胡适对日本文化的特征和日本民族的优点,做了精炼的概括,对日本这个东洋国家在东亚应该发挥的作用,给予了评价。但在同时,也对以强势欺人的日本提出了警告:

> 两国交战,强者战胜弱者,这是常事,未必就种下深仇恨,日俄战争,不出五年,日俄已成同盟了,中日战后,不出十年,当日俄战争时,中国人大多数是同情于日本的,故我说,战胜未必是以结仇恨,只有乘人之弱,攻人之危,使人欲战不能,欲守不得,这是武士道所不屑为,也是最促使人仇恨的……中国化为焦土又岂是日本之福吗?②

一个月后,他再次写信给室伏高信,表达了忍让已经到难以为

---

① 胡适:《敬告日本国民》,《独立评论》第178号。
② 同上。

继的地步:

> 你不赞成"犹太主义"。但是犹太主义中有种奇论,劝人"爱你的仇敌"。我这二十五年来曾深信这种"犹太主义"。但是,我很惭愧,我信道不笃,守道不坚,在最后几个月中,我颇有点怀疑这种主义不是我们肉体凡夫所能终身信奉的了!①

在《华北问题》一文中,胡适得出了他对中日关系的结论:"只有我退一寸,人进一丈,屈辱是永无止境的,求全是绝不可能的。"②

胡适在1935年连续发表的文章,表达了他对日本认识的觉醒和转变。中日关系的严酷现实,促使他完成了这种觉醒,终于认清了日本帝国主义的侵略本质。胡适以及《独立评论》派的态度转变,典型地表现出中国人从日本的学生到日本的敌人的不情愿的转变和彻底的失望,也反映出中国的知识界和文化界为避免中日战争所做的最后努力,归于失败,反映了中国文化界对日态度的统一。

室伏高信,是日本著名评论家,早年毕业于庆应大学,多次来中国。历访中国各界名流,发表了许多关于中国的著述,为当年的中国文化界所熟知。1937年10月,中国留日学生余仲瑶采访了室伏高信,对他的对华态度的前后不一,表达了愤怒:

> 室伏高信平常对华的言论主张,比较开明,他曾向我说:"日本对华一切大权,操于关东军之手,他们在东北的任何设

---

① 胡适:《答室伏高信先生》,《独立评论》第180号。
② 胡适:《华北问题》,《独立评论》第179号。

施,均归失败,所以对华态度,将趋向和平。"他说了以后,再三叮嘱我千万别发表。我为信义起见,守着秘密。可是七七事变后,他在《读卖新闻》写了一篇《警告中国》的文章,在《日本评论》杂志上所发表的文章,也非常荒谬,前后判若两人,这是他迎合日本军阀意旨的明证。①

日本评论家的前后不一的态度,令中国留学生感到受了欺骗,而他们抛弃了知识分子良知,一味追随日本军阀的言行,也让人感到失望。

胡适与室伏高信的争论,引起了文化人的注意。1936年3月1日,陶亢德在《宇宙风》第12期上发表了《中国人的觉悟》一文,对日本文化界歧视中国的言论予以有力的回击,再一次表明了中国人的立场:

> 记得日人室伏高信与胡适之讨论中日问题的信上,曾有过联合中日知识阶级,开诚布公,共谋亲善这类说法,当时看了就觉得好笑好气。我不敢说中日将永不能亲善(汉奸除外),但我觉得中日的知识阶级实在难以亲善,因为多数的日本所谓知识阶级也者,对中国只有贱视,哪里肯来亲善?除非这亲善是诱鱼上钩的饵。中国的知识阶级呢,只要他真是有知有识,也不能掩着眼睛抹着良心妄言亲善。关于日本知识阶级的贱视我国,其例不胜枚举。②

---

① 余仲瑶:《日本人的中国观》,《武汉留日同学会日本问题研究丛书》第三辑,华中图书公司1938年版,第2页。
② 亢德:《中国人的觉悟》,《宇宙风》第12期,第566页。

对于室伏高信希望中日知识界联手,共求中日亲善的倡议,作者感到既可笑又可恨,认为中日永难亲善,其根本原因在于日本的知识阶级的一种根深蒂固的歧视中国的心态。日本的歧视中国,源于自明治时代开始的政府主导的彻底的歧视中国的教育,从国定、审定的官方教科书到媒体,以知识界和文化界为中心,全国上下形成了整齐划一的歧视中国的风潮。进入昭和时代,随着对华侵略的不断扩大,"膺惩暴支"等露骨的口号充斥报刊、广播,弥漫于日本的城乡和千家万户。而日本知识分子和文化人,紧随军部,他们正是这种风潮的制造者和鼓吹者,又怎么可能联合中国的知识界,共谋中日亲善呢?陶亢德进一步引用了大谷光瑞的文章,来揭露日本文人的狂妄与虚伪:

> 只要一看今年一月卅一日《留东新闻》所翻译的大谷光瑞(鼎鼎大名的知识阶级者!)在日本读卖新闻上发表的长篇评论《中华匪国论》(这题目是我看了内容给他加的,)就可以知道中华民国在日本知识阶级的心目中是什么东西。其言曰:
> "我是从来不把'支那'称为中华民国,而呼之为中华匪国,因为在那里全部都聚集的是强盗,所谓官匪、政匪、军匪、学匪、共产匪、盗匪等,仅名义上的不同,而实际都与盗匪无异……皇帝治国者谓之'帝国',合人民之力而治国者谓之共和国,集匪贼而为国者,不呼之为匪国,实另无他种叫法。"
> 光瑞此言,实在侮辱中华民族到了极点,尤有甚者,是说"中国人这种人种是永远不会有觉悟的一天的,因为觉悟就是一种损失啊。"①

---

① 亢德:《中国人的觉悟》,《宇宙风》第12期,第566页。

诚然,中国在近代开始衰落,在一个时期内,政治腐败,盗匪横行,但中国人并未就此沉沦下去,而是不断求师问道,力图通过变革,建设独立繁荣的近代国家。"匹夫不可夺其志"。历史上,中国人创造了丰富灿烂的古代文明,日本从中国吸取了大量的文化营养,以此为基础,方能获得近代的成就。在唐代,中国曾为来华的日本留学生和留学僧提供生活费用,甚至担心他们回国途中遇到不测,派官船官兵护送回国。对这些史实,中国的文化人心知肚明。即便不要求日本回报,难道就该受到如此的侮辱与刻毒的嘲讽吗?当年日本知识界的一个个精英们,就这样深深刺痛了中国人的自尊心,不遗余力地制造着民族仇恨。在今天,日本的知识界应该进行深刻的反思。

在前述《宇宙风》出版社的"某国人在故都"中,介绍了北京学生眼中的日本人,下面看一下抗战爆发前北京大学校长的一段经历:

从1931至1937年任北大校长的蒋梦麟,经历了在华北日军威逼下的艰难历程,在西南联大期间于躲避日本飞机轰炸的战壕里完成了著作《西潮》。其中谈到了当年的境况:"从民国19年到26年的7年间,我一直把握着北大之舵,竭智尽能,希望把这学问之舟平稳渡过中日冲突中的惊涛骇浪。在许多朋友协助下,尤其是胡适之、丁文江和傅斯年,北大幸能平稳前进,仅仅偶尔调整帆篷而已。"[①]书中还回忆了1935年11月29日受到日本宪兵队传讯的情景:

一、二个月以后的一个下午,一个日本宪兵到北大来找

---

① 马嘶:《1937年中国知识界》,北京图书馆出版社2005年版,第20页。

我。"日本在东交民巷的驻防军请你去一趟,谈谈他的希望了解并且需要你加以解释的事情。"他这样告诉我。我答应在一个小时之内就去,这位日本宪兵也就告辞回去了。

我把这件事通知家里的几位朋友之后,在天黑以前单独往东交民巷日本兵营。我走进河边将军的办公室以后,听到门锁咔嚓一声,显然门已下了锁。一个日本大佐站起来对我说:"请坐"。我坐下时,用眼角扫了旁边一眼,发现一位士官拔出手枪站在门口。

"我们司令请你到这里来,希望知道你为什么要进行大规模的反日宣传。"他一边说,一边递过一支香烟来。

"你说什么?我进行反日宣传?绝无其事!"
我回答说,同时接过他的烟。
"那末,你有没有在那个反对自治运动的宣言上签字?"
"是的,我签了名的。那是我们的内政问题,与反日运动毫无关系。"
"你写过一本攻击日本的书。"
"拿这本书来给我看看!"
"那末你是日本的朋友吗?"
"这话不一定对,我是日本人民的朋友,但是也是日本军国主义的敌人,正像我是中国军国主义的敌人一样。"
"呃,你知道关东军对这件事有点小误会。你愿不愿意到大连与坂垣将军谈谈?"这时电话铃响了,大佐接了电话以后转身对我说:"已经给你准备好专车。你愿意今晚去大连吗?"
"我不去"
"不要怕,日本宪兵要陪你去的,他们可以保护你。"

第三章　全面抗战时期《宇宙风》的日本认识　　177

"我不是怕,如果我真的怕,我也不会单独到这里来了。如果你们要强迫我去,那就请便吧——我已经在你们掌握之中了。不过我劝你们不要强迫我。如果全世界人士,包括东京在内,知道日本军队绑架了北京大学的校长,那你们可就要成为笑柄了。"

他的脸色变了,好象我忽然成了一个棘手的问题。"你不要怕呀!"他心不在焉的说:"怕吗?不,不,中国圣人说过,要我们临难毋苟免,我相信你也一定知道这句话。你是相信武士道的。武士道绝不会损害一个毫无能力的人。"我抽着烟,很平静的对他说。

电话又响了,他再度转身对我说:"好了,蒋校长,司令要我谢谢你这次的光临。你或许愿意改天再去大连——你愿意什么时候去都行。谢谢你,再见!"门锁又是咔嚓一响。大佐帮我穿好大衣,陪我到汽车旁,还替我打开车门。这时夜已经四合了。我独自到日本兵营,也有朋友说我不该去的。"听日本人来捕好了。他们敢么。"

第二天下午宋哲元将军派了一位少将来劝我离开北平,因为他怕自己无力保护我。我向他的代表致谢,不过告诉他,我将继续留在北平,负起我的责任。①

1935年11月29日,正是"一二·九"运动的前夜,北京的学生为反对华北自治,正在积极筹划组织抗议游行活动。当时日本

---

① 马嘶:《1937年中国知识界》,第21—22页。

特务曾化装成旁听生,混进大学校园,了解学生的情况,对北大校长蒋梦麟在反对自治宣言上签名的事情也已知晓。或许是为了威吓,宪兵队将其传讯,还要带到大连。堂堂中国名校校长,竟然被日本宪兵队传讯,足见日本军人的横行霸道。幸而蒋梦麟机智对应,软中带硬,遂躲过一劫。1937年7月卢沟桥事变爆发后,蒋介石在庐山召集社会贤达举行谈话会,共商抗日大事,蒋梦麟亦应邀参加。在风雨飘摇中苦撑北大,饱受日本人压迫侮辱的蒋梦麟,其对日态度可想而知。

在日本的文化人用语言来批判中国的同时,日本军队也在积极准备武力的批判:1936年9月23日,南京政府代表张群和日本大使川越举行第三次谈判时,川越强硬地重申了准许华北五省自治的要求,被张群拒绝,日军遂在上海增兵。[①] 至于中国反日情绪这个基本问题,张指出降低对华的侵略姿态即可解决这个问题。张然后提交了为达成这个目标的反要求:日本应该放弃上海和塘沽停战协定,解散冀东政府,打击走私活动,制约华北日军的行动,停止在北方侵犯中国领空,并遣散察哈尔和绥远的伪军。张称,这些举措将降低群众的反日情绪。川越拒绝考虑这些建议,和谈陷入了僵局。[②]

南京政府尽管力图避免战争,但已不能继续让步。9月18日,蒋介石命令何应钦准备防御。6天后,随着上海局势的恶化,他命令部下,如果日本强启衅端,中国将进行抵抗。[③] 中华民族到

[①] 张群:《我与日本70年》,第61页;转引自柯博文:《走向最后关头》,第342页。
[②] 同上,第343页。
[③] 同上,第344页。

了最危险的时候,中日关系走向了最后关头。

美国驻中国大使詹森(Nelson T. Johnson)1935年11月到中国后,通过他与林语堂、胡适和中国海关的郑莱的谈话,透露了中国知识分子和文化人的最后的态度:

> 胡适博士主导着谈话,说中国"有可能"在最近的将来用武力行动来反抗日本……而林语堂的一句话则概括了这三位绅士之所以相信如此的原因,他说:"当一条狗被赶到死胡同的尽头时,就回转过身来战斗。"
>
> 胡适博士……说他从前是,现在仍是和平主义者,是奉天事变后力主中日直接会谈的少数几位之一,是唯一对1935年5月13日中国当局签订《塘沽协定》表示赞赏的中国人。但他现在以为与日本已无妥协的希望,因为日本的军事野心使中国为自保而别无选择,只有战斗。他强调,他感到像他这样的人,不会被要求容忍与日本的武装冲突的,本不应鼓励一种将给许多中国人带来灾难的行动,但现在形势如此严重,他不再这样认为。①

在抗战全面爆发之前,最为典型地表现出中国人对日本的心态的有两句话,一句是日本人"踩到香蕉皮上摔了跟头,都要赖中国人",或许要追究中国政府的反日责任。尽管有些夸张,但却真实地反映了当时日本人无事生非,千方百计寻找侵略借口的情况

---

① 张群:《我与日本70年》,第61页;转引自柯博文:《走向最后关头》,第344页。

和中国人的紧张的神经。藏本事件就是一个充分的证明:1934年6月8日日本驻华副领事藏本英明在南京失踪,原因是对上司的态度不满,跑到郊外准备绝食自杀,完全是一次个人行为。但日本政府、军方和媒体却把事件说成上中国方面制造的阴谋和重大外交事件,威胁中国政府。中国政府如同大难临头,悬赏寻找藏本,6月13日,他在明孝陵附近的小山上,被农民发现,交给了政府。藏本的现身令南京政府如释重负,一场潜在的危机化解了。汪仲芳在评论中写道:

"我们一想到万一他真的被杀,接踵而至的可怕后果,就不禁在战栗。只要有他失踪,或发现已死的事实,不管在什么情况下,将成为一个充分的借口,对此日本政府可以采取任何它认为合适的过激行动。"① "五天来,可以毫不夸张地说,全国上下处于一片混乱状态,并充满了紧张焦虑的气氛,在此期间,政府债券的价格急剧下跌……但是,一当他被发现的消息传出后,证券市场立即回升。现在威胁结束了,但第二次这样的事件随时还会发生,我们总是处于日本威胁的危险之中。"②

藏本事件和"踩到香蕉皮上摔了跟头,都要赖中国人"的状况,反映了中日关系的紧张程度和中国人在日本阴影的危胁下战战兢兢的生活。日本因素,成为了影响中国人正常生活和社会发展的

---

① *China Weekly Review*, June 30, 1934, p. 186.
② Ibid.

最大障碍。

表现出中日大战之前中国人对日心态的另一句话,就是林语堂所说的"转过身战斗的狗"。尽管南京政府一忍再忍,但日本人毫不让步,把人逼到了绝境。原本神经麻木的中国人,如同被赶到死胡同的狗,不得不转过身来迎接战斗。

抗日战争的爆发,使中国人和日本人成为战场上的仇敌,这是中国文化人所不愿见到的事情。1937年11月7日,巴金在写给日本友人武田君的信中,表达了这种心境,同时对日军的暴行予以了谴责,力图唤醒日本文化人的良知与觉悟:

> 早晨醒在床上,我就听见炸弹爆炸的声音。你们的空军将士又向着没有防御能力的难民和不设防的城市轰炸了。是什么一种疯狂的力量驱使他们这样做呢?这种屠杀和平人民的权力是谁给与他们的?全世界的良心一致谴责这种罪恶,而你们却支持了它。你们让这罪恶发展下去,终于有一天连我们这些非武装的人也会被逼着拿起枪勇敢地跑上战场,去维护人道和正义的原则,捍卫一个民族和生存。那时候难保我们两人不在战场上作为仇敌相见!这是可悲的事。我并不希望有这样的一天。我和你两人中间只有友情。①

巴金为逃避迫害,于1934年到了日本,住在武田家,与其家人相处和睦。联想到或许将来会在战场上与武田君这样的日本友人

---

① 巴金:《给日本友人》,《巴金全集》第12卷,人民文学出版社1989年版,第573—574页。

刀兵相见,巴金觉得十分痛心,他回忆在日本时武田君一家给予他的热情照料:

> 我也怀念着你那温顺的妻子和秀丽的芳姑儿,天真烂漫的喜姑儿,在某一个时期你们曾把我看作家族的一员给了我温暖,用体贴和关心安慰我旅中的寂寞。友情通过了国籍的不同和信仰的差异,把两颗心拉在一起。我曾经为这友谊欣喜,但是在三年以后的今天,另一种力量却突然插进来企图把这两颗心分开了。①

巴金对武田家人怀有深厚的情谊,认为战争和日本军人破坏了中日两国人民之间的美好感情,他劝武田君将心比心体谅一下中国人的心境:

> 武田君,你想想看,倘使有一天你对面的山上架起了中国的大炮,向着你那精致的小屋轰击,你会有什么样的感想?你能够把这个以为正当的行为,作为对于你们轻侮中国的一种"膺惩"么?我想你是不会的。(中略)
>
> 武田君,我相信你们的大部分人的忠厚与诚实,这使我能够和少数贵国人结了亲密的友谊,但是你的中间一小部分的狡诈与狠毒却是不可宽恕的。要证明那一小部分卑劣的行为,在华北和南方便有不少的实例。我想你一定知道,因为你

---

① 巴金:《给日本友人》,《巴金全集》第12卷,第573—574页。

第三章　全面抗战时期《宇宙风》的日本认识

也曾游历过华北,住过上海,这个我且不说。但是无论怎样花言巧语,你能够相信在南市忍饥挨饿、家毁人亡的十多万难民都是凶恶的"抗日分子"而必须身受"皇军"的"膺惩"么?武田君,我想你会相信。然而我可以向你保证,他们都是安份守己的市民,从前并不知道抗日是怎么一回事情,他们从来不是抗日分子。但是最近起他们都变成那样的人了。这切肤之痛会在和平人民的心上留下不灭的痕迹。①

巴金出自对武田君的个人友情和对中日关系的珍重,向武田和日本人发出了诚恳的劝导,同时对挑起中日矛盾的日本政客和日本军人,表达了愤怒和抗议,提醒日本人,安分守己,和平善良的中国百姓,已经被日本人引向了抗日的阵营,日本帝国主义的屠杀和侵略,会在中国人心上留下永不磨灭的创伤。

与巴金的温和地讲道理,循序善诱的态度相比,亢德的《闻战则喜》就直截了当地表达了中国文化人对这场战争的欢迎与喜悦之情。卢沟桥事变爆发后,《宇宙风》连续刊登了评论这次事变的文章,在1937年8月1日第46期的《闻战则喜》中,亢德写道:

记者执笔草此文时为7月12日午夜,日军炮击宛平事件,据晚报所载,还在变化无定,和战难料之际,后事如何,未可逆观,现在只就个人感觉略写几句。

佳兵不祥,古有明训,谁无父母兄弟妻子,那个忍见亲人

---

① 巴金:《给日本友人》,《巴金全集》第12卷,第578—579页。

流血疆场,马革裹尸?(中略)

然而对于这次的北方中日冲突,却惟恐不战而和平是恨。当九日下午外出,在电车站等车听得报贩叫卖号外,声声高叫廿九军打退东洋兵,急出法币,购得一纸,看了战事激烈的电讯时,立刻心花小放,长吐一口大气,等到翌日晚报到手,看到双方撤兵,妥协告成,不觉长叹一声,气为之沮,再到昨晨读报,知道事态扩大,大战难免,这才重有喜色,拍手称快。可是如果明晨读报,再见和议告成,必将顿足戳指,定无疑义。

这种闻战则喜的心理是变态是无知自己也说不清楚。而且自己也觉得奇怪,因为平时和友人闲谈,我总不赞成战争,而且理由似乎不少,滔滔不绝于口,比起此刻闻战则喜来有话得多。

然而此刻现在,像我这种不赞成战争的"死蛇"终于也闻战则喜了!我不做投机生意,战争不能进财,我手无执枪之力,战争不能成名,我——总之战于我无益。然而我实在闻战则喜了,甚至于不大能够说清理由的闻战则喜了!

假如这种闻战则喜的心理,只是我个人的变态心理,那就不值什么,但假如竟是中国人人同此心心同此理,则似乎未尝不值得我们政府的注意,也未尝不值得日本政府的一顾。①

自"九·一八"日本侵我东北之后,以知识分子和青年学生为核心,反日爱国运动不断高涨。而南京政府奉行"攘外必先安内"的政策,镇压国内民主运动和抗战的呼声,对日本帝国主义的挑衅一再退让,作者担心议和,就是怕中国方面妥协,故希望不如痛痛

---

① 亢德:《闻战则喜》,《宇宙风》第 46 期,第 453 页。

快快的一战,抒发胸中积淀的恶气,把侵略者赶出中国,迎来民族解放的曙光。亢德的"闻战则喜",反映了当时的许多国人的要求抗战的呼声,文章也表明,中国人不希望战争,但也决不害怕战争。

第 50 期的《宇宙风》,发表了译自美国纽约时报的 Nathaniel Petter 的《中日难以妥协》——其中分析了中国人对这场战争的态度:"日本还相信自己吃得消中国。这种骄傲是生在他们的骨头里的。可是中国也有自信,一个满 12 岁的中国孩子和一个 12 岁的日本孩子就懂得敌忾了。这是日本教育中国孩子懂得这个的,像他们教育他们自己的孩子一样。这个世界,强壮的世界,白种人的世界,见了日本人有些害怕。中国这孤独的,散漫的,混乱的国家,却望着日本,笑笑,毫不害怕,准备打架。"①

中国人不是战争狂人,素来热爱和平,也深知面对的是一个强敌,需要付出巨大的民族牺牲。但当走投无路时,为了生存,只好去拼命。

这期的《宇宙风》,还发表了林憾庐的散文诗《欢乐的双十节》,表达了与《闻战则喜》作者同样的迎接一个伟大时代到来的欢跃:

是 26 年的双十节,是新异的国庆,真正的国庆!我不再惆怅,不再酸辛,不再愤恨,不再悲痛!我不再长歌当哭,也不再饮泣吞声了!悲哀的眼泪不再流了,早已干净了。现在,假如我流泪,那是愉快的,激奋的,欢乐的了。(中略)

我要在街上游行,在大路上奔走,坦然地昂首向前直进。因为我们额上的耻辱已经洗去,我们的仇恨在报复中,没有谁

---

① Nathaniel Petter:《中日难以妥协》,《宇宙风》第 50 期,第 80 页。

能讥笑我们中国人了。全世界的人不再轻视我民族,因为我们在抗战,在开始复仇了!①

二、《宇宙风》作者群及相关文化人在国难中的痛苦经历

1937年7月7日夜,卢沟桥的枪声拉开了中日大战的序幕。7月17日,蒋介石在庐山发表谈话,表示卢沟桥事变已到了退让的最后关头。如果妥协便是中华民族的千古罪人。"如果战端一开,那就地无分南北,人无分老幼,无论何人皆有守土抗战之责任,皆应抱定牺牲一切之决心,"②表明了国民政府抗战的态度。8月15日,日本海军飞机首次轰炸中国的首都南京,当天日本政府发表了《帝国政府第二次声明》,罗列了对中国发动战争的借口:

① 日本一贯希望和平并为此进行了努力。
② 而中国轻视日本,进而和共产主义势力相勾结,对日本采取敌对行动。
③ 近年来多次发生的不幸事件以及这一次事件,都起因于中国政府的这种态度,中国方面的无法无天和暴虐行为无所不至,在中国的我国侨民的生命财产已陷入危机之中。
④ 日本的忍耐也已到达极限,为了惩罚中国军队的暴戾行为,以促使中国政府反省,如今已到了不得不采取断然措施的时候。

---

① 林憾庐:《欢乐的双十节》,《宇宙风》第50期,第73页。
② 南京《中央日报》1937年7月20日。

⑤ 这次诉诸武力的行动,目的是根除像抗日运动那样的不幸事件,以收日、满、支和睦合作之实效。日本没有任何领土野心,而是为了促使中国政府觉醒。①

这个声明,就是日本全面侵华的战争宣言,其主要理由之一是:中国歧视日本,为镇压中国的反日情绪和抗日行动,保护日本侨民,促使中国政府和民众反省,发动了这场战争。日本政府的声明,完全无视客观事实,把责任推给中国方面,力图欺骗国际社会,掩盖侵略罪行。

通过前面的分析,我们可以看到,以《宇宙风》作者群为代表的许多中国文化人,都曾于1910—1920年代,或前前后后留学过日本,他们对日本怀有一种心灵故乡般的恋情。再往早些说,甲午战争之后,中国开启了一个学习日本,建设近代国家的新时代,在19世纪末至20世纪初,形成了一个中日文化交流的高潮,中国人把日本作为寻找变法革新思想武器的宝库和模仿对象,大批的访日官吏、文人、留学生对日本的进步发生了由衷的赞叹和钦佩,对日本独具魅力的风情和文化寄予了无限的神往,表现出深深的挚爱。即便是在两国关系十分紧张时代,也未改初衷,对日本文化和日本民族的优点给予了高度评价。

甲午战争之后中日关系的逆转,使中国人由历史上的日本的老师变成了日本的学生,而在其后的连续不断的矛盾冲突中,到1937年中日大战爆发,狂言三个月内灭亡中国的日本又把这个学

---

① 外务省情报部:《有关支那事件公布资料集》(第一号),鹿岛研究所出版会1937年版。转引自若规泰雄:《日本的战争责任》,社会科学文献出版社1999年版,第182—183页。

生变成了日本的敌人,使中国的知识分子和文化人体验到了刻骨铭心的伤痛。中日大战期间《宇宙风》的日本认识,主要表现为对敌国,对日本和日本文化的丑陋一面的认识。如果说大战之前中国文化人的日本认识主要源于对日本军人、日侨的行为的间接了解的话,那么大战开始后,在国难中的个人遭际和亲身体验,则构成了这个群体日本认识形式的重要的时代背景和思想基础。

中日大战爆发后,中华民族陷入了巨大的灾难之中。中国的知识分子和文化人与整个民族一起经历了一场前所未有的痛苦的磨难,血与火的锻炼。他们在战争期间的经历,又可分为国难与家仇两个方面,而个人的遭遇又因战争与民族的命运紧密连在一起,民族恨、家族仇构成了这一时期中国文化人日本认识和对日本侵略者仇恨的根源。

(一)高等教育机构的被毁和民族大迁移

作为培养国家建设人才的高等教育机构,大学是中国知识分子、文化人安身立命,传道授业的场所。而在大战爆发前,知识分子、文化人、青年学生被日本视为煽动反日情绪的精英人物,屡遭镇压,大战爆发后,大学则首当其冲,受到严重破坏。

据《教育杂志》记载:

> 敌人企图毁我文化机关,有预定计划。7月29日下午2时左右,日机先在南开大学上空飞翔甚久,投一红旗于秀山堂的楼顶,然后即以此为目标连续炮击,同时飞机也施以猛烈轰炸,于是校方的秀山堂、芝琴楼女生宿舍、木斋图书馆等先后起火,化为灰烬。30日下午3时许,日军为将南开大学全部毁灭,特

派骑兵百余名,汽车数辆,满载煤油到该校到处放火。"①

抗战爆发之际,上海有高校计25所,然而就在开战后的头三个月,惨遭敌寇破坏的高校就有15所,一些学校由此而被迫停办,其中如在东南学府中受兵最先的复旦大学,损失达百万以上。②

因"九·一八"事变由东北迁移至北平的东北大学,开中国大学因战争而迁移的首例。"七·七"事变后,为保存民族教育的血脉,躲避敌人的迫害,不甘当亡国奴,华北、华东、华南的绝大多数高校,相即流亡搬迁,被称为历史上人数最多的文化流民。"黄河上下,大江南北,流民遍地。逃亡者以知识分子最多。据统计,高级知识分子中的90%,一般知识分子中的半数以上,从敌人占领区迁徙到了抗战大后方的解放区。"③中国的知识分子和文化人,收拾行李,扶老携幼,挥泪告别家园和校舍,毅然踏上了流亡的路途,上演了最为悲壮和惨烈的一幕。

抗战爆发后,为躲避日寇的烧杀抢掠,中国城乡的百姓开始了流亡。收拾行李,背井离乡,上演了悲惨的一幕。中国人不相信日本的"日中亲善"的鬼话,也不愿在日本统治下屈辱地活着,宁可选择毁家纾难。林憾庐的《孤岛杂记》(《宇宙风》第58期)记述了日军进攻上海后人民逃难的景象:

似乎华北和长江下游所有的人都在搬,整个中国在动了。

---

① 《教育文化史的新页》,《教育杂志》第29卷第9、10号合刊,1937年10月。
② 吴南轩:《抗战以来的复旦大学》,《教育杂志》第31卷第1号,1941年1月。
③ 马嘶:《1937年中国知识界》,第222页。

> 这是历史上一个大动乱的时代,我们当然不能不跟着搬动了。况且,像我们这样总算是很好的了,许多人父母妻子离散,许多人流离失所,许多人冻馁道侧,许多人死亡于轰炸枪弹刺刀之下! 这是"谁为为之,孰令致之"呀!
>
> 可是,这是战争——或许不应当说是战争,是一种到处都发生的"冲突"——使得我们这样。不要说别的,如轰炸残杀淫掠等,单就这迁移流亡而说,已经够我们没齿不忘大德了。聪明的人想出这法子,要来排除平服我们中国人的反抗情绪,这真是聪明得太幽默了。①

作者描述了华北、华东民众流亡的情形,认为日本的侵略逼迫中国的百姓家破人亡,妻离子散,没有遭难的人也不得不外出流亡,这将在他们心中深深地埋下仇恨的种子,最后嘲笑了日本人的愚蠢。

蒋梦麟曾经回忆道:

> 我晓得在战事结束以前恐怕没有机会再见到父亲和我的老家。而且战局前途很难逆料,因此我就向朋友借了一辆别克轿车驶回家乡。这时父亲年纪已经很大,看到我回家自然笑逐颜开。我离家重返南京时告诉父亲说,中国将在火光血海中获得新生。
>
> "你这是什么意思?"他目不转睛地望着我,双目炯炯有光。

---

① 林憾庐:《孤岛杂记》,《宇宙风》第58期,第376页。

"事情是这样的:这次战争将是一次长期战争,千千万万的房屋将化为灰烬,千千万万的百姓将死于非命。这就是我所说的火光血海,最后中国将获得胜利。"

当我向父亲告别时,我心里头有一个感觉,怕自己没有机会再见到我所敬爱的父亲了。①

闻一多是1937年7月19日携眷离开清华园又离开北平南下的,在前门火车站,他碰见了臧克家,臧克家是他在青岛大学教书时的学生。"臧克家问:'先生那些书籍呢?'闻一多长叹一声:'国家的土地一大片一大片地丢掉,几本破书算得了什么?'"②

文人嗜书如命,这是谁都知道的道理。尤其是一个学有成就的学者,多年的收藏,自己的书稿,友人的书简,价值超过家财性命。而当背井离乡,踏上未卜之途时,最难割舍的,也就是这些书了。珍惜与悲哀,都将转化为潜意识中的仇恨。

冰心和吴文藻夫妇是1938年离开燕京大学去南方的。临行前将视为珍宝的行李寄存在相对安全些的美国教会办的燕京大学。行李中最重要的有吴文藻在清华上学时开始坚持写了几十年的日记,冰心在美国读书三年的日记,二人六年的通信,中国著名作家签名赠送冰心的书,吴文藻15年来所编的几十布匣笔记教材,共装了15只大木箱。日本投降后,冰心于1946年7月回到北平,当年的工友告诉她,在日美宣战,燕大被封以后,这个院子成了日本宪兵的驻在所,吴文藻的书房成了拷问教授们的刑讯室。那

---

① 蒋梦麟:《西潮》,辽宁教育出版社1997年版,第194页。
② 马嘶:《1937年中国知识界》,第233页。

些笔记匣子被日本兵运走了,不知去向。1946年12月4日,冰心写了《丢不掉的珍宝》一文以记其事,悲愤地抒发了她永远丢不掉这些珍宝的痛苦心情。①

除了寄存的书不知去向外,还有的人不得不亲手烧掉珍藏多年的书籍。在《烧书记》中,著名学者、藏书家郑振铎记叙了自己含泪烧书的情景:

> "八·一三"后,古书新书之被毁于兵火之劫者多矣。就我个人而论,我寄藏于虹口开明书店里的一百多箱古书,就在八月十四日那一天被烧,烧得片纸不存。(中略)
>
> 我们听到要挨家搜查的消息,听到为了一二本书报而逮捕人的消息,许多人心里都很着急起来,特别是有"书"的人家⋯⋯
>
> 我硬了心肠在烧。自己在壁炉里生了火,一包包,一本本,心头像什么梗塞着,说不出的难受,我觉得自己实在太残忍了!我眼圈红了不止一次,有泪水在落⋯⋯
>
> 但有了第一次淞沪战争虹口闸北一带的经验——有征倭论一类的书而被杀,被捉的人不少——自然不能不小心。对于发狂的兽类,有什么理可讲呢?②

让一个读书人亲手烧掉几十年辛辛苦苦收藏积累起的书籍,不啻于亲手杀死自己的孩子,当年的上海,是中国文化的中心,也

---

① 马嘶:《1937年中国知识界》,第371—372页。
② 同上,第370页。

是反日情绪激烈的城市。早在开战之前,日本的外交官、军队和日侨就详细地调查了所谓的排日出版物,为了避免引来杀身之祸,有书的人只好忍痛烧书,"在从1937年开始的中国学人文士大迁徙中,除了极少数人外,多只是轻装匆促逃亡,未能携带多少图书资料,他们多年来节衣缩食,辛苦搜求积累起来视若生命的那些藏书(这些书又是紧紧地与他们的教学、研究、著述命运攸关的)多是存放、留在了敌人占领区任人宰割,它们的命运自然也就可想而知了。这是一笔算不清的账,这是一些无法统计的数字。"①

清华大学教授刘文典,是讲授《庄子》的名师。卢沟桥事变后,清华教师纷纷南下,他却未能及时离开北平。他会讲日语,但在日本人面前绝不讲,"以发夷声为耻"。日本人多次请他出来为敌伪做事,他注重民族气节,不为所动。其后日本兵频繁搜索他的住宅,致使他无法忍受,于1938年3月逃离北平,历尽艰辛,于1938年5月22日,赶到云南蒙自的西南联大,见到清华校长梅贻琦时,竟失声痛哭。②

在日本帝国主义的铁蹄和炮火声中,中国的知识分子和文化人挥泪告别家乡,开始了史无前例的文化人的大流亡和大迁徙,他们与民族、国家同命运,共赴国难,以坚决的牺牲精神和深厚的爱国情怀,"通过'内迁'的这种独特的形式,参加了中国人民八年抗敌的圣战。这场为抗敌御侮的高校移迁运动,是一场空前绝后的中国高教事业和知识精英的战略大转移,据粗略统计,在抗战八年间加入内迁队列的全国高校累计达100余所。"③

---

① 马嘶:《1937年中国知识界》,第372—373页。
② 同上,第234页。
③ 余子侠:《民族危机下的教育对应》,华中师范大学出版社2001年版,第212页。

在转辗迁徙的路途上,他们亲历目睹日军的盘查勒索、欺压百姓的暴行,切身感到日本帝国主义的侵略给我国民众造成的巨大的灾难,民族的命运与个人的命运紧密连在一起,对日本形成了强烈的民族仇恨。

(二)个人的命运与遭际

日本帝国主义发动的侵华战争,给中国人民造成了历史上最为深重的民族灾难;同时也彻底改变了中国人的命运。家园被毁,亲人遇害,许多文化人自己本人也遭到日本军队的残害,从郁达夫、丰子恺、杨荫榆、高雄飞等人的经历,可以看到抗战时期中国人悲惨命运的缩影。

1913年,17岁的郁达夫随长兄郁华东渡日本求学,开始了他长达10年之久的旅日生活,郁达夫的个人理想,是在一个风景幽静的地方建一处著书立说、与朋友饮酒闲谈的小宅,1936年他的愿望实现了。耗一生的积蓄,在杭州建成了一栋"风雨茅庐",然而抗战爆发,他的"风雨茅庐"连同几万册珍贵的藏书,均毁于战火。其长兄郁华,早年留学日本早稻田大学和法政大学,是一位主持正义的法官,上海沦陷为孤岛后,被汪伪特务暗杀。

郁达夫本人因撰写许多批判日本军阀的文章,被日本人视为眼中钉,逃往印度尼西亚的苏门答腊,隐姓埋名。因精通日语,被当地日本宪兵队拉去做翻译,了解许多日本宪兵的罪行,1945年日本投降后,被日本军人杀害。

郁达夫青少年时代便东渡日本留学,在那里度过了人生最灿烂的年华。即便是归国以后,他仍然把日本当做魂牵梦绕的故乡,他的人生道路与创作道路都深受日本的影响。但就是这样一位才华横溢的中日交流的文化使者,却在民族解放的曙光已然升起的时刻,被日本兵残暴地杀害在异乡,这真是人类的一大悲剧。在郁达夫的人生走向和归宿里,交汇着个人的偶然和历史的必然。尽管他未能仰天长笑,加入中国人民庆祝抗战胜利的行列中,却为我们留下了关于日本人和日本文化的诸多思索。在郁达夫身上表现出的既是他的个人悲剧,也是两个民族的命运悲剧。

丰子恺于1921年赴日本留学,他的一生创作了大量的漫画,画风深受日本画家竹久梦二的影响,他翻译的日本著名古典文学作品《源氏物语》,其译笔的精确与优美,深得海内外赞誉。

丰子恺的家乡在浙江省桐乡县石门镇,世代居住,生于斯长与斯,使他对故乡怀有深深的眷恋。1933年,丰子恺在老家自己设计、建造了新宅,取名"缘缘堂"。他把自己的近万卷图书,多年收藏的珍贵字画、他的老师李叔同剃度前赠送他的画具、画箱,早期作品和照片等,都收藏于缘缘堂,每年寒暑假都回这里,与家人团聚。

1937年11月6日,石门镇遭日本飞机轰炸,丰子恺的邻居被当场炸死30余人,数日内又陆续死去30余人。石门镇的人开始流离逃难,丰子恺一家也成为流亡者。1938年2月,他得到消息,石门镇的缘缘堂被毁,一切荡然无存。缘缘堂的被毁,使丰子恺悲愤异常,连续发表了《还我缘缘堂》、《告缘缘在天之灵》、《辞缘缘堂》等文章,抗议日本侵略者给平民造成的伤害。

杨荫榆,江苏无锡人,是民国教育史上的一个著名人物,曾与鲁迅做过激烈论战。1907年考得官费赴日本东京女子高等师范学校留学,回国后从事教育,曾任北京女师大校长。

杨荫榆是钱钟书夫人杨绛的三姑母,从杨绛的回忆中可以看到她的悲惨的结局：

> 日寇侵占苏州,我父母带了两姑母一同逃往香山暂住。(中略)三姑母住在盘门,四邻是小户人家,都深受敌军的蹂躏。据那里的传闻,三姑母不止一次地跑去见日本军官,责备他纵容部下奸淫掳掠。军官就勒令他部下的兵退还他们从三姑母四邻抢到的财物。街坊上的妇女怕日本兵挨户找"花姑娘",都躲到三姑母家里去。一九三八年一月一日,两个日本兵到三姑母家去,不知用什么话哄她出门,走到一座桥顶上,一个兵就向她开一枪,另一个就把她抛入河里。他们发现三姑母还在游泳,就连开几枪,看见河水泛红,才扬长而去。邻近为她造房子的一个木工把水里捞出来的遗体入殓。①

郁达夫和丰子恺,其人生和艺术都与日本有着割不断的因缘,深受日本艺术的熏陶。杨荫榆没有前二位那样大的正面影响,但从她于 1913 年毕业于东京女子高等师范学校这样的名校,并获得奖章,回国后还担任过北京女子师范大学校长的经历来看,肯定是当年的一个佼佼者,日本的留学生活获得的知识和学问,成为其人生的一个支点。就是这样的 3 个人,两人家园被毁,亲人、乡邻被害,两个人死于日本兵手里,不知他们死去的冤魂对日本做何感想。这种命运悲剧,之于他们个人,或许是一种偶然,而从整个民族的命运来看,则可能蕴含着一种必然——日本把曾经的老师变成了学生,

---

① 杨绛:《将饮茶》,转引自马嘶:《1937 年中国知识界》,第 293 页。

又把这个学生变成了敌人和仇人,中日之间的这种二次角色转换的结构的存在,或许就是中国文化人仇视日本的最根本的原因。

2000年3月,笔者应邀赴美国旧金山参加第6次中日关系史国际学术研讨会。会议期间,结识了浙江教育学院数学系高雄飞教授。高教授身体残疾,一条胳膊被日本飞机炸掉了,参加学会的目的,是控诉日军侵华期间的暴行,要求日方道歉和赔偿。他的身世,引起参会的日本著名政治评论家本泽二郎的注意,本泽准备采访高教授,让笔者为其做翻译。本泽问高教授:"能请你讲一下被飞机轰炸时的情景吗?高教授答:"我四岁时,父亲在福建工作,我和母亲去看父亲,遇到日本飞机轰炸。母亲为保护我,趴在了我身上,结果母亲被炸死了,我则失去了一支胳膊。"问:"是什么精神支撑你这么多年一直在要求赔偿,追究日本的责任?"答:"我那时4岁,已经记事了,失去一支胳膊,被送到医院,痛得一直哭。正好赶上国民政府福建省主席来视察灾民,他抱着我,跟我说:孩子,记住这事,长大向他们讨还血债!这么多年,我一直记着这句话。"

会议期间,高教授在美国留学的女儿赶来看他,看到父女亲昵地在一起时,笔者不禁有所感悟,跟旁边的本泽说:"你能想象到他女儿对日本是怎么看的吗?"本泽摇头叹息。我们并不愿意揭历史的伤疤,制造仇恨。只是希望中国人和日本人都能公正、客观地看待这段历史。人类曾经付出过血的教训,悲剧不该重演。至于高教授和他的女儿,如果他们对日本持有反感,能说他们是在政府煽动下反日吗?

三、《宇宙风》作者群及相关文化人在抗战中的表现

曾经畏惧的,曾经忍让的,曾经动摇不定的中国人,在抗战爆

发之后,形成了广泛的爱国统一战线,中国文化人旗帜鲜明地表达了他们的态度,勇敢地加入了反对日本帝国主义侵略的行列中。一些人投笔从戎,走上了抗日战场;一些爱国知识分子和青年学生,投奔延安,参加了共产党领导的抗日运动;更多的文人知识分子则流亡到大后方,用他们的舌和笔来宣传,动员人民群众,与侵略者进行决死的战斗。

1932年"一·二八"淞泸抗战发生后,2月3日,以鲁迅、矛盾、郁达夫、田汉等人为首的著名文化人联名发表了《上海文化界告全世界书》,2月17日,鲁迅等129名爱国人士签名发表了《为日军进攻上海屠杀民众宣言》,谴责日本帝国主义的暴行。

在如火如荼的抗日救亡运动中,中国文化人用他们最擅长的方式,谱写了一首又一首的抗日歌曲,创作了一幅幅的宣传画,上演了一幕幕的戏剧,动员广大群众投入到抗日运动中来。1935年田汉、聂耳为电影《风云儿女》创作了主题歌《义勇军进行曲》,麦新创作了歌颂29军卢沟桥抗敌的《大刀向鬼子们的头上砍去》,光未然、冼星海创作了《黄河大合唱》,郭沫若创作了《屈原》、《凤凰涅槃》,丰子恺等人创作了大量的讽刺日本军人、浪人的漫画,这些作品,极大地鼓舞了全国人民的抗战精神,成为中国人民走向民族解放战场的战斗号角。

曾经在30年代两次留学日本、被关进日本监狱的女作家谢冰莹,1937年"八·一三"全国抗战开始后,在母故父病的情况下,告别家乡,四天内便组织了"湖南妇女战地服务团",打着红旗,高唱"义勇军进行曲",高呼"打倒日本帝国主义!""中华民族解放万岁!"的口号,奔赴前线,又一次当上了女兵。抗战中,她护理伤员,为报刊赶写战地通讯,耗尽了心血。谢冰莹在抗战期间写的散文,充满了炽热的抗日爱国的正义呼声,对于在日本遭受的屈辱,她在《在日本狱中后记》中说:"我没有一天忘记,我永远忘记不了他们,也永远忘记不了他们施在我身上和我们每个中国同胞身上的仇恨。因此,不到完全把这般失掉人性的野兽杀尽,中华民族得到完全的解放与独立,真正实现人类的自由平等的时候,我心头的愤恨,是永远不会消除的。"①

远在日本的郭沫若,听到抗战爆发的消息,急不可耐,恨不得能立刻回国。但受到日本警察的严密监视,难以脱身。尽管如此,他还是毅然抛下妻子和孩子,于1937年7月25日早晨4点30分,偷偷踏上了归途。在发表于《宇宙风》第47期(1937年8月16日)的《由日本回来了》中,他记述了回国抗战路上的经历和告别妻儿时的凄凉心境:

> 七月二十五日,今天是礼拜,最后出走的期日到了。自华北事变发生以后,苦度了十几天,最后出走的时期终竟到了。
>
> 昨夜睡甚不安,今晨四时半起床,将寝衣换上了一件和服,踱进了自己的书斋,为妻子四儿一女写好留白,决心趁他们尚在熟睡中离去……
>
> 走到看不见家的最后的一步了。
>
> 我自己毕竟是一个忍人,但我除走这条绝路之外,实在无法忍耐了。
>
> 自从事变发生以来,宪兵、刑士、正服警察,时时走来监

---

① 谢冰莹:《在日本狱中·后记》,转引自《谢冰莹散文选集》,百花文艺出版社2004年版,第18页。

视,作些无聊的说话。这些都已司空见惯,倒也没有什么,但国族临到了垂危的时候了,谁还能安闲地专顾着自己一身一家的安全?

处之死地而后生,置之亡地而后存,我自己现在所走的路,我相信正是唯一的生路。

妻儿们为了我的走,恐怕是要受麻烦的吧。这是使我数日来最悬念的事件。①

谢冰莹的再次从军,郭沫若的毁家纾难,表现了在国难当头、民族危亡的时候,中国文化人为民族而牺牲的伟大的爱国主义情怀和对日本侵略者的刻骨仇恨。他们告别妻子和父老,挥泪辞别家园,义无反顾地走向了抗日的战场。郭沫若回国后,被任命为国民政府政治部三厅厅长,主管抗日宣传,领导诸多同人,立即投身到抗日救亡宣传活动中。

抗战爆发后,在海外的学子心系祖国,陆续回国参加抗战,而"其中又以留日学子步调最为一致,回国最为彻底。据有关资料反映,自'七七'事变至1937年9月上旬,归国留日学生近4000人。"②9月中旬,国民政府教育部下令留日学生"撤离敌国,回国参战"③。到10月下旬,仅剩数百名学子因种种原因而滞留日本外,其余悉数返抵祖国。

老舍在抗战中的经历,也是中国文化人毁家纾难,参加抗战的一个典型例子。卢沟桥事变前,老舍住在青岛,有一个生活美满的

---

① 郭沫若:《由日本回来了》,《宇宙风》第47期,第506—507页。
② 余子侠:《民族危机下的教育对应》,第228页。
③ 《教育部令留日学生一律回国》,《大公报》1937年10月29日。

家庭。而日本侵略者的炮声和铁蹄打碎了他的平静的生活。对老舍来说,民族气节,是最重要的,任何情况下都不能向敌人屈服,不做对不起祖国和同胞的事,他下决心,离别妻儿,赶紧出走。"当学校初一停课,学生来告别的时候,我的泪几乎终日在眼圈里转。'先生'!我们去流亡!出自那些年轻的朋友之口,多么痛心呢!有家,归去不得。学校难以存身。"① 老舍终于忍痛告别妻儿,只身踏上了南下的旅程。

经过辗转颠沛,老舍终于到了武汉,筹划并参加了中华全国文艺界抗敌协会成立大会。大会的召开标志着全国文艺界抗日统一战线的形成,也标志着各种风格、各种流派的全国的文艺家在民族抗战中的空前的大团结。

老舍在《记"文协"成立大会》(《宇宙风》第 68 期,1938 年 5 月 16 日)中记叙了"文协"的成立过程,老友相见的欣喜和抗战的坚强决心:

> 早晨到会来时的那点不安,已因会场上与餐厅间的欢悦而忘掉。可是,到底未出所料,敌机果然来了。
>
> 好像是暴敌必要在这群以笔为武器的战士们团集的时候,给予威吓,好使他们更坚决的抗日,日本的军阀是多么愚蠢的东西呢!炮火屠杀只是以加强中华民族的团结与齐心呀!他们多放一个炸弹,我们加一分抗战有决心,感谢小鬼们!
>
> (中略)

---

① 老舍:《一封信》,1938 年 3 月,《老舍文集》第 14 卷,第 120 页。

晚报上登出大会的盛况,也载着敌机轰炸徐家棚,死伤民众二百多!报仇吧!文艺界同人们怒吼吧!中华民族不得到解放,世界上便没有和平;成立大会是极圆满的开完了,努力进行该做的事吧!①

"文协"推选老舍为总务组组长,即事实上的会长或理事长,在抗战的艰难岁月里,老舍担任这个职务,兢兢业业,组织全国文艺界共同抗战,做出了巨大贡献。

当历史上中华民族的一场最大的浩劫来临之际,中国文化人放弃个人的私利,积极投入到抗日救亡运动当中,动员全民族勇敢地抗击日本帝国主义的侵略,与国家民族同呼吸,共命运,书写了中国人精神史上最为壮烈的一章。个人的遭际和民族的命运,构成了他们认识日本的思想基础,凝聚了对日本帝国主义的仇恨。

毋庸讳言,在《宇宙风》的作者群及当年的文化人中,曾出现了一些投靠日本侵略者的文化汉奸,如周作人、陶亢德、张资平、胡兰成、苏青、周黎庵等人。在中日两个民族激烈的心魂撞击中,在面对民族大义与个人私利的取舍时,他们为眼前的小利而放弃了民族尊严与气节,附逆投敌,成为中华民族的千古罪人。抗战结束后,不仅受到了法律的审判,也被文化界所唾弃和清除。这些人在抗战中的失节,完全是咎由自取,应归结为个人原因,但日本的对华侵略,则是其外部条件,在一定程度上改变了他们的人生轨迹和命运,使其落得可悲下场。而郁达夫、杨荫榆等人的人生结局,则可用一个"惨"字概括。日本帝国主义的侵华战争,给中国文化人

---

① 老舍:《记"文协"成立大会》,《宇宙风》第68期,第85页。

造成了悲惨的命运。

第二节　血雨腥风中的《宇宙风》的日本观察

日本帝国主义发动的全面侵华战争,把中国人民拖入了一场深重的灾难之中,如同一些文化人曾经预测的那样,这场战争,"成为以东京为总策源地,经朝鲜满州,沿中国海一带而至闽粤为止底大帝国太阳军底对垒,中国被毁烧于大战的血火当中。"[①]在敌人的占领区或逃难的路途当中,中国人耳闻目睹日军的种种暴行,获得了一个最直接、最近距离观察日本人的视角。日本的政客、外交官和军人,撕下平日口称"日中亲善"的伪装,让中国人充分了解了日本人凶残、狡诈的一面。家园的被毁,亲友、邻人的被害,民族生存权和尊严的丧失,使中国人民形成了对日本的强烈的、难以磨灭的民族仇恨,这种仇恨构成了中国人日本认识的情感基础,直到今天,都在影响着中国人的日本认识和中日关系。

在血与火的炼狱中,《宇宙风》发表了大量的谈及日本的文章,为我们了解大战期间中国文化人的日本认识保留了难得的素材。从1937年8月的第46期到1945年8月的第140期,《宇宙风》发表的有关日本的文章约为245篇,涉猎内容十分广泛,大概可以划分出以下几个主要部分:

(一)对日军侵略罪行的描述与控诉,如方卫华的《日军控制下的天津》、海戈的《逃难通讯》、章伯雨的《泸战爆发后的南京》、梦闻的《枪声机影中的杭州》、忧影的《哀宝山》、美国传教士的《日军在

---

① 刘仰东编:《梦想中的中国》,第93页。

京暴行目击记》、林娜的《血泪话金陵》、丰子恺的《抗战漫画》、春风的《啼笑皆非续录一·皇军戏胖子》、程健的《敌人蹂躏下的北京大学》、丁谛的《吸血鬼》、丰子恺的《告缘缘堂在天之灵》、万仁的《故都归鸿》、郑适我的《船过黄浦江》、曙云的《从死亡线上逃脱》等文章；

（二）对中国人在日本的经历、留日学生境况的介绍，如：亢德的《留学生的苦难》、高语罕的《烽火归来》、而实的《在日本船上》、苏狱的《东京监狱生活实录》、魏晋的《从东京被放逐回来》等；

（三）对日本国内形势的介绍与分析，如：青凡的《战争中的日本妇女》、《从东京到武汉》、侠文的《日本怪政及其因果》、陈冬林的《日本战争文学一瞥》、陆丹林的《日本汉学家感时诗》、陈冬林的《东京来鸿》、张十万的《鹿鸣馆——素描东京的一角》等；

（四）中日民族性的比较，对日本民族性的探讨，如丰子恺的《劳者自歌》，英国人宾阳的《爱国说》、憾庐的《一个民族的文明程度》、庶人的《谈敌人的武士道精神》、郭沫若的《甘愿做炮灰》、谭彼岸的《孙子的一个看法》、阿骥的《湖边闲话》等；

（五）对日本士兵的描写、思乡反战情绪的介绍，如：舒群的《战地的一角》、春风的《同一作风》、庄瑞源的《拟日兵手记》、方甘方的《我们这样认识敌人——记解往常德的日本人》、黄家骐的《在南岳的一个俘虏》、蓝踪萍的《月明如昼访俘虏》、谭耀宗的《俘虏访问记》、张春风的《龙本准尉》等；

（六）对中国人仇日根源的分析，如丰子恺的《劳者自歌》、陈独秀的《多谢敌人的飞机大炮》、憾庐的《孤岛杂记》、陈伟美的《抗战中生长的小儿》等；

（七）对中日战争前途的分析，如：拜德的《陷入泥塘中之日本》、林语堂的《日本必败论》、周木斋的《外强中干的日本》、憾庐的《写于战争两周年》、林疑今的《和与战》、李侠文的《观时局》等文章。

通过这些文章,我们可以看到,在艰苦卓绝的抗战岁月里,在中日两个民族灵魂的激烈撞击中,中国文化人透过血雨腥风,是如何看待战场上的日本人,如何观察日本国内动向,怎样分析中国人的仇日根源,如何把握中日大战的走向的。通过对上述内容的分析和梳理,可以为我们了解当年的文化人的日本认识找到线索,在此基础上,为战前与战后中日文化人的日本认识找到一个链接点。

一、对日军侵略罪行的描述与控诉、南京大屠杀的新证

(一)对日军暴行的控诉

《宇宙风》第72期,登载了丰子恺的漫画《抗战漫画并题词》,画的是逃难的路上,一对夫妇肩扛手提行李,手里拉着小女儿,小女儿旁边跟着一只可爱的小狗,画中的树叶飘落,主人公随身带着的,就是他们能拿得动的全部家产和生活必需品了。前途无着,生死未卜,一副断肠人在天涯的凄惨景象。这就是那个时代中国人命运的真实写照。漫画的余白处还题了四句诗:"积尸数十万,流血三千里。我今亦破家,对此可无愧。"[①]表达了作者强烈的悲伤与愤怒。

《故都归鸿》也发表在这一期的《宇宙风》上,是作者乃仁写给朋友的信。从文章内容来看,作者有可能是北大的学生或青年教师。文章描写了日本统治下北平人屈辱、压抑的生活。因积郁无

[①] 丰子恺:《抗战漫画并题词》,《宇宙风》第72期,第282页。

处发泄,便一个人跑到聚义楼小酒店喝闷酒:

"东壁上董其昌写的那幅横披不见了。我们每次来时,总把横披中赤壁赋里'归来谋诸妇'的一段念两遍。而今对着空墙,弥觉惆怅。据掌柜的说——我听他说过两次了。未说之前先叹一口气——一位友邦人士瞧见字写得实在好,一定请他割爱。丢下两块钱,竟自下走了;虽然他一再分辩那是他祖父传下来的,挂了三十几年了,下不得,一下走酒店便要赔本。"回来的路上,"忽然间一声吆喝,随后一句听不懂的话。迎面来了两匹马,昏暗的灯光下只看见皮靴和指挥刀在发亮。我让开比较好走的路,走向雪地里。"诉说了酒店里和回来路上的遭遇后,作者又介绍了周围的事情:"隔壁张太太家的小灵,你是认识的,极天真活泼的一位小朋友,今年才五岁,女用人带他到北海公园去玩。小孩子玩得高兴大唱其'打倒日本救中国。'游人中一位蓄小须的朋友打他两个耳光,还声称要找他家长。小灵回来时,小嘴肿得像半个红苹果。"①

在日本统治下,北平的居民失去了往日的自由,成为任人凌辱、宰割的对象。随着战事的扩大,日军的铁蹄由华北踏到华东,那里的人民陷入了水深火热之中。在《宇宙风》第56期的《哀宝山》中,作者忧影记录了一个青年学生的复仇之情:

最近,我收到一个由炮火中逃出来的学生的来信,他说:

---

① 乃仁:《故都归鸿》,《宇宙风》第72期,第310—312页。

> "先生,敌人烧去了我的家,我的父母和我弟妹,也都遭了杀戮,我是在尸身堆积如山中逃出来的。我没有哭,我并不悲伤。我心中只充满了仇恨,我要复仇,我要和他们拼命!"①

在《船过黄浦江》(《宇宙风》第57期)中,作者郑适我描述了乘船从宁波去上海时,遇见东吴大学前任校长文乃史先生的情形:

> 在吸烟间中,我碰到东吴大学的前任校长文乃史先生,这位白发满头的美国人,说起东吴大学的被炸,他的神色悲惨极了,他说学校是作伤兵医院用的,并没有一些军事作用,然而也竟遭轰炸,说到后来,他气愤极了,说此仇非报不可。三十年的心血,尽付流水,如何不叫白发萧萧的老校长伤心呢?②

这两篇文章描写的是"八·一三"上海事件给民众造成的苦难,房屋被炸毁,亲人遭杀害,多年经营的大学被日本飞机毁于一旦,人们对日本侵略者的仇恨,已达到顶点。

徐迟的报告文学《南浔浩劫实写》(《宇宙风》第59期),记述了太湖附近一向和平安宁的南浔镇,在日本军队到来之前的恐慌与混乱,日本到来之后的暴行,尤其是着力描写了一位具有民族节烈气概的老中医与日本军官一起饮下毒茶,壮烈赴死的情节:

> 可是这就是太湖游击战的序幕!十七号夜,镇上的国医

---

① 忧影:《哀宝山》,《宇宙风》第56期,第309页。
② 郑适我:《船过黄浦江》,《宇宙风》第57期,第335页。

宋谷宜先生家中，走进了三个日本军官来。他们穿新式洋装，但带着武装带，有金星表明他们的地位。

"为何放火烧镇？"宋先生不屈不挠地在纸上写着。

一个军官写着作答："并无命令放火烧镇。"

宋先生又写："为何杀戮人民？"

"并无命令杀戮人民。"

可是这三个有理性的军官走出以后，火还是在烧，杀戮依在。宋先生的住宅当夜也焚毁了。

这老人家喝了一口下砒霜的毒茶，以款待他光荣的客人。宾主一齐死却，有这样可泣可歌的事！①

中国自古以来，是一个重文轻武的国家，梁启超在分析中日民性的时候，特别指出两国"尚武与右文"的明显差异。汉字在古代便传到日本，当口语讲不通的时候，有一定文化知识的中国人和日本人，便可以用"笔谈"的形式交流思想。面对日军的暴行，南镇的老中医宋谷宜先生大义凛然，用汉字写下了质问和抗议，而日本军官，自知理亏，只好狡辩。最后，宋先生和敌人同归于尽。老中医宋谷宜先生的身上，表现出中国文化中传统的"士"的风范，杀身成仁的气概。而一个文弱的老中医的烈节，则影响了周围年轻力壮的后生，拉开了太湖抗战的序幕，动员了更多的人走上抗日战场。

丰子恺的《告缘缘堂在天之灵》（《宇宙风》第 67 期）满怀深情的描绘了自己亲自设计、倾注心血盖起的家居"缘缘堂"，回忆了孩

---

① 徐迟：《南浔浩劫实写》，《宇宙风》第 59 期，第 418 页。

子们在园中快乐的玩耍,接待恩师弘——法师等美好情节,对"缘缘堂"的被毁表达了无限的悲伤和强烈的愤怒,他发誓:"我坐在你的西室中对着蒋坚忍著的《日本帝国主义侵略中国史》,一面阅读,一面札记,准备把日本侵华的无数事件——自明代倭寇扰海岸直至八一三的侵略战———用漫画写出,编成一册漫画日本侵华史,照护生画集的办法,以最廉价广销各地,使略识之无的中国人都能了解,使未受教育的文盲也能看懂。"①

丰子恺的"缘缘堂"与日本无任何瓜葛,不是"反日教育基地"。相反,这里恰好是丰子恺与留日师友,包括弘一法师(李叔同)等饱经日本文化熏陶、把日本的现代剧介绍到中国的文人们切磋艺术的一个世外桃源。丰子恺本人则是一个挚爱日本风情、人生道路与创作道路深受日本文化影响的艺术家。"缘缘堂"的被毁,令他对日本产生了由衷的仇恨,这种仇恨的形成,自然源于他的个人遭际,也源于整个中华民族的苦难经历。

《宇宙风》第 73 期,发表了春风的《皇军戏胖子》描述了在天津车站,清华大学图书馆职员金××遭日军戏弄的情形:

> 七月三十日古城陷落后,古城中知识文化界分子,如大学教授,大学生,中学生及各大中小学校服务职员,陆续外逃,尤以自八月六日北宁路北平天津一段通车时期内,人数为多。是时日军遍布平津各路间,严检行旅,稍有不合,便为捕捉而去。
>
> 在八月中旬,有清华大学图书馆职员金××,因避耳目

---

① 丰子恺:《告缘缘堂在天之灵》,《宇宙风》第 67 期,第 13 页。

计,化装由平去津,但在天津车站遭受日军检查时,日军竟以金某为可欺,百般戏弄。原来金某身广体胖腰大十围,望之俨然如张翼德之武风,于是天津东车站驻守的所谓"皇军",便横肆侮辱。一日军故意掉日币一枚,命金某俯拾,金某既因体胖不便,当然偏身不易,而旁边之助手,竟用腿绊之使倒,当刚刚爬起直腰时候又被绊倒,一连十几次。胖人倒地不堪的笨相,倒也能使这些皇军们大开笑口,愈加戏弄,日军始挥手使去。时车站上同胞睹此情状,敢怒不敢言,唯有切齿痛恨,默默咒诅"如此皇军"不置!①

在"亲善"的"友邦"之间,国民本应相互尊重、礼让,素有"武士道"美誉的大日本皇军,本不该与平头百姓搅在一起。而在1937年8月的天津东站,日本兵利用搜查旅客的机会,无故戏弄一个胖子,拿人开心,充分展示了日本人与日本文化的浅薄、丑陋的一面,周围的中国百姓,尽管无人挺身而出,仗义执言,但内心中都埋下仇恨的种子,为亡国奴的悲哀而暗泣。

日本兵为中国人上了一堂最为生动的反日教育课。它告诉国人,只有把侵略者彻底消灭,赶出中国,中国人才能有出头之日,重新过上和平的生活。

(二)南京大屠杀的新证

华北、华东的中国,沉沦在日寇的暴行与屈辱之下,而南京发生的大屠杀,则更加令人发指。1938年7月16日出版的《宇宙

---

① 春风:《皇军戏胖子》,《宇宙风》第73期,第37页。

风》第71期,发表了作者林娜的《血泪话金陵》,记述了覃姓难民在南京大屠杀中的见闻:

> 我们到了大行官就遇到日本兵,他们已经攻进城了,正在沿途纵火烧杀。这样看来我们已经退不出去了,难民们便都退到难民区去,军队就化装散开。
>
> 日兵进难民区,是在十三日早上,他们借检查行李为名,把壮丁妇女都赶到旷地上去,叫大家脱光衣服,让他们检查着。他们检的地方,一共分三部分,一肩、二腿、三腰,凡是认为有嫌疑的,马上就被拖出去——只在山西路小学那儿,第一批就被拖出去一百人,第二批一百多,第三批五百多,除老人外全都未曾回来。
>
> 十四号,日本兵采取散兵式的办法到难民区来骚扰,他们不再成队的来了,三三五五的来搜着每一个人的身要线,但是纸票不要,他们认为已不能用,失了价值了,搜去的尽是角子和铜板。到十五号他们连票子也要了,因为什么都抢光了。
>
> 至于女人,从他们到难民区来,就没有一天不发生集体的奸淫屠杀事件。在山西路小学那儿,有一女人甚至同时被八日兵强奸,她于羞愤之余便跳楼自杀,其他的我不愿意再说了。
>
> 他们一面检查,一面杀人,全南京堆积着的都是尸骸,后来由红十字会来招人去掩埋尸骸,我也是那时被招去的。开始是到富贵山一带去埋,每一坑二百人,尸骸都是老百姓,他们的手被用铁线反绑着,在无情的机关枪炮火底下死亡了。埋完了又被调到南门来,这儿的尸骸都是被刀刺死的,每人至

少有十几刀。有一姓李的朋友,在新街口被抓住了,他们不问青红皂白,就把他绑在电柱上,连刺七八刀,没有刺死,又被淋了两三天雨,我们把他埋掉时已经死了。但是眼睛还是愤恨的睁着。

他们抓到我们的俘虏,就命令他们自己挖坑,叫第二批人生埋第一批的,又迫第三批人去埋第二批的,这种残酷的屠杀,实在是开世界未有的纪录。在伪治安维持会门口,他们把人活活的倒钉在床板上,然后用坦克车开过去压死。女人因不堪蹂躏,吊死或投塘自杀者,不知有多少!(中略)

从日本兵进城起,到我离开时止——五月二日——掩埋尸骸的工作从未停止,其实埋也埋不了——一批被埋掉,马上又有一批新的来补充,因此时疫丛生,不死于屠杀下,也要死于时疫!①

作者通过对覃姓难民的亲身经历的记述,记录了日军在攻入南京之后的暴行,为了解南京大屠杀的真相,提供了有力的新证,文章还记述了日军在慰安所蹂躏女同胞和强掠平民家小孩的行径:

汉奸为要买好日本人,一面尽量压迫民众,一面在城中设立十七个慰安所,到外面强迫美貌的女同胞,作日人的牺牲品,在这十七个"慰安所"中,不知道有几万女同胞被蹂躏牺牲了。你问我,日本人怎样抢劫我们的幼弱同胞吗,在南京我所

---

① 林娜:《血泪话金陵》,《宇宙风》第71期,第255—256页。

知道的有两种：一种是用武力抢去的，一种则用得漂亮一点。他们先到你家里去，看见你的儿子后，就当场表示他很爱他很爱他，很想把他要去当儿子。第二次说他想拿出几百元来买，你当然不敢要，说如果他要就送他。于是他表示谢意，带着走了。说是要给他进日本小学，认得几个字。第三次来，他会通知你，你底儿子已经送走了！从此就再无下落。①

覃姓难民从1937年12月11日到次年5月20日逃离南京，从日军进城、大屠杀开始，到第二年5月，一直在南京，耳闻目睹了日军刀刺、活埋难民和战俘，强奸妇女，抢掠财富的一幕又一幕，为揭露日军的暴行，留下了一分难得的记录。

南京失陷前，大批的西方外交官、传教士都已撤离，只有极少数留了下来，他们积极投身保护中国难民的工作，亲眼看到了日军的野蛮行为。由于他们居于中间立场，因此其证言就更加具有公正性和可靠性。1938年5月16日《宇宙风》第68期就登载了一位美国传教士撰写，郭镜秋翻译的《日军在京暴行目击记》(South China Morning Post March 16, 1938, "The Rape of Nanking")，在译者附志中，这样写道：

"这一篇讲辞是一个美国人在广东省政府吴铁成主席邀请的一个茶会里讲的，地点是广州宾馆，时间是本年度三月一日下午三时半。这位美国人是宗教家，是南京难民区主持人之一，从日军进城日起，一直都在南京，最近始来华南。是篇

---

① 林娜：《血泪话金陵》，《宇宙风》第71期，第258页。

讲辞乃由其本人每日日记中摘要讲出,由在座外国通讯员速记表达。据座中人语,当女宾听其讲述日军在京暴行时。俱泣不成声云。原文载三月十六日香港英文南华早报。分题俱照原文译出。"①

文章介绍了日军攻陷南京,成立难民区的过程之后,着重记录了日军的暴行:

> 尸首山积　日军占领南京后数日,难民区一办事人因事出城,向日军领得通行证迳出下关,到达时只见尸骨堆积三尺多高,因除下关以外,别无他路可走,遂迫得将汽车在这些尸首上面,直驶而过。是时看见燃毁的车辆堵塞城门,车上躺着烧死或窒息死的难民,不计其数。又有跃城而逃跌下来死的。也有争强上船,船要翻过来淹死的。至于逃到江心那些难民,遇日军用机枪扫射而死的有不知多少。情形之惨,不忍弃视。
>
> 在下关江边万国贸易公司门前一个地方,就积有二万五千具尸身。难民中有一组是往下关北而逃亡的,途遇日军,全遭杀害,只剩一人生还,追述其事。
>
> 十二月十四日有一日军大佐到难民区,要求将已缴械的六千华军交出。办事人不允,日军便派军到处搜索,在一角落里,发现一大堆除下的军服,于是大发雷霆,将躲在军服旁边的一千三百人捆缚起来,硬要拉出去枪毙。

---

① 《日军在京暴行目击记》,《宇宙风》第 68 期,第 97 页。

这样,难民区办事人当然要提出抗议了。日军却狡辩谓他们捆绑这些人不过是捉去替日军做工的。办事人又去日本使馆提出抗议,日使馆又无答复,及夜,去抗议者回到难民区,只见日军将那一群人,捆在一起,帽子铺盖,全被剥光,一应物品,不准携带。用意为何,不难想像而知。这班人被押至江边全体枪决,嘴里绝无半句乞怜说话。因为明知在蛮不讲理的日军之下,必无幸免的。

日军进城第四日又从难民区捉了一千去枪决,其中五十人,是南京市派出去维持难民区秩序的警察四百五十人中捉出来的。难民区办事虽又向日使馆提出抗议,但那里有什么结果,日使馆在日军控制之下,简直就谈不到行使权力。这时候的中国人,凡是剃平头,或因为牵船拉车做工致手纹粗硬的,都人人自危,都随时有被枪杀的可能。(中略)

<u>劫掠放火</u>　十二月十九日以后,日军即开始大规模的纵火焚烧商店。在放火以前,他们先用运输汽车将货物运走,然后把空店烧毁。青年会房屋全部被焚。惟左右邻舍俱未被烧掉,这样一来,就可知日军之烧青年会显然是有意的了。是时南京外侨,仅余廿二人,其中十四人,因愤日军火烧青年会,虽在圣诞之夜及圣诞日,亦亲往日使馆提出抗议。(中略)

经过连续一个月的抢掠放火,商店十分之八,住宅十分之五,皆被掠和焚烧。(中略)

<u>强奸妇女</u>　南京失陷后第三日(十二月十五日)起,日军强奸妇女随处皆是,日当局熟视无睹,难民区办事人虽迭次抗议,但终归无效。是日一海军官佐到来报告

潘纳军舰被击沉消息,并提议所有驻京美侨,即日撤退赴泸,惟主持难民区的几位美国人,因任务关系不肯离开,只有两新闻记者随行。他们经过军政部时,见有无数被捆难民跪着待毙,过下关时又见路上死尸,有如山积,情况之惨,令人目不忍睹。(中略)

由入城后第三日起,日军强奸妇女,日在千起。女人被奸数次后,常被他们用酷刑置死。被奸女人的年龄从十岁到七十岁都有。金陵女子大学位在难民区西面,距日军驻扎较远,后改为临时女难民收容所,里面最初共收容女难民一千人。难民区办事人中每晚必有一人在大门把守,以防日军强行冲入。

但是碰到那些醉酒日兵,用刺刀示威,硬要强奸女人的时候,就难以应付了。①

通过林娜的《血泪话金陵》和美国传教士的《日军在京暴行目击记》,我们可以清楚地了解到日军在攻占南京后,杀人、放火、强奸妇女、抢掠财物,犯下了令人发指的滔天罪行。尤其是《日军在京暴行目击记》,由于作者亲自参加了难民营的工作,又是根据当时的日记整理出来的,出现误记的可能性很小,具有相当的说服力。日军从13日入城到19日开始放火,目的是在抢掠之后烧毁罪证。而放火烧掉基督教青年会,日本海军军官逼迫外侨撤离,都是为了将外国人赶出南京,使其罪行失去证人。

通过对以上文章的介绍和分析,我们可以了解到日本军队在战争时期的惨无人道的一桩桩罪行,其杀人、放火、强奸妇女、掠人

---

① 《日军在京暴行目击记》,《宇宙风》第68期,第97—100页。

第三章 全面抗战时期《宇宙风》的日本认识

财富、欺压弱小、剥夺尊严的行为,使日本人成为了恶魔的形象。长期以来,影响着中国人的日本认识。

作为挚爱日本文化的中国人,周作人对日本人的这一面表示了困惑不解,在《日本管窥之四》中,他这样谈道:

> 日本对于中国所取的态度本来是很明瞭的,中国称曰帝国主义,日本称曰大陆政策,结果原是一样东西,再用不着什么争论,这里我觉得可谈的只有一点,便是日本为什么要这样做。这句话有点不明白,这问题所在不是目的而是手段,本来对中国的帝国主义不只一个日本,为主义也原可以不择手段,而日本的手段却特别来得特别,究竟是什么缘故?我老实说,我不能懂,虽然我找去这个问题来,预备写这篇文章,结果我只怕就是说明不能懂的理由而已。近几年来,我心中老是怀着一个很大的疑惑,即是关于日本民族的矛盾现象的,至今还不能得到解答,日本人爱美,这在文学艺术以及衣食住种种形式上都可以看出,不知道为什么在对中国的行动,却显得那么不怕丑,日本人又是很巧的,工艺美术都可作证,行动上却又那么拙;日本人爱洁净,到处澡堂别国所无,但行动上却又那么脏,有时候卑劣得叫人恶心。①

周作人对日本的困惑,表达了中国的"知日家"的困惑,也反映日本文化和日本人自身所包含的两面性,既有优美、高雅的一面,又有野蛮、丑陋的一面。战争使得日本人充分暴露了其丑陋与野

---

① 周作人:《日本管窥之四》。

蛮的一面。当代作家邓贤在《大国之魂》中分析道:"尽管他们中间绝大多数曾经是工人、农民、职员和大学生,但是战争的号角一夜之间改变了他们的生活,把他们召集到一起并把他们变成一群侵略者。因此他们别无选择,他们只能杀死敌人或被敌人杀死,这就是他们的归宿。"①明治以来的长期对外扩张,歧视中日的教育,使日本人不把中国当做一个主权国家,不把中国人当成人。战争使他们变成了魔鬼,并且在其后的漫长岁月里,一直承担着这种形象的重负,付出了巨大代价。

二、对战时日本社会的观察

20世纪三四十年代的中国的日本研究,有一个非常具体的目的,那就是从"知己知彼"的角度出发,了解作为交战国的敌方内部的情况,如日本统治集团的动态,日本的社会矛盾,各社会阶层对战争的态度等等。这种研究可以为我国制定正确的抗日政策提供重要的参考依据,为鼓舞全民抗战树立坚定的信心。《宇宙风》在抗战爆发前,就提出了这种研究日本的目的和必要性,在抗战中,也践行了这一方针,作为没有政府背景和财力、物力支持,在战火中辗转各地的一个民间刊物,《宇宙风》精神是难能可贵的。

抗战爆发后,以旅日华人和留日学生为主体,《宇宙风》不断发表报导和观察战时日本社会的各种稿件,其中尤以署名"青凡"的《由东京到武汉》的长篇通讯,对日本社会的观察和分析为全面和深刻,与其他介绍日本社会内部情况的文章一起,成为我们了解战时日本社会的重要渠道和窗口。

---

① 邓贤:《大国之魂》,《当代》1990年第6期,第107页。

《由东京到武汉》分三期连载,第一期发表于第75期,第二期为《由东京到武汉·续》发表于1938年10月1日,《宇宙风》第76期上,由"日本商人的苦闷"、"警察的活跃"、"出征时的万岁"三部分构成。第三期发表于1939年5月16日的《宇宙风》第78期,题目为《由东京到武汉·二续》,由"日本人在怎样描写我们"、"这时候的东北同学"、"战时的日本妇女"组成。从青凡的《由东京到武汉》和陆丹林的《日本汉学家的感时诗》(《宇宙风》第59期)、陈东林的《日本"战争文学"一瞥》、侠文的《日本怪政及其因果》、陈东林的《东京来鸿》(《宇宙风》第98期)等文章中,我们可以了解到作者如何评析战时的日本商人、日本警察、日本文人的状况,对战争的态度和日本的政治、经济状况的。

(一)评述战时的日本商人

作者对战时的日本商人进行了分析,认为获利最大的,是依附于政府和军队的军需商,他们靠战争发了大财:

> "当中日战事一起,在日本所有的商人们,认为趁此可以大发财的,那只有关西一带的军需商吧!他们秉承了军部的意志,准备了好多年,成千累万的军需品,直到此刻才有全部倾销的机会,这些军需商的得意,是可想而知的。"而除了这些垄断企业,其余的商人都因战争而陷入了困境:"除此以外,不论自战事开始,以至现在,所有的日本商人,没有一个不在皱着眉头叹气的了。因为整个的日本经济,已陷入战时的状态中,对外贸易的入超额,为十年来所未见,已使日本的经济遇到了最大的危机。又因日以继夜制造军需,日常生产品陡减,

以至物价高涨,人民的购买力,更因种种关系,日形低落。加之战事发生后,政府方的苛捐杂税,日益加重,故所有日本的商人,上自公司老板,下至小摊走贩,到了现在,横在眼前的,只有死路一条。"①

作者还介绍了中日贸易情况,中国原来是日货最大的倾销处,但因战争的爆发,贸易额锐减。此外,单拿东京来说,就有不少的商店,专靠中国人吃饭。四五年前,在日本的中国留学生有近万人,十分之七八,聚集在东京,尤其在神田、本乡、早稻田等地,因为是中国留学生的集中地,不论是公寓、民房、书店、饭店、洗衣店、理发店还是麻将馆、跳舞场、弹子房,其最大的主顾,就是中国人,他们最欢迎的也是中国人。中国人一般常被视为穷人,然而到日本留学的中国人,则被日本人看作财主。

"他们一面觉得'支那人'是'马鹿'(混蛋),但一面又不得不承认'支那人'有钱和慷慨。于是他们向中国人,满脸赔笑,行九十度的鞠躬礼,爬在地上叩头,这都是为了钱。但自战事发生后,慢慢地这批商人都倒了霉,有的是门庭冷落,生意清淡,有的甚至关门大吉。""有一次我在一家熟悉的日本饭店里吃饭,随便和老板谈起来,问他近日生意怎样?他装着满脸的苦笑:'糟糕得很呢!近日贵国学生诸君,不是都纷纷归国了吗?生意是大大地减了,以后更不知道怎样呢——'这老板差不多专做中国学生的生意,因能做几件半中半日的菜蔬的缘

---

① 青凡:《由东京到武汉·续》,《宇宙风》第76期,第187页。

故。日本人是他店中的稀客,即使来了,也不过吃一碗中国面,或蛋炒饭之类的东西而已。他已是五十开外的人,有一大群的孩子,和一个面带病容的妻子。他接着又感慨地说:'人都说中国人顶坏,可是来我这里吃饭的客人,都是和善亲切,慷慨付钱的,既不欠帐,又不闹事,我不懂天皇陛下为什么要出兵去打中国人,唉……'他再也说不下去了,只是摇头叹气。""又有一次,我的邻居老太太,也对我诉起苦来,她是一个寡妇,在神田摆夜书摊的,她得养活自己并两个女儿。她说:'××君'真不得了呢,近日的生意是大大地减了,每夜仅能卖出三四毛钱的数目,贵国的学生诸君回去后,在我是个大损失呵!你知道这里的学生诸君(指日本学生)都是东翻西翻,看一下就走了,他们舍不得花钱唉……"①

通过作者的描述,我们可以看到战争给日本的小商人带来的冲击,尽管心存怨恨,但在独裁统治下,不敢发泄和反抗,有些商人破产失业,在饥饿线上挣扎,最后只能选择自杀,或全家服毒而死,日本军国主义把日本百姓带上了绝路。

(二)评述战时的日本警察

警察,作为国家机器的一部分,履行维护社会秩序的任务。在这一点上,日本的警察可谓尽职尽责,忠于职守。作者认为,日本的警察在社会握有极大的权威,日本的天皇到现在没有被推翻、日本社会革命的努力到现在始终无法抬头,都应该归功于日本

---

① 青凡:《由东京到武汉·续》,《宇宙风》第76期,第187—188页。

的警察。日本的警察,组织严密,并且被政府赋予一种特权,在维持治安的理由下,他可以把现行的法律放在一边,他的话就等于是法律。他可以任意拘捕人民,并且可以任意施行各种刑罚与拷打。这完全是一个黑暗的地狱,在这地狱里,日本不知断送了多少最优秀的政治家、思想家、评论家。而警察就是地狱中的魔鬼。

中日战争爆发后,日本的警察对中国人格外地注意:"在我们外国人眼中看来,觉得日本的警察,就好像一匹猎狗,一匹日本政府豢养的猎狗。他的嗅觉与追逐的能力,特别利害。"①当中国留学生一踏上日本的土地,就被日本警察盯上了,以后不论走到哪里,都在其掌控之下,中国留学生的家庭、思想、性格、交友、花费情况均了解的一清二楚。

日本的警察厅,专门针对中国留学生,设立了专门的科,安排了"支那通"的警察负责。"平时,同学中吃过警察的亏,不知有多少。常常为了喜欢多说几句话,或写几句关于日本的感慨的文字,他们就咬定你是赤化分子,是抗日分子,甚至还说你是政府或党部派来作抗日工作的。于是就拘捕起来,给你种种刑罚受,最狠毒的是以很大的橡皮球击伤你的脑袋与胸部,在表面你是找不到伤痕的。"②

每当中日之间发生冲突或事件,日本警察立刻会出动,监视每一个中国留学生的言行,甚至丢在垃圾箱里的字纸都要捡出来看,日本警察在保护本国的利益和秩序,但却严重伤害了中国留学生和在日中国人的感情,使他们觉得在日本和生活倍受煎熬,对日本

---

① 青凡:《由东京到武汉·续》,《宇宙风》第76期,第189页。
② 同上。

形成了敌意。

(三)评述战时的日本国民

在《由东京到武汉》中,作者介绍了日本国民支持战争的狂热态度,与其相比较,反省了中国人的冷漠和麻木:"我是方从敌国返来的,看够了敌国民众摩拳擦掌,气焰万丈的杀相,再回看一下自己的同胞,是那么忠厚老好,甚至可以说畏怯到无用,心里不禁悲痛起来!"①在"号外的铃声"一节中,介绍了日本媒体鼓吹侵华的言论:"'膺惩暴支'四个字,差不多成了随时随地应用的口头禅,记得第一次日本空军在南开大学丢下了炸弹,毁坏了与军事毫无关系的设施,此种举动,自己不知害羞,反在每种报纸上大登到'壮极,南开大学被皇军轰炸!'等字句!这时所有中国同学读到这样的新闻,大家眼睛里都冒出火来。""四分邮票一条命"描写了日本人被强制征兵的情形与亲友的悲哀。

在《由东京到武汉·续》中的《出征时的"万岁"声》里,作者连续介绍了战时的日本国民对待战争的态度:"在中日战事发生后的东京,你一跑到街上,最容易看到的,是一面一面大大小小的太阳旗,有的拿在手中,有的插在住宅或后铺的门口。其次你最容易听到的,是一片'万岁'声。日本人是最高兴喊'万岁'的。"②

因日本在近代殖民战争中的胜利和明治时代以来的忠君爱国教育的成功,致使日本国民支持政府的对外扩张政策,常常表现出举国一致的狂热。当代作家邓贤在《大国之魂》中就对日本国民战

---

① 《宇宙风》第 75 期,第 133 页。
② 同上。

争时期的这种状态,做过非常具有临场感的描绘:

"侵华战争和太平洋战争初期,日本军队捷报频传。在皇宫门口,每天都能看到一队队摇着太阳旗的游行队伍踏着泥泞的秋雨或者冬雪,络绎不绝地来到这里集会庆祝。在东京街头,每家商社和住户都挂出欢庆胜利的太阳旗和彩带,大街小巷到处都有许多兴高采烈的人群在欢呼。酒馆里醉汉也在醉醺醺地向日本皇军致敬。青年学生成群结队离开学校去参军,工厂的工人成立预备役兵团,随时准备听从召唤开赴前线。在家里,妇女会的会员连夜赶制慰问袋和慰问鞋,把'效忠天皇'和'保佑平安'的字样绣在吉祥物上,连监狱里的囚犯也热血沸腾,要求当局把他们派到中国去打仗。

狂热的战争情绪好像危险的酒精一样在大和民族的精神血液里燃烧。"①

但是,人之所以为人,是因为具有人类一般的情感,比如追求生,讨厌死,珍惜亲人间的温情,朋友间的友情。尽管日本人讲究忠君报国,但也并非草木,心甘情愿去送死,许多人只是迫于无奈和服从。在《出征时的"万岁"声》中,作者就通过细微的观察分析了日本人的心理:

"在马路上,常有一队一队到靖国神社去拜别的出征士兵。本人常是低了头,默默地走着,虽然跟了去的亲戚邻居,

---

① 邓贤:《大国之魂》,《当代》1990年第6期,第109页。

常为他沿途喊'万岁'来助威,但无论你怎样看法,这些一行一行的队伍和这一片万岁声,就好象在排演着一幕一幕的悲剧。他们像在送出殡,同时也像送一个误判了死刑的囚犯赴法场,'万岁'声也就像一片挽歌或悲号,表面上是很热闹的,但每个人的内心都感到了悲哀与恐怖。谁能担保自己,明天或后天不像今天一样被人家送着出征去么?战争的恐怖与厌恶,常常是袭击这些可怜的老百姓的心!这些可怜的老百姓,平时是刻苦耐劳,减衣缩食,把自己以血汗得来的几个钱,供给了军部去买枪炮买子弹,到临了,不得把自己的身体也交给军部,运到前线去当炮灰。

在欢送出征的火车月台上,在年初二个月时,人总是挤得满满的,于是当车一开动时,'万岁'声,就像一匹瀑布似的,在空中倒挂着,其中有一种声音,便你听了,会感动,会发生同情心。那就是士兵家属的'万岁'声,他们虽然不得不习惯地叫几声,但结果完全以哭音来代替了。本来军部已经规定,不许出征者的家属来车站送行,事实上呢,有许多家属还是照样地来。但是他们不容许哭泣,本来在日本,即使死了父母,习惯上,也不行出声哭泣的。又何况送出征呢?可是真的没有哭吗?事实决不如此,每个家属每个被送的士兵,大家都把眼泪含着眼眶中,有的也公然流下来,甚或也有低声饮泣的。因为谁都知道这是生离死别的时候,以后家属可以接回来的,并不是本人,而是一盒一盒的死灰,有的甚至于连尸灰也接不到,就此一去,渺无音信。"[1]

---

[1] 青凡:《由东京到武汉》,《宇宙风》第76期,第190页。

作者的感受与梁启超1899年流亡日本,在上野公园看到日本人送新兵入伍,高举"祈战死"标语时的感受有所不同,梁启超从"祈战死"所看到的是日本人尚武精神的一面,而作者青凡感受到的则是战争给普通人的命运造成的悲剧,生离死别的凄惨场景,揭示了日本军国主义、国家主义对国民的压迫,蕴含着对日本普通百姓的同情。

(四)评述战时的日本妇女

作者首先介绍了日本妇女的全国性的两大组织,爱国妇女会与国防妇女会,这两个团体的负责人通常由军部重要角色的妻子或母亲担任,管理阶层则由在中国生活过、丈夫或父亲有一定社会地位的中年妇女构成。爱国妇女会和国防妇女会的会员据说有百万余人,具有相当大的能量和活动范围,在海外日本势力所及之处,包括中国的东北、华北、上海、青岛等地均设有分会。她们所承担的任务有:欢送出征士兵、慰问出征士兵家属,募集公债、捐款、缝千人针和慰劳袋,看护伤兵,拿自己的肉体及劝诱国内年轻妇女随军供前方将士享用、训年轻妇女用色相刺探情报;

其次介绍了一般有家庭的妇女的悲惨生活,尤其是出征士兵的家庭,因失去了主要劳动力,生活绝望,许多妇女把孩子杀掉后自己自杀的情形;

最后介绍了日本学生:军部利用"新娘学校"收罗了贫困人家的女子,在学校学习做新娘的方法和技巧后,送到中国东北,配给军部指定的开拓团的日本人,有的供给前方将士玩乐,沦为军妓。

(五)鞭答战时日本文人的无耻

从陆丹林的《日本汉学家的感时诗》和陈东林的《日本"战争文学"一瞥》中,可以了解到一些日本文人在战时的态度。

在《日本汉学家的感时诗》中,作者写道:

> 在芦沟桥事变的一夕至今已有半年多,我今把日本旧派文学家所做的诗,摘录些给大众看看,那我们便可以明了日本旧派文人对于这次中日战争中他们所抱持的思想态度,从古人说"言为心声",和"诗言志"两句话看来,更可以知道他们的心志了。①

作者引用了国分高胤的几首"感怀"七律诗,并作了点评,其中的一首是这样的:

> 风麟不至难丞民,豺虎当途暴似秦。
> 满地戈尘何日洗,中原草木几时春?
> 舜尧一去有其典,桀纣元来忘我身。
> 闻说秋毫无所犯,膺惩师见圣皇仁。②

这首诗引用中国的古典,称中国的政治如同"暴秦",而日本军队则"秋毫无所犯",从"膺惩"中国的军队上,可以看出日本天皇的"皇恩浩荡"与仁德。

---

① 陆丹林:《日本汉学家的感时诗》,《宇宙风》第59期,第429页。
② 同上。

川上荣一则作了一首"述怀"诗：

国运隆昌日如升，邻邦暴逆遂膺惩。
武勋赫赫长征士，忠勇无双天下称。
忠勇无双天下称，米英苏佛有何能！
神州不许他侵入，皇统连绵万世承。
皇统连绵万世承，君臣一体是休征。①

日文中的汉字"米"指美国，"佛"指法国，诗句中写日本侵略中国，是因为中国这个"邻邦""暴逆"因而必须"膺惩"。日本皇军"忠勇无双"，天下称赞，即便是美英苏法也不算什么，奈何不得日本，这样一来，中国就得接受日本的皇统，直至万世，臣服于日本。从这首狂妄的歪诗可以再一次验证戴季陶的分析："这个民族，建设大帝国，他们心中的神是世界全体的意识，'神皇'思想是统治世界的意识。"②

日本人在古代从中国学到了汉字和汉诗，促进了日本文化的形成和发展。到了20世纪，利用中国的孱弱，力图用武力征服中国，汉诗则成为他们抒发对外扩张，灭亡中国的"感怀"、"述怀"的工具。文章作者对此评价道：

> 这几位做诗的人，都是日本的汉学家，且是热心崇拜孔仲尼的信徒，登在斯文会出版的斯文第十九编十二号内，斯文会

---

① 陆丹林：《日本汉学家的感时诗》，《宇宙风》第59期，第429页。
② 戴季陶：《日本论》，日本社会思想社1972年版，第88页。

的目的及事业,是阐扬儒道及东亚学术,宣传汉文教育,振兴汉学等。看到他们发表的诗,便可以知道研究汉学,崇拜儒道的道学先生,对于此次中日战事的思想和希望已是如此,其他各界对于中国的思想,也可以推想了。

我们中国人,读了这些诗,各人中有什么感想自然我无从知道;但是瞎子吃汤圆,肚子里明白,我是相信的。①

如果说在近代日本抛弃亚洲"恶友"追随西方的社会思潮中,尚存一点对于中国古代文化的尊重的话,其核心人物就应该是喜欢中国古典的汉学家了。连日本汉学家都口诛笔伐,声讨中国的话,可以看出这个民族的整体走向。

陆丹林的《日本汉学家的感时诗》,介绍了日本的旧派文人的诗作,从中可以感知到日本的一个类型的文人对战争和对中国的态度,而陈东林的《日本"战争文学"一瞥》则介绍了到中国的日本随军记者、作家撰写的中国战场题材的战争小说。

在七七事变发生后不到两三个月,日本的各家杂志便不约而同地派遣随军记者到了华北,这些文人、作家回国后都发表了作品,其中最为轰动的就是发表于《中央公论》的石川达三的《活着的士兵》,这篇小说中少有激烈战斗的场面,皇国观的宣扬,只是较为客观地描写了日本士兵的生活和对战争的厌倦。

在当时,符合日本军部口味的不是《活着的士兵》这样的作品,而是过分夸张地描写武士道,能够激发国民为国牺牲的作

---

① 陆丹林:《日本汉学家的感时诗》,《宇宙风》第59期,第429页。

品,于是"最适合于这条件的报告文学终于在去年的七月出现于《改造》了。那就是火野苇平的《麦子与士兵》,是一部以日记体记录徐州战役的作品。在这里你当然找不到台儿庄大败的片影;所有的是日军的视死如归,华军的不堪一击,人民的爱慕日军,种种连中国的小学生都不相信的故事,一半是由于内容的富于刺激,一半的由于人为的推动之下,印成单行本的《麦子与士兵》,去年竟销去十万余,打破历年出版界的最高记录。"①

日本军部为了用文学作品来为侵略战争服务,于1938年9月组织22名大众文学作家随海陆军从军。海军的领队是菊池宽,陆军的领队是久米正雄,二人均是日本大众文学的元老作家。1939年,菊池宽又受军部委托,撰写所谓"军神"的西住战车部队长的传记,已在《日日新闻》连载。

文章作者概括了日本"战争文学"的特点,认为就是对于游击队的恐惧和士兵的思乡情绪的描写。

作家应当是最具独立思考、个性与良知的一个行业,而从日本的旧派汉学家和军部控制的御用文人两个类型来看,战时的日本文人,是追随军部,用他们的笔来影响国民,为战争服务的。对于他们的作品的真实性和作用,若规泰雄这样评价道:"当然,他们不可能写实际情况,除了有两三个人表现了最低限度的良心,只限于描写了当地风物之外,大部分人不言而喻是按军方的意图——写了与现实完全不同的手记和小说来激励鼓舞国民。"②战时日本文

---

① 陈东林:《日本"战争文学"一瞥》,《宇宙风》第86期,第56页。
② 若规泰雄:《日本的战争责任》(中文版),社会科学文献出版社1999年版,第401页。

人的态度,可见一斑。

(六)揭露战时日本侮辱中国的状况

从青凡的《由东京到武汉·二续》中的《日本人在怎样描写我们》的章节,可以了解到战时的日本是如何向他们的国民宣传介绍中国的。

作者首先批评了日本的夸大狂:

> 大部分的日本人,都是些夸大狂,他们心中除了自己所谓大和民族以外,什么人也不在他们的眼里;可是日本自己是什么呢?他有些什么呢?蒋百里先生说得好:"假如从日本文明中,除去了欧美输入的机器与科学,及中国印度输入的文字与思想以外,还剩着些什么呢?"①

由批评日本的夸大狂,作者转而用痛切的言辞表现了对日本人忘恩负义的愤怒:

> 可是像猴子似的学着人类一切举动的日本人,他们却妄自夸大,自吹自唱,称自己为文明国,甚至还以东方的唯一的文化国自居。他们的厚颜,自吹自唱这些事,也不值得我们去管他,但那是人类,就不应该忘本,它应该想想自从有这个所谓日本国以来,最初的文化是哪一国赐给它的?哪一国是它文化最大的恩人最大的施主?固然,我们并不希望能够感恩

---

① 青凡:《由东京到武汉·二续》,《宇宙风》第78期,第272页。

戴德来报答我们,但既自吹为文明国,就不应该像狂狗一样的向善意的施主乱吠乱咬,而日本恰偏偏这样做了。①

作者引用了两三年前,日本国会上议院议员三上参次认为我们国家取名为"中华民国"是妄自尊大,是一种僭越,要求中国改国名的事例,来证明日本人的忘恩负义,乱吠乱咬,随后又披露了日本的报章上歧视、侮辱中国的事例:

> 然而日本国内像三上参次这样的老混蛋,到处有的是。在平日的报章上,随时可以找到类似这样的口吻,一到中日外交上发生一点事故时,谩骂、侮辱的口吻,也更厉害了。他们爱把中国人描写得软弱的像没有一根骨头,常是跪在他们脚下讨饶、求救、悔过。而他们呢,总爱以"一蹴"了事,所谓"一蹴"就是一脚把你踢了开去,拒绝你之意。你瞧他们描写得多么神气!多么够武士道的劲儿!其次对于我们爱用的字句,除凶暴、野蛮、无耻等字句外,他们又常把所有的中国人,比做"鬼畜不如"。例如在中国的日本浪人,欺侮了中国人,只要被欺侮的中国人,稍稍争论一下,于是日本的报纸就大声的怒骂,骂中国人连"鬼畜都不如",还有无中生有,颠倒黑白,芝麻大的一点事吹成牛一样大,也都是日本报纸的拿手好戏。他们秉承军部的意志常以挑拨性的字句,来刺激民众,使民众养成恨中国妒中国,而终于动手抢中国的心理。所以自从去年战事一爆发,日本所有的报纸,自朝报晚报以至号外,除厚颜

---

① 青凡:《由东京到武汉·二续》,《宇宙风》第78期,第272页。

无耻自吹自唱外,把中国人骂成"鬼畜不如"这样的字句,也越来越多。其实谁是"鬼畜不如"? 这凡是人类,凡是不以白当作黑的人类,谁都明白了的。①

此外,作者还介绍了卢沟桥事变爆发后,日本的每个车站,大街小巷的书摊摆满了歪曲谩骂中国或介绍中国各地物产、风景的小册子;在大小书店里,充斥着诸如《支那的罪恶与丑态》等著作的情形。

总而言之,战时日本对于中国的介绍与描述,一是歧视,二是丑化,三是谩骂。不遗余力地把中国"鬼畜不如"的形象通过报刊文章、书籍、各种小册子,渗透给全体日本国民,以制造、渲染对中国的仇恨,为侵华战争制造舆论。而日本的狂妄自大,不可一世的心态,则成为导致中日战争乃至太平洋战争爆发的国民情绪的基础,造成了与国际社会的对立,产生了灾难性的后果。

(七)对战时日本的政治、经济状况分析

在《日本怪政及其因果》中,作者侠文援引韦而斯《我、你,和他们的命运》中关于日本的一章,对日本的政治结构、决策集团进行了分析。韦而斯认为"日本的统治阶级,是缺少了一个墨索里尼的法西斯,缺乏了一个希特勒的纳粹。"作者据此谈到:"日本这样的国家,绝不会产生领袖。假如有可能的成为领袖的人,在军人的刺刀丛里也不会伸出头来。历史注定了日本可悲的命运,'群龙无首'的一群军阀已把日本的前途送进坟墓去了。军部隶属下的议

---

① 青凡:《由东京到武汉・二续》,《宇宙风》第 78 期,第 272—273 页。

会里,那一班没有脊骨的家伙,近来给军部捧场捧的累了,虽然今后还得继续下去,但是太苦闷,也想闹些笑话开开心。斋藤隆夫把军部的丑态揭出一点之后,其他议员就爱说话起来。例如,东乡美说'政治与国民乖离,贫困芜杂','积木内阁',焉能当辅弼重任?牧野良三骂那庞大的预算案,毫无用途;水谷长三郎质问军人干政,北聆吉主张屠宰全国猫犬,以救米荒——惹得军阀咆哮,叫军务局长武藤出场威吓,向议员怒目而视,拿着日记簿登记那些发言者的姓名。这些现象,显示了日本政治的没落和人民的苦闷。"①

作者认为日本的宪政先天不足,后天失调,根本不健全,这些怪现象是逻辑的结果,他用了一个公式来说明:

(法西斯-墨索里尼)+(纳粹-希特勒)+糊涂虫=日本政治。

即日本政治是盲人骑瞎马,结果是走向深池,不能自拔,对于日本政治造成的结果,作者又列了一个公式:

结果=国际(地位低落+外交孤立+军事失败)+国内(金荒+米荒+人荒)

作者引用韦而斯的话:"对于一个政府的威胁,再没有比败军回国更厉害的了。"预示战争的结果或许是日本国内出现动乱或社会革命。

在《东京来鸿》中,作者以一封信的形式,介绍了日本国内的经济状况和社会危机。

作者首先介绍了日本的军火工业的繁荣景象:"你问起现在日本的薪水阶级中,支取着最大的薪俸者是谁的话,我就回答你,那既不是电影明星,也不是达官显吏,而是军火工人!"作者谈到了在

---

① 侠文:《日本怪政及其因果》,《宇宙风》第 98 期,第 512—513 页。

日本看到普通百姓穷困潦倒,而军火工人的钱包里则装着厚厚的钞票的情景。随后又介绍了日本的人荒、房荒、米荒,物价涨而工资不涨,黑市奸商流行等情状,认为战争已使日本陷入了深重的社会危机。

在《东京来鸿(三)——在恐慌中的人民生活》中,介绍了日本因战争造成的物资短缺和民众的恐慌心理:"说句笑话,现在连嫖也嫖不起的了。从今年起东京的公娼又要增加百分之二十到三十的税金"。日本因兵源不足,一反以往的节育政策,鼓励生育,"不过最可惜的是,就算大量的生产下来吧,刚生下来的婴儿却不能一下子把他'放大'作壮丁,送到中国来做炮灰"。[①]

通过上述介绍战时日本社会的文章,人们可以对当时的日本社会内部的状况,有一个大致的了解。如:日本政治的决定权操纵在军部手里,文人出身的政客、议员尽管对军部独揽大权不满,但毫无办法,日本统治集团尽管实行独裁和法西斯统治,但因没有墨索里尼、希特勒那样的领袖人物,群龙无首;日本的经济尽管太平洋战争尚未爆发,但已不堪重负,出现了兵员不足、劳动力不足,食品、物资短缺,人民生活困难的状况,蕴含着社会危机;即便如此,歧视中国、支持战争,依然是当时日本社会的主流。

在中日交战的状态下,来自于敌国的情报对日本社会内部情况的介绍与分析,毫无疑问是十分重要的。对于政府来说,需要针对日本的实际情况,制定正确的政治、军事外交等战略方针;对于国民来说,需要了解敌国内部情况,揭露日本的夸大宣传、不可战胜的神话,树立坚持长期抗战的信心和决心。在报导和分析战时

---

① 《宇宙风》第93期,第323页。

日本社会的方面,尽管尚不充分,但《宇宙风》和当时的中国文化人,付出了自己的努力。

三、对日本俘虏的描写,反战情绪的介绍

《宇宙风》的一些文章,记述了日本兵在战场上被中国军队俘虏后的情形。通过对他们的记述,读者可以了解到一部分日本士兵的心理、对战争的态度,以及被俘后对中国人认识的转变。

日本兵在作战时,很少当俘虏,这是人所共知的事实。平型关大捷,八路军与日军第一次大规模作战,指挥员命令部下准备抓日本俘虏,但结果却没有抓到几个。有的伤兵昏迷,被八路军战士背回,路上醒来,还咬掉了八路军战士的耳朵。日军不愿意当俘虏,有三个原因:(1)传统日本武士精神的遗毒。在武士集团之间的战斗中,失败者一般都要选择切腹自杀,武士佩带两把刀,一把长刀,一把短刀,长刀是杀敌人用,短刀是自己切腹的。在武士社会,偷生或当俘虏是最受人鄙视的,即便活下来,也猪狗不如。因此,与其苟且地活着,不如壮烈赴死,留下一个英雄的故事给后人传诵。选择死亡来为主人尽忠,是武士阶级的最大的美德,影响久远。(2)自明治时代开始的皇国观和军国主义教育的结果。明治时期颁布的《军人训诫》、《军人敕谕》和昭和时期颁布的《战阵训》等军国主义精神训条,鼓吹"玉碎",宣扬不惜以死为天皇尽忠。这种教育根深蒂固,深入每个军人的灵魂。在军国主义有意识的灌输下,日本军人更把宁死不当俘虏当成了价值选择的惟一标准。(3)畏惧受到惩罚。日本兵非常清楚他们自己在中国烧杀劫掠、强奸妇女的暴行,害怕被俘后遭到中国军民的惩罚,宁可选择死,决不投降。但在战斗中,中国军队也零星抓到了一些日军俘虏。他们在

被俘后的表现大概是,起先害怕,恐惧或硬扛;后来看到中国军队并无杀意,反而受到善待,便放下心来,交待自己和部队的情况最终感激中国军民对他们的宽大,投身反战行列。

《战地的一角》(《宇宙风》第 60 期)中描述了一个日军俘虏的表现:

> 我们又走进另一家的院内,立刻看见了一个被俘虏的日本兵仍然穿着完整的日本式的军装,坐在墙边的一条长凳上。在他那种寂寞的忧郁的精神中,完全消逝了日本军人的蛮横。问起他家中情形的时候,引起了他思乡的情绪,哭了。午饭后,我们领他到××村去留宿。①

蓝踪萍的《月光如昼访俘虏》介绍了一个日本俘虏的情形。这个俘虏是日军 123 联队的军曹,名叫白井康雄,是中国军队在西山万寿宫俘虏来的。对这个日本俘虏,作者问他日本为何要对华作战时,竟愕然不知所答。由此可见日军的出师无名。作者告诉日本俘虏,中日战争若从此继续下去,结果一定会是两败俱伤,但中国是为着民族生存国土完整而抗战,与日本的侵略战争是不可同日而语的。自古以来,得道者多助,所以彼此都到了精疲力竭的时候,中国还可以得到国际的援助。而日本则四面树敌,其结果难逃失败,而最终胜利,必然属于中国。

> 当时他听了我这一段简短的话,倒有几分感动,满脸胀红

---

① 舒群:《战地的一角》,《宇宙风》第 60 期,第 469—470 页。

着,表示十分惭愧的模样。他是个身强力壮的青年,但因劳师远征,不服水土,早在一月以前,便染上疟疾了。所以这天晚上,我询问他的病况,他悲苦地说:

"病倒是好了,可是明天便要解到长官司令部去——"

"到了长官部,倒是你快乐的日子开始了,将来送你到'和平村'去,可以和你的同胞见面,国内亲朋,异域相聚,将会使你忘怀种种不如意的现象。"

这话说了之后,他沉然了许久,在微弱的灯光下,垂着头默默地在想,好象在考虑着一种难以解决的事一样。

俄而他掏出一张纸片来,很承恩的递给我,并且郑重地说:

"这是我的妻子远在岛国寄来的家书,足以当作一件纪念物品。自从被俘虏的时候起,便把它藏在皮鞋中,一直没有给人发觉过。这旬日以来,感谢你给予我的同情,就送给你吧。在这封家书里面,可以看我的家庭是多么地美好。但,现在——战争的魔爪,已把我们永远地隔开了,将来——"

他说到这里,已凄悲欲泣,一副漆黑的脸颊,似乎已露着泪纹了。①

因作者善待他,使之深受感动,说出了心里话,把珍藏着的妻子的来信交给了作者。由于对自己的前途未卜,不知能否活着回到日本,见到家人,所以与其说是赠送纪念品,不如说是向作者托付后事。从俘虏的态度和谈话中,可以看到战争给普通百姓带来的痛苦和灾难。

---

① 蓝踪萍:《月光如昼访俘虏》,《宇宙风》第97期,第509页。

在谭耀宗的《俘虏访问记——粤北战役记之一》中,记录了两个日军俘虏的谈话,从中可以了解到日本兵被俘虏前后的感受。24岁的山村喜代松说:

> 我到中国是第一次。当初在国内闻说中国军队是如何的坏,中国军队的素质又是如何的坏,一切都不及我军。我当初也是这么想。但到中国后,情形完全不同,并不是如在国内所说的一样。我是去年11月间到广州,12月初部队参加作战,先后进至化新之间,担任输送(中略)
>
> 我早是准备一死,我知道现在我在绝路之中,只有一死而已。所以在被俘虏之后,知道毫无生望,那时心中一无所念,什么慈母、爱妻、故乡、家庭,一切一切,我都一点不作思念,惟有等候死神来临。我等候几天,谁知道到这里,真万分出我意料之外,中国长官待我如此恩隆,我不知道如何感谢才好!这里接近我的人,都对我十分客气,亲近如家人一般,对我完全不象对待一个俘虏,我心中感激万分!①

另一位叫印男优造,25,高小毕业,是一位面目不整的东京小商人。他也谈了和山村喜代松相同的想法:

> 我被俘后,满以为我已没有性命了。谁知道这里一点并不虐待我,还对我这样好,我说不出的感激!中国真好,对俘虏都是这样,我们真惭愧了。我在这里,因不通言语,没有人

---

① 谭耀宗:《俘虏访问记》,《宇宙风》第114期,第168—169。

和我说话,忧闷得很。唉!本来我何尝愿意到中国来打仗。我知道很多人在中国打死。死了,什么都完了,连骨灰也回不到坟墓里去。我离开东京,什么都没有了,生意也完了,家庭也完了,剩我一个人,孤零零,飘到中国。我活在世上还有什么意思呢!现在又做了俘虏,做了一辈子的俘虏,再也回不了东京去!①

从一些篇章当中,还可以看到日本俘虏除了感激中国人之外,一些人早已失去日本皇军的威风,露出一种可怜相。黄家骐《在南岳的一个俘虏》中,记述了审问日本俘虏时,日本俘虏要钱,要水果的情景:

"请给我一点钱,给我一点水果吃。"

他先不回答我的问题,竟向我伸手讨钱。在东京住了几年没有遇见过日本乞丐,这次在中国的南岳可遇见了。瑞麟听了我的翻译,掏出了两角钱的中央票子给他,又跑出去买桔子去了。

他得到了两毛钱,向我们行日本大礼——叩头——同时合着手拼命地作揖。谢谢之声不绝于口。

"你在这里的生活怎样?"

"在这里,饭是可以吃饱的,可是菜不好,今天早上要了6块豆腐吃,我想吃牛肉吃鱼——我的病到现在还没有医生看过。"②

---

① 谭耀宗:《俘虏访问记》,《宇宙风》第114期,第169—170页。
② 黄家骐:《在南岳的一个俘虏》,《宇宙风》第80期,第386页。

在战场上当了俘虏,又受到中国人的宽大,没有杀头、受刑,能吃饱饭,已经应该知足,但这个日本俘虏不但要钱要水果,还要吃牛肉,吃鱼,露出了一副无耻、下贱的样子。日本学者土居健郎在《依赖类型的心理模式》中,分析了日本人的性格特征,认为日本人具有一种类似孩童的对人依赖的心理,常常提出过分的要求,放纵自己,不愿承担责任等。

从描写日军俘虏的文章当中,还可以看到中国老百姓是如何对待他们的。当听到抓到日本俘虏的消息后,大人、孩子、商人、农民都围过去看,而日本俘虏则用外衣蒙住头,有的小孩因为好奇,用棍子挑开外衣。在《我们是这样认识敌人的——记解往常德的日本人——》中,描述了押解日本人途中的情景:

> 一个农民从车窗伸手进去,照着一个发长寸许的头,用着十分的气力打去,被打的日人,转身过来,愁苦的脸上露出一丝微的苦笑和乞怜的神色。
>
> "把他们都拖出去打!"
>
> 民众异口同声的吼着。
>
> 一个军官从车厢里走出来,向大众解释说:
>
> 你们大家不要再讲,他们不是自己愿意出来打仗,他们是受着军阀的压迫,迫不得已而出来打仗的。打仗不是他们的意志,是他们军阀的意志。现在他们国内的反战空气十分浓厚,他们的妻女送他们上火车的时候,不许火车开行,睡在铁轨上,结果火车开行碾死了几十人。现在她们组织索夫团,向政府索要她们的丈夫。我们在前线搜着已死的日本人身上,往往在日记里写着"为什么战争"的悲惨疑问。他们是打仗的

人,竟连为什么战争却都不知道。有一次我们捉着日本人,民众都非常仇恨,都要打他,他说:"我们日本兵诚然讨厌战争,并且非常悲痛。我是个老百姓,老百姓最明白老百姓的痛苦。看见你们的田园被踏荒芜,像是我们自己的田园一般的难受。"①

农民听了军官的解释,不再要打日本俘虏。当军官提出要他们帮忙把三个重伤的日本俘虏抬到德山妇女救济院去时,

> 不等军官把话说完,立刻走出了十余个结实体格的青年来,异口同声地说道:
> "我愿意去,前线的将士尚在枪林弹雨中出生入死的和敌人拼命,难道这点小事就不能替国家效劳吗?"
> 车厢里日本人的脸上露出惊讶的神色,表示惊异中华民族的伟大。中华民族后面还藏着无限的力量。②

老百姓看到日本俘虏时,最初的反映是惊奇,想看看日本人是什么样。随后,联想到日本军队的罪恶,亲人被杀、田园被毁,满腔愤恨,要痛打日本人。而当听到了军官的解释后,心情就平静下来,还愿意帮助抬受伤的日本俘虏。尽管他们没多少文化,或许不识几个字,但他们是最讲道理的,善良、宽恕,这是中华民族的伟大品格,绝不是日本人宣传的"鬼畜不如"。中国人的这种善良和宽

---

① 方甘文:《我们是这样认识敌人的》,《宇宙风》第 78 期,第 295—296 页。
② 同上。

容的精神,感动了许多日军俘虏。他们在延安或重庆,参加反战组织,与中国军民并肩战斗。战后回国,成立了"中国归还者联络会",成为真诚推动中日友好的重要力量。现在,他们当中的许多人都已故去,但他们的儿女又把这一事业继承了下来。

在以抗日战争为题材的文学作品中出现的日本人形象,大都是留一撮仁丹胡,龇牙咧嘴,手持屠刀的恶魔。这种形象已经定型化、脸谱化,在中国家喻户晓,较少看到近距离、个性化描写的人物形象。而刊登在《宇宙风》中的《龙本准尉》,则是类型化的日本兵形象中的一个另类。

作品介绍了香港被日军占领后,几个家庭的大人孩子挤到一家避难的情景。小孩子在院子里玩,引来了日本兵龙本,从他的军衔上看出他是个准尉。

> 于是他开始自我介绍了,从他写的离离歪歪的字迹中,知道他是京都人,家里有一母,两个弱妹,一个出嫁的姐姐,并一个幼年的弟弟,父亲是去年去世的,出嫁的姐姐今年死了,最近又接到了家信,说母亲和弱妹也相继死了。
>
> 写到这里的时候,他光利的眼睛,转成弱暗无力。
>
> 他又写:"家人团聚,无上幸福,贵家老幼无限健康幸福祈"。
>
> 写到这里,他的眼睛滚下一滴泪。[①]

龙本准尉远离家乡、亲人,已服役 5 年,多年战场上的厮杀,已

---

① 张春风:《龙本准尉》,《宇宙风》第 132 期,第 366 页。

令他对战争产生厌倦,渴望家庭、亲情的温暖。他平素喜爱小孩,加上他的妹妹新近死去,一看到男女孩子就百感交集,总想和他们玩,尤其是看到这家的孩子长得像自己的弟弟、妹妹,便产生了亲近感,和这家交上了朋友。龙本准尉最开心的事,就是到这家跟小孩一块玩,也给了这个家庭许多帮助。

> 他表示着,不久就要调到另外的地方去作战了,他颓丧地哀诉着:
> "战争要不得,快要五年的远离故国了,还没有生还的日子!"
> 我问他:"你喜欢打仗吗?"
> 他摇摇头,拿了笔写:"我就快要满役退伍了!退伍之后,也去做买卖。"
> 他停了笔,说:"给你们做买卖,你们一叫我做什么,我做什么!扫地,做用人都可以……"
> 他说:"将来的世界,是人类互相友爱的世界,我们现在见了一面,大家相识了,就是永远的朋友了!"[①]

龙本准尉的形象,是战争题材作品中少见的一个,也是真实的一个。一旦脱离了战场上的搏杀,人类的本性,人的善良的一面,便自然地回归。日本人也是有七情六欲的平常人。通过龙本,我们可以看到,战争初期杀气腾腾,不可一世的日本军队,经过多年的战争,深陷泥潭,看不到任何胜利的希望,重返家园的可能,反战情绪弥漫。我们还可以看到,在讨厌战争的同时,日本人民对于和

---

① 张春风:《龙本准尉》,《宇宙风》第132期,第366页。

平的渴望。

四、对中日战争前景的分析

日本的全面侵华战争爆发之后,人们对这场战争的进程和结果做了各种各样的分析:中国是否能战胜装备精良的日本军队?日本是否会中间求和?欧美国家是否会支持中国人的抗战?中国应该采取什么策略才能取胜?这场战争最终会出现什么样的结果?等等,都是那个时代的中国人热心探讨的重要问题。《宇宙风》杂志也发表了如林语堂的《日本必败论》、林憾庐的《泥足陷得更深》、李侠文的《观时局》等文章,在回顾了开战以来的战况的同时,表达了对这场中日民族大战结局的看法。本节拟引用《宇宙风》的部分文章和毛泽东、蒋介石、蒋百里等政治领袖、军事家的分析和论断,考察这一时期的中国人对中日战争结局的分析和预测。

(一)《宇宙风》的论述

在《写于抗战两周年》中,林憾庐这样写道:

> 现在,已经两周年了,我们还要战下去!因为敌人现在谋和,是想不要把力量消耗竭尽,而获得战胜的利益,攫取我们的经济富源——如果我们现在答应和,岂非上了敌人的大当?而且,过去的一切牺牲,岂非都等于白费了吗?所以,除了汉奸别有心肠者外,全国的人一致主张抗战到底,这不用我说,谁也知道是铁一般的事实。①

---

① 林憾庐:《写于抗战两周年》,《宇宙风》第82期,第441页。

抗战已进行了两年，日军企图靠速胜一举占领中国，令中国人屈服的美梦破灭，陷入了中国战场的泥潭，为了摆脱困境，不断向中国施放和谈的烟雾弹，但当时多数的中国人都坚决反对与敌人和谈，表达了抗战到底的坚强决心。

在第94、95期合刊中的《抗战的第三年》里，作者魏精忠分析了抗战时局，他通过对甲午、日俄两役的回忆，认为近代日本是以战争投机起家的，日本人擅长速战，但是并无长期作战的经验，"历史上的事实告诉我们，东方流氓的军事投机家，它只是盘算在速战速决的圈子里，想侥幸地获得所谓胜利的战果。无论它在这第二次欧战期中，宣称怎样怎样解决对华事件，并大规模的孤注一掷进攻，疯狂的各处侵犯，都在说明了它自己——战事一超过两年，它就捉襟见肘了。""我们回头看，中日甲午之战，和日俄满洲之战，是日本这口蜜腹剑的樱花刁妇，均于胜败在极机敏之间，在将转入不利的紧急关头，运用外交手腕，巧妙地攫取了胜利的战果。"①

魏精忠的分析，可谓入木三分，从历史的教训中，看到了敌人的弱点和中国外交失败的惨痛经历，告诫国人不要再上敌人的当，要坚持到抗战的最后胜利。

李侠文在《观时局》中，通过对日支撑战争的能力的分析，指出了日本人的非理智和疯狂行为：

> 在中日战争发生之前，有好些人统计过日本的国力，以为日本对中国侵略所能使用的国力有一定的限度，它还得保留

---

① 魏精忠：《抗战的第三年》，《宇宙风》第94、95期合刊，第345页。

若干部分以备对苏和对美,如果中国的国力能够达到了相当水准,日本权衡利害,就不敢和中国为难了,现在事实证明:日本人的举动决不这么富有理智,其反理智的程度,简直趋乎疯狂。①

1938年8月,林语堂在《宇宙风》第73期,发表了洋洋洒洒的长文《日本必败论》。他从总论开始,分军事、政治、经济、外交、和议条件5个方面,对中日两国的状况、敌我力量的对比和消长,做了详尽的分析,提出了"日本必败论":

> 日本军力万不足以征服中国,财力万不足以长期作战,政治手段又不足以收服人心,卢沟桥事变起,日本非有实力足作长战,特以为中国内部分裂,不久即必求和而已。今则进退两难,而成外强中干局面。至本年年底经济破产,明年入春即生国内反战运动,卒因英美外交力量屈服退兵。②

从整体上看,林语堂"日本必败"的结论不无道理,但很显然他对形势的分析过于乐观,认为日本的经济在1938年就会破产,1939年春日本国内便会暴发反战运动,这过低地估计了日本的实力。然而他对这场战争在未来给中日关系带来的长期影响,多年之后,日本人对这场战争的态度的预见,却充分显示了其眼界的恢宏与长远,对日本人习性洞察之深刻,令人感佩不已:

---

① 李侠文:《观时局》,《宇宙风》第103期,第98页。
② 林语堂:《日本必败论》,《宇宙风》第73期,第20—21页。

人类的一切生活无不蒙上自己过去的阴影,并把现在的阴影投给未来。正如莎士比亚所说,一个人所做坏事的影响比他的生命还要长久。这场战争的幽灵,将徘徊在东方的大地上,在今后几十年内都会给中国和日本投下阴影,这场战争最终会给中日双方带来不少伤脑筋的问题。①

到1939年晚些时候,日本所面临的破产会迫使他们去寻求和解。但是,这一天的到来会伴随着太平洋力量的干预。到1980年,日本就会忘记所有这一切,并会谈论美国总统强迫它吐出其"胜利"果实的"不公平"。对日本民族来说,即便是在1940年,这也是一个多么值得深思的问题啊?②

林语堂的这两段话写于1939年的《中日战争之我见》中,确属真知灼见。他预见到多年之后日本人将会为这场战争进行辩解和翻案,在今天正是活生生的现实。

(二)毛泽东的论述

毛泽东和蒋介石,从其地位和职业来看,不属于文化人,应该是政治领袖,但为了从宏观上把握中国人对日本人的认识,不妨也作以参考:

抗战爆发以后,毛泽东于1938年5月发表了《论持久战》,以战略家的眼界预见了中日之战的过程和最终的结局,他对中日双方的各种力量进行了科学的分析和对比,驳斥了"速胜论"和"亡国

---

① 林语堂:《中国人》,第391页。
② 同上,第390页。

论",认为这场战争只能是一场持久战。其发展的路径为"敌方的战略进攻,我方的战略防御""敌方的战略对峙,我方的反攻准备""我方的战略反攻,敌方的战略撤退",最终,中国人民将迎来这场民族解放战争的伟大胜利。

在与美国记者斯诺的谈话中,毛泽东谈到了战胜日本帝国主义的三个条件和战争的前途:

> 问:在什么条件下,中国能战胜并消灭日本帝国主义的实力呢?
>
> 答:要有三个条件:第一是中国抗日统一战线的完成;第二是国际抗日统一战线的完成;第三是日本国内人民和日本殖民地人民的革命运动的兴起,就中国人民的立场来说,三个条件中,中国人民的大联合是主要的。
>
> 问:你想,这个战争要延长多久呢?
>
> 答:要看中国抗日统一战线的实力和中日两国其他许多决定的因素如何而定,即是说,除了主要看中国自己力量之外,国际间所给中国的援助和日本国内革命的援助也很有关系。如果说中国抗日统一战线有力地发展起来,横的方面和纵的方面都有效地组织起来,如果认清日本帝国主义威胁他们自己利益的各国政府和各国人民能给中国以必要的援助,如果日本的革命起来得快,则这次战争将迅速结束,中国将迅速胜利,如果这些条件不能很快实现,战争就要延长。但结果还是一样,日本必败,中国必胜。只是牺牲会大,要经过一个很痛苦的时期。
>
> 问:从政治上和军事上来看,你以为这个战争的前途会要

如何发展？

答：日本的大陆政策已经确定了，那些以为同日本妥协，再牺牲一些中国领土就能够停止日本进攻的人们，他们的想法只是一种幻想，我们确切地知道，就是扬子江下游和南方各港口，都已经包括在日本帝国主义的大陆政策之内。并且日本还想占领菲律宾、暹罗、越南、马来半岛和荷属东印度，把外国和中国切开，独占西南太平洋。这又是日本的海洋政策。在这样的时期，中国无疑地要处于极端困难的地位。可是大多数中国人相信，这种困难是能够克服的；只有各大商埠的富人是失败论者，因为他们害怕损失财产。有许多人想，一旦中国海岸被日本封锁，中国就不能继续作战。这是废话，为反驳他们，我们不妨举出红军的战争史。在抗日战争中，中国所占的优势，比内战时红军的地位强得多。中国是一个庞大的国家，就是日本能占领中国一万万至二万万人的区域，我们离战败还很远呢，我们仍然有很大的力量同日本作战，而日本在整个战争中须得时时在其后方作防御战。中国经济的不统一、不平衡，对于抗日战争反而有利。例如将上海和中国其他地方割断，对于中国的损害，绝没有将纽约和美国其他地方割断对于美国的损害那样严重。日本就是把中国沿海封锁，中国的西北西南和西部，它是无法封锁的。所以问题的中心点还是中国全体人民团结起来，建立举国一致的抗日阵线。这是我们早就提出了的。①

战争发展的事实，证明了毛泽东的论断的英明和正确，在艰苦

---

① 《毛泽东文集》，第一卷，人民出版社1993年版，第401—402页。

卓绝的抗战历程中,为中国人民指明了方向,鼓舞了坚持抗战的信心。毛泽东预言的日本国内人民的革命未能出现,则源于日本军人的独裁统治对民众的镇压和日本明治维新后所形成的"忠君爱国"思想。

(三)蒋介石的论述

作为南京政府的政治领袖,蒋介石对中日之战的进程,也做过许多论述。1934年7月他在庐山为将校军官训练团做了长达一周的题为《抵御外侮与民族复兴》的授课,集中讲述中国民族国家建构中的日本问题。日本人信浓忧人将该讲演译为《日本论》,收录在《支那人所见之日本》中,于1937年由日本青年书房公开出版。在"译者前言"中这样写道:"这个蒋氏是多么彻底地厌恶日本,很久以前就为了准备抗日,煽动欺骗无知的支那民众,作为现实的证据,值得一读。"[①]当时为了防止授日本人以口实,这篇讲演被当做机密,未见诸任何报道。

蒋介石认为中日之战,中国必胜,这其中有许多因素,比如,世界各强国绝不容许日本独占中国,把中国变成它的殖民地。要想达到这一目的,日本就必须同世界各国决战。做不到这一点,日本就无法掌握东亚之霸权,也无法解决太平洋问题。这样一来,它就难以成为东亚的盟主,也无法吞并中国。在期待与国际社会结成统一战线这一点上,蒋介石的看法与毛泽东的看法相同。

在讲演中,蒋介石还从日本对外国的称呼推测了日本对这些国家的态度和策略:

---

① 信浓忧人:《支那人所见之日本》,日本青年书房1940年再版。

日本把我们中国叫作"支那",在日语中支那这两个字是什么意思呢?是"要死了"的人的意思。由此可以看出,日本人的眼中根本没有我们中国,所以他们不称我们中国为"中华民国"而始终叫"支那"。其次,在日本,把俄罗斯叫作"露西亚"。露是雨露的露,使用这个"露"字是什么意思呢?日本把自己一方比为太阳,把俄罗斯当做露水。太阳出来一照,露水立刻就干,由此可见,日本早就制定了灭掉俄罗斯的国策,还有,日本把美国叫什么呢?在我们中国称为"美国",而在日本却叫做"米国",也就是要吃的粮食,而日本把美国称为"米国",也就是要吞掉美国的意思。由此可见敌人日本的苦心用意。他们的敌人不止中国一国,最大的敌人还在旁边,也就是说,我们中国是日本正面的敌人,美国是后面的敌人,苏俄是侧方的敌人。①

从日本对中、俄、美的称呼看出日本对这几个国家采取的政策,蒋介石的论述似乎有些牵强,何况他对"支那"、"露西亚"和"米国"词义的解释并不准确。或许他在一贯生硬的讲演中故意加点调料,给那些暑热中规规矩矩听领袖训话的少壮派军官讲个笑话,活跃氛围。听上去也的确好笑,但即便是笑话和调侃,蒋介石毕竟把日本视为中国对面的敌国,而且日本侵略中国、进攻苏联边界和偷袭美国等战争行动,在后来都变成了事实。1934年蒋介石还强烈地批评了日本的对华政策,认为日本人根本不了解中国,包括那些所谓的中国通,对于中国也十分无知,他们只有微观,没有宏观,狂

---

① 蒋介石:《抵御外侮与民族的复兴》,转引自信浓忧人编:《支那人所见之日本》,引文由引用者自日文译为中文。

妄自大,使他们无视中国人的反抗力量,这将导致日本人的失败。

(四)蒋百里的论述

蒋百里,早年留学日本,1905年以步兵科第一名的优异成绩超出所有的日本同学,从日本士官学校毕业,后来成为中国著名的军事理论家。

"早在1913年,他就暗示中国练兵要以日本为假想敌。"[①]1923年,他再次提出"从中国现状而言,吾侪所最危险者,即邻近富于侵略性的国家。"[②]

在抗战爆发之前,针对国内一部分人流行恐日症的情况,蒋百里把1913—1937年的军事方面的论说,著述精心选编成《国防论》一书[③],成为中国军民了解战争和兵学的指导性著作。

1937年9月,为说服英法等国支持中国人抗战,蒋百里受命赴欧洲斡旋,在德国结识了对中国和日本均有深入了解的德国人欧斯特,在其帮助和影响下,完成了《日本人——一个外国人的研究》。

1937年中日大战尚未爆发时,蒋百里就对中日前途做了预测和分析:"中日两国除了打别无选择,开战时间不出一年。"[④]对中国应采取的战略战术,他认为:"中国有地大、人多的两个优势,不打则已,打起来就得运用'拖'的哲学,拖到东西战争合流,我们转弱为强,把敌人拖垮而后已。"[⑤]

---

① 刘振生:《蒋百里的日本留学与日本认识》,《中国人的日本认识》,第129页。
② 同上。
③ 同上。
④ 陶菊隐:《蒋百里传》,中华书局1985年版,第136页。
⑤ 同上,第152页。

蒋百里在德国时,一次和欧斯特长谈后分手时,这位长者郑重地告诉他:"胜也罢,败也罢,就是不要同他们讲和。"①这句话深深地嵌印到蒋百里的脑海中。蒋百里提出的对日战略,与毛泽东、蒋介石的看法是一致的,反映了在如何对待日本侵略上的中国人的政治、军事智慧。

2006年岁末,中央电视台记者采访了北京大学著名学者季羡林先生,季先生生于1911年,已是96岁的高龄,但思维依然敏捷,当记者问到"您如何看待中国的发展"时,先生答道:"中国人从来没有侵略别国的意图,今后也是这样,但也决不允许别人欺负我们,谁这样,我们不饶他,比如日本。"可以看出,在漫长的人生风雨中,这位世纪老人心中留下的日本印象。

日本人不愿承认二战中败给了中国,这说明他们心中依然存在着对中国人的深深的歧视,从这种意义上说,林语堂曾经预见到的日本人在战后的态度就得到了验证,而回味"胜也罢,败也罢,就是不要同他们讲和"这句警世之言,则促使我们从更多个角度思索日本右翼根深蒂固的思想脉络,和战前中国人对日本的洞察。

第三节　国难中的《宇宙风》的日本透视

一、对日本民族性的深入探讨

《宇宙风》这一时期的一些文章,从某些侧面触及到了日本人

---

① 转引自刘振生:《蒋百里的日本留学与日本认识》,《中国人的日本认识》,第133页。

的民族性问题,反映了通过中日之间的大战,中国文化人对日本人的民族性的看法。

(一)对中日民族性的比较

丰子恺在《劳者自歌》(《宇宙风》第72期)中,就中日民族性进行了比较,指出了二者的差异:

> 最近外报上登载一画,写一巨人非常巨大,正在睡醒。向他侵略来的日本人非常细小,差不多只及得他一根汗毛。这是画家过于夸张么? 不,不,决不夸张。中国人同日本人大小之比,相关的确有这样远,但不在身体上,而在精神上!
>
> 凡和日本人交际过,都得承认日本"小家气"。凡用过日本货的人,都承认日本货"轻巧"。反之,中国人"落落大方",中国货"重实"。这全是国民性的表现,即民族精神的表现。在种种地方互相比较中日两国的民族精神的大小之比,的确如这幅画所示。所以这幅画绝不夸张,正是写实。①

作者从一幅漫画中描述的中国和日本,看到了中日的大小之比,强调这种大小之比,不在体格上,而在精神上;又举出中国人行为处事落落大方,日本人"小家气",中国货"重实",日本货"轻巧",来说明中日"大小"之差异。林憾庐也认为"仿佛中国人较日本人聪明些,大方些。"②

---

① 丰子恺:《劳者自歌》,《宇宙风》第72期,第304页。
② 林憾庐:《比较一下》,《宇宙风》第27期,第205页。

中国人与日本人的这种民族性差异,是在两国各自不同的自然环境,不同的文化历史中孕育而成的。其最大的差异或许可以说是中国人的"天下主义"和日本人的"日本主义"之间的差异。李慎之于1994年撰文提出了"中国传统的理想是'天下主义'而非民族主义"①的观点。汤因比也曾说过,中国自汉代以后,就形成了天下主义的文化。在比较中西文化时,梁漱溟曾谈到在个人、家庭和国家、天下,这四个层面上,西方更注重个人和国家,中国人则注重家庭和天下。② 所谓"天下主义",是一种超越了民族和国家的世界观,一种以仁、德为尺度的伦理道德观。和民族主义相比较,它更强调道德与文化的作用,因而就更具有普世价值。在漫长的历史进程中,"天下主义"影响了中国人的行为,使中国人形成了一种凡事从宏观、全局来思考的行为方式与思维方式,形成了中华文明"博大"的格局和特点。而另一方面,又导致了中国人做事较少就细节进行斟酌、做细密周到计划的习性。

在近代,中国人的"天下主义"先后遇到了西方列强和日本的挑战并不断败北。一个没有正式国名、没有明确边界、没有国旗、没有国徽、没有国歌、没有国家民族意识的民族,难以和已经实现政府与人民、国家与个人的一体化的现代民族国家抗争。因此,近代中国人的觉醒,实际上就是一个不断克服天下主义,强调民族主义的过程。

与中国人相比,日本人同样面临西方列强的压迫。但日本人迅速举起民族主义的大旗,把"万世一系"的天皇和全体国民联系

---

① 李慎之:《全球化与中国文化》,《太平洋学报》1994年第2期。
② 梁漱溟:《中国文化之要义》,《梁漱溟学术论著自选集》,北京师范大学出版社1992年版,第331—332页。

起来,形成了一种具有强大的民族向心力的"日本主义"。这种"日本主义"或"日本精神"的整合,使这个民族有效地抵抗了西方国家,进而不断膨胀,转向对外扩张,并力图以此整合整个世界。

丰子恺从一幅漫画看到了中日之间的力量的对决,认为中国人的民族主义精神一旦崛起,就会像一头睡醒的雄狮,爆发出巨大的能量。同时,又基于中国传统的"天下主义"的思维方式和道德观,对日本人的行为进行严厉的批判:"日本岛国之民,未闻仁政,但知用小智营利,而不解大义。上述之村妪顽童,于中必特多。"①

对于中国人和日本人的这种民族性的差异,英国人宾阳在《爱国说》(《宇宙风》第 55 期)中也做了比较:

> 爱国精神形式不同之处,可由中国、日本的相反态度写照出来。向来在中国,——最少在这次中国人空前团结抵抗外侮以前——大家都有一种默契的心理:中国人民是文化超越的种族。可是,对于国家、朝廷的观念,并不强烈。日本骨子里还是一个封建国家,封建精神,对于族酋长的效忠风气,至今不移,超出一切骨肉精诚的观念,循至走到发狂的极端。日本人觉得黩武的德性,比较别的什么气质,都来得高贵。②

林憾庐在中日大战爆发之前,在为《宇宙风·日本与日本人特辑》所写的感言中,高度评价了日本文化,对日本民族的优点给予了充分的肯定。但是中日开战后,通过对日本人行为的观察,他发

---

① 丰子恺:《劳者自歌》,《宇宙风》第 52 期,第 147 页。
② 〔英〕宾阳:《爱国说》,《宇宙风》第 55 期,第 25 页。

现了日本气质中许多平时未曾意识到的缺点,对中日民族性重新做了比较,在《一个民族的文明程度》(《宇宙风》第80期)中对日本民族的文明程度发生质疑,认为日本只能算是半开化的民族:

> 每个民族都有她的文化,她的文明的程度,她的民族气质的特点。但是有些东西在平时不大看得清楚,而在某一个时期(或者说,在特别的环境中)便显露出来。
>
> 日本,从前我们总以为她受了中国和印度的文化的影响,少说一点也已在千年以上,那么她的文明程度应该相当的高。而明治维新以来又吸收了西洋文明,看去简直很了不起,已经赶上了欧美,中国输给她很多。
>
> 可是,在此次战争中,日本人的野蛮、残暴、凶横、卑劣,种种坏气质都显露出来了。这样看来,她只在表面上仿效人家的文明,而实际仍保有其原来的气质,其文明是假饰的。她似乎只能算半开化的民族。而且她的缺乏道德观念,其行为的灭绝人道,悍然违背信义,有的地方还不及非洲的黑色人种。随便举个例,如本刊第79期"沦陷后的杭州"末断所述,虽则仅只一点点,已可概见其余了。我不相信那样的事情是文明人所做得出的,就野蛮人也不致如此的。(中略)
>
> 不仅是对于我国的人民,对第三国的人民也是一样地蛮横,以致引起许多交涉。他们以战胜者自居,趾高气扬,目空一切,而原来的野蛮面目遂不觉显露。日本人平时很怕人家笑话,怕人家发现他们的粗野,所以很注意礼貌外观,模仿人家唯恐不及。但是,战争把他们的假面具揭去了,得意忘形之际,尾巴不免露出来,于是什么野蛮丑恶的事情都做得出,而

第三章　全面抗战时期《宇宙风》的日本认识

且毫无忌惮地,公然与世界舆论及人类道德正义为敌。

日本人也许不明白为什么人家都反对他们,因为他们不自觉其种种行为是野蛮无人道的。他们之所以如此,恐怕还是因为她的文明程度低下之故。

这样看来,日本的文明的受外来影响似乎是很小的。也许有人以为这是由于中国和印度文化的柔弱,它们没有感化日本民族的力量。但是,我以为一个民族的文化似乎是整个民族所产生的。日本民族总有她意识思想,构成她自己的文明。况且,气质性情这东西好像不是容易改变的,特别是富于保守性的民族。所以,当然地,日本受中国印度文化的影响只是表面上,而她仍保有其原来的气质与文明——这,不幸地,所有蛮野残暴和卑劣的成分,在目前都显露出来了。[①]

作者开头的一段话,可以视为是此前对日本文化所做的过高评价的一种反省。可谓不通过一个特殊的时期对于一个民族的全面观察,是难以得出客观的结论的。因为作者面对着一种窘境:在以前的文章中极力说明日本文明是一种程度很高的文明,而事实上,在中日交战的过程中,日本人却时时处处表现着他们的不文明。透过日本军队在中国杀人放火,强奸妇女,抢掠财物,作者看到了这个民族的野蛮的一面。而这种野蛮即便是在杀戮行为频发的战场,包括在欧洲战场,像侮辱妇女儿童、凌侮弱者等行为都是少见的。作者提出的结论是,日本吸收了中国、印度的文化,但学到的东西只是皮毛,一个民族的精神气质是不容易学到的。而战

---

① 林憾庐:《一个民族的文明程度》,《宇宙风》第80期,第350—351页。

争使日本人脱下了伪装,露出了本土文化的原样——即野蛮、杀戮、背信、讹诈、阴谋。戴季陶在《日本论》中也指出日本人的杀伐习气:"日本人的习气与中国人最不同者,乃是不论任何方面都没有中国的晋朝人那样的崇尚清淡而不负一点责任的风习,六朝人的软弱、颓废的恶习。即便是最为消极的'浮世派'文学、艺术,也没有脱掉杀伐的习气。这几点是我们必须加以注意和研究的。"①

蒋百里在《日本人——一个外国人的研究》第一章的序言里这样写道:"最不痛快的,莫如我现在写的这一章,因为除了'阴谋'、'煽动'、'贿赂'、'威吓'以外,我不知道政治运动中还有何种方法。我不愿将日本这种一般性的政治内幕揭露出来。"②

由大战前对中国威逼、恫吓,到战场上的野蛮暴行,使中国文化人对日本统治集团的真面目和民族性格中阴暗面的认识也越来越深刻。

(二)对武士道精神的剖析

所谓"武士道精神",是最具日本特点的并为日本人独有的一种精神,一般所指的是绝对效忠天皇国家、义勇奉公以辅翼皇运、好勇斗狠并蔑视生命的军国主义精神;在战场上表现为以野蛮杀戮为荣,以当俘虏为耻辱,失败则不惜"玉碎"、"切腹"自杀。日本统治集团及其控制下的舆论将其吹捧为日本人民族精神的象征,开展长时期的彻底灌输。中日交战后,这种"武士道精神",更是频频见诸报端,引起国人兴趣。

---

① 戴季陶:《日本论》(日文版),社会思想社1972年版,第37页。
② 刘振生:《蒋百里的日本留学与日本认识》,《中国人的日本认识》,第133页。

在《谈敌人的武士道精神》(《宇宙风》第 97 期)中,作者写道:

> 日本人一向常是洋洋得意的夸道他们的"大和魂",或"武士道精神"。这无论从他们的历史书籍上,报章杂志上,标语上,或是敌酋对其部队的训话上,这种名词都是常常提到的。这种名词不但敌人自己常提,就是到日本去过的外国人,或是对日本问题有着研究兴趣的人,也是时常称赞不已的。有时候,在敌人的眼光中,"大和魂"、"武士道精神"和"皇军"竟成为三位一体,表现着同一意义的名词。①

作者从历史上武士阶级的形成、武士与其主人的关系的角度,分析了"武士道精神"的含义、作用,并引用桑森(Sansom)的《日本文化简史》来加以说明:

> 不但一个武士只侍奉一个主人,并且他们对主人的忠实是超过任何人的,他们中间是一种不露形迹的关系,其役从契约也是属于过去、现在、将来的——做母亲的须牺牲自己的儿女,去替酋长的儿女死,并且当自己的儿女,为其仇人杀戮时,她不能有动声色;作儿子的为了自己主人的利益,而牺牲自己的父母,做丈夫的也为了弄到金钱,以保障其军人的光荣,而出卖妻室为娼。②

总而言之,武士道要求武士对其主人无条件地服从,绝对地忠

---

① 庶人:《谈敌人的武士道精神》,《宇宙风》第 97 期,第 465 页。
② 同上。

诚。即便牺牲自己,牺牲家人,也在所不惜。作者感叹道:

> 这样的一种横暴的、禁欲的、不人道,甚至接近残酷的权力义务关系,乃造成了日本人后世所极乐称道的"武士道精神",我们今日看了这种记载,不禁掩鼻却步,唯恐躲之不速,然而它却一直在日本社会生活尤其精神生活方面不断的孳生着,发展着。日本的统治者,以此为光荣,以此为鼓励,并想以此维持着日本千余年来的世道人心。就是在日本今日的社会中,它还起着深厚的作用。①

戴季陶曾对日本人的"武士道精神"做过一针见血的分析:

> 藩主是最大的地主,农民是大地主的农奴,武士是大地主个人家产的管理人和防备外敌的下仆。因此,武士道这一主义,从其产生的背景来看,不过是"奴道"。我们需要注意的是:由制度而产生的武士道,其后被当成道德的武士道、信仰的武士道。②

武士道崇尚勇敢、荣誉和忠诚,即使牺牲自己和家族的生命,也要保护主君的利益,这种牺牲精神被看作一种美德,受到日本人的普遍赞颂,潜移默化之中影响着日本人的性格形成。明治时代以后,伴随着日本的对外殖民地战争,武士社会时的对主人的效

---

① 《中国人的日本认识》,第133页。
② 戴季陶:《日本论》(日文版),第162页。

忠,被转化为全体国民对日本天皇的绝对效忠精神,"武士道精神"被不断美化和灌输,成为日本统治阶级麻痹人民、驱使国民上战场去为其卖命并制造暴行的重要工具。

二、全面抗战爆发前后对日透视的异同比较

通过以上对《宇宙风》创刊以来到抗战爆发、抗战爆发到抗战结束时发表的大量评述日本的文章的考察,可以发现这两个时期《宇宙风》的日本观察与评述具有明显的区别:首先,在抗战前的文章中,大量揭露了日本军队和日本侨民在占领区内的恶行,表达了中国人敢怒不敢言的怨恨;其次,因顾及中日大战爆发给国家、人民带来的巨大灾难,避免战争给两国人民造成永久的仇恨,一些文化人从理性的角度思考中日关系,呼吁知识分子和青年学生保持冷静。而以早年留日学生为主体的作者群,则以中日冲突的不断加剧为契机,对日本和日本人展开了全方位的探讨和分析。他们的日本透视,一方面依据当年留学日本时代的记忆,一方面又基于当时严酷的中日关系的现实。但举国上下一边倒的抗日浪潮,并未影响他们审视日本的视线和尺度,对于日本,他们给予了正确、客观的评价,以至于使《宇宙风》的编辑惊讶地发现,这期特辑的大部分文章,竟然都是说日本好的。尽管冒着犯众怒的风险,但他们依然尊重作者、尊重事实,照旧按计划刊出了《日本与日本人特辑》,真实地记录了中国文化人认知日本的过程和矛盾、复杂的心路历程。"特辑"的文章,均承认日本文明作为一种文明,具有其美感特征与合理性,对日本社会的安定、生活的简洁实用、品味的高雅,不乏溢美之辞。从各个不同角度,评述了自我理解中的日本文化。这种理解和感悟,不是故作多情,而是发于心声。应该说,以

《宇宙风·日本与日本人特辑》为中心，该时期的《宇宙风》反映了中国文化人科学、客观的探索精神，也表现了作者们的良知和中国文化博大的底蕴。"特辑"的出现和存在，足以让日本所谓的"中国人在不遗余力地反日、排日"的论调不攻自破，亦可使同时代充斥日本报章的"膺惩暴支"的舆论不值一驳。《宇宙风》的理性态度，也凸现出中日两种文化的差异。

然而历史毕竟是严峻和无情的。经历了地火运行的时代，中日大战终于爆发。在其后的《宇宙风》的评述日本的文章中，作者们包含辛酸，向人们讲述了一个又一个凄惨的故事，故事的当事人、登场人物，自然是中国人和日本人，以往的留日学生、中国文化人、普通百姓都没有见过的那样的日本人。为什么如此高雅的文化会派生出如此丑恶的行径？中国文化人百思不得其解。方令孺、林憾庐、周作人、林语堂等都发出了这种质疑。政治冲突，利益诉求，军事行动，或许是国家意志的体现，但在其过程中表现出的人性的丑恶，却超出了人们的想象和理解能力。对于日本人在国内时的彬彬有礼与在中国的各种丑行的巨大反差，日本学者土居健朗的分析，或许对解释这个问题有所帮助。在《日本人的心理结构》中，土居从日本人对内外的区分、不同的行为方式的角度作了分析：

> 日本人用"内"与"外"来区别人际关系，其标志之一，便是该不该客气。（中略）另外，还有一些人，他们与左邻右舍、上上下下都相处得很融洽，但对陌生人或平时与己无关的人便摆出趾高气扬、目空一切的傲慢态度。所谓"出门在外，无所顾忌"就是说在家门口时，进进出出均礼貌待人，谨言慎行，一

旦到了异国他地,便随心所欲,为所欲为。日本人的这种习惯曾多次遭受外国人的非难和指责。①

土居的"内外有别"说,在解释日常生活中的日本人的行为时,具有一定的道理,但战争时期日本人在中国战场或占领区内的行为,显然已经大大超越了普通人的行为规范。战争不仅催化和加剧了日本人的这种"内外意识",而且导致了人性的彻底的沦丧。因此,在《宇宙风》作者的笔下和中国民众的眼中,日本人已经由人堕落成了魔鬼。

历史已经进入了新的世纪,我们应当忘记这段悲惨的记忆,但历史上发生过的一切,曾经压得中国人喘不过气。今天日本的某些人,极力否定战争罪行的言论,又时时勾起中国人的回忆。

第四节　周幼海与周佛海的《日本概观》

1945年2月8日,在日伪沦陷区的上海,新生命出版社出版了署名周幼海的《日本概观》。此著作系统地分析和探讨了日本的社会、文化、国民性,尤其是对中日两国的国民性进行了反复比较,并就日本人对中国之态度和中日关系,发表了一系列深刻的见解。一经出版,就引起当时的文化人的关注,称之为"奇书"。说是"奇书","奇"在以下三点:一、作者"奇"。众所周知,周佛海是抗战时期著名的大汉奸,日本侵略者的鹰犬和大红人,周幼海是周佛海的

---

① 土居健朗著,阎小妹译:《日本人的心理结构》,商务印书馆2006年版,第24—25页。

儿子,是本书的署名作者。该书出版时只有23岁,能否写出这样一本全方位探讨日本文化、思想深邃、笔致老到的著作,令人怀疑;二、出版时间"奇"。周幼海此前留学日本,如前所述,战时的日本对中国留学生的监视和控制极为严格,包括他这种中国要人的子女。因此在日本要想摆脱日本警察、特务的监视,完成这样的著作,近于不可能。而周幼海1945年1月回到上海,到2月8日该书便出版问世,从写作到出版,仅一个月的时间,即便是才高八斗,也勉为其难;三、出版地点"奇"。上海是战时的日伪沦陷区,处在日本人的严密控制之下,而当时日本人对控制中国人的抗日思想不遗余力。即便是在其父周佛海的庇护下,出版这样一本富于反抗性、不断指责日本、警示国人的著作,也堪为胆大称奇。

文人桑榆在朋友家看到该书,被其内容所吸引,遂去书店准备多买几册,但跑遍各书店,均不得见,便径直去了新生命出版社。人家告诉他:这本书只印了一千册,三百册赠给了《申报》的奖学基金,剩下的也早已卖完。于是桑榆又到朋友家,恳请割爱,得到了这本书,其后,桑榆离开上海,跑到南平,于次年2月,在复兴出版社,将该书翻印,每章后附以评语,封面加上"奴才笔下的悲鸣,周逆幼海原供、桑榆批判"的文字,以《敌国丑相》为书名再版。笔者所见到的就是这本书。①

《日本概观》,既是抗战时期由敌伪内部产生的一本"奇书",也是一本了解日本、研究日本的重要著作,具有相当的参考价值。本书拟首先考证本书的真实作者,以便把握其日本认识形成的背景与思想基础,其次就其主要内容、特征和价值进行探讨。

---

① 桑榆:《敌国丑相》,复兴出版社1946年2月版,第3页。

一、关于作者的考证

《日本概观》的作者署名为周幼海,而该书甫出版,读者便对作者的真实性产生了怀疑:

> 然而他的年龄,在本书付梓时,仅二十三岁,是否能写出这样一部行文曲折而笔致老到的书,颇引起读过这本书的人们的疑问;况且这样一部书决不敢在敌人国境以内起草的。他莅沪以后到此书出版时间的时日还不到一个月,而此书的写成决非速成的"著作"。所以有人怀疑这是老奸巨滑的周逆佛海的手笔,最低限度是经过他的修葺的。①

本节拟依据《周佛海日记》(蔡德全编注,中国文联出版社,2003年8月)、《叛逆人生——周佛海之子周幼海传奇》(朱玉琪著,上海人民出版社,2005年1月)等资料,对《日本概观》的作者,进行概略的考证。

(一)幼海的留日经历与写作经历

周幼海,1922年10月生于日本,1938年因日本飞机轰炸,为避战乱,随母亲赴香港,就读于岭南中学。1939年5月,其父周佛海投敌,任伪行政院副院长。在日本驻华特务机构"梅机关"负责人影佐祯昭的"邀请"下,周幼海于1939年9月赴日留学,成为变相的人质。在东京,他先在日本著名日语教育家松本龟次郎的亲

---

① 桑榆:《敌国丑相》,复兴出版社1946年2月版,第4页。

自教授下学习日文,其后进入著名的"东京第一高等学校",继续学习。据原中央党校副校长韩树英回忆,周幼海是他"一高"时代的同学,他是1938年入学的,周较他高一届。当时一高成立了读书会,设有秘密图书馆,可以接触到马克思主义的书籍。① 其他资料都写到周幼海是在1939年9月赴日的,韩谈到周是他的上一届,即1937年赴日的,这是他的记忆错误。但通过他的回忆,我们可以知道,周幼海赴日后曾在一高就读过,而这一段,在其他资料中未见记载。其父周佛海于1917年赴日后,靠刻苦学习,以优异的成绩,考入一高。周氏父子先后都在这所名校就读过。

1941年,周幼海因讨厌被日方监视、控制下的生活,遂回国,1943年3月6日,又在日本的逼迫下,再度赴日,就读于日本庆应大学。此事曾被日本媒体利用,"日本大本营报道部长谷荻那华雄少将在报纸上发表文章,提到我再度赴日,是'响应日本对华新政策'。我看到非常生气。我就写文章在上海《平报》上发表,反驳了谷荻那华雄的观点。"② 日本首相东条英机访华时,在飞机上看到了东京《朝日新闻》关于周幼海重赴日本留学的一段,特意嘱副官将报纸交给周佛海。③

1945年1月,周幼海自日本归国,2月8日,《日本概观》即由"新生命"出版社公开出版。

周幼海的写作才能,在香港岭南中学读书时,便崭露头角:当

---

① 韩树英:《打了康生第一枪》,《齐鲁晚报》2006年11月2日。
② 朱玉琪:《叛逆人生——周佛海之子周幼海传奇》,上海人民出版社2005年版,第68页。
③ 《周佛海日记》1943年3月13日:"一时赴机场,接东条首相,在休息室进香槟。东京《朝日新闻》本日载幼儿重赴日本留学一段,东条在机中阅之,颇感兴趣,嘱其副官到京即将新闻纸交余,因谈孩子长大不听父母之言,到处皆然。"

其父附逆成汉奸之后,他不断受到同学的嘲讽和歧视,心中难忍,便写了一部短篇小说《最大的侮辱》,在校刊发表,这是他的处女作;40年代在《时代文艺》上他还发表过题为《现阶段的中国革命与民主运动》的政论文。

可以说,周幼海在当年,是一个爱好写作、喜欢思考、观察社会的青年,前后滞留日本的时间共约4年,打下了扎实的日语基础和阅读能力,接触到一些马克思主义的著作,对日本社会和中日关系,有过亲身的感受。但是,只凭这些,能否完成这样一部成熟的著作呢?

(二)《日本概观》的作者分析

从朱玉琪的《叛逆人生——周佛海之子周幼海传奇》中,可以找到对《日本概观》问世前后的描述。1944年6月,周幼海自日本回到上海,为祖母奔丧,做佛事。在与好友张朝杰聊天时,谈到了《日本概观》的写作计划:

"幼海,在日本还可以吧!认识不少人吧!"

"我爸来日本,肯定是要把我带去遍访日本上层那些名流。我呢,成了受人摆布的木偶而已。不过,由于我可以接触别人接触不到的人和事,以及各种资料,我最近准备写一篇大文章。"

"准备写多少字?"

"七八万。"

"叫啥篇名?"

"《日本概观》。"

"啊,好像是一部宏篇巨论。"

"是啊!我的主题,就是告诉人们:日本军国主义的日子长不了。从日本社会的各方面去分析,日本必败。"

"唷,你好大胆。"

"我要写得像纯客观的,让日本人抓不到把柄。所谓当局者迷,旁观者清。"

"我希望你赶快动笔,将文章早日写出来付梓。"①

从以上记述中可以得知,周幼海于1944年6月回国后,已开始考虑做一篇关于日本的大文章,题目已经想好,并且设计好了应付日本方面追究的方式。该传记还介绍了1945年1月,周幼海自日本回国后的《日本概观》的写作和出版过程:

> 爱子心切的杨淑慧,鉴于如此战局,坚决不让宝贝儿子再回日本东京继续读书。周幼海便躲在家中集中精力去写他的《日本概观》,写成后又把它印刷出版,并广泛散发。凡是幼海的同学和朋友,都得到馈赠,连他的父母及日本驻上海梅机关的日本人也都得到一本。书印得很精美,也很朴素。除了长达七八万字的主要论文《日本概观》以外,还收集了幼海这些年在国内《平报》等报刊上发表的不少宣传抗日的文章,作为附录来注释论文的重要论点:日本军国主义必败,中国抗日斗争必胜。②

---

① 朱玉琪:《叛逆人生——周佛海之子周幼海传奇》,第76页。
② 同上,第88页。

从以上内容中我们可以得知周幼海是在1945年初回国后,其母担心安全,不让他回日本继续读书,他趁此机会,把自己关进书斋,集中精力完成了《日本概观》,并付梓出版。传记还记述了梅机关的日本人见书后恨得咬牙切齿,乃父周佛海大发雷霆,令其收回,并向梅机道歉的情形。如果说该书的写作与出版,事前周佛海毫不知晓,完全由周幼海独立完成的话,笔者认为有以下几个疑点:首先,尽管周幼海对其父的汉奸身份深恶痛绝,时时怀有叛逆之情,但从周佛海的日记来看,父子情深意笃,每次周佛海去日本,不论公务多么繁忙,都要抽空见幼海。在国内和日本,周佛海都经常与幼海长谈国事、家事,关于日本人、日本社会和中日关系,肯定会对周幼海形成很大影响。但是,一个23岁的青年,人生阅历毕竟有限,对于日本的历史与现实,中日国民性的比较这种极为复杂的问题,难以得出如此成熟的见解。而在一个月内,既要写作,又要联系出版、校对,凭一人之力实难完成;其次,也是最重要的疑点,就是绕过周佛海,能否出书的问题。尽管当时日本在中国和太平洋战场上节节败退,但对其占领区依然实行残酷的法西斯统治,尤其对抗日言论的控制极为严格。

这本书明确无误地批判了日本,认为日本必败。在当时,汪精卫已死,周佛海任伪政府行政院院长,又于1944年12月兼任伪上海市市长,保安司令,在敌伪政府中可谓一手遮天。特别是出版该书的"新生命"出版社,原来就是周佛海于1928年1月亲自创办的。投靠日本后又由周佛海召回原班人马重新开张。可以说该出版社上上下下唯周佛海马首是瞻。在当时的情形下,出版这样一本书,极有可能会给周佛海带来杀身之祸,而不论编辑还是校对员、排字工,都可能因此而丢掉身家性命。因此,笔者认为,没有周佛海的首肯，谁也不敢编辑或发排这样一本充满危险的书。笔者倾向于部分赞同桑榆的观点："有人怀疑这是老奸巨猾的周逆佛海的手笔，最低限度是经过他的修葺的。"①笔者认为该书极有可能是周幼海先完成了草稿，经周佛海修改、加工后，由周佛海授意，未经新闻检查程序直接出版的。这本书关系到周家的命运，如果周佛海事先知道，一定不敢掉以轻心，放置不管。他必然要仔细阅读，把握分寸，在这一过程中，应该删减或添加许多内容，把他本人长期对于日本人的观察和思索融入其中。

也有可能是周氏父子合演了一出双簧。理由是：一、出版该书是为自己开脱罪责的需要。1945年，即便不是周佛海这样一个政坛的操盘手，就连普通百姓也都明白，日本战败投降，是早晚的事。周佛海的性格，是政治上的投机，狡兔三窟，八面玲珑。在主持伪政府，为日本人效力的同时，又设了电台，暗中与蒋介石联系，还和共产党保持着交往。或许他估计到汪精卫死后，自己已成了日本人倚重、收拾残局的人物，即便做些过头事，日本人也不会对他怎么样，以儿子的名义出书，自己可以装糊涂，于侧翼庇护，而当日本人投降后，这本书则可以成为替自己开脱、向国民政府表忠心的证据，为处理后事留下伏笔。当时的《新华日报》就曾有文章提到："近年来，显然因为看到日本主人的靠山可能崩溃，他为了预留后步起见，常在杂志上愁眉苦脸地写些发牢骚的文章，表示他的不得已的苦衷，所以这人的动态是值得注意的。"②二、从文章的内容上，也可以看出片片段段，绝非幼海的口吻，而是老周的经历，如，

---

① 桑榆：《敌国丑相》，第2页。
② 王季平主编：《八·一五这一天》，光明日报出版社1985年版，第148页。

在第六章《日本的社会》中,作者盛赞了日本大正时代的繁荣与自由。如果是周幼海所作的话,即便可以依据史料,也只能做些一般性的描述与分析,很难充满感情地去写作。而大正时代,正是周佛海留学日本的时代。退一步讲,如果是周幼海所作,因年代不同,不可能对大正时代的消费享乐的场所,有具体生动的记忆和描写。三、文章中时时出现对日本主子的不被信任的抱怨,这显然属于周佛海的经验之谈。

总之,由于资料所限和年代久远,我们很难准确判断《日本概观》的作者到底是谁,但依照上述资料的分析,推测该书是由周幼海和周佛海共同完成的,或许能够接近于历史事实。而由一家父子两代人,或者说是大正时代和昭和时代的两代中国留日学生共同完成了一次对日本的整体剖析,则堪称中国人的日本研究中前所未有的。

二、《日本概观》的日本认识

《日本概观》全书共5万余字,分一、前言;二、日本宪法之特殊性;三、日本的文化;四、日本精神;五、日本趣味;六、日本的社会;七、日本之国民性;八、日本人对中国人之态度;九、一点日本人的关于中日关系的言论;十、结论等十个章节。

在前言中,作者着重强调了认识日本的重要性、介绍了研究目的和研究方法。

> 认识日本是现在唱得很高的一句口号,如果不努力去实行的话,其结果也许仅只成为一句口号而已。中日战争以来,无论站在怎样的立场,认识日本是中国人应努力的工作。但

是一直到目前,从没有出过一部介绍日本的中国人写的书,有之,只是一些散见于各定期刊物上的文章。这本小书之目的,就在使每一个中国人,得有一个机会较有系统的知道日本的一些事,一些我认为重要的事。①

作者批评了中国人空喊口号,不干实事的习性,认为迄今为止的日本研究,只散见于一些刊物的文章,未见细统性的著作。这显然有些极端。比如戴季陶的《日本论》,就是中国人系统研究日本的一部里程碑式的著作。此外,蒋百里的《日本人——一个外国人的研究》,也是一部不容忽视的作品。但是,他的看法也有一定的道理,即中日大战爆发之后,中国人从最直接、最具体的了解对手这个目的来看,也必须系统深入地研究这个民族、这个国家,而事实上,不论是文人还是学者,投入的精力明显不够,呼吁了一阵,便没了下文。

作者还说明了自己的立场,为了保证认识的客观性与正确,应该站在一个中间地带:

> 最在我意料之中的,是也许有日本人会觉得,我应该将日本写得更好些;而也许有中国人会觉得,我为什么将日本写得这样好,应该再写坏些。自视高,视人低,是人类的通病,这两者都不是正确的。我虽然在做这件笨的工作,但也很聪明,这聪明是每一个中国人都知道的,最正确的事实是在中间,所谓的"中庸"是也。②

---

① 周幼海:《日本概观》,新生命社1944年版,第1页。
② 同上,第2页。

第三章　全面抗战时期《宇宙风》的日本认识

谈到对同一件事情,中国人和日本人看法不同,一个认为是正确,一个认为是错误时,作者认为是由于立场的不同,中国人是站在中国人的立场,日本人是站在日本人的立场。作者又谈到了认识日本的目的:"为什么要认识日本,因立场不同,说话就两样。因为认识日本不过是第一步,利用认识所得到的结果为一工具,而且使用这工具,才能开始第二步的解决中日间之一切。"①在中日战争爆发前,中国人强调研究日本、认识日本的必要性时,主要目的是把日本当作假想敌加以研究。而本书作者则主张是"为了解决中日间的一切"。反过来说,为了处理好中日之间的一切,我们首先就必须正确认识日本,把认识日本当作与日本打交道,处理所有事务的前提。

作者随后介绍了自己认识日本的四种方法:第一是深深参加他们的生活;第二是与他们做痛快的、公正的谈话;第三是读他们的书;第四则为自己思索。作者还把认识日本分为两个方面:第一,是认识日本的本身,关于他们的历史、文化、民族、社会等等的研究;第二,是认识日本怎样的在研究中国,及他们究竟是怎样解释中日间历史上的一切。"这两点,我认为后者在目前较前者为重要,因为后者决定我们的日本观,是支配前者的。"②在这里作者特别强调了了解日本在怎样研究中国,如何解释中日之间历史上的一切的重要性。这一点,对于正确处理中日关系中存在的问题,具有现实意义,包括对于今天中日历史的共同研究,亦不无启发作用。

作者所介绍的认识日本的方法,对于一般人来说,很难做到。

---

① 周幼海:《日本概观》,第2页。
② 同上,第3页。

如：深深参加他们的生活。在抗战爆发前，除了亲日派、汉奸外，一般的文人不愿和日本人打交道，唯恐惹上麻烦，避之不及。战争爆发后，大批百姓、知识分子纷纷逃难，哪里还想深深参加他们的生活。第二点的"与他们做痛快的、公正的谈话，在两国交战时期，则更是少有机会。"如果假设作者真是周幼海的话，在日本留学时也很难"深深参加他们的生活"。尽管每天接触的都是日本人，但一般仅停留在表面的层面上，作为留学生很难与日本人有深交。而他作为伪政府要人的孩子，在日本人眼中，是个花花公子，即使接触很多，但大都局限在礼节性场合，很少有日本人会和他进行痛快的、公正的谈话。反过来，周佛海作为日本人的御用工具，每天都打交道，包括看法不一致时的争论。

从这段话我们似乎可以估计出起码这一章的作者就是周佛海。他则是的的确确"深深地参加了他们的生活"。因工作关系，周佛海每天和日本人搅在一起。如何扩大日本的势力，对付国民政府、共产党的抗日武装、镇压民众的反抗情绪、制定计划、炮制阴谋、互相利用、乃至迎来送往、吃喝玩乐，均离不开日本人。而这种在敌人心脏中的汉奸生活，又确实为他提供了独特的深入观察日本人的视角，这是一般的学者和文人很难接触到的。

在第二章《日本宪法的特殊性》中，作者谈到有一位日本朋友劝他研究日本的宪法，意思是要认识日本，必须先知道日本的宪法的特殊性。知道了日本的宪法，就知道了日本的国体。作者对此进行了解释："所谓日本的国体，任何人似乎都可以回答得出，就是有天皇。"① 日本宪法第一条就是"大日本帝国中万世一系之天皇

---

① 周幼海：《日本概观》，第6页。

所统治",是日本所有法规的根本,日本宪法规定了天皇是神,是不可侵犯的,在日本天皇具有至高无上的权力,了解了这一点,就了解了日本社会最本质的特征。

在第三章《日本的文化》中,作者首先提出了日本究竟有没有固有文化的问题,然后引用了日本作家武者小路实笃发表于1943年6月号《改造》上的《从支那旅行回来》的一段,介绍了日本人的感受:

> 我这次到支那旅行,最感到的事,是支那人在肚子里,轻视着日本文化。某人说支那人说"日本有文化吗?"
>
> 于是,我问那支那文化人,日本画家中知道谁,仅知道北斋,这恐怕也是从西洋书籍上知道的。①

作者承认许多中国人都怀有轻视日本文化的想法。而对武者小路说的"为了要看中国古时的好画,在中国差不多看不到,而在日本可以看到的一点,中国人是应该感谢日本的",表现出了强烈的愤怒,并讽刺道:"不过让我说句梦话,如果日本将这些中国古时的画,还给,或是出价让中国买回去,那我们更加感谢了。"②固然,日本对他们的文化传统的保护要比中国好得多,但日本所收藏的许多文物、珍宝,都是从中国抢去的。而一个历来标榜人道主义的日本作家却讲出这样的话,令人感到日本人的傲慢自大与无耻。

但作者还是静下心来,在概要地叙述了日本文化发展的历史

---

① 转引自周幼海:《日本概观》,第9页。
② 同上。

后,承认日本是一个有文化的国家,只是把大量从中国吸收的文化"化"为日本式的了,也承认"日本现代的文化水准超过了中国"。

在这一章的最后,作者谈到了日本话的巧妙,和日本人发明的新名词,如"转进"。"转进"的意思就是打了败仗后撤退,但天皇的军队永远不会失败,因此不说撤退,而说"转进"。在1982年中日教科书事件发生时,中国人发现在日本的教科书中,为了美化日本军队,把"撤退"都说成"转进"。而在当年作者就指出了日本人的这套把戏并借机调侃。

在第四章《日本精神》中,作者首先介绍了日本向来夸耀所谓"日本精神",但当他追问一个日本大学生什么是"日本精神"时,对方却答不出来的情形:

大学生:你知道什么是"日本精神"吗?

周:我知道有"日本精神",但是,我不知道什么才是"日本精神"。安冈正笃氏在《日本精神通义》上说"日本精神"不是文字语言所能说明的。你能将你的意见说给我听吗?

大学生:(想了一想)我也知道有"日本精神",但是我也说不出,正如安冈正笃氏说的,是文字语言不能说明的。

周:比如阿兹岛的两千勇士之死,就能代表"日本精神",是吗?

大学生:正是这样!

周:但是,中国这种事也有,比如,不知道你知道不知道,扬州十日的史可法。而西洋这种为国牺牲的事,也是有的。这是人类的精神,不能说仅是日本的精神。

大学生:也许日本多点!

周：也许日本多点，但是，如果你们不能明明白白的解释给我们听，一个外国人，顶多除了知道有"日本精神"外，怎么能了解"日本精神"？①

很显然，作者和这个日本大学生叫起了真，抬上了扛。这种态度或许就是作者所指的"与他们做痛快的、公正的谈话"。但是，在当时一般人没有这种条件，不敢讲真话。

从日本人对外夸耀"日本精神"，可以看出日本人的"日本民族特殊论"，亦即"日本民族优秀论"已深深浸透到每个日本人的心灵深处。在战争时期，整个日本都在叫嚷"日本是世界上无比尊贵的国家"，日本的医学博士杉靖三郎甚至提倡起"日本生理学"，②日本人的狂妄已走到了极致。

作者认为所谓"日本精神"，就是为了天皇去拼死的精神，和"大和魂"是一回事。这种精神源于古时武士道精神，古代的教育和明治之后的皇国观教育。

在第五章《日本趣味》中，作者探讨了具有日本风情的东西。与多数中国文化人所指出的花道、茶道、障子、三味线等具体的事物不同，《日本概观》的作者认为具有"日本趣味"的，大都是具有动感的场景与画面。比如：

在冬天里，如果能看见一位穿着很漂亮的和服的漂亮的上流日本小姐，因为太冷，围着围巾，缩着两手以遮住脸庞的

---

① 转引自周幼海：《日本概观》，第15—16页。
② 若槻泰雄：《日本的战争责任》，第384页。

下部分,而以小脚步,很快的走着时,就是一幅绝美的日本趣味的图画。

下雨天,静静地坐在自己的房间里,远远传来一阵木屐声,渐渐近了,再又远了时,我也认为这富于日本趣味的。①

我觉得与其在明媚的春天里,特为去看樱花,不如在一个绵绵春雨的夜里,偶尔经过一片樱花林,脚踏花泥,像怕惊醒谁的梦似的,轻轻的走着,来得别有风味。②

此外,作者还认为像明治时期日本著名女性作家樋口一叶所描绘的哀婉的世界,最具日本趣味。作者的这种"日本趣味论",和以往的对于单一的、静止的事物的描述与介绍相比较,强调动与静的结合,景与情的交融,概括出了最具日本特色的立体式的画面,更接近于本居宣长提出的"物之哀"的传统美学理念,比以往的中国人对于日本美的探索深入了一个层次。

在第六章《日本的社会》中,作者概要地介绍了日本明治、大正、昭和三个时代的特色,对战时日本社会的状况,蕴含的危机进行了分析。

对明治维新的性质,作者认为是一种不彻底的不激烈的革命,因近代资本主义的发展,町人阶级的形成,"明治维新根本是商工民,换句话说是新兴的资产阶级联合下级武士,或是下级武士利用新兴的资产阶级,对支配者的一种斗争。"③而尽管西洋思想及科学技术相继传入日本,明治以后,即开始资本主义社会,但是封建

---

① 周幼海:《日本概观》,第22页。
② 同上,第21页。
③ 同上,第27页。

第三章 全面抗战时期《宇宙风》的日本认识 281

思想仍巩固的存在于日本社会中,一直到现在,可以说日本是资本主义社会,但有着浓厚的封建思想存在,因此,日本实际上是一个"封建的资本主义社会"。

作者着重指出了明治维新给中国的启示作用:

> 我特为提醒大家注意两点:
> 一、明治维新时的日本情形,与中国清政府末年没有什么两样。为什么人家于短短五十年间,能使他们的国家,不但演戏于世界舞台上,而且所演的是最重要的一角?日本人常以他们自己的经验来鼓励中国人,或讥笑中国人,我们除了反省过去,努力现在及将来以外,没有资格说其他的话。唯有等我们备有多量的空军,能够象日本空军,现在在太平洋上拼命轰炸美国军舰一样的,轰炸我们的敌人时,我们才能堂堂皇皇的说话。这不是梦,明治时的日本人,绝想不到会有今天。现在日本人之敢说明治时的日本人已经想到了今天的原因,只是因为他们现在的的确确有了今天。这是他们努力的结果。假使我们努力,任何一切都可以成为现实!
> 二、请每一个迷醉外国(这外国包括西洋东洋)的中国人反省,假使不采取人家的长处,就算努力,成功之速度也很慢。明治时虽有"鹿鸣馆"之喜剧,但大体上,他们是学习了人家的长处,我们不能盲目学习,要学习好的。①

回顾了明治时代之后,作者介绍了进入资本主义社会之后,社

---

① 周幼海:《日本概观》,第29—30页。

会主义思想在日本的勃兴和发展的历史,盛赞了大正时代:"日本从大正至昭和的发展,实际上是一个不能忽视的时代。现在往往有日本人,回忆当时的生活状况来,仍恋恋不忘,这种人,也就是所谓'具有自由主义的残渣者'。"①"那时的日本是繁华的,也是享乐的。现在爱说中国人享乐的日本人,在那一时,也享乐过的。这完全是资本主义社会发展的关系。凡是在世界各大城市,所有的一切,一切生活舒适及享乐,在日本都有。"②作者谈道:"从现在回想昭和十一年以前的日本,正如同在暴风雨中,偷暇回想暴风雨未来时之美丽的天气和安宁一样,令人有无限感慨。"③因环境与时局的原因,作者不敢正面批判军人势力上台后给国家、人民带来的危害,但却通过对大正时代的自由与繁荣的美好的回忆,来暗示昭和时代的黑暗与野蛮。

昭和十一年以前,指的是中日战争爆发以前,当时幼海尚未赴日留学,所以应当是周佛海的口吻。

对战时日本的描述,作者首先谈到了太平洋战争爆发时自己的紧张的心情,又通过对动员学生参军这一从未采用过的办法,市民因物资短缺而到乡下去买食品的"买出部队"出现,在酒馆饭店排队买酒喝的情形,对日本战时兵员短缺,生活必需品紧张,人民心情沮丧的状况做以介绍,指出了战时日本社会的危机。

对于日本社会的特点,作者通过与中国的比较,进行了分析:

> 我们这样一层层的知道了日本社会后,当然应该知道日

---

① 周幼海:《日本概观》,第30页。
② 同上,第33页。
③ 同上,第34页。

本社会的特点。但是我以为日本社会最大的特质,是在资本主义社会中,具有浓厚的家族主义。家族主义在东洋是少不了的。日本家族主义的最大的表现,是敬祖,这和中国一样。

家是日本人最重要的归宿,日本社会一方面说是由各种身分阶级构成,但另一方面可以说是由家族构成,绝不像西洋那样由个人构成。而这一点,虽说和中国一样,也有不同的地方。第一,中国的家族主义和个人主义相矛盾,"各人自扫门前雪,休管他家屋上霜"之思想,竟也影响到大家族中之每一"房"。大家族中之种种冲突,都由此发生。而日本则统一每一个人于家庭中。第二,在中国有"忠孝不能两全"之语,徐庶算是尽了孝,岳飞算是尽了忠,但是在日本,所谓忠孝是不发生冲突的。因为,在日本人看来,整个日本是一个家,真正的家。每一个家,像每一个被统一于家的,被统一于整个日本。尽了忠就是尽了孝,两者没有冲突。所以日本的家族主义,很巧妙的融合于全体之中。也许有中国人不相信这点,但这是事实,这是他们国民教育及家庭教育的成功。①

通过对中日家族主义、忠孝观的比较,作者认为日本的忠与孝不存在冲突,尽管日本也存在着各个社会阶层和集团,但整个日本都在天皇这个大家长之下统一了起来,形成了国与家的一致。此前的研究者很少就这个问题进行详细的比较,而作者却通过比较,发现了中日家族主义、忠孝观的显著差异,指出了日本社会的一大特色,使中国人的日本认识达到了一定的深度。

---

① 周幼海:《日本概观》,第39—40页。

在第七章《日本之国民性》中,作者把日本人的国民性,分作苦干、节省、气量小、肯拼命、有礼及清洁、彻底性、缺少幽默、形式主义、骄傲、冲动等十个方面,进行了细统的阐述。对于日本人的苦干、节省、有礼及清洁等习性,许多中国人都承认,已有过相当的介绍,对于和日本人有过一些接触、对日本有所了解的人来说,或多或少都有些相同的感受,但将日本人的所有国民性,一一罗列,系统地概括并展开具体的分析,提出一些独到的经验和见解,则非作者莫属。他对日本人国民性的阐述,大都是在与中国人的比较中展开的。如谈到日本人的"节省"时,作者认为:

> 节省是一个国家的优点,我们的曾国藩在他的家书上,就常常劝导子弟注意这点。而中国人一般来说,尤其不是在农村里的中国人,都较日本人不节省,原因也是因为中国人较日本人不能吃苦,爱享福。爱享福,图舒服的人是不能节省的。①

在承认节省是一种优点的同时,作者又提出节省应该恰到好处,分清里外,处理不当,就会变成小气:

> 节省虽然是一优点,但是,这要在节省不流于小气时。节省与小气不同,怎样不同,我想谁都知道。小气有两种,对自己小气及对别人小气。对自己小气的,我们不会特别提出。唯有对别人小气时,才会出名。中国人往往说日本人小气,原

---

① 周幼海:《日本概观》,第45页。

因当然是日本人对别人小气,也许尤其对中国小气。我不必举出很多事实来证明这点。日本人也不必为了反驳这点,预备举更多的事实。小气只是节省太过份的错误,大体说,小气就是气量小。①

从日本人的节省,作者又谈到日本人的"气量小":

> 中国人说日本人气量小,日本人并不是不承认这点,不过,他们在人们不提出这一点时,自己绝对不会首先提出。日本人说日本人之气量小,是因为国家小,是因为岛国的关系。而中国大,而且又是实在不能再大,所以中国人都是气量大的。大大方方,一点小事情永不会放在心上。
>
> 日本人托人做事,只给一半权力,多给了,不放心,但又不能不给,这一点,就证明日本人气量小。②

认为日本人托人做事,只给一半权力。给多了不放心,这应该是周佛海的经验之谈。

谈到日本人"肯拼命"的习性时,作者说:"要说中国人不肯拼命,什么'大刀队'之类,告诉我们中国人是肯拼命的。要说中国人肯拼命,古代及近代的历史,又否认这一点。但是日本人却始始终终的肯拼命,和一个肯拼命的中国人比较起来,我绝对认为而且也相信日本人更加拼命。"③作者又探讨了日本人肯拼命的原因,认

---

① 周幼海:《日本概观》,第45页。
② 同上,第46页。
③ 同上。

为与前述的"日本精神"有关,同时,一般来说,对生死观念日本人也较中国人看得轻。

从"肯拼命"这一现象,可以解释在战场上和平时的日本人的行为特性,也可以说是"日本精神"、武士道、大和魂和外化形式。作者提醒中国人:"假使一个中国人要和日本人打架时,我先需他注意自己是否肯拼命,和任何日本人共事的中国人,不能忘记日本人是拼命的。"①

作者认为日本人做事具有"彻底性":

> 日本人做事是非常彻底的,曾和日本人在一起过的中国人,一定尤其这样感觉。日本人这样彻底的做事,往往使中国人非常头痛。中国人不但在做事以前"无可无不可",在做了以后,仍圆滑的"留一个余地"。
>
> 做事之彻底与"埋头骨干"是有关系的。日本人既埋头苦干,当然也很彻底。不合理的苦干,我们不应该学习。不合理的彻底,我们也应该不学习。所谓不合理的彻底,是在特别情形下,都得不到通融。当然,不能像中国人那样视通融为平常事。②

在这里,作者称赞了日本人做事认真负责的"彻底性",但也指出了其中不合理的彻底与苦干的缺点,认为中国人应当有选择地吸收与学习。

---

① 周幼海:《日本概观》,第46页。
② 同上,第50页。

如果说对于日本人的各种优点，作者客观地评价，并认为中国人应当学习的话，那么，日本人的骄傲，则令作者深恶痛绝：

  日本人是骄傲的，在目前尤其如此。骄傲本是自信发展到太利害时，产生的结果。所以，在说日本人骄傲前，该提一提日本之自信。（中略）

  但是自信得太厉害的人，往往看不起别人，这样的人，我们说他骄傲。骄者必败，就算你有自信，如果骄傲，是一定会失败的。我绝不是说日本人会失败，但是，我所经历的一切，告诉我日本人是骄傲的。

  我始终认为，假使日本人要真正和中国人做朋友，一定要打倒这种优越感。自信是什么人都应该有的，骄傲则什么人都不应该有。就算遇见一个不及自己的人，也没有骄傲的必要。这是普通做人的常识，不用我在这里多说。

  不管现在日本打仗打得多好，不管日本以后，更会打得多好，日本人应该有自信，但不应该骄傲，尤其不应该对中国骄傲，假使他们一定要骄傲的话，那是他们自己的事！[①]

日本人的骄傲，可以说是他们致命的弱点之一。不仅仅是骄傲，常常是不可一世，狂妄自大，令世界各国反感，也令中国人难以接受。日本人的骄傲逐渐演变成中日冲突的重要原因之一。可以想见，作者在与日本人共事时，没少领教他们的傲慢与自大，尽管没敢明说，但已预见到这样骄傲的民族必然失败。

---

① 周幼海：《日本概观》，第55—56页。

作者认为好冲动也是日本人的性格特征之一：

> 日本人很容易冲动,气量小的人,往往不易克制自己。气量小的人,大多数眼光近,只看得见目前,也容易冲动。所以,如果说日本人富于感情,我想大概不会错。太远的不说,大正以来到今日,东京一地,有过很多行刺的事,也可以证明日本人的冲动。有人曾将日本人比为樱花,开时富丽堂皇,谢时也非常快。日本人常说:"请你冷静点的想!"这句话的反面,就是"你现在很冲动"。
>
> 但是,日本人虽然很冲动,也很有服从性。意思就是,虽冲动但不反动。这一点是非常重要的,我希望每一个中国人,都将这一点放在心上,即,日本人是冲动但不反动。这一点与中国不同,中国人是不易冲动,但一冲动立刻就可以变成反动。中国人不易冲动,是因中国人之共同的国民性而成,如忍耐,无可无不可,听天由命等等。但是,到"忍无可忍时",中国人一样会造反的,中国人一造反,那事情就完了。历史上的变动,可以证明我说的这点不错。①

比较了中国人和日本人的性格,作者认为日本人爱冲动,但却还有服从的一面;中国人不易冲动,凡事忍让,但感觉到忍无可忍时,就会变成"反动",这里的"反动"的含意,不是政治上的倾向,大概指的是"相反的动作"、"反抗"、"造反"的意思。就是说中国人在尽力忍让之后,常常会采取反抗的行为,产生一种巨大的破坏性力

---

① 周幼海:《日本概观》,第56页。

量。最后,作者认为中国学生要比日本学生富于反抗精神,日本在大正、昭和时代虽然也有学生运动,但规模比中国要小得多。作者据此推论日本不会发生革命,原因就在于他们的这种国民性。

在以上部分,作者分析了日本的国民性,比较了中日的异同,但是以日本国民性为中心;在下面的部分,又以中国国民性为中心,比较了二者之间的异同。作者认为,如出现相同的特点,则是因为大家都是"东洋人"的关系。

作者首先介绍了中国国民性的特点,罗列了林语堂在《吾国吾民》中提出的十五点:一、稳健,二、纯朴,三、爱好自然,四、忍耐,五、无可无不可,六、老猾俏皮,七、生殖力高,八、勤勉,九、俭约,十、爱好家庭生活,十一、和平,十二、知足,十三、幽默,十四、保守,十五、好色。然后举出中国人所特有的:第四、忍耐,第五、无可无不可,第六、老猾俏皮,第十一、和平,第十二、知足,第十三、幽默,第十四、保守,其余几点,就是中日国民性相通的地方,作者认为:"中日国民性最相同的是,纯朴、爱好自然、生殖力高,和爱好家庭生活。这几点都浓厚的有着东洋气息。"①

作者又罗列了日本人研究中国国民性的结果,主要着重于一、要面子,二、没法子,三、无可无不可,四、好色,五、爱钱等几个方面,然后就日本国民性中是否有这些成分进行了分析:

"无可无不可",可以说在日本是绝对不存在的。

日本往往说中国人爱说"没有法子",一个到中国去过的日本人,会常常很得意的说这句话,像他们爱说"大大的明白"

---

① 周幼海:《日本概观》,第58页。

一样。我不知道他们对这句话了解的程度怎样？而我的解释是这样的，中国人之"没有法子"，往往在"有法子"时，也以"没有法子"去处置一切。本来"没有法子"根本是中国人带有命运性的安慰自己的一种手段。在"谋事在人，成事在天"以后，接下来的，一定是"没有法子"。既然人已经谋了事，而"天"并不肯成事时，那就是"没有法子"，"没有法子"时，何必悲哀。在真正没有法子时，中国人的这种哲学还说得过去。但是这种哲学，很容易在"有法子"的时候，就拿出应用。明明白白有法子，而来一个"没有法子"，就是不负责任，不肯努力的证明。这样的"没有法子"，我们应该打倒，也无法责备人家之耻笑。我们可以说，在有法子时的"没有法子"，在日本是不存在的。在没有法子时的"没有法子"在世界上任何地方都存在。①

关于"无可无不可"和"没有法子"这两点，作者认为在日本绝对没有，而且通过分析，指出了中国国民性中的这两种大的毛病。

对于"要面子"，作者通过比较与分析，认为是中日两国共有的特点，并且在某种条件下并非绝对是坏事："根本中国的'面子'，在一定程度之内，并不一定是十分可诅咒的东西。这一定程度的意思，是假使他们不妨碍某一种改革。"②作者谈到，好钱与好色，也被称为中国人之特点，在日本人写的书中，经常提及。对于说中国人好色，作者予以了直接的反驳，并提醒日本人："日本人中，既没有一个像林语堂的，敢于自己国家的国民性之最后一项，写下'好色'二字，那么对于日本人之是否好色，我们也只好无可无不可了！"③对于

---

① 周幼海：《日本概观》，第58—59页。
② 同上，第59页。
③ 同上，第60页。

日本人说中国人爱钱,作者基本上承认,同时举例说明日本的政治家和军人较为廉洁:"日本政治家及军人,大多数是没有钱的一点,是确实的。但是,在日本历史上,并不是没有舞弊的事。我们可以说,日本人较中国人不爱钱,我很担心日本人多和中国人接触,会染上这个不好的习惯。"①

在这一章的结尾,作者指出:中日国民性相异多于相同,相同的地方,不是人类的通性,就是东洋的一般性质。相异之处,才是两国所特有的。最后,他用了两组象征性的比喻来形容中日两国的国民性:"假使说中国国民性是圆的,那日本的国民性则是方的;假使说中国国民性,用水来象征,那日本国民性则可以用花岗石来象征。"②所谓圆,大概指的是中国人的性格圆熟老道,善于忍让,崇尚中庸、和谐的精神,而所谓方,或许说日本人做事有棱角,爱叫真的不屈不挠的性格。可以说,这种"方圆论"比较恰当地概括了中日两国国民性的最为显著的特征。

第八章《日本人对中国人之态度》中,作者把日本人对中国人的态度分析为三大类,第一是日本人对特殊中国人的态度及对一般中国人之态度,第二是在日本的日本人,及在中国的日本人,对中国人的态度。此外,还有一类,即常常在中国与日本之间跑来跑去的日本人对中国人之态度。

作者认为日本人对特殊的中国人和一般的中国人的态度是不同的:

> 我之所谓特殊,乃是受日本人尊敬的,日本人觉得,对待

---

① 周幼海:《日本概观》,第61页。
② 同上。

他是可以不同,意思是,较好于普通一般中国人。日本人对这种他们所尊敬的中国人之态度,那绝对没有指摘的余地。假使日本人对一切中国人,都这样好的话,中日间可以说没有问题了。也许大多数的中国人,没有能使日本人尊敬的地方,我们当然不能责备日本人,为什么不对大多数的中国人"好"!但是这些特殊的中国人,常常向普通中国人说起日本人对中国人如何如何好,他忘了那只是日本人对特殊的中国人如何如何好。如果有一个普通的中国人,敢向他说,你且跟我到上海北火车站排一次队,或是坐一次津浦路去,而这特殊的中国人,果然真的以一普通中国人的资格,去一次的话,那他就知道普通中国人所遭遇的,与他所遭遇的,是怎样不同了。但是我们也绝不能说这种特殊的中国人是在作戏。我们只能佩服他们的伟大,有值得受日本人尊敬的地方,而一般中国人,只能怪自己。①

作者所描述的这种情形,在一定程度上是符合客观事实的。日本人对他们接触到的中国人,并非一视同仁,而是分别对待。对于他们所尊敬的、佩服的,自然是善待。但并不是说只要对日本人曲意奉迎的,就可博得欢心。日本人崇拜强者,对于有骨气,有能力的人往往乐于尊敬。即便在战场上,对于与其英勇战死的中国人,也时而厚葬,这在一些影视作品和教科书中,都有所描写。

其次,作者认为在日本的日本人和在中国的日本人,对中国人的态度是不同的。很多人,包括日本人都认为,在日本的日本人,

---

① 周幼海:《日本概观》,第63—64页。

较在中国的日本人为亲切。作者谴责了在中国的日本人对中国人的傲慢无礼：

> 我从没有研究过,在中国的日本人为什么要那样地耀武扬威？为什么对待中国人有那样的优越感？我这样说,日本人也许不会承认。他们不承认,是另一种说法。我怕他们根本就不感觉得到,假使感觉得到的话,比如,他们就不会有那种表现日本人对中国人多伟大的话剧或电影。在东京常常可以看到这样的东西,现在这种情形下,居然还有这样不了解中国,甚至间接的轻视中国的表现,我深以为遗憾。每一个中国人,我相信,看了这东西,都会怒发三丈。[①]

作者还特别谈到了民间友好的重要性。与国家之间的条约相比,最普通的老百姓之间的感情的融洽,是中日两国真正友好的基础：

> 不管中日间有什么条约,条约只是为实行而存在的。实行的最基本的方法,是从最下层做起,从老百姓做起。善邻友好,不是口号,也不是两国代表见面喝一杯香槟就完事的。必须普通的中国老百姓看见日本老百姓,或是日本的老百姓看见中国的老百姓,脸上都非常愉快,肚子里没有什么鬼主意。我不知道这样一个日本朋友,似乎我一看见日本人,就不能痛快的表现自己了。[②]

[①] 周幼海:《日本概观》,第64—65页。
[②] 同上,第65页。

对于中日关系中出现的问题的责任,作者认为主要在日本方面,或日本人应负主要责任:

> 这件改善工作的成功,需要双方的努力,但是我认为日本人的责任,较重于中国人,尤其是在中国的日本人。无论如何,如日本人所说的,日本是"亚洲的中心",一个预备做亚洲中心的,该是如何宽宏大量,海阔天空。①

对于在日本的日本人对待中国人,作者认为要比在中国的日本人好一些,但并不怎样好。假使怎样好的话,那么,被日本人常说的,所谓留日学生都是抗日的这句话,就不能成立。作者再次谈到了留日抗日这个古老的话题:

> 假使,留日学生都是抗日的这句话,在大体上不错,那么可以证明在日本的日本人,对中国人,至少对留学生,是并不怎样好。一位有名的抗日将军,在士官学校读了一半就回国。有人说,假使那时,他不是一个苦学生,而处处受日本人优待的话,也许他不会这么抗日了。当然,中国人都知道他的抗日绝不是因为当时日本人没有优待地,而是有种种其他的原因,所以说现在日本人极力优待留学生,虽然我认为该感谢的,但是这件事不会影响到留学生之是否抗日。一个有希望的留学生,就是日本人不优待他的话,如果他有这样的信念,他一样不抗日,反之,不管怎样的优态,他要抗日仍一样抗日。日本人之怎样对待全中国人,无疑义,是决定他的信念之最大原因。②

---

① 周幼海:《日本概观》,第66页。
② 同上。

从留日抗日的问题,作者再次谈到了增进中日人民间的感情的重要性:

> 中日间之一切,应该与实行政策的同时,设法增进中日人民间的感情,而这件事,除了中日人民以外没有人可以做的,尤其不是"当局"能做的事。我之虽有很多日本友人,而没有一个"谈心事"的日本友人之原因,是我一看见日本人,虽然我很想说出自己的"心事",我不愿,也不敢,甚至觉得不必说出来。
>
> 我更希望日本人将他们的态度,改变为可爱点,可爱得不要太虚伪点。使人觉得他可信任。痛快的指摘人,是日本人所爱好的,但态度应该和气点。①

如果说该书作者就是周佛海的话,那么这段话或许可以理解为他是在推卸责任。在他的工作职责范围内,没能促进中日亲善,责任不在于他本人或当局,而在于民间的强烈的反抗情绪和对日本人的不信任,根本责任在于日本方面。反过来,他认为中国人也有一定的责任:

> 日本人现在之所以这样对待中国人,一部分责任,当然也在中国人。假使中国人也挺起胸来,别那么畏首畏脚的,日本人也不会耀武扬威。我们在希望日本改善他们对中国人的态度之前,必须改善我们自己对待日本人的心理,就是不要怕日本人。和平的意思,绝没有畏缩,我希望每一个中国人反省。②

---

① 周幼海:《日本概观》,第98页。
② 同上。

最后,作者提出了这一章的结论:日本人对待特殊的中国人,较普通中国人好。在日本的日本人,与在中国的日本人相比较,前者是好一点。对中国人不好的日本人,简直坏到令人深恶痛绝。而改善这情形,日本人之努力较重于中国人。作者还提醒日本人注意两点,第一是日本应以整个中国人民为他们的对象;第二,日本人应该消除他们的优越感。"也许他们是优越的,也许他们自己以为自己优越。但是,将这种思想,无限制的表现出来时,已经不优越了。真正优越的人永不会这样。"①

在第九章《一点日本人的关于中日关系的言论》中,作者列举了当时日本舆论界对于中日关系的几种代表性的观点。如1940年创元社出版的园田次郎的《支那事变之原因及意义》,认为对中日大战爆发原因的探讨,应该追溯到卢沟桥事变前的中日关系,"如果冷静的批评,对于排日教育及抗日训练,国府所采之方针,犯着两重最大的谬误,第一,在引导于不能不敌视日本的事态之沿革;另一,为了支那纯粹民族解放,应该对站在不平等关系上所有之列强实行抗议。但因只注意与日本的关系而隐蔽其他一切之原故,在民族主义与抗日主义间产生了矛盾。"②这段论述的要点在于:认为大战的爆发源于中国政府实行的排日教育和排日政策;中国民族主义的勃兴,目标不应仅指向日本,还应包括其他列强国家,因只注意了日本,造成了民众的强烈的反日情绪,导致了大战的爆发。结论就是:战争的责任在中国。

作者还举出了与其相反的吉田东祐的观点,并大加赞同:"今

---

① 周幼海:《日本概观》,第69页。
② 同上,第71页。

第三章 全面抗战时期《宇宙风》的日本认识

日的抗战,并不单纯是重庆政府的抗战,而是抗战区内的中国民众的抗战。中国民众的要求,正如野马一样,如无强固政府的操纵,则会任性奔驰,就是这样的原因,中日事变方会发生的。同时,也就是这个原因,重庆政府对国民的影响既如是之强,但如不管中国民众的要求,而把民众要求抛弃于万丈深渊,这是绝对不可能的事。"① 作者认为,这段话与中国人的想法相同,而因为是日本人说的,就别具意义,等于给了任何"抗战是被英美所利用"的论者一个沉重的打击。

在第十章《结论》部分,作者认为中日两国命运关联,互为依存,再次强调了中日关系的重要性:

> 中国与日本,有着必须永远互相对付互相的命运,我们不能将中国搬到非洲大陆的中心,也不能请日本搬到北极,在这种情形下,中国和日本,永远有着密切的,必须发生各种交涉往来的关系。这样,假使中国人不知道日本,那对中国有着很大的影响。如果日本也不正确的知道中国,同样对日本没有好处。很多说中日战争的原因,就在这里,所谓互相认识的不足。

值得注意的是,作者所提到的中国和日本"永远互相对付互相"的说法,既不是中国方面常说的"中日友好",也不是日本方面所说的"日支亲善",而是不管情愿不情愿,双方都不得不"永远互相对付互相"。"对付"带有消极的含意,"必须面对,去设法解决"

---

① 周幼海:《日本概观》,第71页。

或者"采用某种手段让对方退让"的意思。这种看法表现出作者的超常的冷静和理性、现实的态度,这种态度或许源于作者对于中日之间的历史,两国冲突的现实的深刻的理解和把握。与口号式的空谈中日友好相比,这种认识更为符合中日关系的实际,对我们今天正确理解中日关系,处理两国之间的矛盾,具有重要的现实意义与启示作用,代表了中国人日本认识的一个相当高的层面。

作者对中日冲突的原因,又做了进一步的阐释:

> 互相认识不足,虽可说是中日战争的一个原因,但这样说的人,忘记了历史及社会进展法则的必然性。我这必然性丝毫没有吉田东祐所称的"中日不断斗争论"的意思。因为我觉得,如果日本能正确地了解中国,更了解他们自己,同时,中国也正确地了解日本,更了解自己,而将这些结果,光明正大的去利用的话,那是可以达到"中日永远不斗争"的一步。"永远不斗争"绝不是"永远不互相对付互相","永远斗争"及"永远不斗争",不过是"永远互相对付互相"的两个不同的方式而已。
>
> 反之,如果有一方,既不能正确的了解人家,又不能了解自己,或是将好容易了解来的结果,应用在并不是"光明正大"的一方面,仍不可避免"中日不断斗争"。当然,我们能使中国成功为世界一等国家时,所谓"中日不断斗争论",据我看来,也无法成立的。①

作者曾经受过马克思主义的熏陶,在分析中日关系时,自然地

---

① 周幼海:《日本概观》,第77页。

引用了马克思主义的社会发展史观,认为中日战争,除互相认识不足外,另有原因。但又囿于时局和身份,不便展开论述。而对中日关系的未来,作者看到了两种前途,一是中日双方能够达到真正的相互理解,心胸坦荡,开诚布公地处理两国关系,或许可以做到"永远不斗争",维持和平;另一种避免"中日不断斗争"的途径是,中国成为一个真正的强大国家,使日本不敢轻易向中国挑衅,则中日两国也可以"永远不斗争"。

在结论部分,作者谈到了对该书作用的期待:

> 假使我们能知道一些虽是大概,但极重要的日本情形,尤其是关于他们的国民性,及社会发展的性质后,对于中日间以前为什么会那样,现在为什么会这样的问题,很容易就能了解。从这了解得到的结果,再参照目前客观的形势,对于将来会怎样的一点,也并不是无法预测。我相信这小书,在日本的一些重要地方,做到了这一点。假使读者肯自己去思考及研究的话,我相信会有一个美好的结果。这本小书,不过是一个开门的钥匙,我希望大家能共同负担开了门以后的工作。[①]

在全书的结尾处,作者又回顾了曾经谈到过的"方圆"论和"水石"论,表达了对中日未来的看法:

> 如果依照我所说的中国国民性是圆的,日本国民性是方的,中国国民性可以用水象征,日本国民性就能以花岗石来象

---

① 周幼海:《日本概观》,第78页。

征的话,那么这两者不是格格不入吗?并不一定这样,在某种情形或条件下,两者也可以相互融洽。不过,这融洽极困难,困难得可以成功,也似乎不能成功。因为,成功是有待于努力的。①

作者对中日关系未来的看法,并不乐观。因熟知日本人的民族性格,因而就预见到未来中日之间的冲突与摩擦必然发生。

三、《日本概观》的价值

《日本概观》是日本帝国主义即将失败,抗日战争和国际反法西斯战争就要结束时出现的一本奇书,是中国人研究日本的一部重要著作。迄今为止,除了翻印时桑榆的点评外,尚未有人对该书做过评述或分析。笔者认为《日本概观》具有以下几个方面的意义或价值:

(一)论述的全面性

《日本概观》是抗战爆发以来中国人日本研究的一部总结性的著作。如前所述,戴季陶和周作人的日本研究,被公认为是现代中国日本研究的两座高峰。戴季陶的《日本论》主要着眼于日本近代的思想,从神权思想的产生和形成,经过民族主义的阶段,演变成军国主义的过程的探讨。《日本论》出版于1928年,从1928年到1945年,是中日两个民族精神撞击的最为惨烈的一个时期,对这一期间的日本,戴季陶少有论述。周作人的日本研究,侧重于对于

---

① 周幼海:《日本概观》,第78页。

日本文化的解读,散见于他的《日本管窥》等散文和随笔中。他通过对日本的生活、民俗的观察,发现了日本文化独具的美感与魅力。但是当他感觉到日本文化中所蕴含的矛盾,尤其是日本国民性的不可解之后,就停止了日本研究。蒋百里于1939年8月发表的《日本人——一个外国人的研究》是一部对于日本人有着真知灼见的重要文章,从日本的自然分析了日本人的性格形成,又从武士道与欧洲的骑士道的差异,论述了日本人的性格特征,对中日战争的走向与结局,也做出了科学的判断。但因篇幅所限,难以展开详细的论述。其他人的日本研究则更为分散。因此可以说抗战爆发以来的中国人的日本研究,不甚全面。与上述研究相比,《日本概观》发表于1945年,历经从战前到战时的对于日本的观察,从日本的文化到日本精神,日本的社会,日本之国民性,日本人对中国人的态度,关于中日关系的言论等几个方面,进行了全面的概括性的分析和总结。

(二) 视角的独到性

以往的中国人的日本研究,大都基于留学日本时获得的对日本的亲身体验和日后的读书与观察,周幼海和周佛海父子也有着同样的经历。但是,他们与其他人不同的一点是,战时生活于敌人的营垒内部。尤其是周佛海,从其日记中可以看到,不论白天还是晚上,他几乎每天都和日本搅在一起,深深地参与其中。一方面,他作为日本人豢养的走狗,要为日本的占领政策服务,站在日本人一边;另一方面,他毕竟是个中国人,有着传统文化赋予他的行为方式与思维方式,他是在中日民族矛盾与两种不同价值观的撕裂中生活着。这就使他获得了一个普通的中国人平常难以获得的独特的视角：即在近距离，在矛盾冲突中，观察日本人的表与里，言与行。通过长期与日本人的共事和生活，他既可以发现日本人的一些长处，也可以找到他们致命的弱点。在经历了一场民族大战，眼看着日本由不可一世的傲慢自大走向败亡，必然会生发出关于日本的许多感悟。特异的时代与特异的人生经历，为其观察和研究日本，提供了特殊的条件。

（三）研究的系统性

《日本概观》不是一本详细介绍日本人的生活、自然风土、社会历史的一般性论著，目标集中在探讨日本人的精神世界，是一部系统性的著作。在概要地介绍了日本的宪法、日本的文化、日本趣味与日本精神之后，重点阐述了日本人的国民性。关于中国人的国民性，以林语堂在《中国人》的介绍较为系统；关于日本人的国民性，以芳贺矢一的《国民性十论》较具代表性。对于中国人的国民性与日本人的国民性的比较研究，以往的学者已有相当多的论述，但大都见诸于篇章之间，少有系统的比较。而《日本概观》的作者，则用了大量的篇幅，展开了详细、周到的比较。作者首先罗列了一般公认的日本民族的十个特征，以日本人为中心，与中国人进行了比较，找出了二者的不同点；其后，又反过来以中国人的国民性为中心，与日本人比较，找出二者的相同点。经过一番细致的对比与排查，作者提出了结论：中日国民性相异多于相同，相同的地方，不是人类的通性，就是东洋的一般性质，相异之处，才是两国所特有的。作者采用科学的比较与排除法，得出了具有说理性的结论。就中国人与日本人的国民性，采用科学的方法，进行系统的、详尽的比较，以往的学者，较少有人从事，因此可以说《日本概观》的研究,具有一定的开拓性意义。

(四)观点的创新性

《日本概观》在论述的过程中提出了一些似具创新性的观点,主要有以下几点:

1. 对中日关系的重要性和长远性的阐述

1945年,日本的战败,已成定局。在这种形势下,中国人是否还要继续研究日本?今后应如何对待日本,如何处理中日关系?在《日本概观》的结论部分,作者认为"中国与日本,有着必须永远互相对付互相的命运","很多人说中日战争的原因就在于所谓相互认识的不足。"应当注意的是,作者提出的"永远相互对付互相"这句话。作为亚洲的邻国,中国和日本互为依存,一方内部发生变化,一定会影响到另一方。不管愿意不愿意,中日两国必须永远相互面对。经过了两个民族的血与火的搏斗,作者对中日关系得出了这种观点,对于我们今天思考和处理中日关系,具有重要的现实意义;

2. 对于日本研究的重点的阐释

《日本概观》的作者在介绍自己认识日本、研究日本的方法时,着重强调了要"认识日本是在怎样的研究中国",特别是"他们究竟是怎样解释中日间历史上的一切"。可以说,了解日本人究竟是怎样解释中日间历史上的一切,是妥善处理中日关系时的一个重要前提。我们未必赞同日本人的解释和看法,但应该知道他们是如何解释的。在这方面,中国学者已经取得了丰厚的成果,但似乎仍然存在某些不足。作者提出的这一观点,为有针对性地加强日本研究,指出了一个重要方向,日本研究,要走出象牙之塔,为科学、

3. 对民间友好的重要性的阐释

《日本概观》的作者认为,中日两国的矛盾往往不是政府或某一政党、政治家可以化解的,其根源在于民间。因此,实行中日友好的最基本的方法,是从下层做起,从老百姓做起。同时认为中日关系的改善,需要双方的努力,但是日本人的责任,较重于中国人。在战后,中国政府一直倡导中日友好,增进国民感情的重要性。从这点来看,作者提出的中日友好的基础在于民间的观点,具有一定的参考价值;

4. 对中日国民性差异的阐释

在比较了中国国民性和日本国民性之后,作者指出了中日两国的重大差异:中国国民性是圆的,日本国民性是方的;中国国民性可以用水来象征,日本国民性可以用花岗石来象征,二者格格不入。作者表达了较为悲观的看法,但认为在一定的条件下,也可以相互融合。

此外,对于日本国民性的一些弱点和日本人对待中国人的态度等方面,作者也有一些发人深省的观点。

与戴季陶的冷静、周作人的圆熟相比较,《日本概观》的一个特色是胆大直言,在一些片段中直接了当地批评日本,有一种"大难临头各自飞"的无所顾忌。

抗战结束后,周幼海加入了革命阵营,成为我党地下和公安工作的一名优秀战士,而周佛海则作为民族罪人,受到了历史的审判,死于狱中。尽管其罪大恶极,出卖了民族利益和自己的灵魂,但在日本研究方面,周氏父子的这部著作,却为我们了解日本、研究日本,留下了一份堪可参照的记录,是现代中国日本研究的一项重大收获。

本章小结

　　由于在近代殖民战争中的一个个胜利,使日本统治集团丧失了理性。侵略野心极度膨胀,终于把中日两国拖进了战争的深渊。在经历了由"师"到"徒"的转变、爱恨交织的心路历程之后,日本又使中国由日本的学生彻底转化为正面的敌人。对于中国文化人来说,这是一个十分痛苦的转换过程。想到中日两国人民将在战场上刀兵相见,与以往的朋友对阵厮杀,巴金等人表达了对日本的复杂的心境,主张文人个性,不受党派左右的胡适和《独立评论》派的同人,意识到日本人无止境的野心,对日本的立场发生了根本性的转变。林语堂也认为中国人的忍让已到尽头。

　　国难中目睹日军的暴行和自身的痛苦经历,使中国文化人感受到日本民族的野蛮与丑恶的一面。如果说抗战爆发前《宇宙风》日本认识的最突出的特点是"爱恨交织"的话,抗战爆发以来《宇宙风》的日本认识,第一、集中表现为对日本帝国主义的刻骨仇恨;第二、通过战场上和日本占领区内的亲眼所见、颠沛流离的生涯,中国文化人在痛苦中感知日本,在战火中观察日本,发现了日本人与日本文化中丑陋的一面;第三、调整了以往对于日本文化的过高评价,标志着该时代的文化人完成了一次对日本和日本人的美与丑、善与恶的两个方面的全面审视,形成了一个群体、一个时代对于日本的深刻的认识。基于战争中刻骨铭心的经历,遂形成了关于日本的牢固的历史记忆。

　　《宇宙风》的作者们用文章、戏剧、诗歌、绘画等各种形式,把他们的日本认识传达给国人，揭露日本帝国主义的侵略本质，为了解该时期的日本和日本人留下了珍贵的记录。

《宇宙风》在日本的供稿者，他们及时观察日本社会的内部情况、蕴含的危机与各阶层的动态，分析中日战争的前途和走向，为了解敌情，制定科学的对日战略，提供了重要的参考。

当年文化人关于日本的记忆和认识，成为战后中国人日本认识的基础和来源之一，影响着战后乃至今天的中日关系。《宇宙风》为我们提供了一个了解当年文化人观察和思考日本的一个真实的载体和舞台，从抗战爆发前到抗战爆发后，两个阶段的明显区别，客观地反映了中国文化人认识日本的过程和由此产生的复杂、矛盾的心路历程，或许这就是历史的真实，《宇宙风》引领我们接近了这种真实。周氏父子的《日本概观》与《宇宙风》同样给今天的中国人认识日本、研究日本提供了独到的视角，具有相当的学术、史料价值和重要的现实意义。

第四章 抗战胜利后《宇宙风》的日本认识
—— 1945年8月—1947年8月

1945年8月,日本宣布投降。中国人民经历了长期浴血奋战,付出了巨大的民族牺牲之后,在国际反法西斯阵营的共同努力下,终于取得了抗战的胜利。当战场上的硝烟散去,梦中期盼的和平到来时,《宇宙风》杂志表现出了怎样的情绪?对这场战争进行了怎样的回顾?对日本政府、天皇、日本人的战争责任持有什么样的态度?对中日关系做了哪些思考和概括?这些都是在中日两国经历了历史上空前绝后的大战之后,应该认真总结的问题。本章拟以抗战结束后《宇宙风》发表的文章为中心,以及当时报刊上登载的相关文章,进行概要的探讨。

第一节 抗战胜利后的对日情绪和心态

一、胜利后的回顾

1945年元旦,一个饱经妻离子散、战火袭扰的平民知识分子骆憬甫,在他的日记中表达了期盼和平的心声:

> 今年是胜利年吗？晓起，晨星未落，稍缺的月儿，嵌在西方天空，天蓝衬出月白异常幽美。东方则霞光万道，彩云蔚起，尤为艳丽。空气清轻而和煦，宛如元春时候：莫非今年真的是胜利年吗？我迫切地盼望着！①

自"九·一八"事变以来，中国经历了15年的顽强抗击，大量消灭了敌人的有生力量，拖住了日本的后腿，使日本陷入了泥潭。1945年8月，欧战已经结束，国际反法西斯阵营集中力量打击日本，美军飞机连续轰炸，苏联红军进军东北，美国在广岛、长崎先后投下两颗原子弹，日本帝国主义奄奄一息。在其统治集团内部，经过了战与和的最后争斗后，终于宣布投降，中国人民取得了近代第一次反抗帝国主义侵略的伟大胜利。

"剑外忽传收蓟北，初闻涕泪满衣裳。"当年《大公报》发表的庆祝抗战的评论，引用了杜甫在安史之乱时的诗句，来表达中国人民的喜悦心情。当时的《宇宙风》杂志也登载了许多描写人民庆祝胜利狂欢的文章，在这当中，有一篇却记述了一个妇人当街痛哭的情形：

> "可是爸爸！"庚儿又这样认真的报告我，
> "街上有一个女人，在那里大声哭呢！哭得很厉害！"
> 一个人快乐到了极点的时候，会流出眼泪来，所谓快乐之泪，原是人之常情。庚儿却就接着说，"因为她的丈夫已经被

---

① 骆憬甫：《浮生手记——一个平民知识分子的纪实》，上海古籍出版社2004年版，第108页。

敌人打死!"①

满街满城的人们都在欢笑庆祝,而这个可怜的妇人却想起战中死去的丈夫,不禁痛哭。侵华战争中,日本帝国主义给中国制造了多少人间悲剧!李宗仁在《八年抗战敌我优劣之探讨》中写道:

> 在胜利的爆竹声中,回顾前瞻,难免百感猬集。
> 古人说"一将功成万骨枯",抗战八年,全国死难军民何止数千万,即在五战区内,牺牲亦不下数百万人。我们试一念及因抗战而招致家破人亡的同胞,以及为国族生存而战场上慷慨捐躯的袍泽,他们所留的寡妇孤儿,如今皆嗷嗷待哺,与念及此,能不凄恻。②

当终于迎来抗战的胜利,沉浸在无比的激动与喜悦之中时,中国人没有忘记战争中死难的同胞和为国捐躯的将士;而当心情逐渐平静下来之后,人们开始思考这场战争的起因与元凶。

抗战结束之后,《宇宙风》发表了一些反映了中国文化人对日心态的文章,概括起来,主要有以下几方面:对抗战过程中百态人生的回顾和分别多年之后,重返家乡的感悟;对战争中的一些疑点问题的探究等等。

在《宇宙风》纪念创刊十周年的征文启示中,有一段话简洁地回顾了在这次抗战中各类人物的表现:

---

① 许钦文:《似恶人之所好》,《宇宙风》第141期,第4页。
② 李宗仁:《八年抗战敌我优劣之探讨》,转引自《八·一五这一天》,第410页。

> 时代伟大,际遇非常,国人随战事而变迁,生活多为变质!有由白山黑水,不甘做敌人奴役,携妻挟儿,历尽辛酸,流亡万里者,有其人;有由公教员吏,放下粉笔,或不为五斗米折腰,改行而打算盘者,有其人;有由哥儿小姐,抗战一起,即舍铅华生活,站上抗战第一线,而成为民族之无名英雄者,有其人;有由昔为光蛋一枚,在抗战期间,广缘机会,大发其国难财,已成为巨富者,有其人……战时国人,事无巨细,社会有强烈的明暗两面,个人有可歌可泣的历史。①

战争,考验了中华民族,也考验了这个民族的每一个成员。当帝国主义的铁蹄踏来之时,人们表现出各种态度:既有毁家纾难的志士,也有趁机敛财的小人;既有义无反顾走上战场的英雄,也有附逆投敌的败类。《宇宙风》拟借创刊十周年之际征文,目的就是向世人征集揭露卖国者,彰显民族英雄的文章,以警示后人,表现了理性的反思精神。

在《平沈道上——北归散记之一》中,作者记述了历经战乱,返乡途中的见闻与感受:

> 当汽笛吼叫的一刹那,我为了回味1937年9月2日,和几个共患难的朋友一同逃出北平的情景,特别的望了望那受过几度创伤而屹然兀立的正阳门,那高大雄伟的城垣,你被奸污了八年,也好像沉睡了八年,而今你能够重生了吗?(中略)
> 车在天津停留了一下,这个地方我永远的不能忘记,我

---

① 《宇宙风》编辑部征文启事,《宇宙风》第140期,第91页。

仿佛记得在大中银行的仓库里,遭受着日本特务的审讯几乎丧失了我的生命。同时,在这里我亲眼看见日本强盗污辱我们的女同胞。当年日本强盗的凶焰,在今天的天津车站上完全消灭了,车站上不但没有日军捕人,而且连一个日本人的影儿也未见到。但我想日本人对于中国留恋的意念仍然是可憎,也是可怕的。①

如同一部雄浑的交响乐,在主部主题与副部主题的交替中,时而再现前一节的动机一样,当历经八年的流离与艰辛,终于重返故乡时,作者回顾战争的经历,诉说再见伟大古城时的激动,而路过天津车站时,脑海中又浮现出当年深深嵌刻下的痛苦的一幕,回忆起日军对中国人的折磨和凌辱。作者还沉湎于对往事和追思中时,倏忽之间,列车已到锦州,偏偏又遇上了日本人。不过这些日本人早已不是当年耀武扬威,不可一世的入侵者,而是一些被遣返归国的日侨和战俘:

从锦州起一直到沈阳,运送日侨俘的列车很多,那些狼狈的日本侵略政策下的牺牲者,拥塞在露天的车皮里,活像一群大大小小受了创伤的肥狼,这群肥狼在狼狈中依然保留着骄傲,骨子包着一团愤怒之火,在我们和他们所乘的火车对照之下,他们不会醒觉过去欺凌中国人的不当,反而会生出报复的意念,这在他们的狞笑上恶狠狠的目光里可以得到解释的。车上有人说日本侨民有一次在葫芦岛饿死不少,也曾发生过集体投海的自杀的事件,有人接着说这是天理报应。②

---

① 贾笑谊:《平沈道上——北归散记之一》,《宇宙风》第151期,第170页。
② 同上,第172页。

或许是"一次遭蛇咬,十年怕井绳",尽管那些日本战俘手中已经没有武器,衣衫褴褛,饥肠辘辘,但因曾经遭受过日军的折磨,目睹过他们的暴行,因此在作者眼中,这些日本人脸上没有惭愧,没有忏悔,反而依然透着傲气和复仇的意念。作者感受到的,或许就是这个民族的精神气质:可以跳海,可以切腹,但就是不服输。对这些可怜的人,本应心生怜悯,但联想到他们的一桩桩罪行,弄到如今这个下场,实在是"天理报应"。罪有应得和天理报应,是当年的文化人对战败国日本的一种感想。

二、对战争中的疑点问题的探讨

在烽火连绵的抗战岁月里,人们难以抽空思考中日两国由冲突走向战争的过程,而当硝烟散去之后,静下心来,一些人开始探讨战争中的疑点问题。

《宇宙风》第151期,张春风的《李杜将军谈"九·一八"秘史》,就通过战争结束后对著名抗日将领李杜将军的采访,透露了"九·一八"事变之前东北的汉奸与日本关东军勾结,阴谋制造了"九·一八"事变的鲜为人知的事实。作者首先提出了对"九·一八"事变的疑问,然后介绍了采访李杜将军的背景:

> 十六年前震撼世界的"九·一八"事变,到如今依然是个谜,它怎样发动的?谁蓄意的?最初是谁计划的?事到如今为时十有六年,依然是一件国际上的秘密。自从盟国胜利后,在东京有战犯审判的法庭,但是经了这么久的时间,也没有听到关于1931年9月18日夜所发生的详细内幕,难道这件震撼中外的大变故,竟是神化莫测突然起来的

么？当然不会！

最近在南国的香岛得逢东北抗日名将李杜将军。李将军素来留心国事，尤其是近60年来的东北史事最熟悉，对日本自从登上东亚大陆以后的种种行动，知道也最详。至于近十六年来他的首先组织义勇军抗敌的东北民众抗拒暴日历史，他自然更能抵掌缕缕以道，对此次"九•一八"巨变的发生始末，也知道得最详确，因此笔者特别拿了这个题目同李将军谈起来，结果一个惊人的秘密被揭开了。[①]

李杜将军回忆了日本关东军勾结利用清朝遗老和辽宁地方豪绅，发动了"九•一八"事变的内情：溥仪的老师罗振玉，是一个死心塌地的保皇党，一直寻找机会，恢复清朝统治。他希望借助于日本人的势力，帮助溥仪重新上台。为网罗一批人马，他向熙洽和孙其昌等人频频示意，又和日本关东军驻辽阳团长多门建立了联系。此时，日本方面已经做好了侵略东北的计划，正急于寻找一帮汉奸傀儡，为其搭台。

1931年7月的一天，在辽阳城三道街的孙宅，辽阳城最有名的豪绅孙其昌正为其父举办丧事，来客中有熙洽和多田。熙洽因再没有高升的机会，孙其昌因谋取辽宁省财政厅长失败，都对张学良产生了不满，希望东北的政治格局发生变化，乘机攫取更大的权力，于是便借办丧事做掩护，在孙宅与多门进行了密谈，他们的计划是："趁着少帅尚在关内的时候，请日本关东军做改变现状的资本，武力占领东北，等到一旦'天下事定矣'的时候，再请日本关东

[①] 张春风：《李杜将军谈"九•一八"秘史》，《宇宙风》第151期，第160页。

军将由张家夺出来的东北政权授回熙洽等人,成立新政权,新政权成立后将以东北的经济权益酬谢日本。"①多门欣然同意,并决定向他的上级报告。过了两个月,果然震撼今古的巨变爆发了。关东军的先头部队就是驻防辽阳的多门团长所辖的军队,临时又从朝鲜抽调一部,攻占了沈阳。伪政权成立后,孙其昌做了吉林省财政厅长,熙洽做宫内大臣。或许是罗振玉当初向他们隐瞒了欲请溥仪出任伪皇帝的打算,"他们满以为政权即经转移,就该请日本人交出政权来,哪知完全不是那回事!"②一帮汉奸为一己私利,引狼入室。"熙洽等人对于日本人的不交出政权,起初也颇有气恼。多门团长以功升师团长,他将前时在孙公馆的三人圆桌会议上所承允的事,忘得一干二净。熙洽去问多门,多门诿称不知,后来在康德二年溥仪访日的时候,郑孝胥、熙洽等人,也以此向昭和提出了质问,昭和的回答:'关东军知情,我全不知情!'于是又碰了一鼻子灰,这辈鬼头,却也怕死,假若能效法古人,流血五步,昭和的狗命也就玩儿完!"③

在《伪满洲国史》中,有这样一段记述:"原来,关东军为了侵略东北,早就豢养一批汉奸,打入张作霖军阀的统治集团的内部,为其提供情报,帮助他们谋求权益。如于冲汉、袁全铠、张景惠、张海鹏、熙洽等东北军阀和官僚,都与关东军有密切联系,相互勾结。"④关于李杜将军回忆的情节的真实性,与"九·一八"事变的关连,需另题探讨,而《宇宙风》在抗战结束后发表的这类文章,表

---

① 张春风:《李杜将军谈"九·一八"秘史》,《宇宙风》第151期,第161页。
② 同上。
③ 同上。
④ 姜念东等合著:《伪满洲国史》,吉林人民出版社1980年版,第93页。

明了当时的中国文化人,在庆祝胜利的狂欢之后,并没有仅仅停留在对日军暴行的痛恨和谴责上,他们痛定思痛,开始认真反思这场战争的形成原因、过程,表现了文化人的客观和理性的精神。

第二节 对日本的战争责任的追究与反思

抗战结束之后,经过长期的浴血奋战、历尽磨难的中国人民,将如何对待日本,如何追究其战争罪行,这成了举世瞩目的重大问题。1945年8月15日蒋介石亲自执笔的《抗战胜利告全国军民及世界人士书》被认为是表达了对日本"以德报怨"论的中国立场的重要宣言;而从《宇宙风》以及当时的报刊中,则可以听到一部分官方的和民间的看法与呼声。通过对这两个方面的回顾与分析,可以使我们了解到抗战结束时中国人对日态度的基本状况。

一、"以德报怨"思潮

1945年8月15日,在全国人民欢天喜地,庆祝抗战胜利之际,蒋介石作为国民政府的最高统帅,发表了著名的胜利演说,表达了国民政府对这场战争的回顾和总结,其中的一段谈到了对日本应采取的态度:

> 我说到这里,又联想到基督宝训上所说的"待人如己"与"要爱敌人"两句话,实在令我发生无限的感想。
> 我中国同胞们须知"不念旧恶"及"与人为善"为我民族至高至贵的德性。我们一贯声言,只认日本黩武的军阀为敌,不以日本的人民为敌。今天敌军已被我们盟邦共同打倒了,我

们当然要严密责成他忠实执行所有的投降条款,但是我们并不要企图报复。更不可对敌国无辜人民加以污辱,我们只有对他们为他们纳粹军阀所驱迫而表示怜悯,使他们能自拔于错误与罪恶,要知道如果以前行答复敌人从前的暴行,以侮辱来答复他们从前错误的优越感,则冤冤相报,永无终止,决不是我们仁义之师的目的,这是我们每一个军民同胞今天所应该特别注意的。①

概括地说,这段讲话主要表达了两层意思,第一,基于西方基督教的"仁爱"和中国传统道德中的"仁"与"恕"的精神,对敌人予以宽恕,不要施加报复;第二,把发动战争的日本军阀和普通的日本百姓区分开来,分别对待。

尽管在讲话中没有出现"以德报怨"的字样,但后人一再把这篇讲话概括为"以德报怨"论,并被视为战后处现日本问题的一个总则。日本人长期以来,对蒋介石感恩不尽,"以德报怨"论和他对日本的宽容是一个重要原因,直至今日都是日本亲台派的情感基础。

从抗战结束到今天,中日之间又经历了许多风雨。对"以德报怨"论,从来褒贬不一。有人认为表现了中国人高尚的道德情操,对中日化干戈为玉帛,消除仇恨起到了重要作用;也有许多人认为对于凶恶的敌人过于慈悲,难以让他们汲取教训。

应该说,"以德报怨"论所反映的,不仅是蒋介石个人的情感的

---

① 蒋介石:《抗战胜利告全国军民及世界人士书》,转引自《八·一五这一天》,光明日报出版社 1985 年版,第 362 页。

好恶,道德的高下,也不是一个政权、一届政府所采取的权宜之计,它内中蕴含的是整个中华民族的伟大情怀,中国传统文化的宽容精神和道德的力量。尽管一些日本人在战后美化侵略战争,企图翻案,也有一些国民认识不清,追随右翼势力,但大多数的日本国民对中国的宽大与仁厚,心存感激,也是不争的事实。

至于战后中日之间发生的一系列问题,其原因十分复杂,并不应该简单地归罪于"以德报怨"论。抗战结束后,蒋介石集团急于和共产党争地盘,打内战,心存利用日军残余势力的打算,又惟美国对日政策的马首是瞻,忽视或故意放弃了对于作为整个国家、全民族最高利益的战争责任问题的处理,如对日本战争罪行的彻底的追究,或对中国战争损失的彻底调查等。"以德报怨"可以,放弃战争赔偿也可以,但战争的责任必须搞清楚,账要算明白,否则何以面对为国捐躯的英烈,死于战火的几千万同胞?不仅如此,因战争责任追究不彻底,还为日后的中日关系留下了巨大的隐患,为真正的中日友好制造了障碍,也模糊了日本民众对战争的认识和反省。

二、追究日本战争责任的舆论

抗战结束之后,暂避大后方的人们怀着胜利的喜悦心情,返回故乡。他们目睹家园被毁,亲人遇害,一片凋零的惨相,对侵略者的仇恨,转化为追究求其战争责任的普遍呼声。在《宇宙风》该时期发表的文章中,就可以清晰地发现当年文化人的强烈的诉求和对政府战后问题处理的极度不满。从一些章的内容来看,对日本战争责任的追究,主要集中在日本天皇的战争责任的追究上。

在1946年2月1日出版的《宇宙风》上,刊登了李纯青的《天皇几岁?》的文章,作者概述了日本皇族的历史,着重分析了明治时

代以来日本天皇的地位和作用:

> 日本统治阶级不愿让"天皇"在人民心上死去,想出来的一个救命药方就是实行对外侵略。在实行对外侵略的时候,"天皇"的大旗,掩盖一切。顺手牵羊,把反天皇的民主革命的青苗,都摘去了。所谓"国体明征"的狂飙运动,便属此类,死去的天皇信仰,复活过来遂化身为法西斯。我们不能单看天皇有无"亲政",那是不重要的,因为体制定了,社会制度没有推翻,必然产生那种反动思想。①

作者认为:日本天皇是日本近代统治阶级利用的一个工具,对内,以天皇的名义,镇压民主势力,对外,打着天皇的旗号,推行侵略扩张。尽管天皇不直接参政,但作为日本国体的象征,其作用不容忽视,他成了法西斯势力的偶像和精神土壤。

> 这次日本投降,昭和吊死鬼擦粉,死不要脸,硬是咬住皇位不放,强调"国体精华",美国上当了。不待预言家来说,事情是雪亮的,第三次世界大战的种子已经埋下了,天皇统治下的日本,则在等待着下次大战的春天。处置日本非常不彻底,"天皇"被允许是极端错误的。②

美国制定的保留天皇制的政策,在作者看来,是美国上了日本

---

① 李纯青:《天皇几岁?》,《宇宙风》第141期,第2页。
② 同上。

的当。由于不追究天皇的战争责任,就给日后留下了隐患,留下了战争的危险。而认为处置日本非常不彻底,则代表了当时的民众和知识分子、文化人较为普遍的看法。对于日本的战争责任的追究和对战犯必须严厉惩罚,是中国民众明确无误的立场。在《切腹与处刑》一文中,作者介绍了日本武士的切腹的残忍与封建性,也表达了对追究日本战争责任的迫切心情:

> 一年前联合国间已经开始讨论"战后如何处置日本"的问题。中美英三强领袖开罗会议,故罗斯福大总统,已经正式向蒋主席提过"战后日本如何国体如何改造的问题"。我想还有一个更重要的问题,那就是如何处分日本黩武主义者的问题。
>
> 日本这次侵略战争的罪魁固然很多,并且已有一部分先自切腹了。田中义一是一个具体计划大陆政策的第一个阴谋家,首先切腹自杀,在侵华战争中缕发狂妄言论荒谬绝伦的中野正刚,也于两年前切腹自杀了。但是无论如何,日本的战争罪犯,是应受严厉的处分的!英国人拉敦氏,在太平洋战争未爆发以前,即已评定日本侵略者,为人类罪恶的发明家,我们在全面胜利后,应该怎样处分罪恶发明家的日本侵略者,当然是全世界的人们所关切的。现在盟军已经开始审讯日本战犯,我们且看这般黩武者怎样下场吧![1]

《切腹与处刑》回顾了开罗会议上已谈到战后如何处置日本的问题,援引英国人的观点,认为日本侵略者,是人类罪恶的发明家,

---

[1] 宋斐如:《切腹与处刑》,《宇宙风》第141期,第11页。

对他们的处置,绝不是情绪化的报复,而是基于理性的思考。文章表达了中国人追究日本的战争责任,严厉惩罚日本战争罪犯的强烈的诉求和期待。

《宇宙风》还介绍了国外舆论界对日本与天皇的战争责任的看法。《宇宙风》第142期发表了由楚英翻译的《东亚两皇帝》,原载于美国《时代》新闻周刊第45卷21期,文章分析了天皇在日本国民心中的地位和作用,对于处置日本天皇的两种声音:

> 当美国人一步紧一步环攻日本的时候,他们才开始认识日本人脑海中皇帝裕仁即日本,日本即裕仁;本身他包括整个日本,他是代表着充满矛盾的日本国民心理——血腥四溢的野蛮性而又富于美感,疯狂地盲信而又忍耐服从权利,脆弱的仪式和下流的恶习,惯性的纪律和突然的爆发,既困恼于神圣的使命,而突然又为世界性的权利所困恼。①

作为一个西方人,作者对于日本人民族性中表现出的诸多矛盾现象实在是摸不着头脑。其看法和本尼迪克特的分析相一致。而认为"皇帝裕仁即日本,日本即裕仁",则应当来源于在南太平洋诸岛或冲绳、硫磺岛美军与日军作战时,日本士兵以及家属、百姓,高喊"天皇万岁"而跳崖,或拉响手雷与敌方同归于尽的报导。在"怎样处置裕仁"一节,作者谈到了处置日本天皇和军阀的重要性,介绍了当时的几种舆论:

> 现在命运不仅要裁判这位天子的生命而且也要处置"神

---

① 楚英译:《东亚两皇帝》,《宇宙风》第142期,第61页。

道",神道是没有办法支配命运的。联合国对日本之战,势在必胜,怎样处置日本军阀尤其是如何处置日皇裕仁——正是讨论的主要课题。在清算日本军阀的过程中,裕仁是否被清算之列?倘如是则留下来的日本政治空隙将如何填补呢?这个问题正系有关七千万德国人的命运一样有关七千万日本人民,这是最近的将来的中心的问题。

对于处置日皇的办法,中国政府认为日本是亚洲战事第一号罪魁,重庆的报纸,主张将尸体放在南京的中山路上示众。

总之,关于处置战败日本共有两个办法:第一以美国前驻日十年的大使,现任副国务卿的格鲁做代表的意见,他认为君主制度应该保留下来团结日本人民,并非过渡到非侵略和非极权政府的准备。第二派的意见认为裕仁所象征的神道制度必须消灭,同希特勒的第三帝国一样要彻底消灭,甚至在击败日本之后,联合国应该继续实行改造日人的思想。[①]

作者认为在自近代以来日本发动的侵略战争中,"神道"被当作了思想武器,日本天皇在"神道"、皇国史观中具有重要的作用,与神道直接关联,介绍了当时中国的舆论对天皇的处置意见,也介绍了美国方面的观点。

关于日本天皇的战争责任问题,蒋立峰先生谈到:

在日本投降初期,天皇的战争责任问题并不成其为问题。

---

① 楚英译:《东亚两皇帝》,《宇宙风》第142期,第64页。

许多国家都要求惩处负有战争责任的天皇,即使在美国,政府首脑也明知天皇是战犯。另据1945年6月的盖洛普民意调查,美国人中主张追究其责任处以死刑、终身监禁、流放或加以审判者占71%,只有7%的人主张加以政治利用或认为其无罪。[①]

从中国与世界各国的舆论来看,大多数国家和人民都要求追究日本天皇的战争责任,审判天皇。但因美国政府出于贯彻单独占领政策的考虑,不希望牺牲大量的美国青年的性命,去和信奉皇国论的日本的死硬派分子打游击,又因害怕取消天皇制会导致日本国内人民民主运动、革命运动的爆发,因而没有追究天皇的战争责任,给中国等被日本侵略过的国家造成了巨大的损害。

除了《宇宙风》以外,抗战结束时,反映国民党立场的《中央日报》、《大公报》、共产党系统的《新华日报》以及其他一些报刊,都发表了许多文章,表达了对这场战争的看法。《中央日报》8月14日的一篇评论,历数了日军的暴行。

> 倭寇的扰乱东亚,首当其间的就是我们中国,我们遭受他的压迫、蹂躏、摧残、凌辱、抢掠、伤杀、淫乱、焚烧、毁灭种种的痛苦凄惨事实,真是神人之所共怒,天地之所不容。此仇此恨,我们子子孙孙千秋万世,都不能忘却。[②]

在揭露敌人的罪行,告诫后人永志不忘外,《中央日报》还以

[①] 蒋立峰:《日本的战争责任》中文版序言,若槻泰雄:《日本的战争责任》,第14页。
[②] 转引自《八·一五这一天》,第354页。

《日本投降内幕》发表社评,指出了日本虽已投降,但由于"日本目前之政治机构,仍为过去发动侵略战争者,故在其政治机构彻底改革以前,战争危机,实未消弥。"①认为日本的战争机器,指挥中枢没有被彻底摧毁,因此仍然具有危险性。

随着蒋介石"胜利演说"的出笼,在9月9日南京受降后的第二天,《大公报》的社论,则表明了与"胜利演说"同样的立场:"日本是失败了,纵然日本是这样侵略我们,压迫我们,甚至凌辱我们,在今日,我们已处于胜利的地位,但我们对于日本民族,只有悲悯,只有哀矜,没有骄狂之情。"②

日本战败投降后,与日本交战的几个大国的首脑在庆祝胜利的讲话中,均有"雪耻"的内容。中国自近代以来,饱受日本的侵略和凌辱,国耻之甚,罄竹难书。1915年5月9日,袁世凯政府被迫接受日本的对华"二十一条"要求时,曾有中国人把这一天作为"国耻日"。在以后的日子里,陆续加强了对青少年实行"国耻"教育的方针。而在蒋介石的胜利演说中,却看不到与洗雪"国耻"相关的表述。

但是,在中国人经过半个世纪的忍耐和抗争,终于获得了民族解放的伟大胜利之后,在国民党统治地区,也出现了庆祝雪洗耻辱的舆论。例如,《西康青年》杂志发表的《八年苦斗的收获》一文,在谈到抗战胜利的意义时写道:"凭空前无比的牺牲,赢换了光荣的胜利,我们百年的奇耻大辱——不平等条约于不久前已经废除了。"③在9月3日重庆各界庆祝胜利大会上,大会主席莫德惠在

---

① 转引自《八·一五这一天》,第389页。
② 同上,第396—397页。
③ 同上,第387页。

致词时说:"中国五十年及东北十四年的大耻,今日已得以雪。"①可以认为,1895年李鸿章奉清廷之命赴日媾和,伊藤博文狮子口大开,李鸿章几乎哀求他手下留情时的耻辱;1915年日本驻华公使日置益用手杖敲着桌子逼迫袁世凯的耻辱;侵华战争期间日军在光天化日之下轮奸我姐妹同胞的民族耻辱等等,终于得以雪洗了。

与国民党系统的媒体相比较,共产党的《新华日报》则鲜明地表达了公正的立场。美国记者史沫特莱评价道:"重庆的新闻界,只有一家报纸——共产党的《新华日报》——认清了这一事件的意义。这家报纸在八月七日抗议轰炸广岛时说:'战争的目标是打击日本军国主义,而不是日本人民。'"②《新华日报》认为原子弹的轰炸给日本平民造成了巨大伤害,违背了战争的初衷。但同时,《新华日报》则没有忽视对于日本战争罪犯的责任的追究,报纸指出:

> 中国人民有权提出日本战犯名单,对他们进行审判——蒋介石反而立刻宣布放弃这种权利。共产党报纸依然全力推进这项工作,宣布了大批日本在中国的战犯名单,并且详细列举他们的暴行。名单上第一名就是冈村宁次,令人毛骨悚然的"三光"政策——杀光,烧光,抢光——的制订者。冈村宁次当时在南京,已经是驻华日军总司令了。③

通过对上述资料的分析,我们可以看到,在庆祝抗战胜利之

---

① 转引自《八·一五这一天》,第359页。
② 史沫特莱:《朱德将军在日寇投降的日子里》,《八·一五这一天》,第295页。
③ 同上,第296页。

际,作为当时具有代表性和影响力的主流媒体,共产党的报纸表现出了与国民党的报纸全然不同的态度。《新华日报》既把发动战争的日本军阀和普通的日本百姓分开,表现了宽大的胸怀与公正的立场,又没有对犯下了滔天罪行的日本战犯一味"悲悯"和"哀矜",放弃对其战争责任的追究;而国民党系统的报纸却在蒋介石制定的方针下,纵容、姑息日本战犯,违背了中国民众的愿望。

三、对中日之战和中日关系的反思

抗战结束后,中国人开始整理思绪,回顾与反思这场给中华民族带来巨大灾难的战争。《宇宙风》杂志发表了许多文章,对这场战争的发动者日本予以了强烈的谴责和批判。老向的《一个小调的写成》,用民谣的形式,历数了日本由近代的侵台湾,灭琉球,到制造"九·一八"事变,卢沟桥事变,直至发动太平洋战争的一桩桩罪行:

> 愚妄倭酋,滥想鲸吞我神州。既夺我台湾,又灭我琉球;侵占沈阳城,又来犯卢沟。癞蛤蟆想吃鹅肉。
>
> 卢沟桥头,我军一吼水倒流。大刀握在手,炸弹腰中收;一响冲锋号,个个赛貔貅。保国土谁肯留在后。
>
> 堪笑日酋,硬驱倭民把死投。两足陷泥塘,想抽不能抽。进兵不能进,收兵不能收。纸老虎戳破真正丑。结果是日本的蝗军威风一笔勾。
>
> 心蒙荤油,日寇又把世界仇。美国珍珠港,他敢投炸弹,英国新嘉坡,他也敢去偷。南洋岛整个抢在手。[①]

---

① 老向:《一个小调的写成》,《宇宙风》第140期,第74页。

作者首先指出了近代日本制定了愚蠢狂妄的大陆政策,不断鲸吞我国领土,这种错误的政策,决定了两国关系的走向,致使日军步步紧逼,终于遭到中国人民的坚强抵抗;而当日军在中国战场陷入泥潭之后,不思反悔,竟然挑起了太平洋战争,制造了更大的灾难。

岁月悠悠,日本男丁无几留,十九战场死,白骨无人收。一二未死者,都似待决囚,恨军阀想吃他的肉。

日皇犯愁,坐在深宫皱眉头。军阀说得巧,半载灭神州。一年征世界,日本霸全球,看情形万万不能够。

米麦不收,田生茂草狐兔游。日本老和少,天天哭呦呦;家无半餐粮,饿的似瘦猴,早晚间饿死喂了狗。眼看着就要把日本人种一笔勾。①

作者随后描绘了日本国内的情形,因侵略战争的扩大,男人大都被抽去当兵,无谓的死在战场,国内的厌战情绪和对军部的仇恨,不断增长。而日本天皇则陷入困境,听信军阀的胡言,竟梦想半年征服中国,一年称霸世界。日本人的愚昧与狂妄,在给世界带来灾难的同时,也把日本拖向绝路,几乎毁掉日本民族。作者采用民谣这种容易口传和记忆的形式,叙述了对日本帝国主义的强烈仇恨和严厉的批判,促使人们牢记这段历史,反思其中的教训。

与老向的形式相同,戴季陶也用诗歌表达了对日本战败的反思。戴季陶是国民党阵营的重要的政治家、理论家,也是中国屈指

---

① 老向:《一个小调的写成》,《宇宙风》第140期,第75页。

可数的日本问题研究家。自青年时代留学日本时起,就对日本开始了认真的观察和研究,他于1928年发表的《日本论》代表了当时中国日本研究的一代高峰。自《日本论》发表后到战争结束,尽管他再未拿出令人瞩目的成果,但对日本依然时时关注。1941年,戴季陶开列出了一长串日文图书的目录,由国民党党部悉数购来,日本成了他长期关注的目标。

1940年,在抗日战争的烽火中,他做了一首《南游杂诗》,其中的部分诗句谈到了日本:

> 儒家教人报德,佛家教人报恩。
> 倭奴两俱不报,王仁造出忘仁。①

戴季陶认为日本从中国吸收了儒家思想,从印度学习了佛教,但却违背了儒学与佛教提倡的报德报恩的精神,对其欺师灭祖的行为予以了严厉的批判和辛辣的讽刺。

1946年,当抗战结束,硝烟散去之后,戴季陶看到日本战败后的惨相,为其感到悲哀,又想到这个民族不尊教化,不从劝告导致的这场悲剧,有感而发,遂作《哀日本》,历数日本近代以来从对外扩张开始,最终走向灭亡的过程:

> 三百年来努力,学风定于晦庵。
> 长崎一兴兰学,全国遂起不安。
> 尊王攘夷自大,开国进取争先。

---

① 戴季陶:《日本论》(日文版),第209页。

> 一举而灭琉球,再举而制朝鲜。
> 三举而胜察汗,四举而侵中原。
> 交邻不遵古教,学风不继当年。
> 三毒十恶既满,九横八难自全。
> 千年长崎旧港,一弹尽化灰烟。
> 可知立国有道,富强不在霸权。
> 可惜王仁教化,后代忘仁自歼。
> 与望不胜太息,哀哉海上三山。①

　　戴季陶首先回顾了日本江户时代三百年间取得的进步,认为中国的儒学,尤其是朱子学对日本近代学术思想产生了重要影响。而在锁国时代,通过长崎港吸收了兰学,日本社会便发生了显著的变化。明治维新之后,日本完成了一个重大的社会变革,但随之就形成了对外扩张的思想,并转化为殖民侵略的行动:先占琉球,后吞朝鲜,继而发动日俄战争,又大举进攻中国。日本以利益为先,忘却了儒学中的伦理道德观念,抛弃了亚洲的邻居,跻身帝国主义列强,犯下了一桩桩罪行,终于导致具有千年历史的港口城市长崎遭到原子弹的轰炸,日本遭到了彻底的失败。

　　在《日本论》中,戴季陶对日本近代以来的精神历程做了认真剖析,为其清晰地勾勒出了一条对外扩张的轨迹,伴随着民族思想的勃兴,日本的国家主义,自我民族中心主义不断膨胀,最终走上了帝国主义道路。在《日本论》问世的1928年,戴季陶就十分清醒地意识到日本帝国主义的危险性,并向当时的田中义一内阁发出

---

① 戴季陶:《日本论》(日文版),第210—211页。

了最后的警告。1927年，蒋介石访问日本，会见了田中义一，希望日本帮助国民革命军完成建国大业，但遭到了田中的拒绝，因为日本不愿看到中国的统一。中日全面战争始于10年之后，但在此时已经因为日本痴迷于"满蒙特殊地位"而埋下了导火线。

《哀日本》的前半部，与《日本论》同样，揭示了日本近代以来对外侵略扩张的历程；在后半部，时隔19年之后，又续写了日本大举进攻中原，演出了一幕幕惨绝人寰的悲剧，遭到惩罚，走上了不归之路的过程。

在最后，戴季陶思索了日本失败的原因：尽管日本从中国接受了儒学，但并没有真正吸儒学中的"仁"与"德"的伦理道德思想，为了本国的富强，不断奉行霸权主义，不遵教化，忘恩负义，因而导致了最终的失败。对于自己青年时代留学过，度过了人生美好年华，如同第二故乡的日本，对于自己发自内心地羡慕其进步之速，国民上进勤劳，文化幽美高雅的日本，作者不禁叹息，深感悲哀。与老向严厉的斥责和辛辣的嘲讽相比，戴季陶的《哀日本》在批判了日本的同时，也表现出悲悯、哀怜的情感。

寥寥数行，戴季陶回顾了日本由近代的兴起走向败亡的历史，用速写的笔法描绘出了近现代日本人的形象。《哀日本》构成了戴季陶的日本认识整体中的一个部分，也表达了抗战结束后中国文化人对于日本的具有代表性的看法。

蒋介石和戴季陶在战争结束后对日本的态度，反映了中国人对日态度的两个方面。一方面，蒋介石的"以德报怨"论彰显了中国传统文化的宽恕与仁德精神，表现了中华民族伟大的胸怀。另一方面，却没有对帝国主义的侵略罪行予以最低程度的谴责和批判。用传统的仁德、宽恕精神面对现代战争的结算方式，与其说是一个大国的政治领袖,为国为民负责的最高统帅,不如说是一个虔诚的牧师或道学家;而基于国共对抗策略上的考虑,放弃或姑息对敌人战争责任的追究和清算,则因一党之私,出卖了中华民族的整体利益。

戴季陶依据历史事实,对日本的对外侵略罪行,予以了彻底的否定和批判,表达了一种正义的声音和道德的力量。这种经过漫长时期的思考与观察得出的日本认识,足以供日本人深思和反省。

本章小结

本章通过抗战结束后《宇宙风》杂志以及其他一些报刊发表的文章,考察了战场上的硝烟散去,和平时代到来之后,中国文化人对于日本的思考和心态。当时的文化人对于日本的战争罪行予以了强烈的谴责,同时也为日本违背人类道德良知走上灭亡之路感到悲哀。

对战后问题的处理,对日本战争责任的追究,成了当时文化人最为关心的问题。蒋介石的"以德报怨"论,在化解两国仇恨,期待中日两国长久友好的方面,具有一定的积极意义,但同时也显示了其负面作用,这就是没有彻底追究日本的战争责任,在清算旧账的基础上,开辟中日友好的新的时代。这就给以后的中日关系留下了巨大隐患。

由于没有追究天皇的战争责任,就很难根除日本近代以来形成的皇国史观,为战后日本右翼的复苏保留了思想基础和精神土壤。一些政客不断否认罪行,美化战争,其思想根源概出于此。他们的言行,继战争中给中国人造成的伤害之后,又制造了新的伤害与仇恨,致使中国人的反日情绪难以消除、对战前日本的认识代替了对战前与战后的整体认识,给中日关系的发展造成了障碍,形成了两国民众情绪的对立,这种情绪的对立,处理不当,会在中日之间同时激化民族主义情绪,这对中日关系的和平与稳定,具有巨大的杀伤力,是十分危险的。

第五章 《宇宙风》的日本认识总结
——代结论

《宇宙风》杂志从 1935 年创刊到 1947 年终刊,历时 12 年,经历了抗战爆发前、抗战期间、抗战结束这三个时期,在同时代极少有坚持了这么长时间、展现了如此广阔视野的刊物。可以说,《宇宙风》为我们提供了一个探索当年文化人的情感历程和日本认识的恰当的脚本。依据前面的考察和分析,使我们对《宇宙风》的日本认识,能够有一个总体上的把握,概括出其主要特点。而通过《宇宙风》杂志,透过时代的风雨,解读前辈们的讲述,又自然会令人联想到今天的中日关系,因而得出某些有价值的启示。

第一节 《宇宙风》日本认识的特点

自 1915 年到 30 年代,与日本对中国的压力成正比,中国人的反日情绪不断上升。由 30 年代初期开始,这种情绪逐步走向顶点。《宇宙风》杂志客观地反映了一个时代的中国人的日本认识的路径。概括起来,《宇宙风》的日本认识,似有以下几个主要特点:

一、突出展现了中国文化人对日爱恨交织的精神情结

从《宇宙风》的记述中可以看到,中国文化人对日本辱华、侵华的行径怀有既恨之入骨,又对日本社会、自然和治学环境有着难以割舍的眷恋之情。爱恨交织,成为《宇宙风》作者对日本认识的突出特点。《宇宙风》有关日本的文章的作者,大多有过留学日本的经历,在20世纪初期,风华正茂的时代负笈东瀛,度过了青春的岁月。此时的日本,国势正盛,借助清末新政的展开,中日之间出现了短暂的"黄金十年"。随后,日本进入思想活跃、欧美各种思潮大量涌入,国家处于外交方向再选择的"大正德谟克拉西",即大正民主时代。大批胸怀救国宏愿的年青中国文化人负笈东渡,到一个既保留了传统的异质文化的风情魅力、又接受了西方国家现代化的熏陶,勃勃向上、充满活力的日本寻求救亡之道。在大正时代日本的留学经历,给十余年后的他们人生道路和笔耕事业,打下了深深的烙印。他们的爱,基于对日本简朴高雅的文化风情、社会的安定有序、人民勤奋向上等方面的挚爱;他们的恨,则凝聚于日本对他们的祖国的歧视与侵略。这些文化人陷入了情感上的矛盾和困惑:曾经把日本作为探求社会变革进步、吸收近代学术与思想资源宝库的这群文化人;曾经对日本的风情文化深深陶醉,把日本视为精神故乡、挚爱日本的这群文化人,通过对日本的观察和思索,逐步认清了日本帝国主义的侵略本质,不得不与他们深爱的日本做一个情感与理智中的抉择和了断。从20世纪初期开始,经历了漫长的岁月,到1937年,中国人逐渐由学生演变为日本的敌人。日本人的野心和傲慢,促使一向明哲保身的中国文化人,完成了这一转变。

在中日战场上的民族大搏斗展开之前,中国文化人在痛苦中犹豫、彷徨过。周作人、蔡元培、《独立评论》派的同人,是这些人的代表。而当感知到日本逼人太甚的时候,他们的对日态度发生了根本性的转变：巴金向日本发出了诚恳的忠告；林语堂形容中国人为被赶进了死胡同的狗，不得不转过身迎接战斗。

二、反映中国民众日本观演变的晴雨表

日本政府对中国民族权宜的不断侵害，尤其是侵华战争期间，国难当头的中国文化人亲身感受并耳闻目睹日军的暴行的痛苦经历，使他们敏锐觉察日本民族野蛮与丑恶的一面，以笔代枪，在《宇宙风》杂志上发表反映中国民众的民族义愤和同仇敌忾的心境。前面说过，抗战爆发前《宇宙风》日本认识的最突出的特点是"爱恨交织"，而自抗战爆发以来《宇宙风》的日本认识，与前一时期相比发生了重大变化：

首先是对日本帝国主义的民族仇恨；其次，当年的文化人通过亲身经历，切身体验日本，洞察到在和平年代未曾接触到的日本民族性格中丑恶的一面；第三，以前面介绍过的林憾庐为代表，将平时与战时的日本人相比较，通过切身的感悟，认识到过去评价日本时的非理性因素并及时调整，这标志着该时代的文化人完成了一次对日本和日本人的美与丑、善与恶的全方位的判断，形成了一个群体、一个时代对于日本的深刻认识。这种基于战争中刻骨铭心的认识，遂构成了他们对于日本的牢固的历史记忆。此外，他们认清了日本因素对于中国的作用：日本是中国近代国家建设的最大障碍，只有战胜日本，中华民族才能获得独立和解放；认识到日本面临的困境，在不可一世的外表下，蕴含着诸多矛盾，树立了坚持抗战的信念和中国必胜的信心；对于日本，他们的爱是真挚的，恨也是真实的。其爱也深，其痛也烈，走过了一段艰难的认识过程。

中国文化人在心目中认为：我们钦佩你们的勤劳、刻苦、认真，羡慕你们社会的文明与进步，欣赏你们文化的古朴与高雅，我们甘愿从原来你们老师的地位转而成为你们的学生，积极学习你们，可你们为何如此歧视我们，不断欺辱我们？原来我们视你们的文化极高，但想不到还有如此丑陋的一面。日本自近代以来对中国的态度，给中国文化人造成了刻骨铭心的伤害，成为中国人仇日情绪的根本原因。

日本对外宣称发动全面侵华战争的主要理由，是"膺惩暴支"。"膺惩"成了当时日本报章谈及中国时出现频率极高的一个词汇。为了蒙骗国际社会，日本政府不惜投入巨资，在美国大肆宣传，为自己的侵略行径辩护，但美国人并不是那么好骗的，乔志高的文章指出：

> "自从卢沟桥以来，所有日本政府军阀及其代言人，对外发表的一切宣言谈话官样文章，都是一种初步幼稚的宣传。什么'日本只要消灭中国人的抗日情绪'，'什么日本要预防共产主义的威胁'，什么'日本无窥视土地的野心'，什么'日本帝国为自卫起见'，什么'日本亲善，中日经济提携'等等……美国人翻来复去听得烂熟，只觉可笑不觉有理"。[①]

陈独秀在《多谢敌人的飞机大炮》中，谈到对于没有国家、民族观念，一盘散沙的中国人，是日本帝国主义的炮火惊醒了他们，因此我们应该感谢敌人的飞机大炮：

[①] 乔志高：《日本在美国的宣传伎俩》，《宇宙风》第69期，第158页。

对于醉死梦死昏昏沉沉的我们中国人,令人郁闷欲死的中国社会,日本帝国主义的飞机大炮,固然有毁灭我们之可能,如果我们能够善于利用它,正是及时的无限大警钟,一针强心剂和一剂最猛烈的兴奋剂。尤其是敌人的飞机轰炸遍了全中国的大都市,使我们没有逃避的余地,谁勇敢、谁怯懦、谁正直、谁奸诈、谁是有心肝的人,谁是冷血动物,谁有才干,谁是蠢材,都一一显露在众人的面前,不是拍马吹牛可以代替的了。人们只要不准备现在当汉奸,或静候将来做亡国奴,就是一班最写意的男女们,迟早都会脱下睡衣和拖鞋,拿起武器来自卫以卫国。我们不要把敌人的飞机轰炸简单看做灾难,应该看做是我们起死回生的圣乐,希望它轰炸遍中国每一个城市每一个乡村,使每一个中国人都由悠游自在变成疯狂。疯狂!疯狂!再来一百个疯狂!永远疯狂,永远不再悠游自在。我们吃了悠游自在的亏太厉害了,太长久了,多谢敌人的飞机大炮,或者会医好我们这一个祖传老病。①

众所周知,陈独秀参与创建中国共产党,是中共的第一位总书记。而此时,他早已淡出政坛,远离了政治中枢。但他毕竟是一个"前"政治家,对中国积弱的现象,社会的弊端,中国人的性格弱点,有着深刻的了解。而作为一个中国人,他也关心着民族的命运。他看到,日本的飞机大炮,尽管轰炸了我们的城市、乡村,给人民造成灾难,但同时,也唤醒了沉睡的国民,使他们投入抗日救亡的洪

---

① 陈独秀:《多谢敌人的飞机大炮》,《宇宙风》第51期,第82页。

流中来。他告诉日本人,你们的飞机大炮炸不垮中国人民的意志,只能适得其反,招致中华民族更加强烈的反抗。尽管陈独秀已经失去一个作为政党领袖的号召力,但他在新文化运动时期的名声,依然为人们所知,因此他的这篇小文自然会发挥其影响力,鼓舞人们走向抗日的战场。

丰子恺对于日军的轰炸,也与陈独秀有同样看法,认为炸弹能够震醒中国人麻木的灵魂:

> 得失与祸福,有时表里相反,例如日本用飞机载许多炸弹到中国各地轰炸,似是中国之大祸,实则每个炸弹都是唤起中国民众的一架警钟。未被轰炸的地方,多数民众不识炸弹为何物,因而不能想像被侵略之苦痛与作亡国奴的滋味,还想照旧安居乐业,养生丧死呢。等到亲眼看见了敌人侵略的手腕,方才切身地感动,彻底地觉悟。群起抗敌,敌无不克。因为众志所成的城,是炸弹所不能破坏的。
>
> 所以日本在中国所投炸弹虽多,我还嫌其太少。最好在全国各市镇的空地上各投一个,打碎几块石头,飞起几支树根来给我们的民众看看。那时日本仿佛奉送中国各地一架警钟,唤起四万万民众来征伐日本。在日本是偷鸡蚀米,在中国是因祸得福,我们还要感谢日本呢。①

抗战爆发后,为躲避日寇的烧杀抢掠,中国城乡的百姓开始了流亡。收拾行李,背井离乡,上演了悲壮的一幕。中国人不相信日

---

① 丰子恺:《劳者自歌》,《宇宙风》第52期,第147—148页。

本的"日中亲善"的鬼话,也不愿在日本统治下屈辱地活着,宁可选择毁家纾难。林憾庐的《孤岛杂记》(《宇宙风》第 58 期)记述了日军进攻上海后人民逃难的景象。

作者描述了华北、华东民众流亡的情形,认为日本的侵略逼迫中国的百姓家破人亡,妻离子散,没有遭难的人也不得不外出流亡,这将在他们心中深深地埋下仇恨的种子,最后嘲笑了日本人的愚蠢。

前面的文章都谈到了日本的轰炸和民众被迫流亡,不仅没有使中国人屈服,反而加深了中国人的仇日情绪。而陈伟美的《抗战中生长的小儿》(《宇宙风》第 92 期)则通过儿子的出生,给儿子起名,儿子的成长,记述了战争给孩子打上的烙印,自幼儿时代便埋下了仇日的种子:

"不要跑,那是我们的飞机!"我赶紧阻隔止他说。

"立正!"他肃立着,呼着口令,面对的翱翔于晴空上的我们的神鹰举手致敬。

有一天,我的孩子正在窗外的草坪上玩耍,忽然嗡嗡的声音拍奏在他的头顶上,他慌张了,大声狂喊声着:"妈妈,爹爹,躲警报,躲警报!"但他一听见我的说明之后,他反马上自动地行着那个亲昵的敬礼。我看了,心中真有说不出的情感,不觉眼眶里滴下了两行热泪!

民国廿六年十月廿七日的上海,四周笼罩着的,都是仇云阴雨。他的母亲正居留沪西的一角,在那一天,相距住屋仅数丈远的对面,突然落下一个炮弹,隆隆的爆炸声,震动得房子几乎给震倒下来,他的母亲当场受吓了,肚子跟着痛起来——

她便这样的跨进人间。(中略)

　　定要给他起个名字,当做唤醒我的晨钟,以期警勉。然而怎么题起呢？它须包含二种意义:第一,能够提示他的诞生地上海恰处于惊浪骇浪之中;第二,即是象征他性格倔强决不向人"屈膝"。我依此作出了数天的思索,总不能有恰切的名字可以衬托出来。后来无法,乃想题他为"战光"吧,意说抗"战"的前途是"光"明的,不要焦急,胜利即只在明天。(中略)后来他的外公将"战光"改为"永毅",据解说:望他永远有毅力来为国家争气的。

　　我国有许多孩子是从脱离母胎时起便呼吸着抗战的火药气味,现在也跟在抗战的紧张氛围中而长大着。他们于刚刚懂得呀呀学话的时候,在他们的小小心灵深处,遂开始燃起那枝血红般的复仇火把了。换言之,他们被抗战的巨人熏陶着,其进步之速,不是只具平时教育头脑的教育家所能想像得到的。我的孩子不过是千万中的一个而已。然而,单就这一点来观察,已足够粉碎那些企图征服中国的狂人的迷梦。我们且看日人怎样拔出侵略的泥足吧。①

战火中降临的孩子,从一来到这人世间,便经历了战争的苦难,在整个民族的抗战氛围和仇日情绪中长大成人。儿时的记忆将给他的一生打下深刻的烙印,作者介绍的,仅仅是一例,但颇具代表性。那个时代出生的千千万万个儿童经历了日军暴行造成的恐惧和苦难,举国一致的抗日热潮,对于日本会怀有怎样的

---

①　陈伟美:《抗战中生长的小儿》,《宇宙风》第92期,第269页。

情感呢？

一方面，他们就是这样带着战前的记忆走入了战后。儿时形成的刻骨铭心的、整整一代人的记忆，决不会被轻易地抹去，或简单地忘掉。它如同一个先天血脉相通的，无法割断的链条，把战前与战后紧紧地连在一起，构成了战后中国人日本认识的情感基础。这一代人又把他们战前的经历和感受，通过家庭、社会、媒体传给下一代，一直影响到今天。当代的中国的年青人从父辈那里接受的就是这样的一份遗产。

另一方面，当第二次世界大战结束，在对法西斯国家的决死战斗中获胜的国家，在胜利之后，均表达了雪耻的意识，中国人也是如此。而在庆祝胜利的欢悦之后，一些人开始反思，日本为何落得这个下场。《宇宙风》的作者和戴季陶的诗文，让我们得以了解这一时期中国人对日本态度的一个方面。在严厉谴责了日本不遵教化、欺师灭祖的同时，对日本国民悲惨的结局，又流露了哀怜与悲悯之情。如果说在正义的审判之外，还有一种对败者的基于人性的情感的话，当年的中国人已经做出了适当的表达，《宇宙风》杂志则是反映上述对日观的一面雪亮的时代之镜。

三、揭示了深入认识日本和中日关系的症结所在

从战前中日教科书纠纷和"新生"事件，可以看到，日本方面一直指责中国民众的反日情绪，源于中国政府实施的反日教育和反日宣传，不妨称其为"政府煽动说"。而林语堂则在《中日战争之我见》中提出了日本是"中国反日运动的教父"的观点，我们也暂且把

它称为"日本教父说"。中国人反日情绪的根源问题,不论在战前还是在战后,都是影响两国关系的重大问题。在战前,它是一个现实问题,到战后,则演变为历史问题,成为中日双方对中日近现代历史认识的一个重大分歧点。"政府煽动说"与"日本教父说",从根本上完全对立,针锋相对,反映了中日各自不同的立场。而对这一问题阐述最为缜密、论证最为深刻、具有说理性的,莫过于林语堂的《中日战争之我见》。

林语堂是一位有着世界性影响的中国现代作家、学者。他既具备坚实的中国国学功底,又具有西方留学的经历和文化修养。1936年,他到了美国,但依然时时刻刻关注着国内的战况,担心着祖国的命运。1934年,他在庐山用英语写就了《中国人》,旨在向西方介绍中国文化,使西方人能够比较客观地了解中国人。这本书曾在1936年和1938年两度被译为中文出版,1939年,英国伦敦威廉·海涅曼公司(William Heinemann)又出版了该书的修订本,其中新增了《中日战争之我见》一章,记录了作者在中华民族危急关头,对旧文化能否拯救中国,以及中日前途等问题的思考。① 本节从《中日战争之我见》中,摘录部分内容,做以分析。

1.对日本人在华行为的介绍与评价

林语堂对日本人的介绍是从对童年时代的回忆开始的:

> 对我这样一个生长在厦门的人来说,童年时代就目睹了

---

① 林语堂:《中国人》,译后记,第422页。

日本人的劣行和日本领事馆对由日本臣民在那个港口过去30年间所开设的鸦片烟馆、赌场和妓院的庇护。无论是日本在北方的走私,日本士兵普遍的道德败坏,还是他们堕落到低于一个真正伟大的民族的道德水准,我都丝毫不会惊奇。①

由于日本占据了台湾,与台湾毗邻的福建,也成了日本的势力范围,林语堂自幼耳闻目睹了日本人的恶行,留下了难忘的印象。长大后,他走南闯北,又看到许多令他愤怒的事情:

> 回上海途中,在天津东站,我亲眼看到日本货物在光天化日之下走私进来。大堆的日本棉花和食糖耸立在一个中国的火车站上,四五个日本人和朝鲜人两腿叉开,稳稳地坐在板凳上,而中国的火车站的铁路警察则只能两瞪看看,敢怒不敢言,因为人家有治外法权!日本的走私犯在天津,曾在半夜里把中国旅客从三等车厢里赶下来,又把他们的货物从窗口塞进去。中国的铁路只得把他们的走私物品运往济南,还要被骂为反日,"对中日合作没有诚意"。中国的铁道部曾经颁布过一道命令,不具备表明已经付过关税的证明书的货物,火车站一律不能接受托运。但是,日本领事馆则宣布,这样做是再合情合理不过的了。如果谁敢动日本和朝鲜走私犯一根汗毛,他就要承担全部后果,从赔偿到遭受军事处罚。日本的军舰已经把中国的海关小艇缴了械,并且严禁他们在山海关的水面上巡逻,山海关成了一队队日本汽艇和帆船卸货的港口。中国海关的

---

① 林语堂:《中国人》,译后记,第388页。

船只与日本船只相遇,都会被视为对日本的大不敬,事实上这种情况也确实发生过一次。1935年中国海关的官方报告说,在仅仅9个月内,华北的大量走私已使关税直接收入的损失超过2500万元中国货币。然而,关于这种大规模走私哪怕是只言片语的报道或评论,在中国报纸上也是不许可的。①

除了记述日本人在军队庇护下大肆走私的情况外,作者又将在日本的压力下,知识分子和文化人遭到查禁的状况曝光:

> 日本游客要去游览和视察清华大学和其它在北京、上海的大学图书馆,市政府会通知中国的学校当局把那些可能提到满洲沦陷的大批现代历史书籍藏起来或销毁掉。两则有关广田的并无什么恶意的幽默小品文,也从我的杂文集中被删去,这样,我的上海出版商才敢出版。我在上海的一家英文周刊上发表的关于日本人不断增加的影响,以及学习日语的明智,结果遭到了刚从日本归来的外交部情报司的头目的严厉警告,周刊的负责人不得不立刻连夜乘车到南京疏通关系,并发誓今后要规规矩矩。那些年里,在上海的中国报纸上,我从未读到过一篇涉及到日本的社论,谈日本是不允许的。《新生活周刊》发表了一篇来稿把"满洲国的皇帝"描绘作"傀儡之傀儡",结果,上海的中国法院在日本的直接压力下,判处杜经理14个月的监禁。②

---

① 林语堂:《中国人》,译后记,第361页。
② 林语堂:《中国人》,第362页。

林语堂还描述了日本统治下的百姓的屈辱生活:

> 战前时代的中国确是一幅令人厌恶和失望的画面。还要我来讲讲无耻、凶残的日本的侵略,以及中国方面同样无耻的投降态度和对所有反日情绪的无耻的镇压吗?我是否应该从头讲讲日本的卑鄙、不可忍受的骄傲,以及中国人难以容忍的恭顺和屈从,乃至稍有些许自尊心的人们就活不下去的生活条件?当日本浪人在北京的一个市场对妇女进行调戏和哄笑时,中国的丈夫们只能在旁观看,束手无策,而此时的北京尚在中国控制之下,中日尚未交战。难道这两个民族不应该一决雌雄,结果使中国要么保持一个平等的国家,要么沦为日本的附庸国?①

2. 对中国人反日情绪根源的分析

从儿童时代的记忆,到成年后在各地对日本人行为的所闻所见,作者已经明确无误地告诉读者:中国人的反日情绪源于日本人在中国的一系列的恶行,日本人是中国反日运动的"教父":

> 日本人拒绝承认日本是中国反日运动的教父,拒绝承认中国人都有权力憎恨所有那些日本对华政策所主张的东西,我不知道这是因为日本人缺乏敏锐的辨别力呢,还是缺乏幽默感。日本人不能或者不愿意承认中国人非常英勇地保卫上海是因为每个中国士兵都憎恨日本人;在日本人中流传着的

---

① 同上,第360页。

第五章 《宇宙风》的日本认识总结

故事是：中国士兵即使在敌人的飞机、坦克、大炮的攻击之下也不临阵脱逃，仅仅是因为蒋介石在他们背后安置了督战队，如果他们企图退却，就要遭到蒋介石的机枪扫射。真正的原因——尽管这些解释也许有些悲伤——是中国士兵的背后都站着他们被蹂躏过的姐妹们、母亲们、妻子们和被杀害的婴孩们的幽灵，是这个在激励着他们去继续战斗。这一大群被蹂躏的妻子和被杀害的婴孩的幽灵将随着战争的继续而增多，并且不论中国士兵走到哪儿都紧紧跟随。因此，如果日本战争机器的目的是轰炸、杀害、强奸中国人，以使他们热爱日本，那么，日本的战争机器将不得不杀掉4万万男女老幼中所有高尚的、具有自尊心的中国人。日本煞费苦心地渴望扑灭这种反日情绪，这是毫无疑问的。他们对付此事的认真态度，使得此事更具戏剧性。看来他们似乎没有意识到有些东西即便是炮舰或轰炸机也不能扑灭的。日本的轰炸机也不能轰炸掉作用与反作用的自然规律的存在。①

林语堂用作用与反作用这条简单的力学定理，对开战前与战时的中日关系，做了最明确的解说。其后，又举出例子对这一定理进行了反证，说出了对中国最具威胁的情形：

> 日本军队的野蛮——偷窃、抢劫、掠夺、强奸——实际上促成了中国抗战的巨大财富之一。如果蒋介石只失算一次，仅仅失去外援，那末纪律严明的日本占领军将是中国的抵抗精神最可怕的灾难。日本兵士攻占城市的能力，与他们统治

---

① 林语堂：《中国人》，第388—389页。

一个被征服民族的基本常识缺乏形成鲜明对照。①

如果最起码的常识可以告诉人们：统治意味着要给予被征服人民以最低程度的安全感和基本生活条件，那末，日本人连这点常识都没有。用爱国主义来呼吁各阶层的人们抵抗日本侵略的做法并不成功。日军把爱国主义的呼吁换成了保证最起码的生命安全，保护自己的妇女这样一个呼吁，于是便奏效了。一个小烟纸店的老板，他生活中的唯一兴趣是做点买卖维持生活，可能并不在乎外族的统治，但即使这样一个店主也不愿意亲眼看到自己的妻子、姐妹、母亲或儿女遭受强奸。②

与陈独秀、丰子恺同样，林语堂也深知中国人自在安闲、昏昏沉沉的弱点，认为空洞的爱国主义的教育对他们没有多大作用，只有敌人的轰炸、屠杀和强奸，火与血的事实才能使他们奋起。

3. 对日本军队恶行根源的分析

林语堂在列举了亲眼所见和间接得知的日本暴行后，对日军行为的根源进行了分析：

日本今天的这些暴行和卑劣行径是与他们战前的暴行和卑劣行径相辅相成的，并且都源于同一个种族性格。在承认日本人民的一些令人羡慕的性格特征的同时，我也得不无遗憾地承认他们某些令人厌恶的"卑劣"的品质，这是我综合多

---

① 林语堂：《中国人》，第379页。
② 同上，第387页。

年来各种印象之后所下的结论;这一点,一个诚实的、有思想的日本人也一定会认可的。

我并不想在这儿奢谈日本人的种族特性,我仅仅是指出日本在技术和军事上已经达到了帝国主义列强的水平,但在道德上它却仍然是完全不合格的。日本人的水平,比方说,就远比英国人低。我想要说的是,日本对待中国大众的行为特点是不会改变的。东京的日本当局于是被迫陷入了另一个窘境:知道这种野蛮行为会继续下去的压力会迫使中国人变得道德败坏,以至放弃抵抗。当然。结果是恰恰相反。①

事实是,你不可能靠一道军事命令就改变一个民族的性格;一个自命不凡的民族,系统地培养了一种排外情绪,认为所有其他种族都是低下的,特别认为中华民族尤其罪恶深重,不思悔改——这样一种民族心理不会在一夜之间改变。②

林语堂认为日本人的种种暴行和劣迹都源于他们的民族性格。日本人的性格自有其足以令人羡慕的优点,同时也具有某些卑劣的品质,例如傲慢自大,狂热排外等等。他的结论是:由于一个民族的习性不会在一夜之间改变,因此今后日本人对待中国人的态度、行为特点也绝不会改变。

4.对"政府煽动"说的批驳

在战前,长期以来,日本一直指责民国政府在纵容或煽动民众

---

① 林语堂:《中国人》,第388页。
② 同上。

的反日情绪,中日关系的恶化乃至两个国家之间的大战的爆发,责任全在中国方面。林语堂认为此种论调是不顾事实,颠倒黑白的谬论,甚至有些荒唐可笑:

> 中国政府是如何不惜实行最严格的新闻检查并严格禁止示威游行以压制反日情绪的呢?尽管有着种种防备,学生的示威游行还是爆发了,北京的警察竟然挥舞着大刀朝着学生砍杀。是同样的大刀,燕京的学生们曾经送给过去在长城上抵御日本军队的第二十九军;还有,在寒风刺骨的天气里,警察们拿着消防水龙头朝示威游行的学生身上浇凉水。1930年5月,我目睹了成千上万的北平学生的一次示威游行,后来都血流满地坐在黄包车里被拉回去。但是政府的新闻检查是如此的严格,几天之后我回到上海,发现上海的中国报纸没有登出一条有关游行示威的消息。①
>
> 广田及其继承者们抨击蒋介石和国民党"挑起反日情绪",这种指责的可笑与可悲性只有那些从开战前的岁月过来的人才能真正体会得到。1936年2月20日南京发布的禁止游行示威的命令,立即扼杀了爆发于一月份的遍及全国的学生大规模反日聚会。②
>
> 如果有什么人能够获得"煽动"抗日的殊荣,那么这个人肯定不是蒋介石的政府,这一点广田是再清楚不过的了。将简单的事实公之于众是令人痛苦的事情,然却也不无益处。情报司的头目认为我在《中国新闻舆论史》一书里陈述的事实

---

① 林语堂:《中国人》,第360—361页。
② 同上,第363页。

真相是往中国人脸上抹黑,这个小官僚甚至还恐吓我说,在我回国时不让我下飞机。现在他应当感到高兴,因为我这里收集了一些毋庸置疑的,用官方文件证明了的事实,来回答广田的责难,国民党应该被洗清一切煽动反日情绪的罪名。因为这种情绪无论过去还是现在都只能由日本人负责。民族抵抗的决心是深深地扎根在民众心中,而不是政府领导人为地煽动起来的。①

自古以来,中国人怀有一种"天下主义"的世界观,缺少国家观念和民族主义。日本人或许忘了,他们曾嘲笑过中国人没有民族观念,如同一盘散沙。是在近代,在西方列强,尤其是在日本的压迫下,中国人才逐步抛弃天下主义,民族主义精神开始觉醒。在日本近代的对外殖民侵略中,中国成为令其垂涎的盘中餐。日本军队侵入中国之后,走私、贩毒、敲诈、勒索、侮辱妇女等丑恶行径,激起了中国人民的愤怒,长期积淀的仇恨在中日交战后如同火山一样喷发出来,面对中国人民的顽强抵抗,日本军队采取了更加残酷的镇压和打击,甚至对放下武器的士兵、和平居民、妇女儿童都不放过。日军的暴行反过来又激发了中国人的仇日情绪,坚定了抗战到底的决心。当清楚地感觉到面临亡国灭种的危险的时候,中国人民选择了抵抗和战斗。

不管战前或战后的日本人怎样辩解,所有的资料和历史事实都表明:中国的反日运动,中国人的仇日情绪源于日本帝国主义长期以来对中国的歧视和侵略,日本"是中国反日运动的教父"。

---

① 林语堂:《中国人》,第 365 页。

林语堂的论述具有两个意义：一是揭露了日本帝国主义制造的谎言，以无可辩驳的事实说明了中国人反日情绪的制造者正是日本人自己，提出了日本是"中国反日运动的教父"这个重要论断；二是《中日战争之我见》是用英文写作，在西方国家首先出版的，这对于向国际社会公布中日交战的真相，批驳日本的宣传，唤起西方国家对中国的同情和支持，起到一定的推动作用。

在中国人的反日情绪和日本的侮华、侵华之间，有一条因果关系的定律，尽管日本人不愿承认，并以倒置的逻辑关系来解释，但历史事实无法更改。陈独秀、丰子恺、林憾庐、林语堂等人的分析和论述，已经形成一条充分的证据链，可以构成难以辩驳、不容推翻的定论。这既是前辈文化人对20世纪上半叶中日冲突历史的客观总结，也是本论文通过考察得到的一个较大收获。这对于探讨今天中日之间围绕历史认识问题的分歧，澄清人们的模糊认识，反击日本右翼美化侵略战争罪行的言论，正确处理中日关系，具有重要的参考价值。

四、涉猎的广泛性和认识的客观性

自1935年9月创刊以来到1947年8月终刊，12年中《宇宙风》的正刊共出刊152期，其中有约370篇文章谈及日本，以《日本与日本人特集》为中心，向国人介绍日本，涉猎内容极为广泛，包括政治、经济、军事、文化、教育、产业、民俗、社会、文学、艺术等各个领域，为中国人全面了解日本提供了舞台和窗口。

30年代，是日本帝国主义对中国步步紧逼的时代，也是中国民众爱国主义、民族主义不断上升的时代，对日本帝国主义的仇恨，构成了这个时代中国人对日态度的主旋律。而《宇宙风》所发表的文章既有对日本帝国主义侵略本质的分析和揭露,也有对日本文化、日本人的赞颂与钦佩,表现出公正的态度和认识的客观性。

1936年,中日大战即将爆发,恐惧与仇恨的心理弥漫于中国百姓之间,反日情绪已达到顶点。在这样的时候,《宇宙风》杂志不为时势左右,出版了《日本与日本人特辑》,其中的大量文章正面介绍了日本人与日本文化,对日本民族性格的优点、日本文化的美感予以了高度评价。而此时日本的报章则充斥着侮华、排华、"膺惩暴支"的论调,形成了一边倒的舆论倾向,嘲讽谩骂连篇累牍,几乎听不到一点正义的声音,表现出日本的文化人追随统治者,为侵华战争服务的立场。与日本人的言论相比较,中国文化人并未受周围的情绪所干扰,实事求是,甚至冒着被民众误解的危险,客观、公正地介绍日本、分析日本,反映了中国文化人的勇气、责任感和理性精神。

第二节 《宇宙风》日本认识的进步意义、社会影响与局限性

一、《宇宙风》有关日本认识的进步意义

1. 历史意义

(1)中国文化人是国人认识日本的最敏感的主体,同时也是影响民众的重要媒介。《宇宙风》作者群的日本认识,在一定程度上和范围内,扭转了国人传统的"轻日"观念,有助于中国人的日本认识逐步走向科学和理性。

(2)在中华民族生死存亡的关头,《宇宙风》及时引导国人认识日本,把对日本的观察和思索迅速介绍给民众,为国人思考日本问题和中日关系提供了有价值的参考,集中反映了中国人对日本开始有所了解并不断深化的进程。

2. 现实意义

(1)为中国人和日本人了解20世纪上半叶中国文化人对日本的集体记忆的一个方面,使日本人了解中国人的对日心态,了解中日之间过去的恩怨,提供了线索。日本的历史教育,存在重大问题。对历史上发生在中日之间的事情,尤其是涉及日本的负面形象时,常常避重就轻,敷衍塞责。这就使得没有亲身经历过战争的日本人,不仅无法形成科学客观的历史认识,甚至对这段历史无从知晓。而以《宇宙风》为脚本,通过解读20世纪上半叶中国文化人真实的心灵纪录,可以了解上一代中国人与日本人之间恩恩怨怨的一些片段,进而比较客观地思考过去,正视现实,面对未来。《宇宙风》作者群当年发出的对日本的痛切的忠告,应当为今天日本的青年一代所了解,通过反思转化为推动中日友好的力量。

(2)《宇宙风》作者群当年的日本认识,为今天和日后处理中日关系中的问题,提出了必要的预测和警示。如30年代林语堂预见到将来日本人必然会翻案等观点,均具有重要的启示意义。而对日本民族性的探究直到今天,仍堪可借鉴:在20世纪上半叶漫长的岁月里,《宇宙风》把研究日本人的民族性,作为从本质上接近日本人的精神世界,进而把握其行为方式与思维方式的特点和规律,提出有效的对日策略的重要手段,展开了孜孜不倦的探索。一个民族的性格,是很难在短时期内发生重大改变的。因此了解日本人的这些性格特征,即便在今天,也依然是解决中日矛盾、应对日本时的必要前提和有效武器,具有重要的现实意义;

(3)《宇宙风》的作者们在探讨日本民族性的过程中,还取得了一项意外的收获:在与日本人性格的短长的比较中,发现了中国人性格中的弱点和致命伤。如与日本人做事时的彻底性相比较,中国人时常怀有取巧的心态,做事总想走捷径,或马虎应付,成为中国社会发展进程中的障碍和痼疾,必须彻底医治。

在交流与冲突的过程中,《宇宙风》的作者群怀着使命感与探索精神,认真思考日本,把视觉深入到日本社会与文化、中日关系的各个层面,诠释了日本民族的精髓,提出了许多真知灼见,对当代和未来的中国人了解日本、认识日本打下了坚实的基础,具有历史性的借鉴意义,是前人为我们留下的一份宝贵的文化遗产。

二、《宇宙风》日本认识的社会影响

1. 向民众广泛地介绍日本,促进了中国人对日本的了解

尽管日本已然成为影响中国前途与命运的重大要素,但因传统的华夷意识的影响,国民之间轻视日本思想根深蒂固,这无疑会形成"知己知彼"的障碍。在中日战争日益走向全面化的过程中,出现在中国文坛的《宇宙风》杂志,刊登了大量亲赴敌国营垒的知日中国文化人的各种文章,涉及日本的异质文化、民族性格、日本习俗、等级关系、对华态度、中日关系等若干方面,有关日本的长短优劣无所不包,介绍和分析日本社会,成为足未出国门,但急欲了解日本的国人及时吸纳日本的信息,了解这个国家的有效渠道。

特别是发表在《宇宙风》杂志上的数百篇各类文章,从不同侧面,对日本社会加以介绍和分析,其全面性和丰富性,以及作者以生动、深刻的笔触展现日本社会,或者记述旅日中国人备受欺辱、摧残的精神苦痛和心灵创伤,历历在目,增加了这份杂志的可读性和文章感染力。《宇宙风》杂志高达数万份,发行数量位居全国第三的记录,具体反映了这份杂志在读者群中深受欢迎的程度。对于中国普通读者来说,足以从一个侧面达到不出国门而了解敌国大量信息的效果。

2.向国人发出战斗警报的警世钟

从《宇宙风》杂志的问世,到刊物赢得众多的读者群,正值日本侵吞华北,进而发动对华全面侵略战争的激荡时代。在全面抗战爆发前,面对日本战争升级的威胁迫在眉睫,而中国人一向以自我为中心,我行我素,国家观念与民族意识淡漠的现实,尤其是蒋介石政权以剿灭共产党和红军为第一要务的错误方针,在东三省失陷,华北诸省危机四伏,民族生死存亡的抗争达到沸点的关键时刻,《宇宙风》的作者们基于对日本的长期观察和对国内外局势的把握,将日本的对华野心曝光于世人面前,连续向国人发出呼吁和警示。

刊登在《宇宙风》上的多篇文章,起到提醒国人的作用:日本逐步升级的侵华战争,已构成对中国和平统一的最大威胁。与此同时,也以刻骨铭心的国恨家仇具体事例,激发国人的抵抗意识。显然,这种警世钟一般的文章问世,对于凝聚和不断增强民族抵抗的民心民意,发挥了抗敌精神动员的积极社会作用。

3. 呼吁和倡导研究日本,为应对日本的侵略进行了一些必要的知识储备

战胜强敌,不仅需要激发昂扬的战斗意志,也需要对敌国的全面了解,所谓知己知彼,百战不殆。面对中国人对日本军国主义不断挑起事端,收买民族叛徒,逐步蚕食鲸吞国土而忿忿不平,但对这个侵略中国的敌国内情又不甚了解的现状,《宇宙风》杂志在揭露敌国征服阴谋的同时,也不断倡导研究日本,呼吁以长远的眼光和理性的态度观察日本。

应该说,在两国矛盾和民族仇恨急剧升温的重要时刻,不只是宣泄情感和民族义愤,而且提倡了解和分析此一亡华之心不死的敌国,是需要眼光和勇气的。恰恰在这方面,《宇宙风》杂志的编辑部组织中国文化界的一批精英和知晓日本的文人学者,出版或发表了日本研究的特辑和相关文章,既介绍日本丑陋的一面,也介绍日本自然美、独具特色的艺术形式、治学环境和社会有序化等内容。虽然文章水平或有高下优劣之分,但均具客观认识日本的价值。在强敌入境,大战在即的紧张关头,或者在惨烈悲壮的民族抵抗艰苦岁月中,以《宇宙风》为重要舆论阵地,知日、爱国的文化人在30年代掀起的"日本研究热",在无形中,在国人的头脑中传播并储备了关于日本的知识,对全面了解与把握敌国起到了有益的借鉴作用。

三、《宇宙风》日本认识的局限性

《宇宙风》杂志,作为创刊时间长,发行量大,在文化人中具有相当影响力的一份重要刊物,其日本认识产生了一定的社会作用。同时亦因各种因素,也存在着一些局限性,具体表现为:

1. 其日本认识，并非一个指向清晰、整合有序的统一体，常常呈现出多元状态，卓见与缺憾并存。总的看来，在《宇宙风》的早期文章中，如《日本与日本人特辑》以及其他关于日本的大量文章，对于日本倍加赞美，充满溢美之词，而对于日本存在的各种社会问题，则观察和剖析不足；对日本民族性中的缺点和负面因素，如对于日本人的狂妄自大、侵略扩张的民族性格阐释不够。这反映了当时的文化人对于日本的认识的局限性。但在后来的岁月中，随着中日冲突的不断激化，《宇宙风》的作者及时调整视野，开始注意到日本的另一面，即日本存在的问题和日本民族性格的缺陷，其日本认识遂逐步深入。

2. 其日本认识尚缺本质性的深刻揭露。在当时中国文化人的日本认识中，由于各种原因，诸如蒋介石政权的思想镇压，或者个人的政治取向，乃至研究兴趣的千差万别，在《宇宙风》的作者群中，相当一部分人由于缺乏正确理论的引导，往往关注表面现象的评析，而对表象背后的本章问题，较少深刻的分析。其中，最明显的问题表现为将"日本人"作为铁板一块的观察方法，容易导致阶级、阶层分析的不足。具体来说，难以将军国主义与日本国民的区别明晰化。当然，在民族矛盾上升为中日之间的主要矛盾，在日本军国主义将屠刀强加在中国的头上，中华民族到了最危险的时候，容易导致用"日本人"这一实际上是民族的概念，来代替杀进国门的强敌。尽管这个强敌的内部分成了统治集团与被统治阶层、资本家地主与劳动群众、军国主义与和平主义、军阀与平民等不同阶级和阶层。

从现象入手，以科学的理论分析，客观而准确地捕捉本质，需要掌握先进理论，以完成从现象到本质的认识过程。在中国近代史上,完成这一艰难认识过程的,只有掌握马克思理论武器的中国先进知识分子。早在 1919 年 2 月,李大钊在揭露日本的所谓"大亚细亚主义"的时候,就深刻指出:"这'大亚细亚主义'不是和平的主义,是侵略的主义;不是民族自决主义,是吞并弱小民族的帝国主义;不是亚细亚的民主主义,是日本军国主义"。① 这里,李大钊在剖析日本的所谓"大亚细亚主义"过程中,揭示了和平主义与侵略主义、民族自决与帝国主义、民主主义与军国主义等明显的区别,有助于读者对问题本质的认识。在抗日战争期间,对日本问题的本质认识,往往出现在中国共产党人的日本论中。1938 年 5 月,毛泽东著《论持久战》,指出日本军国主义发动的侵华战争是"阻碍进步的非正义的战争,全世界人民包括日本人民在内,都应该反对,也正在反对",在这里将军国主义与日本人民做了区分;② 1945 年 4 月。在《论联合政府》中。毛泽东强调:"在日本侵略者被打败并无条件投降之后,为着彻底消灭日本的法西斯主义、军国主义及其所由产生的政治、经济、社会的原因,必须帮助一切日本人民的民主力量建立日本人民的民主制度。"③在展望未来时,同样强调了日本人民、民主力量与日本法西斯主义、军国主义的区别。没有区别就没有政策,正是基于这种区别,在延安组成日本共产党人领导下的日本反战同盟,在瓦解日军时期,共同抗击日本军国主义侵略的战斗中,发挥了积极作用。应该说,中国先进知识分

---

① 李大钊:《大亚细亚主义与新亚细亚主义》,《李大钊全集》第 3 卷,河北教育出版社 2001 年版,第 147 页。
② 毛泽东:《论持久战》,《毛泽东选集》(合订本),人民出版社 1968 年版,第 444 页。
③ 毛泽东:《论联合政府》,《毛泽东选集》(合订本),第 987 页。

子和中国共产党人对"日本人"的阶级分析和阶层分析,符合日本的实际,透彻地捕捉了问题的本质。

当然,对身处上海和后来蒋管区的中国文化人,用抗日根据地的标准来要求,似有勉为其难的求全责备之嫌。但同样是中国的知识分子或曰中国文化人,两者的问题本质的认识差距,是同时代的客观存在。

第三节　余论:《宇宙风》日本认识的历史启迪

通过对《宇宙风》杂志的解读和考察,使我们得以了解到20世纪上半叶中日政治冲突与文化摩擦的历程和中国文化人日本认识的轨迹,回顾历史,可以对思考今天的中日关系,提供诸多的启示。以下从近代中日关系的三次角色转换结构、日本与中国对抗心理的轨迹、"政府煽动"说的系谱三个角度进行探讨:

一、近代中日关系的三次角色转换结构

今天的中国人的对日情绪,与战前有着切割不断的关联,应当在历史的延长线上予以把握。笔者认为,在中国和日本之间存在着三次角色转换的结构。第一次转换是1895年甲午战争之后,中国由日本的"师"变成了日本的"徒",开始放下架子,学习日本。第二次是1915年到1937年,日本的对华侵略和歧视政策,把中国这个"徒"逐步推到了"敌"的一边。第三次是从1937年到1945年中日全面战争,两国决定命运的大决战。由师变为徒,中国人经历了一次艰难痛苦的蜕变,而当中国人以学生的身份积极学习日本,对日本产生了羡慕与挚爱的情感时,日本人却不断嘲讽、打击这个学

生，使学生转变为敌人。战前中日关系中的三次角色转换结构的存在，酿造了中国人的反日情绪，也是今天中国的反日运动、反日情绪的根源之一。

由于各种原因，近代以来中国一直落后于日本。进入20世纪90年代后，中国经济开始高速增长，呈现出追赶日本的势头。中日关系中出现了近代以来未曾有过的两强相对的局面，中日之间新一次，即第四次角色转换结构正在形成中，并因而引发了各种矛盾，如历史认识问题，教科书、靖国神社参拜问题，东海油田、钓鱼岛问题等。表面看来是一个个具体的摩擦与冲突，但在本质上却反映了中日第四次角色转换形成过程中的必然趋势。如战前日本数次逼迫中国修改教科书，战后邦交正常化后中国则批评日本的教科书篡改历史、美化侵略。中国的批评，引起了日本的不满，认为中国在干涉日本的内政。一般来说，颇有一些日本不希望或不习惯看到近代以来分散、落后、贫弱的中国走向统一、先进和富强的可能。面对身边日益强大、崛起的中国，一些日本人越来越起劲地宣扬"中国威胁论"、"中国崩溃论"。在中国，也有热衷传统的"轻日"情绪的人。在一些领域，中日双方的这两种民族主义情绪的复苏，对中日关系产生了负面影响，必须引起两国政府和有识之士的高度注意，因为两国曾经经历过惨痛的时代。前人经历过的一次错误，今人不应当再重蹈覆辙。此即"前事不忘，后世之师"。

二、日本与中国对抗心理的轨迹

近代以来的百年中日恩怨，是政治冲突与经济利益、文化摩擦等各种因素复杂地交织在一起的产物。政治冲突系指日本对东亚霸主地位和影响力的渴望，经济利益是资本主义的急速发展对原料和市场的占有等利益诉求;文化摩擦也同样以对中国传统地位的挑战,取而代之的欲望为背景,进而在日本国民中间形成了与中国对抗的心理情结。日本与中国的对抗心理,并非始自近代,在古代就有所表现,成为近代对抗中国的思想基础。

众所周知,日本在古代从中国吸收了大量的文化营养,经过漫长的移植和消化过程形成了自己的文化。到了近代,又通过学习西方获得了长足的进步,成为东方国家中唯一成功地实现了近代化的国家。日本民族的勤奋、聪明、上进、善于学习等优点,为世人所公认;但同时,因其民族精神中具有不甘落后、认真肯干的特点,又使得日本人争强好胜,乐于斗狠,习惯与他人较劲,在一定的条件下,这种优点反倒变成了日本民族性格中的缺憾。沈仁安先生在评述赖肖尔的《当代日本人》时就曾谈道:"随着他们同化所引进的事物,并将其转化为自己的文明时,就开始瞧不起以前的良师益友,蔑视比它落后的国家,优越感的极度膨胀,使日本人跨入可悲的危险境地。"①周作人也认为日本尽管大量地接受了中国文化,但并未将其视为恩惠,相反产生了一种压迫感和叛逆心理,形成了一种反中国文化的倾向,在《日本管窥·四》中,周作人谈到:"文字,艺术与生活,都遵从中国,这种文化上的借鉴刚刚输入时,心情愉快地接受,但时间一长,就形成了一种压迫感。特别是自己强大,对方落魄时,这种压迫感便愈发明显。"因而总想"乱暴地反抗一下"。②

早在隋朝,日本民族的这种心理便开始显现:在推古天皇致隋炀帝的国书中就有"日出处天子致书日没处天子"③的文字,用对

---

① 沈仁安:《当代日本人》中译本前言,商务印书馆1992年第1版,第4页。
② 周作人:《日本管窥·四》。
③ 魏征:《隋书·倭国志》。

等的姿态,平视中国的皇帝。黄遵宪曾经对此颇有微词:"史家旧习尊己侮人,索虏岛夷互相嘲骂。中国列日本于东夷传,日本史亦列隋唐为元藩传。中国称为倭王,彼亦书隋主、唐主,譬如乡邻交骂,于事何益?"① 在反省了中国自大的同时,也指出了日本的偏狭。

在元代,忽必烈在1274、1281年两次兵侵日本。镰仓幕府急调全国兵马迎敌,双方在近海岛屿和陆地多次激战。元军一时难以取胜,两次夜遇暴风袭击,元军船队被毁,大都葬身鱼腹,②数千逃生海岸的元军成为战俘,皆死于日本武士的刀剑之下。在今津留下众多的"蒙古冢",成为日军屠戮战俘的物证。这场保卫国土之战,催生并普及了日本人的"神国"意识,由此衍生的"神风"精神,后来成为日本军国主义发动侵华战争,以及疯狂对抗盟军的精神支柱。

在明代,丰臣秀吉追求"借道伐明",组建大帝国的战略目标,制订了相应的侵略计划,即占领朝鲜,并以此为跳板,征服中华四百余洲。当部下建议他多带些懂汉文的译员,丰臣秀吉讥笑地说:"将令彼国使用我国文字,安用外国文字?"③史称:抗倭援朝的万历朝鲜之役,"倭乱朝鲜七载,丧师数十万,糜饷数百万,中朝与属国迄无胜算,至关白死而祸始息"。④ 丰臣秀吉组建大帝国的目标,将对抗中国的大规模的军事行动达到空前的程度。

到了近代,日本在被迫开国之后,福泽渝吉提出了"抛弃亚洲

---

① 黄遵宪:《日本国志·凡例》。
② 《高丽史·世家》卷28,《元史·世祖本纪》。
③ 日本参谋本部编:《日本战史·朝鲜战役》,村田书店1998年再版,第81页。
④ 《明史·朝鲜传》。

恶友"的"脱亚入欧"主张。在这种文明史观的指导下，获得近代变革成功和战胜清朝陆海军的日本，轻侮之心不断膨胀，蔑视并欺压中国，中日之间传统的师徒关系发生了根本性的转变。对于中日关系的这种新变化，最为敏感的是中国文化人，主要群体是中国留日学生。前面曾经谈到，中国留学生在靖国神社游就馆中听到的日本人的议论："前来参观的日本人七嘴八舌评论着，看到黄龙吞日旗就说支那成为日本的附属品，是理所当然的，你看支那的国旗，太阳升起而龙在下面，代表支那的黄龙，不是在给光灿灿的红日做伴侣吗？"[①]

谢冰莹在日本的监狱中，与日本女犯人就臭虫是否是中国特产的争论、监狱中日本胖子犯人向中国留学生发出的"你敢与我决斗吗？我至少可以打倒你们三个支那人"的挑战，均反映出日本国民与中国的对抗意识。

郭沫若在《关于日本人对中国人的态度》中，从对"支那"的称谓入手，分析了日本人的与中国抗争的心理："日本人称中国为'支那'，本来支那并非恶意，有人说本是'秦'字的音变，但出自日本人口中则比欧洲人称犹太还要下作。这态度明显地表现在他们的表示国际关系的文字惯例上，譬如中国与日本并列时，照例是'内鲁而外中夏'的办法，犹如中国人之称'中日'是彼此、此彼，易地则皆然。然而除开了这对本国的惯例外便迥然不同了。支那和其他一个或一个以上的国家并列时便永远在下位。例如'英支'（中英）、'佛支'（中法）、'独支'（中德）、'米支'（中美）、'白支'（中比）、'伊

---

① 王拱璧：《东游挥汗录》，转引自〔日〕实藤惠秀：《日中非友好的历史》，朝日新闻社，昭和四十八年，第278页。

支'（中意）、'露支'（中俄），及甚至同暹罗并列时是'暹支'，同菲律宾并列时是'菲支'，同朝鲜并列时是'鲜支'，近年来同满洲并列称'满支'；加上日本称'日满支'，就和《春秋》列蛮夷于国际盟约最下位的一样，中国始终是处在最劣等的地位的。"① 郭沫若认为这种排法，既无文法规定也无任何依据，纯粹出自日本人的心理和习惯。2006年底笔者访日期间逛书店时，发现在日本文人谈及中国与外国关系的书名中，依然存在这种现象。

战前日本人的这种心态，给中国文化人和民众造成了深重的伤害，成为中日两国产生文化摩擦的重要起因。日本军国主义又将蔑视、欺侮中国的观念，贯穿于军队教育和普通教育之中，使得日本制造的文化冲突日堪一日，使之成为由冲突走向战争的催化剂。

在战后，日本的进步人士，为促进两国的友好，做了许多热心细致的工作，增进了两国人民的了解，但一些人传统的思维方式依然难以改变。90年代末期，在一所向日本输送高水平人才的中国的学校里，来自日本名校的一位教授，在黑板上写字时，粉笔一再断裂，致使其发火。这位教授大失学者的水准，一边乱摔粉笔头，一边抱怨："中国的粉笔没法使，什么破粉笔！"教授说起来不停，学生终于忍无可忍，一位学生站起来向日本教授抗议不要随意污辱中国！师生形成争执。事后得知，那粉笔是日本教师团从日本带来的。这个场景，与当年日本著名政治家尾崎行雄讲演中污辱中国时，郁达夫跳上台反驳，要求其道歉的情景并无二致。在原本为培养中日学术交流人才的学校里，由于日本教授的失态，居然上演

---

① 《宇宙风》第25期，第19页。

了一堂生动的"反日教育课"。

2004年底,在日本为培养中国日语教师特别开设的短期培训班里,日方聘请了一位学有成就的日本学者讲汉字。这位教师强调"日本接受了汉字,影响了日本的社会发展进程,汉字给日本添了麻烦",云云。此番"高论",引起了在座的中国青年日语教师的强烈不满,友好交流的初衷,又适得其反。在日本的大学里,也有许多类似的情景出现,形成了日本教育国际化的障碍,对新一代中国留日学生造成了新的刺激与伤害。

从战前到战后,日本与中国的对抗心理,呈现出一条清晰的轨迹。在中日百年恩怨之中,孰优孰劣、孰高孰低的意识是一种潜在而不可忽视的因素之一。在21世纪,随着中国经济的持续发展,国力的增强,可以预见,这种对抗意识将会愈加强烈,与历史认识问题、东海问题以及其他问题交织在一起,成为中日两国走向真正友好的结构性障碍。无视客观事实,情绪化地评价和比较某种文化的优劣,争论谁高谁低,除了酿成对抗心理之外,没有任何益处。每个民族都有其长处和缺点。中国人应当抛弃传统的"华夷思想"和轻视日本的心态,虚心学习日本的长处。日本人也应当反省近代以来对中国的态度,适应现实状况的变化,调整心态,更新观念。对抗意识已然落后于时代,今天所需要的是相互依存,互利双赢的共同发展思路。

三、"政府煽动"说的系谱

自20世纪初至今的百年中日关系中,有一个十分突出且争论不断的主题,这就是中国人反日情绪的根源问题。应当坦率地承认,从过去到今天,中国人对日本的印象十分复杂。为何具有深厚文化渊源与频繁交往的两个东方近邻国家会闹到如此地步,甚至较其他曾经与中国发生过战争或冲突的国家更为仇视和对立,心境难以坦然？中国和日本对此有着全然不同的解说。在前面,已经援引林语堂等人的分析,对该问题提出了结论,因问题十分重要,所以以下再从战前到战后,作一点后续考察。对该问题的破解,或许有助于接近中日冲突的本质层面,为中日两国今后的交流,提供一些借鉴和参考。

百年之间,中国人对日本存在着情感上的抵触,这是一个不容否认的客观事实。那么,中国人为什么会这样呢？中国人反日情绪的根源何在？日本人认为责任在于中国政府。于是,"政府煽动"说就成为从战前到今天日本方面具有连续性和代表性的观点。据笔者考察,"政府煽动"说已有近百年的历史。

辛亥革命前,山阴人邵伯棠(今杭州市萧山区)编撰了一本《高等小学论说文范》,其中既有对日本的赞美与羡慕的记述,也有对日本的情绪化描写："彼区区之岛国,犹时存一席卷神州之野心者,异日,吾国自强,将粪除彼土,以为吾族之公园而已。"①应当说,邵氏的这段文字,蕴含着强烈的民族主义情绪,对邻国缺少尊重。但也可视为中国文化人对国土沦丧、亡国灭种之前的缺乏理智的呐喊,其背景是日本在甲午战争后对中国的扩张侵略。

日本记者发现了这件事情,把一介文人个人编撰的教材抬高到国家之间冲突的层面,1914年9月13日,东京的《日日新闻》和大阪的《每日新闻》,以"抗议支那政府,剿灭充满排日文字的支那教科书"为题,发表了评论文章:

---

① 邵伯棠:《高等小学论说文范》,上海会文堂,1914年。

> 支那当局口称日支亲和,标榜亲日主义久矣。而观其行为,尽做排日之事,不见亲日精神。且不唯当局要员官宪,民间人士亦多倾向排日,吾辈不觉甚感忧虑……
>
> 支那全国小学所用教科书《高等小学论说文范》内充斥排日之激烈文字,辱日之痛切言辞,欲使支那小国民与其父兄同样,培养以日本为敌国之精神。现举二三例:在《日记》题下,由"愤日人并吞朝鲜之野心勃勃,思有以创之"之描述。而犹以《民气说》中一节为最。支那令小学生习用此等教科书,养育如此之思想精神,则可形成日支交战之原因与动机,酿远东战事、违和平人道。①

1914年9月26日,日本驻华公使日置益向中华民国教育总长汤化龙提交了抗议照会,10月2日,袁世凯颁布大总统令,承诺"派员视察,整饬教科书,勿伤吾友邦。"②这是近代中日教科书纠纷的肇始,也是目前所见资料中"政府煽动说"的首次提出。在这一年的9月2日,日军在山东龙口强行登陆,随后侵占平度和胶州车站,烧杀抢掠。恶人先告状,政府和媒体联手指责中国,目的无非是寻找侵略借口,转移舆论视线,为强迫中国承认"二十一条"要求作准备。

1919年"五·四"运动时期,日本方面认为中国民众的反日情绪与中国政府的态度有关,是受了政府审定的教科书的煽动。日本驻福州领事向日本驻华公使报告,上海中华书局印行的《新式小

---

① 东京《日日新闻》、大阪《每日新闻》,1914年9月13日。
② 《教育杂志》第6卷第8号。

学教科书》中,有排日记载。日本公使遂照会中国外交部,外交部又向教育部发函,教育部指示中华书局:

> 谨启者,本部现准外交部函开,准日本林公使函称,据驻福州领事报告,该处所卖上海中华书局印行新式小学校教科书中,有如另纸所开排日的记载。查此煽动对日恶感之教科书,不特有碍邦交,且恐将来国交上发生有害之结果,应请设法禁止发卖等因。①

对于日本方面的指责和教育部的指令,中华书局予以了坚决的回击,认为教科书中叙述的日本侵华的片断,均属历史事实。教育部提倡对学生进行爱国主义教育,中华书局是奉命行事,并无过错。

关于30年代初期中日教科书事件,前面已有介绍。而在中日大战的序幕已然拉开的1937年7月7日晚上,中日官员和大牌记者围绕所谓中国的反日教育和反日宣传问题,又在东京展开了激烈的论战。② 概括起来看,自1914年到1937年,中国和日本之间关于反日教育问题,至少发生过四次较大的冲突。日方的观点十分明确,即中国人的反日情绪源于中国政府主导的反日教育,1937年8月15日,日本政府发表的《帝国政府的第二次申明》中,声称"这次诉诸武力的行动,目的是根除像抗日运动那样的不幸事件,以收日、满、支和睦合作之实效。"③ 而中方则对这种"政府煽动说"

---

① 中华书局"新式教科书与日本",《中华教育界》第8卷第1期,1919年。
② 日本日华文化协会编:《日支终成仇敌吗?——日中记者座谈会纪要》,第一出版社,1937年7月。
③ 外务省情报部:《有关支那事件公布资料集》(第一号),鹿岛研究所出版会,1937年。

持彻底否定的态度。通过本书的考察和分析,大量的证据已经表明"政府煽动说"是违背客观事实,根本站不住脚的。日本不断指责中国政府煽动民众的反日情绪,目的只有一个,就是为了扩大侵略寻找借口,把责任推给中国方面。

自20世纪80年代初至今,在战后,中日之间围绕教科书的记述又发生了一系列的摩擦。中国方面认为日本的教科书不向青年学生讲授历史的真实、美化侵略战争,而日本方面则认为中国是干涉内政,教科书问题与靖国神社参拜、与东海油田等问题一起,构成了中日冲突的焦点。2005年3月4日,日本外务大臣町村信孝提出了"政府煽动"说:

> 最近,日本外务大臣町村信孝3月4日在参议院预算委员会上的一段发言引起了中国方面的强烈反弹,3月8日,有记者在中国外交部的记者招待会上问:日本外相町村信孝3月4日在国会答辩中称,将要求中国改善在历史问题上的"反日教育",与中国外长会晤时,将具体要求中国"改善"历史教育中存在的不足之处,包括北京的抗日纪念馆的展示方式,中方对此有何评论?①

中国外交部发言人对日方的上述言论感到"惊讶和不满"。町村的发言是在战后代表日本官方,第一次提出了这种观点,与战前日本政府的态度完全一致,可以认为是战前的"政府煽动"说的翻版和延续。

---

① 日本《中文导报》,2005年3月24日。

第五章 《宇宙风》的日本认识总结

2006年7月，原日本驻上海总领事杉本信行，在《大地的咆哮》中写道：

> 然而现实中，受过外国人，特别是日本人直接侮辱的时代中出生的人，几乎已不在世，因此这种反感，可以说是战后出生的人通过家庭、学校教育以及共产党的宣传来不断形成的。（中略）
>
> 这种形象塑造，迄今为止，全部是共产党的宣传部强制实行的。（中略）
>
> 反日教育即是爱国教育，更进一步说，是"要热爱统治这个国家的共产党"的爱党教育。①

杉本信行的观点与町村外相如出一辙，代表了日本官方的态度，该书出版后不到两个月内便再版了8次，足见其影响之广。

对于近年来中国一些地区发生的反日游行以及一些青年人的过激举动，日本的各家主流媒体态度一致地认为根源在于中国政府推行的"反日教育"。2004年8月5日，日本《读卖新闻》发表了社论"亚洲杯——爱国教育催生的反日民族主义"，《每日新闻》、《日本经济新闻》也发表了同样观点的社论。由此可见，日本的官方和主流媒体都认为中国民众的反日情绪，是由政府通过爱国主义教育来灌输的，影响中日关系的责任在于中国政府，这种"政府煽动"说与战前惊人地相似。

---

① 〔日〕杉本信行：《大地的咆哮》，PHP研究所2006年7月第1版，第222—223页。

据笔者粗略的调查,战后的中国教科书中,存在着大量的爱国主义教育和介绍日本侵华历史的内容,这是客观事实。但同时也存在着许多对中日友好的记述。冰心的《樱花赞》、鲁迅的《藤野先生》,从"文革"前到"文革"后,都被收录到教科书当中。文中所描述鲁迅对日本恩师、冰心对日本朋友的真挚感情,给人留下了深刻印象。

其中,《藤野先生》一文的收录的经纬是:1934年,日本友人增田涉准备翻译《鲁迅全集》,鲁迅在信中便叮嘱他一定要把《藤野先生》一文译出补进去。1935年,日本岩波文店要出版《鲁迅全集》,并派人来征求他的意见,他说:"一切随意,但希望能把《藤野先生》选录进去。"① 由此可以看出鲁迅对恩师以及日本朋友的珍重。1952年人民教育出版社的《中学语文教材》、1973年上海教育社的语文教材、1987年人民教育出版社的语文教材中都收录了《藤野先生》。

1972年中日邦交正常化之后,教科书中就出现了介绍中国乒乓球队访日时的友好场面;1978年,在日语教材中,出现了介绍樱花、富士山的内容;1987年人民教育出版社的中学语文教材中,介绍了内山完造这位中国人民的老朋友;2000年,人民教育出版社的《日语自学读本》中,编入了"守纪律的日本人"、"日本的环境保护"、"重视教育的日本"等课文。在湖北教育出版社的《公民道德建设读本》(2002年)中,还介绍了日本皇太子的女儿出生后的命名过程,从孟子的语录中撷取了"爱"字,命名为"爱子"。

---

① 吴天:《〈藤野先生〉分析》,《中学鲁迅作品教学》,吉林师范大学中文系函授教研室,1977年8月。

第五章 《宇宙风》的日本认识总结

上述事实表明,中国在向下一代客观地讲述近代以来被帝国主义侵略和奴役的历史的同时,一直珍视中日友好。对"政府煽动"说,就连被日本人视为中国"反日运动活动家"的冯锦华、童增、卢云飞等人都持强烈的反对态度。[①] 把发动战争的军国主义分子和普通的日本国民区别开来,重视中日友好,是中国政府在战后的一贯立场。中国人的反日情绪根源在于战前日本军队的暴行、对中国的歧视和战后日本右翼政客否认战争罪行的言行。中国人应当理性、客观地看待日本,日本也应当思考自身的责任。

本书通过对《宇宙风》杂志的考察,回顾了20世纪三四十年代,中国文化人认识日本的历程,尝试性地探讨了中日之间四次角色转换结构、中国人反日情绪根源、两个民族之间对抗心理的问题,期冀于对化解中日民众的对立情绪、建构新世纪的中日关系,起到些微的参考作用。在考察的过程中,通过《宇宙风》当年的记述,发现了战前日军和日侨在中国的大量的丑行。我相信每一个有良知的日本人都会对此感到吃惊和难以想象。本书的目的绝不是故意丑化日本人,揭人家的短处,只是想梳理中国文化人日本认识的源头和形成路径。同时也想强调:今天普通的大多数日本国民,和战前侵略中国的日本军阀、财阀完全不同,他们勤奋善良,文明礼貌,注重友情,信守承诺,珍视和平,遵守规则,具有明显的文化素质和公德修养。与其相比,我们还应该继续加强国民素质的提高,改正自身的缺点和毛病。值得注意的是,人们对战前日本人的记忆,因日本军国主义侵略给中国造成的深重民族灾难,以及战后日本政府中的某些人篡改历史的行径,基本上构成了当代中国

---

① 〔日〕熊谷伸太郎:《何为反日?》第三章,中央公论新社2006年8月版。

人对日本的整体记忆,这当然是不全面、不科学的。对战前的记忆,只能是局部记忆,不能替代整体记忆。而学习日本建设现代化和谐社会的经验,则是我们今天急需的。如环保问题、教育问题、社会公正、贫富差异等问题,这些都是左右未来中国社会安定和发展的棘手问题,在现在和今后都值得中国借鉴。日本也曾经为这些问题所困扰并成功地加以解决。

在近代的风风雨雨中,中日两国走过了敌友转换、和战交替的百年历程,中国文化人也与日本结下了不解之缘。就中国文化人关注日本而言,上个世纪如此,今后也是如此。无论是过去、现在和未来,中国文化人在中日关系中所具有的不可替代的作用,不会改变。日本军国主义的傲慢与偏见、暴力与侵略等行径,曾经给两国关系造成了巨大伤害。在新的时代,中日两国的文化人应该共同承担起推动中日友好的责任,以宽广的胸怀和是非分明的判断,正视历史,开创未来。

参考书目

一、中文文献资料(按作者名字汉语拼音顺序)

(一)基本史料

阿英编:《近百年来国难文学大系、中日战争文学集》,北新书局刊行,民国37

北京日本学研究中心编:《中国日本学研究文献总目录》,中国人事出版社,1995

《北京师范大学图书馆馆藏中文珍稀期刊题录》,北京图书馆出版社,2002

《东北地方文献联合目录》第二集,中文图书部分,东北地方文献联合目录编集组,1986,长春

《东北地方文献联合目录》第二集(上下日、西、俄),外文图书部分,东北地方文献联合目录编集组,1984,大连

《东北地方文献联合目录》第一集,报刊部分,东北地方文献联合目录编集组,1981

冯天瑜主编:《上海东亚同文书院大旅行记录》,商务印书馆,2000

吉林省社会科学院编:《满铁数据馆馆藏数据目录》,吉林文史出版

社,1995

蒋廷黻著:《蒋廷黻回忆录》,岳麓书社,2003

骆憬甫:《浮生手记——一个平民知识分子的纪实(1886—1954)》,上海古籍出版社,2005

《上海"孤岛"文学报刊编目》,上海社会科学院出版社,1986

上海图书馆编:《上海图书馆馆藏旧版日文文献总目》,上海科学技术文献出版社,2001

宋原放主编:《中国出版史料》,山东教育出版社,湖北教育出版社,2001

孙平化:《我的履历书》,世界知识出版社,1998

王芸生:《六十年来中国与日本》,北京三联书店,1979

《宇宙风》第1、2、3、4、5、6、7、8、9、、10、11、12、13、14、15、16、17、18、19、20、21、22、23、24、25、26、27、28、30、31、32、33、34、35、36、37、38、39、40、41、42、43、44、45、46、47、48、49、50、51、52、53、54、55、56、57、58、60、61、62、63、64、65、66、67、68、69、70、71、72、73、74、75、76、77、78、79、80、81、82、83、84、85、86、87、88、89、90、91、92、93、94、95、96、97、98、99、100、101、102、103、104、105、106、107、108、109、110、111、112、113、114、115、116、117、118、119、120、121、122、123、124、125、126、127、128、129、130、131、132、133、134、135、136、137、138、139、140、141、142、144、145、146、147、148、149、150、151、152期(仅缺143期)

周佛海著、蔡德金编著:《周佛海日记全编》(上、下),中国文联出版社,2003

(二)研究著作

〔美〕贝拉著,王晓山等译:《德川宗教:现代日本的文化渊源》,三联书店,1998

〔日〕本泽二郎著,张碧清等译:《中国人眼里的日本人》,学苑出版社,2002

〔日〕仓石武四郎:《仓石武四郎中国留学记》,中华书局,2002

陈丽凤、毛黎娟:《上海抗日救亡运动》,上海人民出版社,2000

程舒伟、常家树:《抗日战争重要问题研究》,东北大学出版社,1997

〔日〕村上重良著,聂长振译:《国家神道》,商务印书馆,1990

〔日〕大庭脩著,徐世虹译:《江户时代中日秘话》,中华书局,1997

戴季陶:《日本论》,上海民智书局,民国十七年5月再版

丁晓禾:《中国百年留学全记录》,珠海出版社,1998

费正清:《观察中国》,四川人民出版社,1992

〔苏联〕弗·普罗宁可夫、伊·拉达诺夫著,赵永穆、朱文佩译:《日本人》,中国广播电视出版社,1991

高兰:《双面影人——日本对中国外交的思想与实践》,学林出版社,2003

〔日〕高桥敷著,张国良等译:《丑陋的日本人》,广州文化出版社,1988

高增杰:《东亚文明的冲击——日本文化的历史与特征》,广西教育出版社,2001

辜鸿鸣:《中国人的精神》,海南出版社,1996

〔日〕鹤见俊辅著,高海宽、张义素译:《战争时期日本人的精神史》,吉林人民出版社,1991

胡澎:《战时体制下的日本妇女团体》,吉林大学出版社,2005
黄福庆:《清末留学生》,台北研究院,1975
黄万华:《中国抗日时期沦陷区文学史》,福建教育出版社,1995
黄遵宪:《日本国志》,天津人民出版社,2003
黄遵宪:《日本杂事诗》,上海游艺图书社,1909
黄遵宪:《日本杂事诗广注》,钟叔河注,湖南人民出版社,1981
〔日〕吉川幸次郎:《我的留学记》,光明日报出版社,1999
〔日〕加藤周一、木下顺二著,唐月梅、吕丽译:《日本文化的特征》,吉林人民出版社,1991
蒋立峰主编:《21世纪中日关系发展构想》,世界知识出版社,2004
蒋立峰主编:《我心目中的中国与日本》,世界知识出版社,2002
蒋立峰主编:《中日两国的相互认识》,世界知识出版社,2003
金熙德:《中日关系——复交30周年的思考》,世界知识出版社,2002
〔日〕近代日本思想史研究会著,李民等译:《近代日本思想史》(1—3卷),商务印书馆,1992
〔日〕孔祥吉、村田雄二郎著:《罕为人知的中日结盟及其他》,四川出版集团巴蜀书社,2004
赖肖尔:《当代日本人》,商务印书馆,1992
乐山主编:《潜流——对狭隘民族主义的批判与反思》,华东师范大学出版社,2004
李世涛主编:《民族主义与转型期中国的命运》,时代文艺出版社,2002
李甡平:《圣人与武士——中日传统文化与现代化之比较》,人民大学出版社,1992

李晔:《中日韩新四国民族主义与现代化比较研究》,中国对外经济贸易出版社,2000

李玉、汤重南、林振江主编:《中国的日本史研究》,世界知识出版社,2000

李玉、汤重南主编:《21世纪中国与日本》,北京大学出版社,1996

林昶著:《中国的日本研究杂志史》,世界知识出版社,2001

林聚任、刘玉安主编:《社会科学研究方法论》,山东人民出版社,2004

林太乙:《林语堂传》,中国戏曲出版社,1994

林语堂:《中国人》,学林出版社,2005

刘大年:《抗日战争时代》,中央文献出版社,1996

刘建辉:《魔都上海——日本知识人的"近代"体验》,上海古籍出版社,2003

刘金才:《日本町人伦理思想研究——日本近代化动因新论》,北京大学出版社,2001

刘仰东编:《梦想的中国》,西苑出版社,1998

刘晔:《知识分子与中国革命》,天津人民出版社,2004

刘再复、林冈:《传统与中国人》,安徽文艺出版社,1999

鲁斯·本尼迪克特:《菊与刀——日本文化的类型》,商务印书馆,1990

陆培春:《傲慢的日本人》,渤海湾出版公司,1988(新加坡)

〔葡〕路易斯·弗洛依斯著,〔日〕冈田章雄译注,范勇等译:《日欧比较文化》,商务印书馆,1992

吕顺长:《清末浙江与日本》,上海古籍出版社,2001

吕万和:《简明日本近代史》,天津人民出版社,1984

马嘶:《1937年中国知识界》,北京图书馆出版社,2005
梅桑榆:《日本浪人祸华录》,中共党史出版社,2005
米庆余:《日本近代外交史》,南开大学出版社,1988
〔日〕内藤湖南:《日本文化史研究》,商务印书馆,1997
南博:《日本的自我》,文汇出版社,1983
内山完造、渡辺秀方、原物兵卫:《三只眼睛看中国——日本人的评说》,中国社会科学出版社,1997
潘光旦:《中国人的特性》,海南出版社,1998
〔美〕Parks M. Coble著,马俊亚译:《中国民族国家构建中的日本要素》(1931—1937),社会科学文献出版社,2004年
〔日〕若槻泰雄:《日本的战争责任》,社会科学文献出版社,1999
尚会鹏、徐晨阳著:《中日文化冲突与理解的事例研究》,中国国际广播出版社,2004
尚会鹏:《中国人与日本人》,北京大学出版社,1998
沈殿成:《中国人留学日本百年史》,辽宁教育出版社,1997
沈仁安:《日本史研究序说》,香港社会科学出版社,2001
盛邦和:《东亚:走向近代的精神历程——近三百年中日史学与儒学传统》,浙江人民出版社,1995
〔日〕石田一良:《日本文化——历史的展开与特征》,上海译文出版社,1989
〔日〕实藤惠秀:《中国人的日本观》,《中国文化丛书》10《日本文化与中国》,大脩馆书店,1968
〔日〕实藤慧秀:《中国人日本留学史》,三联书店,1983
司马文侦:《文化汉奸罪恶史》,上海曙光出版社,1946
宋成有:《新编日本近代史》,北京大学出版社,2006

宋成有等著:《战后日本外交史》,世界知识出版社,1995

宋应离主编:《中国期刊发展史》,河南大学出版社,2000

孙雪梅:《清末民初中国人的日本观》,天津人民出版社,2001

汤重南等主编:《日本帝国的兴亡》,世界知识出版社,2005

陶萃权:《我在战场官场商场跟日本人打交道》,新华出版社,2002

〔日〕丸山真男著,赵自瑞等译:《日本政治思想史》,三联书店,2000

万峰:《日本近代史》,中国社会科学出版社,1981

王家骅:《儒家思想与日本文化》,浙江人民出版社,1990

王韬:《漫游随录·扶桑游记》,湖北人民出版社,1982

王铁钧:《日本学研究史识》,江西高校出版社,2004

王晓华,张庆军著:《大红大黑周佛海》,上海人民出版社,2002

王晓秋:《中日文化交流史话》,商务印书馆,1996

王晓秋:《近代中日关系史研究》,世界知识出版社,1993

王新生:《现代日本政治》,经济日报出版社,1997

王勇:《日本文化》,高等教育出版社,2001

王振锁:《日本战后五十年》,世界知识出版社,1996

王正和编著:《不可思议的中国人——20世纪来华外国人对华印象》,花城出版社,2001

〔日〕尾崎茂雄著,张健、李卓译:《美国人与日本人》,渤海湾出版公司,1988

吴廷璆:《日本史》,南开大学出版社,1994

吴学文:《中日关系30年》,时事出版社,2002

武安隆、熊达云:《中国人的日本研究史》,东京:六兴出版社,1989

武继平:《郭沫若留日十年》,重庆出版社,2001

〔日〕小泉八云著,胡山源译:《日本与日本人》,海南出版社,1994

熊达云:《近代中国官民的日本考察》,东京:成文堂,1998
徐冰主编:《日本人的自我认识》,吉林大学出版社,2003
徐冰主编:《中国人的日本认识》,吉林大学出版社,2003
徐先之主编:《中日关系三十年》,时事出版社,2002
杨宁一:《日本法西斯夺权之路——对日本法西斯的研究与批判》,北京师范大学出版社,2000
杨薇:《日本文化模式与社会变迁》,济南出版社,2001
〔日〕依田憙家著,卞立强译:《日本近代化——与中国的比较》,中国国际广播出版社,1991
〔日〕依田憙家著,卞立强等译:《简明日本通史》,上海远东出版社,2004
〔日〕依田憙家著,卞立强等译:《近代日本与中国——日本的近代化与中国的比较》,上海远东出版社,2004
〔日〕依田憙家著,卞立强等译:《日本帝国主义研究》,上海远东出版社,2004
〔日〕依田憙家著,卞立强等译:《日中两国近代化比较研究》,上海远东出版社,2004
〔日〕依田憙家著,雷慧英等译:《近代日本的历史问题》,上海远东出版社,2004
〔日〕伊原泽周:《从"笔谈外交"到"以史为鉴"》,中华书局,2003
余仲瑶:《日本人的中国观》,《武汉留日同学会日本问题研究丛书》第三集,华中图书公司印行,1938
余子侠:《民族危机下的教育对应》,华中师范大学出版社,2001
张声振:《中日关系史》第一卷,吉林文史出版社,1986

张哲俊:《中国古代文学中的日本形象研究》,北京大学出版社,2004

赵德宇:《西学东渐与中日两国的对应》,世界知识出版社,2001

赵建民、刘予苇:《日本通史》,复旦大学出版社,1989

中国社会科学院日本研究所:《面向21世纪的中日关系》,世界知识出版社,1998

中国社会研究会编:《中国与日本的他者认识——中日学者的共同探讨》,社会文献出版社,2004

中国社科研究会:《全球化下的中国与日本:海内外学者的多元思考》,中国社会科学出版社,2003

中华日本学会,北京日本学研究中心编:《中国的日本研究》,社会文献出版社,1997

钟少华:《早年留学者谈日本》,山东画报出版社,1993

周海婴:《我与鲁迅七十年》,南海出版社,2001

周明之著,雷颐译:《胡适与中国现代知识分子的选择》,广西师范大学出版社,2005

周幼海:《日本概观》,上海新生命社,1944

周作人:《周作人文选·自传、知堂回想录》,群众出版社,1999

竹内实著,程麻译:《日中关系研究》,中国文联出版社,2004

(三)相关论文

班玮:《梁启超的日本观》,《天津师范大学学报》2004年第3期

曹成建:《甲午战后郑观应的日本观》,《贵州师范大学学报》(社科版)1995年第4期

陈卫平:《近代中国的日本观之演进》,《社会科学》1994年第1期

贺跃夫:《清末士大夫留学日本热透视——论法政大学中国留学生速成科》,《近代史研究》1993年第1期
胡令远:《周作人之日本文化观——兼论与鲁迅之异同》,《日本学刊》1994年6月
季红:《周作人与小泉八云的日本社会观之比较》,《大连民族学院学报》2005年3月
李贵连:《近代中国法律的变革与日本的影响》,《比较法研究》1994年第1期
李侃:《清末中日关系何来"黄金十年"?》,《天津社会科学》1995年第1期
李丽君:《论郁达夫的日本观》,《浙江学刊》2002年第2期
李庆:《论黄遵宪的日本观——以〈日本杂事诗〉为中心》,《复旦学报》(社科版)1994年第4期
李喜所:《甲午战后50年间留日学生的日本观及其影响》,《社会科学研究》1997年第1期
刘学照、方大伦:《清末民初中国人对日观的变迁》,《近代史研究》1989年第6期
麓保存:《清末黄公度所见之日本》,《历史教育》1960年1—8期
马场公彦著,陈都伟译:《战后日本论坛的中国观变迁——从〈世界〉杂志的相关报道中看到的》,《人文天地》2002年第5期
宁刚:《甲午战争至五四运动期间中国人的日本观》,《人文杂志》1997年第6期
潘世圣:《鲁迅的日本观——鲁迅体验和理解日本的主要内容及特征》,《浙江学刊》2004年3月
尚会鹏:《儒家的战略文化与中国人日本观的深层》,《国际政治研

究》2004年第2期

宋成有:《以史为鉴:福泽谕吉"文明论"视角下的对华观及其影响》,《亚太研究论丛》第3辑,2006年6月

藤井省三:《孙文与日本——以孙文的对日认识为中心》,《亚洲文化》1990年第15期

汪婉:《新政时期中国官绅的"日本学事考察"与日本方面的对应》,《中国——社会与文化》1997年6月12号

汪婉:《直隶省的教育改革与官绅的日本游历》,《日本学刊》1997年3月

汪向荣:《古代中国人的日本观》,《世界历史》1981年第5期

久保田文次:《孙文的日本观》,辛亥革命研究会编《中国近代史论集》,日本:汲古书院,1985

王如绘:《论李鸿章对日本认识的转变(1870—1880)》,《东岳论丛》1998年第5期

王玺:《黄遵宪对日本的认识》,《大陆杂志》1969年49卷第1期

王晓秋:《近代中国人的日本观的变迁》,《日本学》1991年第3期

徐冰:《戴季陶的日本观》,《日本问题研究》1994年第3期

徐冰:《郁达夫的日本观》,《日本学刊》1994年第3期

严绍璗:《20世纪日本人的中国观》,《岱宗研究》1999年第2期

杨木武:《论七七事变前蒋介石的日本观和抗战观》,《培训与研究》2003年11月

俞祖华:《近代日本人对中国国民性的评说》,《烟台师范学院学报》(哲学社会科学版)2002年第19卷第1期

臧世俊:《康有为的日本观》,《学术论坛》1995年第3期

泽野六郎:《谭嗣同的日本观》,《历史教育》1960年1—8期

张作荣:《周作人"语丝时期"之日本观》(上),《鲁迅研究月刊》1994年第3期

张作荣:《周作人"语丝时期"之日本观》(下),《鲁迅研究月刊》1994年第4期

周启乾:《晚清知识分子日本观的考察》,《日本学》1991年第3期

周一川:《清末留日学生中的女性》,《历史研究》1989年第6期

左汉卿:《章太炎在日本的活动及其日本观变化》,《中国文化研究》2001年冬之卷

二、日文文献资料(按作者姓氏假名顺序排序)

(一)基本史料

国際教育情報センター:『世界の教科書に見る日本——中国編』,1993

信浓忧人編:『支那人の見た日本人』,青年书房,1937

別技篤彦:『世界の教科書は日本をどう教えているか』,白水社,1992

水上茂編:『日支遂に敵か』,日中記者座談会,第一出版社,昭和12年

(二)研究著作

『中国21世紀』,『日中戦争とは何か』,1997,12特集

読売新聞中国取材団著:『膨張中国』,中央公論新社,2006

会田雄次:『日本の風土と文化』,角川書店,昭和四十七年

青木保:『日本文化論の変容』,中央公論新社,1990
荒野泰典、石井正敏、村井章介:『アジアの中の日本史——自意識と相互理解』,东京大学出版会,1993
安藤彦太郎:『日本人の中国観』,勁草书房,昭和46年
伊東昭雄等:『中国人日本观百年史』,东京,自由国民社,1974
伊東昭雄:『アジアと近代日本』,社会評論社,1990
入江昭著:『日中関係この百年』,岩波書店,1995
内山完造:『花甲録』,岩波書店,1960
梅棹忠夫、多田道太郎:『日本文化と世界』,講談社,昭和47年
大里浩秋、孫安石:『中国人日本留学史研究の現段階』,御茶ノ水書房,2002
大林太良編:『文化摩擦の一般理論』,巌南堂書店,昭和五十七年
金容雲:『醜い日本人』,三一書房,1994
熊谷伸一郎:『「反日」とは何か』,中央公論新社,2006
厳安生:『日本留学精神史』,岩波書店,1991
小島晋治、丸山松幸:『中国近現代史』,岩波書店,1986
古森義久:『日中再考』,産経新聞社,2001
佐伯彰一、芳賀徹:『外国人による日本論の名著』,中央公論者,1987
実藤恵秀:『日中非友好の歴史』,朝日新聞社,昭和四十八年一月
関根謙:『中国教科書の中の日本と日本人』,一光社,1988
戴季陶著,市川宏訳,竹内好解説:『日本論』,社会思想社,1972
陳舜臣:『日本人と中国人』,集英社,1984
中嶋嶺雄:『中国』,中央公論者,1982
中嶋嶺雄:『近現代史のなかの日本と中国』,东京书籍,1992

野村浩一:『近代日本の中国認識』,研文出版社,1981
半藤一利:『昭和史』,平凡社,2004
藤井省三:『東京外語支那部——交流と侵略のはざまで』,朝日新聞社,1992
藤井省三:『魯迅「故郷」読書史』,創文社,1997
南博:『日本人の系譜』,講談社,1980
村上勝敏:『外国人による戦後日本論』,窓社,1997
山口一郎:《近代中国的对日观》,东京:亚洲经济研究所,1969
山口一郎:《近代中国对日观的研究》,东京:亚洲经济研究所,1970
ルース・ヘネティクト著,長谷川松治译:『葡と刀』,社会思想社,1967
汪向栄:『清国お雇い日本人』,朝日新聞社,1991
Whiting Allen Suess:『中国人の日本観』,冈部达味译,岩波書店,1993

(三)相关论文

厳紹璗:「戦後 60 年の日本人の中国観—日本留学後の滞在国によって異なる対日イメージ」法政大学国際日本学研究所「東アジア共生モデルの構築と異文化研究」2006 年 3 月
砂山幸雄:「戦争をめぐる二つの記憶——日本と中国」『神奈川大学評論』第 39 期,2001 年
砂山幸雄:『「支那排日教科書」批判の系譜』『中国研究月報』出版社,2005 年 4 月
孫安石:「歴史教科書と歴史観—日中戦争の読み直しをめぐって」「神奈川大学評論」第 39 期,2001 年

馬場公彦:「戦争——東アジア心像地図の中の日本」『中国 21 世紀』第 10 期,2001 年 1 月

山田朗・江口圭一・三好章:「東アジア近代の中での日中戦争」愛知大学現代中国研究会編『中国 21 世紀』第 10 期,2001 年 1 月

王新生:「日中相互認識とナショなリズム」法政大学国際日本学研究所「東アジア共生モデルの構築と異文化研究」2006 年 3 月

王敏:「異文化アフローチによる日中相互認識の「ずれ」考察」法政大学国際日本学研究所「東アジア共生モデルの構築と異文化研究」2006 年 3 月

附　　录

附录一　《宇宙风》杂志评述日本的文章题目及提要概览

期数、出版日期	题目、内容提要	作　者
第1期 1935.9.16	《进化之证据》 　　1895年4月17日中日讲和条约附款	唐山人
第2期 1935.10.1	《唐人与支那人》 　　记述了在日本期间房子的大门上每天被日本小孩写上"支那人";日本小孩跟在后面喊"支那人"时,路上投来的轻蔑目光;长崎开港纪念游行时扮演"支那拘留民"的方队,其中有骨瘦如柴的吸鸦片者,穿红衣绿裤、裹小脚的老太太,引得日本看客大笑的场面,表达了对日本人歧视中国的愤怒。	莫　石
第3期 1935.10.16	《支那料理》 　　记述了普通日本市民对中国的歧视。 　　房主人认为"支那"唯一好的东西就是"支那料理"。每条街上都有"支那料理"但是中国人多去写有"中华料理"的馆子,其原因并非是处于爱国,而是因为"支那料理"是日本人开的,菜的味不及中国的"中华料理"。	莫　石

期数、出版日期	题目、内容提要	作　者
第 5 期 1935.11.16	《海外十年》（四） 　　回顾了决定赴日留学的过程。	鼎　堂 （郭沫若）
	《不记日记的日子》 　　称赞日本的教育。	沈有乾
第 6 期 1935.12.1	《乐园外的苹果》（海外十年之五） 　　记述了赴日途中与一可爱善良日本女子的接触。	鼎　堂
	《日清战争四十周年》 　　介绍了日本东京靖国神社观感，表达了作者的愤怒之情。	莫　石
第 7 期 1935.12.16	《汉奸》 　　痛斥投日汉奸殷汝耕的卖国行径。	亢　德
	《危城琐记》 　　描述了日军逼近通县时人民的恐慌与愤怒。	亢　德
第 8 期 1936.1.1	《关于北平学生"一·二九"运动》 　　支持学生抗日救国运动，分析日本对学运的畏惧心理。	语　堂
	《请视学生如乱民》 　　支持抗日运动，呼吁保护学生。	亢　德
第 9 期 1936.1.16	《谈报闻记载》 　　讽刺政府及媒体惧日态度。	亢　德
第 10 期 1936.2.1	《记东京某音乐研究会所见》 　　比较中日青年，称赞日本学生的刻苦专心。	丰子恺
	《徒然草译》	日本兼好法师著，郁达夫译
	漫画《胜利的外交》	黄嘉音
第 11 期 1936.2.16	《雪夜》 　　剖析日本文化的短长，通过与日本女子的接触，感受到了日本人对中国人强烈的轻蔑情绪，弱国国民的悲哀。	郁达夫

期数、出版日期	题目、内容提要	作　者
第 12 期 1936.3.1	《中国人的觉悟》 　　反击日本文化人对中国人的侮辱，分析两国知识分子的情感对立。	亢　德
	《林先生》 　　描绘了自己的日本音乐老师为艺术教育执着的奋斗精神。	丰子恺
第 13 期 1936.3.16	《春在东京》 　　介绍日本人的踏春、赏樱花。	木　石
	《双重痛苦的东北留日同胞》 　　记述了伪满洲国派遣的留日学生既受内地留日同学歧视，又要感受亡国奴滋味的双重痛苦。	莫　石
	漫画《迎春》	古　巴
第 14 期 1936.4.1	《汉奸》 　　分析中国奸人勾引倭寇害国的情形。	燕曼人
	《中日不同之证据》 　　比较中日暗杀行为之不同。	燕曼人
	《狐鬼皆真》 　　引《聊斋》鬼狐故事，骂殷汝耕、张景惠、袁金凯等汉奸。	卞镐田
	漫画《心理虽同而口腹则异》	廖永昌
	《请看今日之沈阳》 　　记述了日本统治的亡国奴生活，日货销售对民族工商业的打击和人民心中的反抗情绪。	春　风
	《智识阶级》 　　介绍了中国人的日本妻子挖苦"原来你们的智识阶级都是这样怯懦的"情节。	没人
	《爱国精神》 　　讽刺了天津某书店被大批"爱国民众"烧掉有抗日内容教科书的行为。	没人

期数、出版日期	题目、内容提要	作 者
第 14 期 1936.4.1	《日人抗外诗文》 　　引日人抗外诗文而为遭谴责例,反驳对民族主义思潮的镇压。	凡　鱼
	《怕老婆论》 　　揶揄殷汝耕甘做汉奸是因为怕他的日本老婆。	问　笔
	《去看日本的红叶》 　　介绍进日本海关时受到盘查与歧视的情节。	方令孺
第 15 期 1936.4.16	《东方式的亲善》 　　讽刺日本对中国的贪欲。	没　人
	《新匪国》 　　反击日本文化人所著《中华匪国论》,介绍了留日学生的态度。	没　人
	漫画《土肥原之所谓的"远东的幸福与和平"》	黄嘉音
第 16 期 1936.5.1	《察省新语、松井》 　　揭露驻华日本武官的恶行。	么　麽
	《飞机场》 　　介绍日军为修机场而强占农民土地的情形。	么　麽
	《刺激脑筋》 　　介绍了为应对日方视察员调查排日召开会议时中方的紧张与畏惧。	么　麽
	《在德国的中国留学生》 　　介绍了柏林的中国同学会举办的抗议日本侵我东北的活动。	失　民
第 17 期 1936.5.16	《伪国通讯》 　　介绍了在辽宁火车上日本醉酒军官调戏中国两姐妹,车内日本人哄笑助威,朝鲜人帮腔,两姐妹忍无可忍,一人拔刀刺伤该军官的事件。	孙桂云
	《伪国杂碎》 　　描述了日本统治下人民受欺压,日本强迫人民参加"建国"游行的情景。	春　风

期数、出版日期	题目、内容提要	作　者
第18期 1936.6.1	《字林西报评走私》 　　抨击日军支持下的华北走私："大亚细亚主义，若要建造在浪人行径的基础上，终必失败的。日本近天怒人怒，失了全世界的同情，就在这等地方，日本过去的伟大，已受了这种的污点，彼邦人士，当有言之痛心者。"	语　堂
第20期 1936.7.1	《风雨后谈》三《尾久杀人事件》 　　介绍了日本人的性态度及卖淫制度。	知　堂
第21期 1936.7.16	《记冀东〈新订小学历史教科书〉》 　　揭露冀东伪政权在日本指使下在教科书中美化日本侵略的行径。	么　麽
第22期 1936.8.1	《"满州国"的尊孔和毒化》 　　介绍了日伪政权以尊孔与鸦片为手段，从精神和肉体两方面毒化人民的情况。	圣　徒
第23期 1936.8.16	《风雨后谈》五《中国的滑稽文学》 　　与中国学相比较，介绍了日本文学中的幽默趣味。	知　堂
第24期 1936.9.1	《参加世运惨败》 　　通过世运会败于日本来反省中国的孱弱，指出"我们的友邦不独在政治上压倒我们，也在运动场上压倒我们，不独在军事上在世界上称霸，而体育上也称霸世界。"	宜　生
第25期 1936.9.16	周年纪念倍号《日本与日本人特辑(上)》封面题记 《日本民族底二三特性》	付仲涛
	《日本民族的健康》	刘大杰
	《唐代的日本留学生》	贺昌新
	《从历史上所见的日本文明》	家　禾
	《关于日本人对中国人的态度》	郭沫若
	《怀东京》	知　堂
	《日本人的文化生活》	郁达夫
	《日本的障子》	夏丏尊
	《严肃与滑稽》	尤炳圻
	《日本的杂志》	谢六逸

期数、出版日期	题目、内容提要	作者
第 25 期 1936.9.16	《日本的裸体问题》	丰子恺
	《日本的南画》	姚 鉴
	《日本风景木版彩画》	林 庚
	《日本妇女》	钱歌川
	《日本的男与女》	俞鸿谟
	《我的日本房东》	伯 上
	《洋化的东京》	黄 慧
	《日本明治大正史漫画》	无
	《留日平议》	真 君
	《说几句话》	亢 德
	《正名》	胡 嘉
第 26 期 1936.10.1	《日本与日本人特辑(下)》封面题记： 　　如果有人因为喜欢爱日本的文明,觉得他一切都好,对于其丑恶面也加以回护,又或因为憎恶暴力的关系,翻过来打倒一切,以为日本无文化,这都是同样的错误。 　　　　　　——周作人《谈日本文化书》	
	《怀东京之二》	知 堂
	《谈日本的漫画》	丰子恺
	《日本印象记的另页》	崔万秋
	《日本的文化面》	叶建高
	《日本的妇女生活及娱乐》	建 高
	《一个日本女子师范大学》	刘 芳
	《风吕屋与澡堂子》	宗 典
	《印象中的日本》	胡行之
	《日本种种》	戴泽锟
	《扶桑印象》	三 郎
	《我对于日本和日本人的观察》	徐北辰
	《记忆中的日本友人》	杨又曦
	《谈日本文化书》	知 堂
第 27 期 1936.10.16	《北伐途次(七续)》 　　探讨了日本学欧美推行现代化得了成功,而中国人为何不成功的问题,认为答案在于中国替日本做了欧美的挡箭牌。	郭沫若

期数、出版日期	题目、内容提要	作者
第27期 1936.10.16	《周作人和钱稻孙——我所知道的两个认识日本的人》 　　引周作人民国9年在北京晨报发表的一篇题名《亲日派》的文章："日本的朋友，我要向你道一句歉，我们同你做了几十年的邻居，却举不出一个人来，可以算是你真的知己，但同时我也有一句劝告，请你不要认不肖子弟的恶友为知己，请你拒绝他们，因为他们只能卖给你土地，这却不是你真的光荣。" 　　对周与钱对日本文化的认识，理解的深度给予了极高评价，又通过二人介绍了中国的日本文学、史学研究的状况。	顾良
	《比较一下》 　　作为《宇宙风》的编辑，对上一期的日本特辑进行了评说："仿佛十篇有九篇半是说日本与日本人的优点，近于把他们抬捧太高了，足以引起爱国者的愤慨不平。然而，来稿都是对日本有相当研究与认识的人，说来又有许多真凭实据……" 　　作者认为日本人既有优点亦有缺点，同时也罗列了一些日本人不及的中国人的优点，然后对中国人与日本人进行比较，认为之所以日本蒸蒸日上、中国落后，有以下几条原因：1.中国人惰性太重；2.重文章，不重实际；3.太聪明了，因而缺乏持久研究某一科学或致力某事和毅力，就是所谓笨拙人傻干硬干的呆气与蛮力。因为太聪明了，做起事为便想省力或取巧，每每希冀以二三分的努力得十分的成功。	憾庐
第28期 1936.11.1	《两句成语的可能解释》 　　借俾士麦的话引出成语："诚实是最好的政策"，讽刺日本对华政策。	燕曼人
	《须(无相庵急就章之三)》 　　借胡须论评日本人吸取西洋文化的态度，谈到日本人外貌上欧化的两大特征为胡须和眼镜。	施蛰存

期数、出版日期	题目、内容提要	作　者
第 28 期 1936.11.1	《论床》 　　介绍日本的兼好法师的作品与思想。	画蛇堂
	《上海事件纪念》 　　回顾上海事件给人民带来的灾难及其因藏本失踪,中山秀雄案致使闸北居民迁走十万的"烽火戏诸侯"的不满。"日本人顶恨学生"。	冯和仪
	《失地记事》 　　介绍了伪满洲国社会生活状况,如溥仪即位、马占山的抗敌,日"满"之间的往来和日语速成班等内容。	春　风
	《中国新文化运动与浪漫主义(上)》 一、戊戌政变前后 　　回顾了中国因轻视日本而招致失败的历史。	刘大杰
第 29 期 1936.11.16	《日本的风吕》 　　介绍了日本的公共浴室和日本人的洗浴习惯,比较了中国与日本的差异。	尤炳圻
第 30 期 1936.12.1	《关于鲁迅之二》 　　作者介绍了鲁迅从日本留学归来以后翻译外国文学,编译《域外小说集》的一些情况。其中提到鲁迅当时对日本文学"殊不注意"。森鸥外、上田敏、长谷川二页亭诸人,差不多只重其批评或译文,唯对夏目漱石的小说《我是猫》有译介。而且鲁迅每日还热心地读载在《朝日新闻》上的《虞美人草》,至于岛崎藤村等的作品则始终未曾读过,自然主义盛行时也只取田山花袋的《棉被》,佐藤红绿的《鸭》来读,似不甚感兴趣。鲁迅日后所作小说虽与夏目漱石作风不同,但其嘲讽中轻妙的笔法则受漱石的影响颇多。	知　堂
	《冀东的教育》 　　本文介绍了日本在冀东地区实行奴化教育的情况。特别提到了当时教科书中一些例子。	优　洒

期数、出版日期	题目、内容提要	作　者
第 30 期 1936.12.1	《池逆宗墨〈修聘"满洲国"〉演说词》 　　刊载了汉奸池宗墨的一篇演说词。中国幸得有友邦日"满"两国为正谊出而扶助,并做热烈之声援,故此防共自治声浪沛然莫之能御,"满洲帝国"建立后施行仁政,使东北人民受其恩泽。日满中三国同文同种,以后"应共存亡,以保东亚之繁荣"。	田无灾
	《读书救国吗?》 　　反对读书救国论,认为在日军刺刀下无法读书,又谈及"友邦"要审查我们教科书的情形。"若要救国,只得来一下'小人动手不动口'"。	亢　德
	漫画《唐山印象》 　　描绘了日本势力的浸透给唐山人民造成的苦难。	田无灾
	《抵美印象》 　　讽刺了日本军方欲镇压中国反日情绪的笨拙做法:"今日纽约时报载:'日本发言人称,他们将有九艘兵舰驶往中国,去肃清反日情绪。'那位发言人真是在把自己当阿木林,亦把全部日本海军当阿木林。派遣九艘兵舰去肃清一种情绪,未免太呆。以兵舰去肃清火灾蝗虫叛变或是去扑灭一只苍蝇那也罢了;只是派兵舰去肃清一种情绪,未免使人忍俊不禁。日本的驻美大使如果看到此文,我愿他注意此点,并希望他叫发言人下次不要再说出此类发噱的话。此辈满自以为如果九艘不够,四十九艘总可以肃清中国人民心中的反日情绪了。"	语　堂

期数、出版日期	题目、内容提要	作者
第 33 期 1937.1.16	《从鹿囿传来消息》 　　1936 年 12 月 18 日郁达夫给妻子王映霞的信。其中谈到近 20 年后再访问日本的观感、日本社会的变化、与作家志贺直哉的会面与感动。	郁达夫
第 34 期 1937.2.1	《兼好法师与陶渊明》 　　"我素来是弄日本文学的人,平日看日书的时候多。"高度评价了巴蕉的排句和兼好法师的徒然草。认为只有陶渊明可与二者相比。	付仲涛
	《北伐途次(十四)》 　　"日本人对中国事件的关心,对于中国情形的侦察,真正是无微不至。南军占领了武汉的时候,日本的各个报馆、各个通信社,都派有专门的访员,勤勉地访查四面的,但是上海方面的本国的报馆和通讯社的访员我却不曾看见过。中国的访员和记者,似乎只消用一瓶浆糊、一把剪刀、几份外国文的报。"	郭沫若
第 35 期 1937.2.16	《标语之难》 　　记述了日本宪兵查禁、清除抗日标语的情景。	么　麼
	《达夫的来访》 　　介绍了郁达夫 1936 年年末的日本之行,与达夫一起受到改造社的宴请,并商讨出版《鲁迅全集》事宜,见到了佐藤春夫。应日本研究中国文学的人士邀请,郁达夫预定做讲演,但被日本警察禁止。后又受到作家林芙美子、村松梢风和日本笔会的邀请。	郭沫若

期数、出版日期	题目、内容提要	作 者
	《从一个服装展览会说到中日之不同》 　　"任何文明国家,在保存古物一点上,恐怕都知道三致敬意,而日本人似乎尤强烈。看他们对人的生活事业稍有关系的片纸只字,零帛断绵,都不肯轻掷…… 　　我只一个旅人,偶来三岛,听听琉球传来的三弦,或中国已经绝响的尺八之音,潸然落几滴无名之泪,写两首歪诗的事情有之,却自知不是一个研究日本文化的人。只是侧闻研究日本现在似乎是'官许'的了,而且相当地流行。不过我总希望有人不把注意力集中在军部或是只知道政党、财阀身上,除了那些,他们的艺术文学礼俗习惯,可惜我们玩味的地方,是并不少的……"	尤炳圻
第 36 期 1937.3.1	《游日杂记》 　　访日观感,日本的街市、家居给作者带来了新奇感受。通过在日本居住的姐姐的叙述,介绍了日本人的热心与懂礼貌。"这样说日本的民情风俗不是很美丽吗?要不是出自一个善良的心怎能有这样好?为什么政治上的人物却又那样诡诈多端!看他的文化又是那样的高,为什么对于邻国的行为却又极其幼稚?" 　　"对于日本的文化,我实在带着惊奇的眼光去观察。他却这样一来把握着新的和古的,东方的和西方的文明在一处,却又沟壑分明,不相冲突……" 　　"这就是日本人的所特有的一种寂寞艰涩的性格,姐夫告诉我'虽是极细微的事也决不疏忽,非做到尽善尽美的不可'。"	方令孺
第 37 期 1937.3.16	《日本狱中生活》 　　中国的知名作家,在日本进过监狱的,可谓极少。因此谢冰莹对日本监狱的记述这和体验,是一个独特的视角。"起初我满以为日本的监狱空间要比中国的文明,连草纸都用这么漂亮的,其实不然……"	谢冰莹

期数、出版日期	题目、内容提要	作　者
第 37 期 1937.3.16	《失地记痛》 　　记述了"九·一八"事变发生时沈阳的情形。	
	《啼笑皆非录》 　　记述了"九·一八"事变后人民的抗日情绪和日本兵训练狼狗为其服务执勤、欺压百姓的情形，称日人缉捕实行的"集村制"为人间地狱，又介绍了与关内亲朋的通信难。	
	《傀儡登基记(流泪话东北之二)》 　　介绍了日本人扶植溥仪登基时强迫百姓捧场的丑剧。	
第 38 期 1937.4.1	《日本小品及随笔底一斑》	
	《印度的鼻叶与巴黎的小脚》 　　"前些天接到宇宙风寄给我的一册陶亢德编的'她的生活'，首篇就是谢冰莹女士的一篇《补袜子》的文章。她在狱中不肯脱袜子露出她缠过的小脚，所以想尽方法要补袜子。……但是她怕丢中国的脸，我倒以为这是不必的。因为巴黎现在也正风行着小脚，这小脚的风气，我想不久就会传到美洲与日本的，像日本这样爱美的女子，有一双传统的大脚为美，是应当的，而且必然的会接受巴黎的传染的。"	
	《殷汝耕的生日》 　　记述了汉奸殷汝耕做寿的情形。	
	《凄惨恐怖的沈阳(失地记痛之二)》 　　记述了被日本巡捕检查并挨打的情形，"我一辈子也忘不掉这一拳，我当时恨不得反身回他一拳，不过缺少够大的勇气……在票房子里等车呆工夫多了也犯法么？是了，亡国奴一举一动都犯法！"	

期数、出版日期	题目、内容提要	作 者
第38期 1937.4.1	《对付邻居的办法》 　"由日本人称俄国人为他危险的邻人,却不禁使我想到日本是中国的什么邻人。照国府一下再下的敦睦邦交令说来,日本定是中国的亲爱邻人,但由日本对我们的手段而论,走私,小之如浪人在平津市内公开制卖毒品,开赌场子占民房,横行街市,行凶闯祸——我们应该称之曰不共戴天的邻邦才是。亲爱的邻人也好,不共戴天的邻人也好,不过名称不同而已,不必多费心思。对于这种说是友邦而其实穷凶极恶无恶不作的邻人,我的唯一办法是想办法来对付。" 　"用怎样的办法来对付最好呢?以老舍《邻居们》中杨先生的最后办法为最好……"	亢　德
第41期 1937.5.16	《傀儡访日记(流泪话东北之三)》	展　览
第42期 1937.6.1	《流泪话东北(之四)》 　记述了由山海关去东北的行程中受到日本人严格的盘查,警察署的监督。	展　览
第43期 1937.6.16	漫画《上海人的苦恼》 　"某国坦克的车游行时行人车辆一律止步"。	华君武
	《在日本狱中——板壁上的标语》 　描述在日本狱中发现板壁上刻着的标语:"消灭一切帝国主义!",联想到坚强的日本女性中条百合子(宫本),表达了钦佩之意。夜里刻下了"中华民族解放万岁,被压迫阶级联合起来!"磨去了半边指甲。 　同监的日本女犯注意到她,问她干什么,她说"我看到一个东西,好象臭虫","瞎说,臭虫是你们支那的,日本没有!"她用嘲笑的眼光看着我,又嘻嘻地笑了,我象受到了莫大害辱似的,生重的骂了一声"滚蛋!"	谢冰莹

期数、出版日期	题目、内容提要	作 者
第 45 期 1937.7.16	漫画《吹泡泡》 　　画了一个穿和服的日本人在吹泡泡,吹出了"青鸟","汕头","天津"。	老　黄
	《倭寇与汉奸》 　　"回想明朝和日本的关系,是以倭寇始,以倭寇终的。倭寇促元之衰亡,同样又成为明朝衰亡的原因之一。这些,想是研究历史的人们所谙之。一知半解的我,在此只是写些杂感受,绝非做考证,所以不想多言。实际上,中国之有意于研究日本,恐怕还是从此时始。而日本只轻视中国,或者也已萌于此时吧。"	尤炳圻
	漫画《某国人在中国》 　　描绘了日本人在中国的恶行,杀人,敲诈,走私,贩鸦片,组织伪政权……	刘　飞
第 46 期 1937.8.1	《闻战则喜》 　　"当九日下午外出,在电车站等车听得报贩叫卖号外,声声高叫二十九军打退东洋兵,急出法币,购得一纸,看了战事激烈的电讯时,立刻心花小放,长吐一口大气…… 　　假如这种闻战则喜的心理,只是我个人的变态心理,那就不值什么,但假如竟是中国人人同此心同此理,则似乎未尝不值得我们政府的注意,也未尝不值得日本政府的一顾。"	亢　德
	《留学生的困难》 　　"最近有留日学生叶文津君,为我国留日同学叠受该国警视厅极端压迫,常被逮捕拷问驱逐回国等事,代表留东各团体回国,向当局请求救济…… 　　日本浪人在我国的胡作妄为报不绝载,大家总都知道,飞机大炮,走私贩毒,双管齐下,非亡我国灭我种不休……"	亢　德
	《陷于重围中的北平第一信》 　　"近五六日,友邦有用最新式的战器向咱们中国着实的表示亲善……"	老　向

期数、出版日期	题目、内容提要	作 者
第46期 1937.8.1	《日军控制下的天津》 　　介绍了卢沟桥事变的爆发及其必然性，日军在华北的势力的不断浸透，人民的反抗精神。	方卫华
第47期 1937.8.16	漫画《是可忍孰不可忍》	丰子恺
	《由日本回来了》	郭沫若
	《记二十九军》	洪　波
	《沦陷前夜的北平》	老　向
	《哈尔滨地图》	方家达
第48期 1937.10.1	漫画《战事四题·难民闻捷报·苦中亦作乐》	丰子恺
	《我是中国人（歌）》	罗靖华作歌、黎锦晖作曲
	《抗战中应保持的心理》	憾　庐
	《建筑是伤心的说明》	西　渭
	《在前方——不朽的一夜》	徐　迟
	《上海抗战目击一周记》	海　戈
	《逃难通讯》	海　戈
	《泸战爆发后的南京》	章伯雨
	《"九·一八"国难虎口余生记》	杨大庸
	战鼓栏目：《半汉奸》	老　舍
	《痛心事》 　　"我们先前对于睦邻之道太过讲求，对于一个日本瘪三和浪人尊之如天人，连毫毛也不敢碰一碰，积重难返，警察之类就对日本人只知保护。"	亢　德
	《主战论》 　　日本人"告华北父老民众书"，"笑得掉牙齿的敌人在平散发之宣传品，驴之技技止此也。"	憾　庐
	《学习鲁迅的精神》 　　"鲁迅在和他的敌人作战的时候，开始以胜利者的姿态出现……鲁迅的精神必经贯彻每一个抗战战士的心中，每一个抗战的角落。是个民族主义者，同样是个国际主义者，这是鲁迅精神的本质。是为民族求生存，同样是为世界求和平与正义，这是我们抗战精神的本质。"	王任叔

期数、出版日期	题目、内容提要	作　者
第 48 期 1937.10.1	《从第一个双十到第二十个双十》	陈独秀
	《从军杂技（一）战地情书》 　　"吴军长曾说过：'你们到军队中来服务，一定会增加士兵不少勇气的'。我也相信会因为我们上火线而增加杀敌的勇气。'女人都上火线，我们还怕什么？'这样的话，我们已经听过两次了。"	谢冰莹
	《故都暂别记》 　　大日本军布告第一事情"笑得掉牙齿的'布告'（北平一支人寄）"。	老　向
	《九月烽火悼边城》 　　"伟大的古城啊，可惜你竟断送在'和平使者'的手里，看你古绿斑痕的高墙，寒外清月常照的女墙，如今竟插上一只膏药旗，更显得你窘然不安。" 　　"伟大的古城，和其中的一切居民啊！我们谨以回忆的泪，怀念的泪来纪念你们，将以我们的血，我们的肉，来援助你们！"	春　风
第 50 期 1937.11.1	漫画《失却一腿复一域 中日形势图》 　　睡狮初醒 日本——	丰子恺
	战鼓《"到民间去"的重提》	桃太郎
	《注意华北》	憾　庐
	《如何调释》	黎　庵
	《屈不得膝》 　　"我们的敌人说：'我要打得中国屈膝'，绝对屈不得膝，中国人！屈了膝之后休想再做人！"	亢　德
	《随军杂记（二）战地之夜》 　　"在枪声里，我感觉世界上最伟大的是战争，最悲壮的也是战争！每一颗大炮，每一排子弹，不知死伤多少活鲜鲜的生命，然而为了要消灭我们中华民族的敌人——日本强盗，无论牺牲我们多少勇敢的战士，我们不觉得可惜，相反地，我觉得这是最壮烈最伟大的牺牲！"	谢冰莹

期数、出版日期	题目、内容提要	作 者
第 50 期 1937.11.1	《走出北平笼城》	顾 良
	对于日本侵华的观察	法·格罗代尔
	《中日难以妥协》 　　"最近日本报纸上的热情的社论,说中国反日运动,说中国屠杀日本侨民,说中国没有诚意,这些话,说来总仿佛底下是有一对括弧似的,括弧里说的是华北问题必须从速解决……不要以为她早有计划可以像下一局棋的步步前进,她没有计划,她是即兴的。她看了情形再决定方法,但目的是早决定得好好的了。一九一五年日本提出的二十一条条约,如果一切照做,中国早就成'满洲国'了。但日本那时还不敢向全世界挑战,二十一条条约没有什么效果。……"日本还相信自己吃得消中国。这种骄傲是生在他们的骨头里的。可是中国也有自信。一个满十二岁的中国孩子和一个满十二岁的日本孩子就懂得敌忾了。这是日本教育中国孩子懂得这个的,像他们教育他们自己的孩子一样。这个世界,强壮的世界,白种人的世界,见了日本人有些害怕。中国这孤独的,散漫的,混乱的国家,却望着日本,笑笑,毫不害怕,准备打架。	
第 51 期 1937.11.11	战鼓《多谢敌人的飞机大炮》 　　"对于醉生梦死昏昏沉沉的我们中国人,令人郁闷欲死的中国社会,日本帝国主义的飞机大炮,固然有毁灭我们之可能,如果我们能够善于利用它,正是及时的无限大警钟,一针强心剂和一剂最猛烈的兴奋剂。尤其是敌人的飞机轰炸遍了全中国的大都市,使我们没有逃命的余地……"	陈独秀
	《我学会烧饭的时候》 　　记述了随夫廖仲恺留日期间,协助孙中山革命,及在日生活片断。	何香凝
	《飞机翼下的广州》	穆时英

期数、出版日期	题目、内容提要	作者
第 51 期 1937.11.11	《枪声机影中的杭州》	梦 闻
	《今日北平的教育界》	柳 荪
	《芦沟桥事变中的二十九军》	予 亦
	《一个新闻记者的战时工作录》	植 之
第 52 期 1937.11.21	《怎样使有钱者出钱有力者出力》	独 秀
	《前线通信》	老 向
	《随军杂记（三）地狱中的天堂》	谢冰莹
	《劳者自歌》 　"日本岛国之民，未闻仁政，但知用小智营利，而不解大义。上述之村妪顽童，于日本必特多……得失与祸福，有时表里相反。例如日本用飞机载许多炸弹到中国各地轰炸，似是中国大祸，实则每个炸弹都是唤起中国民众的一架警钟。未被轰炸的地方，多数民众从不识炸弹为何物，因而不能想像被侵略之痛苦与做亡国奴的滋味，还想照旧安居乐业，养生丧死呢。等到亲眼看见了敌人侵略者的手腕，方才切身地感动，彻底地觉悟。群起抗敌，敌无不克。因为众志所成的城，是炸弹所不能破坏的。 　所以日本在中国所投炸弹多，我还嫌其太少。最好在全国各市镇的各地上各投一个，打碎几块石头，飞起几只树来给我们的民众看。那时日本仿佛奉送中国各地一架警钟，唤起四万万民众来征伐日本。在日本是偷鸡蚀米，在中国是因祸得福。我们还要感谢日本呢。"	丰子恺
	《五百健儿歌》	憾 庐
	《从天津到上海》 　介绍占领区的新闻状况。	顾 良
	《列强应帮助中国》 　"上海的日本商人们在一个决议中向我们明白地指明其方法：'应该毁灭中国的军队。应该给中国受一个大的教训，使他们不能再反对日本的政策'。"	M. Magnien

期数、出版日期	题目、内容提要	作　者
第53期 1937.12.1	《大时代与写家》	老　舍
	《飞炸塘沽记》	老　向
	《同仇日记》	施蛰存
第54期 1937.12.11	《流亡曲》	臧克家
	《凄惨的南市》	徐　迟
	《烽火归来》 　　其中一个段落介绍了留日学生在日本的困境。	高语罕
	《在日本船上》 　　描述了在日本船上日本人欺侮中国人的情形。	而　实
第55期 1938.11.1	《爱国说》 　　"爱国精神形式不同之处,可由中国日本的相反态度写照出来。向来在中国,——至少在这次中国人在空前团结抵抗外侮以前——大家都有一种默契的心理;中国人是文化超越的种族。可是,对于国家朝廷的观念并不强烈。日本骨子里还是一个封建国家,封建精神,对于族酋长的效忠风气,至今不移,超出一切骨肉精诚的观念,循至走到发狂的极端。日本人觉得黩武的德行,比较别的什么气质,都来得高贵。"	英·宾阳
第56期 1938.1.1	《南行记乱》	苏　茹
	《哀宝山》 　　"最近,我收到一个由炮火中逃出来的学生的来信,他说:'先生:敌人烧去了我的家,我的父母和我弟妹,也都遭了杀戮,我是在尸身堆积如山中逃出来的。我没有哭,我并不悲伤。我心只充满了愤恨,我要复仇,我要和他们拼命!'"	忧　影
第57期 1938.1.11	《船过黄浦江》 　　"在吸烟间中,我碰到东吴大学的前任校长文乃史先生,这位白发满头的美国人……说起东吴大学的被炸,他的神色悲惨极了,他说学校是作伤兵医院用的,并没有一些军事作用,然而也竟遭轰炸,说到后来,他气愤极了,说此仇非报不可。三十年的心血,尽付流水,如何不叫白发萧萧的老校长伤心呢。"	郑适我

期数、出版日期	题目、内容提要	作　者
第58期 1938.1.21	《孤岛杂记》 　　"……可是，这不是我们所能为力的，这是战争——或许不应当说是战争，是一种到处都发生了的'冲突'——使得我们这样想，不说别的，如轰炸残杀淫掠等，单就迁移流亡而说，已经够我们没齿不忘大德了。聪明的人想出这法子，要来排除平服我们中国人的反抗情绪，这真是聪明得太幽默了。"	憾　庐
	《中日战争中美国人的态度（华盛顿通讯）》	梅　朵
	《血战时期的上海景象》	Carl Crow著，周新译
第59期 1938.2.1	《南浔浩劫实写》 　　"十七号夜，镇上的国医宋谷宜先生家中，走进了三个日本军官来。他们穿新式洋装，但带着武装带，有金星表明他们的地位。 　　'为何放火烧镇？'宋先生不屈不挠地在纸上写着！ 　　一个军官写着作答：'并无命令放火烧镇。' 　　宋先生又写：'为何杀戮人民？' 　　'并无命令杀戮人民。' 　　可是这三个有理性的军官走出以后，火还是烧，杀戮依在。宋先生的住宅当夜也焚毁了。这老人家喝了一口下砒霜的毒茶，以款待他光荣的客人。宾主一齐死却。有这样可泣可歌的事！"	徐　迟
	《日本汉学家的感时诗》 　　摘录日本的汉学家对这次中日战争所作的感时诗。	陆丹林
	《八路军如何应付机械化战争》	美国记者史沫特莱
第60期 1938.2.11	《同仇日记》	施哲存
	《美国的抵制日货运动》	李国钦
	《战地的一角》 　　记述了战场上日本兵的自杀和日本俘虏的情形。	舒　群

期数、出版日期	题目、内容提要	作 者
第 61 期	《日本学生的思想》	Vere Redman 著,周新译
第 62 期 1938.3.1	《到巴黎去》 "……二十五年前,二十一条尚未签字,中国人对于日本人的感情,当然还没有像现在那样恶劣,但我在欧洲读书的时候,心灵上最感到痛苦的,便是被人家误认作日本人。"	宋春舫
	《沦陷前后——一个身历其境者的惨痛经过》	白 云
第 63 期 1938.3.11	《退出青岛》	金 刚
第 64 期 1938.3.21	《七载烽火忆辽阳》	春 风
第 66 期 1938.4.11	《辗转在封锁线上》	春 风
第 67 期 1938.5.1	《一封信》 "全国文艺界抗敌协会拟在本月开成立大会,希望你们都入会。"	老 舍
	《告缘缘堂在天之灵》 "我坐在你的西室中对着蒋坚忍著的《日本帝国主义侵略中国史》,一面阅读,一面札记,准备把日本侵华的无数事件——自明代倭寇扰海岸直至八·一三的侵略战——用漫画写出,编成一册漫画日本侵华史,照护生画集的办法,以最廉价广销各地,使略识之无的中国人都能了解,使未受教育的文盲也能看懂。"	丰子恺
	《沦陷后的苏州百态》	越 邻
	《汉奸在前线、流亡在关东——沈阳》	臧克家
第 68 期 1938.5.16	《记"文协"成立大会》 记述了参加大会的日本作家鹿地亘。 "敌机果然来了,好像是暴敌必要以笔为武器的战士的团集的时候,给予威吓,好使他们更坚决的抗日。日本军阀是多么愚蠢的东西呢!炮火屠杀只足以加强中华民族的团结与齐心呀!他们多放一个炸弹,人们便加强一分抗战	老 舍

期数、出版日期	题目、内容提要	作　者
第 68 期 1938.5.16	的决心,感谢小鬼们！晚报上登出大会的盛况,也载着敌机轰炸徐家棚,死伤平民二百多！报仇吧！文艺界同人怒吼吧！中华民族得不到解放,世界上便没有和平;成立大会是圆满的开完了,努力进行该作的事吧！"	
	《日军在京暴行目击记》 南京大屠杀的证据	一位美国传教士,郭镜秋译
	《鲁南大胜(鼓词)》	老　向
第 69 期 1938.6.1	《抗战漫画》	丰子恺
	《火烧好汉庄(抗日鼓词)》	老　向
	《踏进了伟大战场——台儿庄》	冰　莹
	《重庆现状》 "在历史家威尔斯(G. H. Walls)的眼里,他以为中日战争底最佳一幕,是中国军队的主力先退入四川,然而再由四川冲出夔门,一战而胜日本。"	沧　一
	《日本在美国的宣传伎俩》 "可以说,自从芦沟桥以来,所有日本政客军阀及其代言人,对外发表的一切宣言谈话官样文章,都是一种初步幼稚的宣传。什么'日本只要消灭中国人的抗日情绪',什么'日本要预防共产主义的威胁',什么'日本无窥视土地的野心',什么'日本帝国为自卫起见',什么'中日亲善,中日经济提携'等等,美国人反来复去听得烂熟,只觉可笑而不觉有理。"	乔志高
第 70 期 1938.7.1	《鼙鼓声中忆闽厦》	庄泽宣
	《美国与中日战争》	语　堂
	《一个游击战士的自述》 "……事后,我知道我的罪状是'著文抗日,煽动青年拥护政府,和曾为匪贼'三个。怪了,中国人而不能著文抗日,也许是殷汝耕郑孝胥之流;更怪的是煽动青年拥护政府这罪名,也许是中国人的政府,青年是中国人,当然要拥护政府……"	白　菜

期数、出版日期	题目、内容提要	作　者
第70期 1938.7.1	《关于知堂老人》 　　"最近见到报载,汉口文协声讨周作人钱稻孙二人的通电,说他们两人已做了汉奸。"	柳始华
第71期 1938.7.16	《一年来的妇女救亡工作》	谢冰莹
	《血泪话金陵》 　　通过姓覃的难民的控诉,记录了日军在南京的暴行,成为南京大屠杀的又一证据。	林　娜
第72期 1938.8.1	《从女汉奸说起》 　　由两起女汉奸事件,而分析女汉奸现象出现的原因,作者号召女人们克服为享乐而生存的劣根性,在中日战争中为国家做几件事:1."做女间谍是女人报国的一种好职务";2.作为家庭主妇可以从事的工作是阻止自己的丈夫作汉奸;3.做母亲的应培养儿童的民族意识;4.由于女人们一般掌握家庭的财政大权,因而要从自身做起,为国家"保存一部分经济实力",并可而已起到抵制仇货的作用。	冯沅君
	《抗战漫画并题词》 　　描绘了一家三口在逃难的路上,题词:积屍数千万,流血三千里。我今亦破家,对此可无愧。	丰子恺
	《劳者自歌》 　　"日本政策高明",讽刺了日本人因国土狭小,容纳不下,因而才侵略中国的荒谬借口;只要醒来",比较了中日国民性的差异;凡和日本人交际过的人,都承认日本'小家气',凡用过日本货的人,都承认日本货'轻巧'。反之,中国人落落大方,中国货'重实'。这全是国民性的表现,即民族精神的表现。在种种地方相互比较,中日两国的民族精神的大小之比,的确如'睡狮'之画所示。" 　　"不过粉碎了自己而已";"依上统计,日本此次侵华,多费已不可胜计!一方面世界各国皆抵制日货,日本收入减少也不可胜计!故此次日本的侵华,不过粉碎了自己而已。"	丰子恺

期数、出版日期	题目、内容提要	作　者
第72期 1938.8.1	**《故都归鸿》** 　　记述了日本人在北京打小孩的情景： 　　"隔壁张太太家的小灵,你是认识的,极天真活泼的一位小朋友,今年才五岁。女佣人带他到北海公园去玩。小孩子玩得高兴,大唱其'打倒日本救中国'。游人中一位蓄小胡的朋友打他两个耳光,还声称要找她家长。小灵回来时,小嘴肿得像红苹果。" 　　结尾处还介绍了日本军人抢人金戒指的情景。	乃　仁
	"读者栏"发表了"周作人究竟如何"的来信,关心北平被日军占领后周作人是否附逆的情况。	何　可
	北京作者胡马则回复了"关于周作人"的信,介绍了周作人与日本周旋的情况。	胡　马
第73期 1938.8.16	**《日本必败论》** 　　从军事、政治、经济、外交四个角度分析了中日之战,认为结果是日本必败。	林语堂
	《陷入泥塘中之日本》	HallettAbend著,林如斯译
	《啼笑皆非续录(一)皇军戏胖子》 　　记述了日本兵戏弄、侮辱中国人的情形。	春　风
	《(二)同一作风》 　　"在审讯完毕之后,他们假恭维地赞美了'日军胜利'之后,接着又问:'皇军已到了保定把!'"但那时保定仍在我军手内。该日宪兵回答:"不曾,不曾！离保定还有三十里！！中国人真是世界上最聪明的民族。"	春　风
第74期 1938.9.1	**《敌人蹂躏下的北京大学》**	程健健
	《一封血和泪的信》	芝　庵

期数、出版日期	题目、内容提要	作　者
第 75 期 1938.9.16	《反省吧，被侵略的人们！》 　　"满招损，谦受益，是句值得服膺的古训。日本人此次之所以陷在困难的泥淖里的原因，完全由于他们的军阀太狂妄，蔑视中国的实力。现在从中国将士与民众的英勇的反抗里得到了教训，他们的自满的气焰降低了，他们知道侵略中国是件巨艰的工作，因而刻苦、严密、集中公私经济来应付这次战役。这种由轻率到郑重的转变，对于中日战争的前途颇具有相当的意义。"	沅　君
	《七七以后的北平高等教育》 　　介绍了北平在日伪统治下教育的衰落，和日文列为必修课，各种日语学校林立的状况。	碧　君
	《由东京到武汉》 　　介绍了战时日本社会的状况。"我是方从敌国返来的，看够了敌国民众摩拳擦掌，气焰万丈的杀相，再回看一下自己的同胞，是那么忠厚老好，甚至可以说畏怯到无用，心里不禁悲痛起来！"在"号外的铃声"一节中，介绍了日本媒体鼓吹侵华的言论："'膺惩暴支'四个字，差不多成了随时随地应用的口头禅，记得第一次日本空军在南开大学丢下了炸弹，毁坏了与军事毫无关系的学校，此种举动，自己不知害羞，反在每种报纸上大登到'壮极，南开大学被皇军轰炸！'等字句！这时所有中国同学读到这样的新闻，大家眼睛里都冒出火来。" 　　"四分邮票一条命"描写了日本人被强制征兵的情形与亲友的悲哀。 　　介绍了自"七七"事变爆发以来，在东京的电车站或大公司门口和最热闹的人行道上，总有无数老老少少妇女们恳求路人帮助缝上一针祈祷上战场的家人平安的"千人针"，中国留学生则拒绝。 　　在"大学教授与学生们的论调"中，对日本战时压制言论的状况进行了介绍，对知识分子、青年学生对战争的态度进行了分类。	青凡

期数、出版日期	题目、内容提要	作　者
第 75 期 1938.9.16	书评,读《外人目睹中之日军暴行》 　　对英国《曼彻斯特卫报》驻中国记者田伯烈的记述日军暴行的著作作了介绍与评价。	吴　雁
第 76 期 1938.10.1	《拟日兵手记》 　　虚构了一个日本兵的日记,描述了其反战、思想的情绪。	庄瑞源
	从《东京到武汉》 　　1.记述了战争给日本小商人带来的影响; 　　2.介绍了日本警察对中国留日学生的骚扰和欺辱; 　　介绍了战时日本人支持战争的情况。	青　凡
第 78 期 1939.5.16	《抗战漫画》	丰子恺
	《和平主义者》	巴　金
	《学鲜卑语与日语》	刘大杰
	《抗战歌谣》	老　向
	《回到沦陷区吴江》	钱今昔
	《由东京到武汉（二续）》 　　八、日本人在怎样描写我们 　　九、这时候的东北同学 　　十、战争中的日本妇女	青　凡
	《朝鲜亡命记》	默　僧
	《敌人到来以前的城市》	庄瑞源
	《我们这样认识敌人——记解往常德的日本人》	方甘方
第 79 期 1939.6.1	《关于抗战的文章》	若　昔
	《和议的把戏》	憾　庐
	《逃难后的杭州》	余小可
第 80 期 1939.6.16	《一个民族的文明程度》	憾　庐
	《东京监狱生活实录》	苏　狱
	《从东京被放逐回来》	魏　晋
	《在南岳的一个俘房》	黄家骐
第 81 期 1939.7.1	《和与战》 　　分析中日之战并由此引出中国外交的弊病。	林疑今

期数、出版日期	题目、内容提要	作 者
第 82 期 1939.7.16	《写于战争两周年》 　　阐述了抗战中日本至今没有达到一举消灭我们主力的目的和原因。日本人过于"取巧"，要以小的劳力，获得最大的成功。他们现以为可以速战速决，打下南京，中国便屈服了。此外，最苦的是他们不得不一大部分的兵力和军火保留着，以防备对付第三国。作者说我国这方面却上下一心，越战越勇。但是也存在一些问题，距离理想的全民动员还很远，号召各方在抗战第三年要充分注意。	憾 庐
第 83 期	《我们是怎样消耗敌人的子弹》 　　描写了中国军人与日本军人在战场上对峙的状况。	谢冰莹
	《东京监狱生活实录》（续）	苏 岳
	《"七七"在孤岛》	绿 野
	《重入魔窟的广州》	老 震
第 84 期 1939.11.16	《东京监狱生活实录》 　　叙述了在日本狱中的生活，曾对受过良好教育的日本检察官怀有期待，希望对方讲道理，善待自己，但错了，对方十分傲慢不讲理，认为中国人抗日侮日，应该受到惩处。	苏 岳
第 85 期	《匪区纪实》 　　介绍了日军占领广州后的一系列暴行和大开烟禁、毒害人民、日本陆军海军内斗的情形。	柳 绵
	《沦陷区——学校》——牛鬼蛇神记之一 　　描写了日伪占领区教育衰败的景象，日语课课时超过中文，课堂上讲授芥川龙之介的《支那游记》的情形。	丁 谛
第 86 期 1939.12.16	《日本"战争文学"一瞥》	陈冬林
	《游击报告》	雪 痕
	《八月的乡村（游击歌）》	雷因士
	《他们怒吼了》	柳 堤
	《忆天津》	刘蕴明

期数、出版日期	题目、内容提要	作 者
第 87 期 1940.1.1	《"外强中干"的日本》	周木斋
	《自信心的丧失》	阙西文
	《我们的文化是不能毁灭的》	杨彦岐
	《文坛从军感——关于作者战地服务团》 介绍了中华全国文艺界抗敌协会在重庆组织的笔游击队(作者战地服务团)和日本的"笔部队"(文坛从军部队)的情况。	魏兆明
	《前线的妇女服务团》	介 愚
	《一个微微的波浪》 介绍了日伪统治区内一所学校中学生和日本老师的对抗。	溪
第 88 期 1940.3.16	《逃难周年感言》 谈到了逃难一年来光阴之快,希望速战速胜的日本陷入了泥潭,时间愈久对中国愈有利。	憾 庐
	《汉奸的比较研究》 介绍了留日学生中出现的投靠日本的汉奸,预见其下场。	阙西文
	《血的债》 介绍日军在沦陷区抽年轻壮健的人、甚至小孩的血,来供伤兵使用的情形。	罗 洪
	《一个日本士兵》(小说) 描写了日本官兵蔑视中国人,杀人取乐的情节。	龙 梭
第 89 期 1940.4.1	《最后胜利的把握》 分析了经过了两年半的抗战,日本逐步走向衰败,即将灭亡的命运,日本人只看细节、算小账,不看宏观、全局的性格弱点。	憾 庐
	《电车中的一幕》 介绍在上海的电车里,英国老太太讽刺中国,说中国人只佩给日本人枪毙或去当汉奸时,车上乘客和作者的反应。	阙西文
	《东京来鸿——战时东京一瞥》 介绍战时日本国内物资短缺,日本国民焦急地期盼战争早日结束的情形。	陈东林
	《撕破了绯色的梦》 描述了日军实力扩大到洞庭湖时,人们眼中的日本人形象。	姚散生

期数、出版日期	题目、内容提要	作 者
第 90 期 1940.4.1	《泥足陷得更深》 　　分析日本希望早日结束侵华战争的心理和实际的言行,并予以讥讽。	憾　庐
	《我是中国人》 　　讲述了"九・一八"后辽宁籍的留日学生,考入东京大学的造兵科,毕业时躲过日本警察监视,回到祖国的故事。	黄家骐
第 91 期 1940.4.16	《争取沦陷区的民众》 　　在日伪统治下,为取得胜利要努力唤醒人民大众,做好文化工作,其中上海尤为重要。	憾　庐
	《爱群酒店附敌前后》 　　讲述爱群酒店被日军占为司令部后汉奸经理的趋炎附势的丑恶行径。	小　尤
	《吸血虫》 　　讲述日伪对民众的蛮横欺压及对市场的严密控制。	丁　谛
	《上天目》 　　文中提及对日宣传,要针对其弱点宣传。	雪　痕
	《闯入租界的第一夜》 　　记述笔者两年前去上海目睹日伪统治下的上海租界状况。	王曾维
第 92 期 1940.4.16 (注:原文)	《宣传艺术》 　　讥讽日本拙劣的宣传手段。	侠　文
	《重见晴天白日》 　　在日本蛮横的统治下,忍气吞声的人们为争取自由纷纷加入斗争。	郭绩茵
	《广州的伪组织》 　　日本为节约物资在广州设立各种伪组织并通过各种组织进行严密控制。	赵孟飞
	《抗战中生长的小儿》 　　介绍了战争在孩子心灵中造成的创伤和从小养成的对敌人的仇恨情绪。	陈伟美

期数、出版日期	题目、内容提要	作　者
第93期 1940.5.1	《函语堂谈"抗战必胜"》 　　海戈致林语堂的一封信,介绍了中国国内抗战的状况,日军的暴行,对抗战前途的分析,希望林语堂回国创作,揭露敌人,鼓舞抗战。	海　戈
	《东京来鸿(三)——在恐慌中的人民生活》 　　介绍了日本因战争造成的物资短缺和民众的恐慌心理:"说句笑话,现在连嫖也嫖不起了。从今年起东京的工厂又要增加百分之二十到三十的税金"。 　　日本因兵源不足,一反以往的节育政策,鼓励生育,"不过最可惜的是,就算大量的生产下来吧,刚生下来的婴儿却不能一下子把他'放大'作壮丁,送到中国来做炮灰"。	陈东林
第94、95期合刊 1940.6.1	《抗战的第三年》 　　通过对甲午、日俄两役的回忆,认为日本人擅长速战,以"东方流氓军事投机家"和"口蜜腹剑的樱花刁妇"的手段,巧妙地取得胜利的战果。而战事一长,日本的短处即刻暴露。	憾　庐
	《向吸血鬼抗战》 　　介绍了日军占领南京后对中国工人的经济压迫。	师　山
	《民族战争与侵略战争》 　　采用马克思主义的战争观,分析了中日战争的性质。	周木斋
第96、97期合刊 1940.7.1	《汉奸的悲哀》 　　介绍了一个清末遗老马思清迎合"皇军",替其安抚宣传,但一次请日军下级军官喝酒时,谈到日本天皇,马用毛笔写下,问日本军官是不是这两个字?日本军官视其大不敬,一顿耳光,又拔刀逼其下跪,并借机将其女儿强奸。此后日军官兵便不断找其女儿,"那里成了日军们的俱乐部了"。消息传遍全城,孩子们唱儿歌:"书香之家出婊子,真命天子作乌龟,收得东洋好女婿,民脂民膏用不完。"	姚　敏

期数、出版日期	题目、内容提要	作　者
第 96、97 期合刊 1940.7.1	《谈敌人的武士道精神》 　　从历史和现实的角度，分析了武士道的由来、内核及其给日本人性格带来的虚伪，比较了战场上见到的中日民族精神。	庶　人
	《南京沦陷的三月记》 　　记述了在难民营所见的日军的暴行。	李伟涛
	《月明如昼访俘房》 　　记述了与被俘日军讨论战争性质与结果的过程。	蓝踪萍
第 98 期 1940.8.1	《日本怪政及其原因》 　　分析日本畸形政治的成因及其末路。	侠　文
	《民族的"我"》 　　叙述民间对甲午中日战争失败的说法，并由此分析"我"与"民族的我"之间的关系。	彭　震
	《台儿庄二次大战（徐豫随军记之三）》 　　记叙台儿庄的战争过程。	易　风
	《浙动行》（上） 　　叙述去浙东一带的见闻，目睹人们反日的坚决和热情（对于日舰、日货和汉奸的憎恶）。	张叶舟
	《鬼影恍惚的南昌》 　　描写日寇占领下的南昌的落寞黑暗和颓败，并对我军的最终胜利寄予希望。	叶　金
	《东京来鸿》（四） 　　描述日本战时国内各种物资的严重短缺及其中缘由。 （军火商等奸商利用此机会大发横财）	陈东林
	《南京沦陷三月记》 　　记叙了日军占领南京后的种种反动统治。	李伟涛
第 101 期 1940.9.1	《昨日的一课》	不　名
	《仇货》 　　将"日货"称为"仇货"，介绍了尽管全国上下呼吁抵制日货但在湖南长沙市市郊的小镇上，依然大肆销售"仇货"的情形。	一　文
	战地通讯《三种文件》 　　介绍了在日军士兵中流行的反战宣传单的内容。	永　言

附　录

期数、出版日期	题目、内容提要	作　者
第 101 期 1940.9.1	**《中国伤兵与日本俘虏》** 　　介绍了中国伤兵与日本伤兵同在一个医院住院时对日本伤兵的印象，认为脱离了战场和国家的背景，这些日本兵也都是一些善良人。作者回顾了在日本占领区受到的非人待遇，比较了中国人对日本伤兵的态度，介绍了日本伤兵对中国人的感激之情。	亦　五
第 102 期 1940.12.1	**《投降与和平》**	叶　金
	《敌人怎样进出宾阳》	高永言
	《沦陷区教育的一斑》 　　介绍了家乡河北的某个县，日伪政权对教育的摧残，对教科书中爱国主义、抗日思想的清除，师生暗中对抗的状况。还介绍了当局利诱、强迫人学习日语的情形。	郭续茵
	《东京来鸿》 　　介绍了日本粮食短缺，流行起"野草料理"，连皇室都带头食用；火柴都比原来短了一半的情形。	陈东林
第 103 期 1941.2.1	**《观时局》** 　　分析了中日战争可能的结果、批判了日本人丧失理智。	李侠文
	《赣北在战斗中》 　　介绍了江西北部的战况。	叶　全
	《战利品展览》 　　介绍了我军缴获的日军战利品。	谭耀宗
第 104 期 1941.3.16	**《甘愿做炮灰（剧本）》** 　　编者按："'八一三'神圣抗战发生。鼎堂先生自日返沪，出入火线，为国勤劳。大上海将届沦陷，鼎堂先生移居某友人宅，不数夕而成此剧，留赠居停夫妇。屈指即将三载。内地演剧，每苦剧本缺乏，兹征得鼎堂先生友人同意，爰为披露，俾有一助于抗战。"剧中人物的对话，含有大量对日本人与日本文化的评价和议论。	郭沫若
	《国魂》	宋汉濯
	《死市》	郭目鸿

期数、出版日期	题目、内容提要	作　者
第 104 期 1941.3.16	《欧战变动中的香港》 　　在"日本领事的镇静悠闲"一节中,介绍了日本外交官与日侨的动向。	屠仰兹
第 105 期 1941.4.16	《大岛火山巡礼》 　　描写了日本伊豆半岛东南海中的大岛,介绍了自然风光与民俗。	区伟乾
第 106 期 1941.6.1	《救亡的路》	孙　洪
第 107 期 1941.8.1	《我与日本人》 　　介绍了日军在作者家乡河北省津东的一个县里的暴行。 　　"当我们走出车站,通过日本兵检查线的时候,十几个日本兵用刺刀对着我们的胸前,当时被他们发现一件硬的东西,一个马上把刺刀对准我的胸,相差只有半分,倘若他一失手,我就卧在血泊中了。'眼镜盒'他们才放了心。" 　　住店时,日本兵不断来骚扰:"喂! 照例先把五六个刺刀伸入无玻璃的门窗内。""统计日本兵一宿共检查我们六次。" 　　"一个深冬的晚上,突然得到一个消息,说是日本兵已乘汽车下乡来捉大叔,原因:大叔家有钱。日本兵这样办了好多次了。就是一个富有的人家,由汉奸诬陷说是抗日或沟通土匪的罪名。这一家就要被剿,家长也要被捉。转回来,至少要拿全部财产的三分之二,该人回来必被打得遍体鳞伤,不成了残废人也成了精神病的患者。"	赵捷民
第 108 期 1941.9.1	《沦陷区的"王道"》	张小峰
第 111 期 1941.12.16	《旅途忆语　一、黄浦江边敌舰的刺激》	定　一
	《抗战小说　李抱虎》	老　向
	《一个沦陷区少女的日记》	金记华
第 113 期 1942.4.10	《鲁南反扫荡　徐豫随军记之十四》 　　记叙了鲁南反扫荡战中日军的凶残行径以及中国人民的反抗。	易　风

期数、出版日期	题目、内容提要	作者
第114期 1942.5.1	《俘虏访问记》 　　记叙了我军优待日俘,日俘感激的场面。	谭耀宗
第116期 1942.6.15	《日本在美国的宣传工作》	问　心
	《楚辞战歌今唱》	金启华、 周仁济合译
第117、118期 合刊 1942.7.15	《两兄弟(抗战歌曲)》	秦光银
	《在日军七路"扫荡"中》	衣　万
	《美国对日本的攻势》	李国钦、 徐泽宇
第119、120期 合刊 1942.8.25	《论周作人的做官与东渡》	李　莆
	《中国抗战与美国》 　　论述了中国抗战与美国的关系,指出对于日本的扩张野心,美国有两种对应方式可选择:一是投入大量装备和兵员与日本决战,另一种是支援中国抗战物资,呼吁美国支持中国。文中还嘲讽了日本对中国的封锁政军的愚蠢:"别忘了日本封锁中国之前,中国曾把自己封锁了三千年;自足自给了三千年而非限制口粮",即中国不怕封锁。	林语堂
第121期至126 期选刊·下册 (原文如此) 1943.3.10	《收复福州之经过》 　　文章提到日本在占领福州后抢钞票和物品来填补自己经济缺陷,在福州城里抢掠百姓。	李　标
第127期 1942.9.16	《从死亡线上逃脱——新会敌后逃难记》 　　本文描写作者等人在敌后逃难的一段经过。其中描写了在江门时日军到处强抢民女的暴行。而在湾仔时作者等人也目睹了日伪军抢劫财物、殴打勒索无辜群众的暴行。	曙　云

期数、出版日期	题目、内容提要	作 者
第 128 期 1942.11.1	《孙子的一个看法》 　　本文论述了研究《孙子兵法》不应是考据的研究。而是要将其用于国防。其中提到兵法是一个民族生存竞争的方式。日本为《孙子兵法》做注解的有 17 家,可谓详尽到极致可,而日本人以继承东方兵法自豪,日本研究运用,没有丝毫的秘密,而抗战的战术原则是根据《孙子兵法》。蒋介石用孙子兵法证明了日本人不懂孙子兵法,因而一国的兵法非其民族不能用,非其土地不能用。	谭彼岸
	《田横(三幕歌剧)》	紫 翼
	《报公仇》	老 向
	《孤岛陆沉日记》	曹 其
第 129 期 1942.12.15	《湖边闲话》 　　其中第三部分阐述了德国人对日本人的看法。一般人称日本人为"黄瘟",因为在纳粹眼中,日本人是"下等人"或"兽"类。《日本人之性格与政治》一书中描写日本人的低劣,奸险,欺诈,狠毒和狡猾,认为德国人应完全不信日本人,主张将"黄瘟"消灭。	阿 骥
第 130 期 1943.4.1	《北上抗战日记》	戴故师 长安澜
	《悼蒋百里先生》	郑素明
	《在敌军宪兵司令部里——〈港囚记〉(下)》	冠 荒
第 131 期 1943.5.25	《鹿鸣馆——素描东京的一角》	张十万
第 132 期 1943.7.25	长篇小说《风声鹤唳》	林语堂著, 徐城斌译
	《家书》	何 骥
	《龙本准尉》	张春风

期数、出版日期	题目、内容提要	作　者
第 135、136 期合刊 1943.12	《河边闲话（十九）墨索里尼倒台》	阿　骥
	《我在沪南监狱中（上）——敌人宪兵队中十日记》	吴铁声
	《投祖国的怀抱——从上海到重庆》	曹　其
第 137 期 1944.2	《风声鹤唳》	林语堂
	《罗曼·罗兰和张一尘》	林焕平
	《我在沪南监狱中（下）》	吴铁声
第 140 期 1945.8.1	《一个小调的写成》 　　用民谣的形势，描述了日本侵华的历史和中国人民的抗战，日本的困境，预见日本的垮台为期不远。	老　向
	《望峨楼随笔》 　　文中介绍了"五卅惨案"发生后，青年学生的抗日情绪和活动。	别　宥
第 141 期 1946.2.1	《天皇几岁》	李纯青
	《似恶人之所好》	许钦文
	《原子弹感染》	林如斯
	《切腹与处刑》	宋斐如
	《一段因缘——祝宇宙风十年纪念》	刘醒祥
第 142 期 1946.3.20	《东亚两皇帝》	楚英译
第 143 期 1946.6.30	《关外河山·东北散记》	张春凤
	《福州的战迹》	钦　文
第 146 期 1947.1.1	《香港与广州》 　　日本攻击香港的第二天，九龙已将不守，作者在路边听见一个老人大声说着："……不用几天日本小鬼就逃不及了"。	越　人
第 150 期 1947.5.10	《枕戈待旦（四）》	林语堂新著

期数、出版日期	题目、内容提要	作　者
第151期 1947.6.15	《枕戈待旦》 　第三章"熊猫、寡妇与文艺饥荒"中在谈及文艺时,提到了劳孙上尉(Captain Lauon)《东京上空卅秒》这本书,人说这本书是当时走私过来的。	林语堂著、苏电凡译
	《李杜将军谈"九一八"秘史》	张春风
	《平沈道上……北归散记之一》 　作者提到,他和亲人、朋友有一次乘火车,车上有位中国铁路警察提醒乘客扔掉不稳的书以防日本的检查。后来,一个日本军官对一个山东人盘查了很久并打了那个山东人两个嘴巴。车到锦州时,到沈阳后,作者看见了运送日侨俘房的列车,同车有人说日本侨民有一次在葫芦岛饿死不少,也发生过集体投海自杀的事。	贾笑谊
	《仁化避难记》 　介绍了日本战败前盟军对日本的联合打击。	冼玉清

附录二　部分基本史料图片

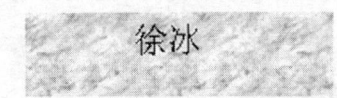

- 1 《宇宙风》杂志封面一例
- 2 《宇宙风》杂志第一期目录
- 3 《宇宙风》第25期"日本与日本人特辑"上 目录
- 4 《宇宙风》第26期"日本与日本人特辑"下 目录
- 5 《宇宙风》第68期"日军在京暴行目击记"首页
- 6 《宇宙风》第71期 目录
- 7 《某国人在中国》（宇宙风出版社）封面和目录

一、《宇宙风》杂志封面一例

2.《宇宙风》杂志第一期目录

附　录　　427

3 《宇宙风》第25期"日本与日本人特辑"上 目录

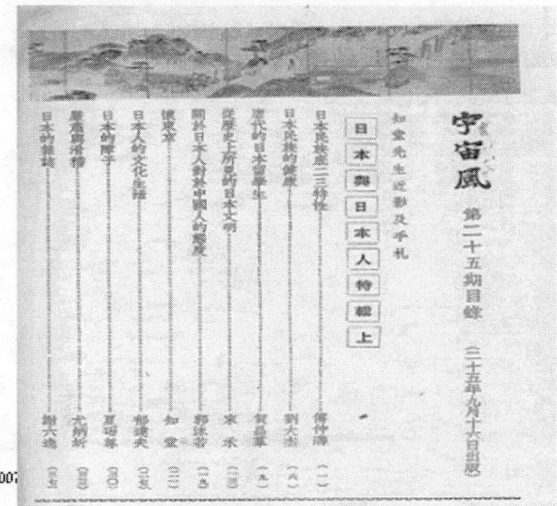

（一）摄影家作
2007/5/29

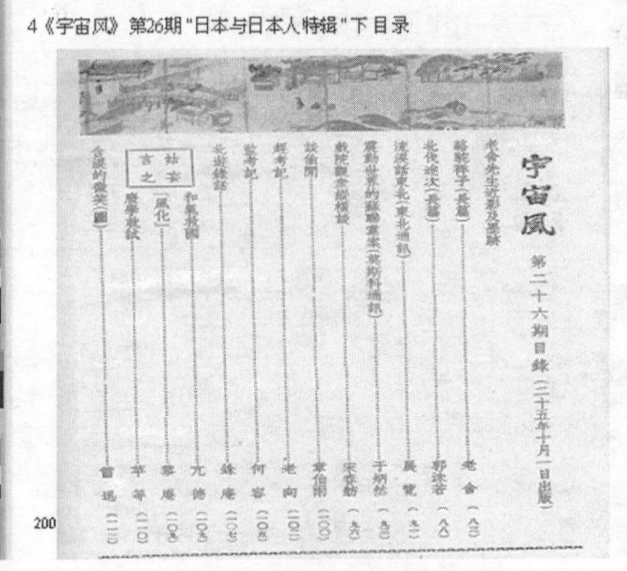

4 《宇宙风》第26期"日本与日本人特辑"下目录

5 《宇宙风》第68期"日军在京暴行目击记"首页

6 《宇宙风》第71期目录

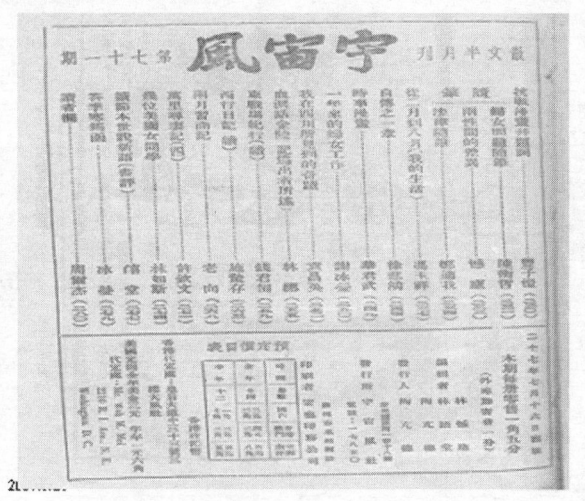

7 《某国人在中国》（宇宙风出版社）封面和目录

某國人在中國　目次

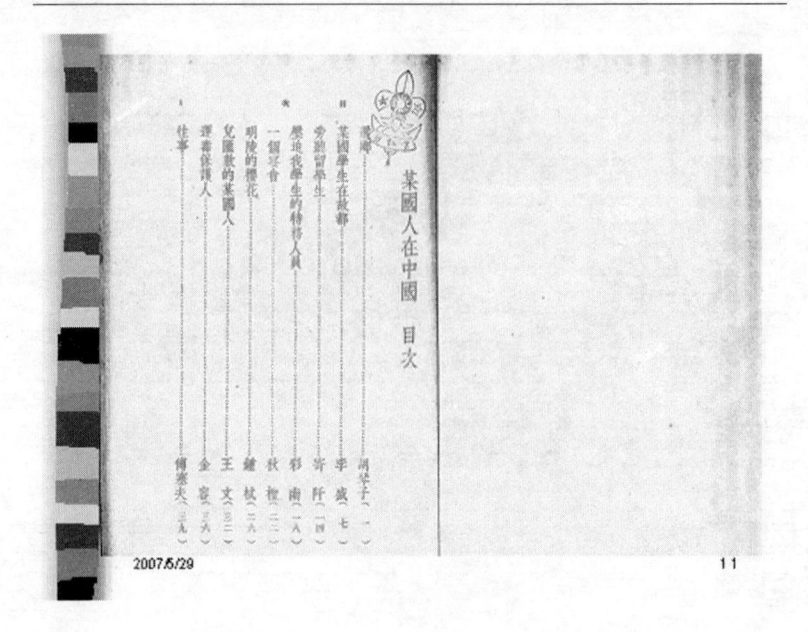

目次
- 蘆溝……………………胡萃子（一）
- 某國學生在故都………李威（七）
- 旁聽留學生……………許阡（一四）
- 歷地我學生的特務人員…彭南（一八）
- 一個茶會………………秋楂（二二）
- 明陵的櫻花……………鍵杖（二八）
- 憶匯欽的某鄉人………王宏（三二）
- 渾蛋保護人……………傅寒夫（三九）

后　记

本书是教育部2006年人文社科规划项目的最终成果，亦蒙大连民族学院科研基金的资助。从选题形成到中间修改，北京大学业师宋成有教授倾注了大量心血；沈仁安老师、王新生老师长期悉心教导；中国日本史学会会长汤重南教授，北师大杨宁一教授、北大徐勇教授、刘金才教授于困惑之中指点迷津；清华大学文学院王中忱教授不仅时常点拨，还亲自帮助查找资料；前辈学者们扶植后进的情怀，是笔者的最大助力，没有这些，本书难以成型。在此向以上各位先生致以最诚挚的谢意！师恩难忘……

北京大学的学友徐志民、乔芳、韩冰、张利军，人民教育出版社的唐磊老师，吉林大学公共外语教研部的付羽弘教授，大连大学的刘爱君副教授，北京外国语大学的博士生季晓晶，上海师大的王升远在资料的查阅和调研方面热情相助。

妻子吴春燕、女儿徐筠舒，给了我精神上的鼓励和生活上细致的关怀照料。

先生们的谆谆教诲，朋友、同事、同学们的热情相助，家人的理解与关怀，是我完成此书的莫大支撑，令我记忆终身，受益永远，一并表示衷心感谢！

商务印书馆的领导和责任编辑为本书的出版给予了大力支持，付出了艰苦的劳作，在此致以深深的谢意！

每每想到内容的粗糙与浅薄，不禁汗颜。唯日后追补，学海探珠、书山辟径，用扎实的研究回报各位于万一，敬请学界同仁读者不吝赐教。

作者

2007 年 7 月 26 日记于大连泊石湾